国家卫生健康委员会"十四五"规划教材

全国高等中医药教育教材

供中医学、针灸推拿学、中西医临床医学等专业用

中医儿科学

第5版

中醫

主　编　熊　磊

副主编　赵　霞　李新民　王俊宏

　　　　尚莉丽　陈　健

主　审　汪受传

人民卫生出版社

·北京·

图书在版编目（CIP）数据

中医儿科学 / 熊磊主编 . -- 5 版 . -- 北京 ：人民
卫生出版社，2024. 7（2025. 1重印）. -- ISBN 978-7
-117-36617-5

I. R272

中国国家版本馆 CIP 数据核字第 2024HS6184 号

人卫智网	www.ipmph.com	医学教育、学术、考试、健康，
		购书智慧智能综合服务平台
人卫官网	www.pmph.com	人卫官方资讯发布平台

中医儿科学
Zhongyi Erkexue
第 5 版

主　　编：熊　磊
出版发行：人民卫生出版社（中继线 010-59780011）
地　　址：北京市朝阳区潘家园南里 19 号
邮　　编：100021
E - mail：pmph @ pmph.com
购书热线：010-59787592　010-59787584　010-65264830
印　　刷：北京市艺辉印刷有限公司
经　　销：新华书店
开　　本：850 × 1168　1/16　印张：20
字　　数：524 千字
版　　次：2003 年 2 月第 1 版　　2024 年 7 月第 5 版
印　　次：2025 年 1 月第 2 次印刷
标准书号：ISBN 978-7-117-36617-5
定　　价：69.00 元
打击盗版举报电话：010-59787491　E-mail：WQ @ pmph.com
质量问题联系电话：010-59787234　E-mail：zhiliang @ pmph.com
数字融合服务电话：4001118166　E-mail：zengzhi @ pmph.com

编　委（按姓氏笔画排序）

王有鹏（黑龙江中医药大学）　　杨　艳（青海大学医学院）

王孟清（湖南中医药大学）　　　吴力群（北京中医药大学）

王俊宏（北京中医药大学）　　　张葆青（山东中医药大学）

尹蔚萍（云南中医药大学）　　　陈　竹（贵州中医药大学）

叶　进（南京中医药大学）　　　陈　健（浙江中医药大学）

冉志玲（西南医科大学）　　　　尚莉丽（安徽中医药大学）

白晓红（辽宁中医药大学）　　　赵　霞（南京中医药大学）

刘　英（江西中医药大学）　　　姜永红（上海中医药大学）

孙丽平（长春中医药大学）　　　廖颖钊（广州中医药大学）

李伟伟（广西中医药大学）　　　翟文生（河南中医药大学）

李新民（天津中医药大学）　　　熊　磊（云南中医药大学）

杨　昆（成都中医药大学）

3

数字增值服务编委会

主　编　熊　磊

副主编　王俊宏　孙丽平　李新民　张葆青　陈　健
　　　　尚莉丽　赵　霞

主　审　汪受传

编　委　(按姓氏笔画排序)

王有鹏 (黑龙江中医药大学)　　　杨　艳 (青海大学医学院)

王孟清 (湖南中医药大学)　　　　吴力群 (北京中医药大学)

王俊宏 (北京中医药大学)　　　　张葆青 (山东中医药大学)

尹蔚萍 (云南中医药大学)　　　　陈　竹 (贵州中医药大学)

叶　进 (南京中医药大学)　　　　陈　健 (浙江中医药大学)

冉志玲 (西南医科大学)　　　　　尚莉丽 (安徽中医药大学)

白晓红 (辽宁中医药大学)　　　　赵　霞 (南京中医药大学)

刘　英 (江西中医药大学)　　　　姜永红 (上海中医药大学)

孙丽平 (长春中医药大学)　　　　徐　寅 (云南中医药大学)

李伟伟 (广西中医药大学)　　　　廖颖钊 (广州中医药大学)

李新民 (天津中医药大学)　　　　翟文生 (河南中医药大学)

杨　昆 (成都中医药大学)　　　　熊　磊 (云南中医药大学)

◇◇◇ 修 订 说 明 ◇◇◇

为了更好地贯彻落实《中医药发展战略规划纲要(2016—2030 年)》《中共中央国务院关于促进中医药传承创新发展的意见》《教育部 国家卫生健康委 国家中医药管理局关于深化医教协同进一步推动中医药教育改革与高质量发展的实施意见》《关于加快中医药特色发展的若干政策措施》和新时代全国高等学校本科教育工作会议精神,做好第四轮全国高等中医药教育教材建设工作,人民卫生出版社在教育部、国家卫生健康委员会、国家中医药管理局的领导下,在上一轮教材建设的基础上,组织和规划了全国高等中医药教育本科国家卫生健康委员会"十四五"规划教材的编写和修订工作。

为做好新一轮教材的出版工作,人民卫生出版社在教育部高等学校中医学类专业教学指导委员会、中药学类专业教学指导委员会和第三届全国高等中医药教育教材建设指导委员会的大力支持下,先后成立了第四届全国高等中医药教育教材建设指导委员会和相应的教材评审委员会,以指导和组织教材的遴选、评审和修订工作,确保教材编写质量。

根据"十四五"期间高等中医药教育教学改革和高等中医药人才培养目标,在上述工作的基础上,人民卫生出版社规划、确定了第一批中医学、针灸推拿学、中医骨伤科学、中药学、护理学 5 个专业 100 种国家卫生健康委员会"十四五"规划教材。教材主编、副主编和编委的遴选按照公开、公平、公正的原则进行。在全国 50 余所高等院校 2 400 余位专家和学者申报的基础上,2 000 余位申报者经教材建设指导委员会、教材评审委员会审定批准,聘任为主编、副主编、编委。

本套教材的主要特色如下:

1. **立德树人,思政教育** 坚持以文化人,以文载道,以德育人,以德为先。将立德树人深化到各学科、各领域,加强学生理想信念教育,厚植爱国主义情怀,把社会主义核心价值观融入教育教学全过程。根据不同专业人才培养特点和专业能力素质要求,科学合理地设计思政教育内容。教材中有机融入中医药文化元素和思想政治教育元素,形成专业课教学与思政理论教育、课程思政与专业思政紧密结合的教材建设格局。

2. **准确定位,联系实际** 教材的深度和广度符合各专业教学大纲的要求和特定学制、特定对象、特定层次的培养目标,紧扣教学活动和知识结构。以解决目前各院校教材使用中的突出问题为出发点和落脚点,对人才培养体系、课程体系、教材体系进行充分调研和论证,使之更加符合教改实际、适应中医药人才培养要求和社会需求。

3. **夯实基础,整体优化** 以科学严谨的治学态度,对教材体系进行科学设计、整体优化,体现中医药基本理论、基本知识、基本思维、基本技能;教材编写综合考虑学科的分化、交叉,既充分体现不同学科自身特点,又注意各学科之间有机衔接;确保理论体系完善,知识点结合完备,内容精练、完整,概念准确,切合教学实际。

4. **注重衔接,合理区分** 严格界定本科教材与职业教育教材、研究生教材、毕业后教育教材的知识范畴,认真总结、详细讨论现阶段中医药本科各课程的知识和理论框架,使其在教材中得以凸显,既要相互联系,又要在编写思路、框架设计、内容取舍等方面有一定的区分度。

5. 体现传承,突出特色 本套教材是培养复合型、创新型中医药人才的重要工具,是中医药文明传承的重要载体。传统的中医药文化是国家软实力的重要体现。因此,教材必须遵循中医药传承发展规律,既要反映原汁原味的中医药知识,培养学生的中医思维,又要使学生中西医学融会贯通,既要传承经典,又要创新发挥,体现新版教材"传承精华、守正创新"的特点。

6. 与时俱进,纸数融合 本套教材新增中医抗疫知识,培养学生的探索精神、创新精神,强化中医药防疫人才培养。同时,教材编写充分体现与时代融合、与现代科技融合、与现代医学融合的特色和理念,将移动互联、网络增值、慕课、翻转课堂等新的教学理念和教学技术、学习方式融入教材建设之中。书中设有随文二维码,通过扫码,学生可对教材的数字增值服务内容进行自主学习。

7. 创新形式,提高效用 教材在形式上仍将传承上版模块化编写的设计思路,图文并茂、版式精美;内容方面注重提高效用,同时应用问题导入、案例教学、探究教学等教材编写理念,以提高学生的学习兴趣和学习效果。

8. 突出实用,注重技能 增设技能教材、实验实训内容及相关栏目,适当增加实践教学学时数,增强学生综合运用所学知识的能力和动手能力,体现医学生早临床、多临床、反复临床的特点,使学生好学、临床好用、教师好教。

9. 立足精品,树立标准 始终坚持具有中国特色的教材建设机制和模式,编委会精心编写,出版社精心审校,全程全员坚持质量控制体系,把打造精品教材作为崇高的历史使命,严把各个环节质量关,力保教材的精品属性,使精品和金课互相促进,通过教材建设推动和深化高等中医药教育教学改革,力争打造国内外高等中医药教育标准化教材。

10. 三点兼顾,有机结合 以基本知识点作为主体内容,适度增加新进展、新技术、新方法,并与相关部门制订的职业技能鉴定规范和国家执业医师(药师)资格考试有效衔接,使知识点、创新点、执业点三点结合;紧密联系临床和科研实际情况,避免理论与实践脱节、教学与临床脱节。

本轮教材的修订编写,教育部、国家卫生健康委员会、国家中医药管理局有关领导和教育部高等学校中医学类专业教学指导委员会、中药学类专业教学指导委员会等相关专家给予了大力支持和指导,得到了全国各医药卫生院校和部分医院、科研机构领导、专家和教师的积极支持和参与,在此,对有关单位和个人表示衷心的感谢! 希望各院校在教学使用中,以及在探索课程体系、课程标准和教材建设与改革的进程中,及时提出宝贵意见或建议,以便不断修订和完善,为下一轮教材的修订工作奠定坚实的基础。

人民卫生出版社

2021 年 3 月

前　言

为顺应新时代本科教育要求,贯彻落实《中共中央国务院关于促进中医药传承创新发展的意见》以及国务院办公厅《关于加快医学教育创新发展的指导意见》精神,由人民卫生出版社组织全国相关院校 24 位具有丰富教学和临床经验的专家编写全国高等中医药教育(本科)国家卫生健康委员会"十四五"规划教材《中医儿科学》。

本教材注重提高学生中医思维和临床实践能力。编写以中医儿科基本知识、基本理论、基本技能为基础;以"精简、实用、先进"为原则;突出思想性、科学性、先进性、启发性、实用性。创新体例形式,对上版教材中部分内容进行了删减、新增和修订。

本教材分为上篇、下篇和附篇,共 13 章。上篇为中医儿科学基础,新增了中医儿科学发展现状内容。下篇为中医儿科学临床,按照肺系病证、脾系病证、心肝系病证、肾系病证、传染病、寄生虫病、其他病证、新生儿疾病、儿科急症顺序排列,根据临床实际,删除"中毒型细菌性痢疾",新增"鼻衄""胎怯",并把"病毒性脑炎""传染性单核细胞增多症"由传染病移至其他病证中;按照最新规范病名,如"儿童多动症"改为"注意缺陷多动障碍","儿童抽动症"改为"抽动障碍"。为强化课堂育人,提高自主学习能力,设置"古籍摘要""思政元素""课堂互动""扫一扫 测一测"等环节,增加了教材的趣味性、实用性。

本教材的编写分工如下:熊磊编写感冒、乳蛾;姜永红编写中医儿科学发展简史;王孟清编写年龄分期、生长发育、生理病理病因特点;陈健编写儿童保健、注意缺陷多动障碍、抽动障碍;杨昆编写临证概要;赵霞编写鼻衄、肺炎喘嗽、哮喘;尹蔚萍编写反复呼吸道感染、性早熟;孙丽平编写鹅口疮、口疮、呕吐;张葆青编写泄泻、便秘、腹痛;吴力群编写厌食、积滞、疳证、营养性缺铁性贫血;叶进编写夜啼;尚莉丽编写病毒性心肌炎、流行性腮腺炎、百日咳;李新民编写惊风、癫痫;翟文生编写肾系病证;王俊宏编写麻疹、幼儿急疹、风疹、猩红热、水痘、手足口病;李伟伟编写蛔虫病、蛲虫病;廖颖钊编写夏季热,汗证、五迟、五软;陈竹编写维生素 D 缺乏性佝偻病、紫癜;王有鹏编写皮肤黏膜淋巴结综合征、奶癣;刘英编写病毒性脑炎、传染性单核细胞增多症;白晓红编写新生儿疾病;杨艳编写高热、急性心功能不全、急性呼吸衰竭;冉志玲编写急性中毒、心肺复苏术、小儿液体疗法;叶进、尹蔚萍、陈竹共同编写附篇。由本书主编统审定稿,汪受传教授审阅书稿。在此,对全体编写人员和汪受传教授表示衷心感谢!欢迎各院校师生在使用本教材过程中,对教材中的不足或疏漏之处提出宝贵意见和建议,以便在今后的修订中不断完善,更好地为中医儿科教学服务。

编者

2024 年 8 月

◇◇◇ 目　　录 ◇◇◇

上篇　中医儿科学基础

下篇　中医儿科学临床

附　篇

上篇

中医儿科学基础

第一章

中医儿科学发展简史

学习目标

通过学习本章,了解中医儿科学发展的历史和现状;熟悉各个历史时期对中医儿科学有突出贡献的医家及学术著作;掌握中医儿科学在各个历史时期的重大学术进步及其对中医学术发展的影响。

中医儿科学是以中医学理论体系为指导,以中医药防治方法为手段,研究自胎儿至青少年时期的生长发育、生理病理、喂养保健,以及各类疾病预防和治疗的一门临床学科。

中医儿科学是一门独具特色的临床学科,以其显著的中医学特点区别于西医儿科学,以其鲜明的实践体系和临床学科特点区别于中医学的基础学科,以儿童作为研究对象区别于中医学的其他临床学科。

中医儿科学是中医学的重要组成部分,是随着整个中医学发展而不断发展起来的。中医儿科学荟萃了中华民族几千年来养育小儿和防治小儿疾病的丰富经验,具有独特的理论和临床实践体系,为中华民族的繁衍昌盛作出了卓越的贡献。

01-01PPT

PPT 课件

第一节　中医儿科学的孕育与萌芽

根据现在已知的我国古代文献,现存最早的医学专著《五十二病方》中就有婴儿疾病的记载,如"婴儿病痫""婴儿瘛"。春秋战国时期就有了小儿医,如《史记·扁鹊仓公列传》载:"扁鹊名闻天下……来入咸阳,闻秦人爱小儿,即为小儿医。"这是最早关于儿科医生的记载。

《黄帝内经》也有关于小儿体质特点、疾病诊断及预后判断等方面的记载。如《灵枢·逆顺肥瘦》指出婴儿的生理特点是:"其肉脆,血少气弱。"《素问·通评虚实论》云:"乳子而病热,脉悬小者,何如? 岐伯曰:手足温则生,寒则死……乳子中风热,喘鸣肩息者,脉何如? 岐伯曰:喘鸣肩息者,脉实大也,缓则生,急则死。"这些论述对后世医家进一步认识小儿生理病理特点和疾病诊治,有着重要的指导价值。

在此基础上,中医儿科学在秦汉至两晋南北朝时期又有了进一步发展。《汉书·艺文志》载有妇人婴儿方 19 卷。西汉名医淳于意的《诊籍》记载了用"下气汤"治疗婴儿"气鬲病"的医案,是我国最早见于文献的儿科医案。《三国志·华佗传》记载了东汉名医华佗用"四物女宛丸"治疗 2 岁小儿"下利病"。东汉末年张仲景《伤寒杂病论》中的辨证方法和治则方药,对儿科学理论的形成有深远影响和重要指导意义,并为宋代钱乙创立小儿五脏辨证体系奠定了基础。

西晋王叔和的《脉经》首先论述了小儿脉法，认为"小儿之脉快疾，一息七八至曰平"，并首次论及小儿变蒸。

《隋书·经籍志》记载南北朝医药书中专门列出儿科、产科、妇女科等医事分科，同时也开始出现一些儿科专著，如严助的《相儿经》、王末钞的《小儿用药本草》2卷、徐叔响的《疗少小百病杂方》37卷等，这些儿科专著现均已散佚。

这一时期，儿科医学虽尚未形成专业，其自身理论与临床体系也未形成，但已经有儿科医事活动和关于儿科疾病的文献记载，孕育着儿科学的萌芽。

课堂互动

谈谈你对《素问·上古天真论》中所描述的小儿生长发育过程的理解。

01章02节PPT

PPT 课件

第二节　中医儿科学的形成

隋唐时期，在太医署内由医博士教授医学，其中专设少小科，学制5年，培养儿科医生，促进了儿科专业的发展。

隋代巢元方主持编撰的《诸病源候论》，记载小儿杂病诸候6卷255候，第一次对儿科病因病理及证候进行了较全面和系统的阐述。该书将小儿外感病分为伤寒、时气两大类，内伤病以脏腑辨证为主；提出了"不可暖衣……宜时见风日……常当节适乳哺"等正确的小儿养育方法。

唐代杰出的医药学家孙思邈，本着"生民之道，莫不以养小为大，若无于小，卒不成大"的观点，在《备急千金要方》中首列"少小婴孺方"2卷。从初生养护至伤寒杂病分为9门专论小儿，载方300余首，所用剂型，除汤、丸、散、膏、丹外，尚有乳剂、药粥、熨剂、涂剂、摩剂等，弥补了《诸病源候论》"有论无方"的不足，该书总结了唐代以前的儿科诊疗经验，为儿科病治疗提供了大量有效方药，是儿科学的重要历史文献。

相传《颅囟经》是我国现存最早的一部儿科专著，被称为"幼科之宗"，流行于唐末宋初，现存版本从明代《永乐大典》中辑出。《颅囟经·脉法》曰："凡孩子三岁以下，呼为纯阳，元气未散。"首倡小儿体属"纯阳"的观点。书中对小儿脉法、囟门诊法以及惊、痫、疳、痢、火丹等疾病的证治加以阐述，共载方56首，其中外治方达28首。

北宋钱乙，字仲阳，专业儿科40余年，学术造诣精湛。由其弟子阎季忠整理编集的《小儿药证直诀》3卷，上卷论脉证治法，中卷列医案23则，下卷为方剂，集中体现了钱乙的主要学术思想。该书概括小儿生理特点为"脏腑柔弱"，"成而未全……全而未壮"，病理特点为"易虚易实、易寒易热"；四诊中尤重望诊，创立了"面上证""目内证"的诊断方法；首创儿科五脏辨证体系，提出心主惊、肝主风、脾主困、肺主喘、肾主虚的辨证纲领，成为中医儿科学中最重要的辨证方法。治疗上区分五脏虚、实、寒、热证候，制定治则治法，方有温、清、补、泻之别。创立新方，化裁古方，作为五脏补泻方剂，如导赤散、泻白散、泻黄散、地黄丸、白术散、异功散等。书中列方134首，其中丸剂70首，散剂45首，膏剂 6 首,汤剂 6 首,外用方 7 首,许多方剂至今仍为临床常用,所用制剂以丸、散等成药为主,方便小儿用药,切合儿科临床应用。此外,对儿科四大要证"麻、痘、惊、疳"的认识有较为详细的记载,提出"急惊合凉泻,慢惊合温补"的治疗大法,以及"疳皆脾胃病,亡津液之所作也"的著名观点,对儿科临床有重要的指导意义。钱乙对中医儿科学体系的形成作出了重大贡献,因而被后世誉为"儿科之圣"。《四库全书总目提要》曾指出:"小儿经方,千古罕见,自乙始别为专门,而其书亦为幼科之鼻祖,后人得其绪论,往往有回生之功。"

> **课堂互动**
>
> 《颅囟经》中提出小儿"纯阳"的理论,结合《小儿药证直诀》《医学源流论》谈谈你对"纯阳"理论的理解。

北宋时期,各地天花、麻疹等时行疾病流行,山东名医董汲擅用寒凉法进行治疗,撰写了《小儿斑疹备急方论》。书中记录了白虎汤及青黛、大黄等药物的治疗经验,是为痘疹类第一部专著。南宋刘昉等编著《幼幼新书》40 卷,集宋以前儿科学术之大成,是当时世界上最完备的儿科学专著。稍晚问世的《小儿卫生总微论方》20 卷,广泛收录论述儿科各类疾病,所谓保卫其生,总括精微。该书记载了多种小儿先天畸形,如缺唇、骈指、六指、独肾等,并论述了"缝缺唇""断骈指"等最早的小儿外科治疗方法;同时,还明确指出新生儿脐风撮口是由断脐不慎所致,与成人破伤风无异,提出了烧灼法断脐的预防方法。

南宋名医陈文中著《小儿痘疹方论》《小儿病源方论》,力倡护养小儿元阳,提出"盖真气者,元阳也",擅用温补托毒法治疗痘疹因阳气虚衰而产生的逆证,为痘疹类疾病的治疗提出了新的重要方法,是痘疹温补学派的创始人。陈文中主温补与钱乙、董汲主寒凉两种学术思想的争鸣,丰富了儿科疾病辨证论治的理论依据和临床实践体系,促进了中医儿科学的学术发展。

总之,至宋代,随着儿科医事制度的建立,儿科专著和以钱乙为代表的儿科专业医家的涌现,以及对小儿生长发育、喂养保健、疾病诊治等认识的不断深入,中医儿科学已经形成了系统的、较完整的学术体系,成为一门独立的学科。

01章03节PPT

PPT 课件

第三节　中医儿科学的昌盛与成熟

金元时期是中医学百花齐放、百家争鸣的繁荣时期,此时名医辈出,各有所长。代表性医家刘完素、张从正、李杲、朱震亨的学术思想不仅促进了整个中医学的发展,而且对儿科学的发展也有所贡献。刘完素认为:"大概小儿病者纯阳,热多冷少也。"主张用寒凉法治疗小儿热性病,并将凉膈散灵活运用于儿科;张从正善用攻下法治疗热病,为小儿热病运用"上病下取"法提供了范例;李杲喜用温补,重视调理脾胃,对后世儿科脾胃病的研究具有重要影响;朱震亨提出"阳常有余,阴常不足",以养阴法见长。他们的学术争鸣,丰富了儿科学的内容。

元代名医曾世荣从医60年,编著《活幼心书》3卷、《活幼口议》20卷。其学术特点:一是对初生儿疾病论述较为全面;二是对多种儿科常见病的因、证、脉、治做了精练而具有指导意义的概括,如将急惊风归纳为四证八候,提出镇惊、截风、退热、化痰治法;三是《活幼心书》编写了七言歌诀,便于初学者诵习,对于儿科专业知识的普及起到了很好的促进作用。

明清时期是中医儿科学发展的成熟期。明代初期徐用宣的《袖珍小儿方》集明代以前儿科诸家经验,分72门,收624方,证治齐备,叙述详明。寇平的《全幼心鉴》也是明代初期较完备的儿科名著,对儿科医生守则、小儿生理、保育护理、疾病诊治均予汇集说明,其中对面部和指纹的望诊论述尤详。鲁伯嗣的《婴童百问》10卷,列问论述,详究小儿病源与证治,附方800余首。薛铠、薛己父子精于儿科,著《保婴撮要》20卷,共论证200余种,其中记载了小儿外科、眼科、耳鼻咽喉科、口齿科、肛肠科、皮肤科、骨伤科病证70余种,辨证用药精当,以内治为主,配合外治,必要时兼施手术,为中医小儿外科学的形成作出了重大贡献。

明代名医万全,字密斋,著作颇丰,仅儿科就有《育婴家秘》4卷、《幼科发挥》2卷、《痘疹心法》23卷、《片玉心书》5卷、《片玉痘疹》13卷等,其学术成就对后世影响很大。万全就儿童养育的不同阶段,提出了"预养以培其元,胎养以保其真,蓐养以防其变,鞠养以慎其疾"的"育婴四法"。在钱乙"脏腑虚实辨证"的基础上,提出了小儿"五脏之中肝有余,脾常不足肾常虚""心常有余,肺常不足"的"三不足二有余"生理病理特点,丰富了儿科学基础理论。在治疗上"首重保护胃气",强调"人以脾胃为本,所当调理,小儿脾常不足,尤不可不调理也"。对于小儿保育和疾病防治具有重要的临床指导意义。

课堂互动

万全提出小儿治疗上"首重保护胃气",结合小儿"脾常不足"谈谈你的理解。

明代药物学家李时珍所著的《本草纲目》,收集了很多防治儿科疾病的药物。王肯堂《证治准绳·幼科》综述诸家论说,结合阐明己见,内容广博,辨析透彻,条理清晰,博而不杂,详要分明。张介宾的《景岳全书·小儿则》提出了儿科辨证重在表里寒热虚实,小儿"阳非有余,阴常不足""脏气清灵,随拨随应"等观点。

清代儿科医家夏禹铸著《幼科铁镜》,重视望诊,认为"小儿病于内,必形于外",可从望面色、审苗窍来辨别脏腑的寒热虚实,治疗上重视推拿,并以"灯火十三燋"法治疗脐风、惊风等证,有其独到之处。《医宗金鉴·幼科心法要诀》是清代乾隆年间"敕编钦定"的,该书把清初以前的儿科学做了一次较全面的整理和总结,立论精当,条理分明,既适用于临床,又适用于教学。清代陈梦雷编辑《医部全录·儿科》上、下两册,共100卷,收录历代儿科医学文献120余种,内容丰富。谢玉琼《麻科活人全书》是一部麻疹专著,详细阐述了麻疹各期及合并症的辨证和治疗。王清任《医林改错》记载了小儿尸体解剖学资料,明确提出"灵机记性不在心在脑"的观点,总结了活血化瘀治则的实践经验,创制了血府逐瘀汤等名方,促进了活血化瘀法的研究和发展。

陈复正,字飞霞,是清代具有代表性的儿科医家之一,著有《幼幼集成》。该书详析指纹之义,归纳为"浮沉分表里,红紫辨寒热,淡滞定虚实";力辟惊风之说,促进了惊风理论的研究与发展;倡导胎教学说,重视"胎禀""护胎";辨证突出八纲,治疗善顾脾胃;广集治疗之法,尤重外治方药,全书共收载外治方法 20 多种,外治方 180 余首,用于外治的中药 150 多味,实为一部集大成的儿科名著,对临床有较高的实用价值。

清代温病学家吴瑭,字鞠通,在儿科方面也卓有成就。吴瑭在其《温病条辨·解儿难》中明确提出"小儿稚阳未充,稚阴未长"的体质特点,"易于感触""易于传变"的病理特点,"其用药也,稍呆则滞,稍重则伤"的临床用药注意点。吴瑭按六气病因论述小儿温病,从三焦分证论治,治病求本,与叶桂的卫气营血学说相辅相成。吴瑭与叶桂为小儿温病学的形成与发展作出了重大贡献,对后世治疗小儿外感热病(包括多种传染病)具有重要的指导价值。

明清时期,由于天花、麻疹等时行疾病流行,当时儿科医家在诊治过程中积累了许多宝贵经验,撰写了大量的痘疹专著。这一时期,应用人痘接种预防天花的方法已广泛传播,其中较突出的有郭子章《博集稀痘方论》(1577 年)记载用"稀痘方",《三冈识略》(1653 年)载有痘衣法。俞茂鲲《痘疹金镜赋集解》(1727 年)记载,在明代隆庆年间(1567—1572 年),宁国府太平县的人痘接种法已经推广到各地。张琰《种痘新书》(1741 年)记载用"佳苗"人工接种。这种"佳苗"即是"熟苗",是一种比较可靠的疫苗。清代朱奕梁的《种痘心法》记载:"其苗传种愈久,则药力之提拔愈清。人工之选炼愈熟,火毒汰尽,精气独存,所以万全而无害也。若时苗能连种七次,精加选炼,即为熟苗。"这样的处理过程,基本上符合现代制作疫苗的原理和要求。我国的人痘接种法后来流传到朝鲜、日本、土耳其及欧洲和非洲一些国家,成为世界免疫学发展的先驱。

清代后期,随着西医学传入我国,儿科界也开始有人提出宜吸收西医之长,中西医合参,努力发展中医学。何炳元《新纂儿科诊断学》中除传统中医内容外,引入检诊一项,用于检查口腔、温度、阴器等的变化;恽铁樵《保赤新书》主张以中医为主体,汲取科学方法加以整理,在当时产生了一定的影响。民国时期儿科疾病流行,许多医家勤求古训,融汇新知,如近代儿科名医徐小圃擅用温阳药回阳救逆,救治了许多病危变证患儿,由此闻名于世。

中华人民共和国成立后,政府十分重视儿童健康,努力发展我国传统医学,中医儿科学与其他医学学科一样,迎来了快速发展的新时期。

在中西医儿科工作者的共同努力下,古代儿科四大要证中的"痘"(天花)已经消灭;"麻"(麻疹)由于麻疹疫苗的接种,已得到明显控制;"惊"(惊风)的发病率已明显降低;"疳"(疳证)逐渐减少,其中的干疳、疳积也较为少见。随着计划免疫的广泛开展,控制了传染病的流行,降低了发病率和病死率。20 世纪 50 年代,运用中医学"小儿暑温"理论指导流行性乙型脑炎辨证论治,降低了本病的病死率和后遗症发生率。现代药理学研究表明,不少中药不仅具有抗菌、抗病毒作用,而且能调整机体免疫、改善器官功能及组织代谢、减轻病理反应等,说明中医治疗的特色在于方药的整体效应,即多靶点效应。对厌食症、缺铁性贫血、佝偻病、疳证等营养缺乏性疾病,中医药治疗显示了独特优势,中药中不仅含有一定量的矿物元素和维生素,增加了摄入量,更重要的是中药调脾助运的作用,促进了机体对各种营养物质的吸收和利用。

由此可见,中医儿科学的形成和发展经历了数千年的历史,凝聚了历代医家的智慧,荟萃了中华民族数千年来小儿养育和疾病防治的丰富经验,随着中医学的发展,逐步形成了自己的理论和实践体系。

历代中医儿科重要著作见表 1-1。

表 1-1　历代中医儿科重要著作

书名	年代	作者	书名	年代	作者
《颅囟经》	待考	佚名	《幼科折衷》	1641	秦昌遇
《小儿斑疹备急方论》	1093	董汲	《幼科指南》	1661	周震
《小儿药证直诀》	1119	钱乙	《幼科铁镜》	1695	夏禹铸
《幼幼新书》	1150	刘昉	《种痘新书》	1741	张琰
《小儿卫生总微论方》	约 1150	佚名	《医宗金鉴·幼科心法要诀》	1742	吴谦等
《小儿痘疹方论》	1241	陈文中	《麻科活人全书》	1748	谢玉琼
《小儿病源方论》	1254	陈文中	《幼幼集成》	1750	陈复正
《活幼心书》	1294	曾世荣	《幼科要略》	1764	叶天士
《袖珍小儿方》	1413	徐用宣	《幼科释谜》	1773	沈金鳌
《全幼心鉴》	1468	寇平	《解儿难》	1811	吴瑭
《婴童百问》	1506	鲁伯嗣	《医原·儿科论》	1861	石寿棠
《保婴撮要》	1555	薛铠、薛己	《保赤汇编》	1879	金玉相
《博集稀痘方论》	1577	郭子章	《保赤新书》	1936	恽铁樵
《育婴家秘》	1579	万全	《中医儿科学》	1984	王伯岳、江育仁等
《幼科发挥》	1549	万全	《儿科医籍辑要丛书》	1990	张奇文等
《小儿按摩经》	1574—1601	四明陈氏	《实用中医儿科学》	1995	江育仁、张奇文等
《证治准绳·幼科》	1602	王肯堂	《中医药学高级丛书·中医儿科学》	1998	汪受传等
《景岳全书·小儿则》	1624	张介宾			

第四节　中医儿科学发展现状

随着人民生活水平提高和卫生条件的改善,儿童的疾病谱也发生了重大变化。传染性疾病中,麻疹、百日咳减少,而手足口病、支原体感染增多。儿童营养性疾病中的厌食症仍然比较多,但疳证逐渐减少,高糖高脂饮食导致了儿童肥胖症逐渐增多,甚至出现了代谢综合征。维生素 D 缺乏性佝偻病的发病率也大大降低。此外,学习压力的增加、电子产品的过度使用,使得抽动障碍、注意缺陷多动障碍的发病率大幅增高。各种化学制剂的应用,营养保健品、智能手机、电子产品的普及等导致性早熟的发病率大幅上升。

近 30 年来,党中央、国务院高度重视卫生与健康事业发展,提出推进健康中国建设,将卫生与健康事业发展摆在了经济社会发展全局的重要位置。当前,中医药发展站在更高的历史起点上,中医儿科学的发展面临难得的历史机遇。在推进中医药发展的政策支持下,在现代科学技术飞速发展的今天,中医儿科学得到了前所未有的发展。2017 年出台的《中华人民共和国中医药法》对中医药人才的培养、中医药科学研究、中医药传承与文化传播等都给予了政策上的支持与保障,如支持对中医药古籍文献、著名中医药专家的学术思想和诊疗

PPT 课件

经验以及民间中医药技术方法的整理、研究和利用,加强对中医药基础理论和辨证论治方法的研究,重视常见病、多发病、慢性病和重大疑难疾病、重大传染病的中医药防治等,对中医药的稳定发展具有里程碑式的意义。2019 年《中共中央、国务院关于促进中医药传承创新发展的意见》为新时代传承创新发展中医药事业指明了方向。2021 年 2 月国务院办公厅印发了《关于加快中医药特色发展的若干政策措施》,提出 7 个方面 28 条政策,包括夯实中医药人才基础、提高中药产业发展活力、增强中医药发展动力、完善中西医结合制度、实施中医药发展重大工程、提高中医药发展效益、营造中医药发展良好环境等,进一步支持中医药的发展。

中医儿科学基础理论方面,就小儿生长发育、生理病理等方面若干理论问题,如"纯阳""稚阴稚阳""变蒸"以及五脏"不足"与"有余"等,认识上渐趋一致。在四诊客观化方面,舌面诊仪对舌面相的三维数据进行客观化采集,同时作为中医体质辨识的一种手段。以中医学"治未病"思想为指导,中医儿童保健学得到了发展。

中医儿科专家根据现代儿童特点和疾病谱变化,在理论和实践方面有很多新观点。徐小圃认为小儿"阴为体,阳为用,阳气在生理状态下是全身的动力,在病理状态下是抗病主力,而在儿科尤为重要",因此特别强调阳气的重要性,临证重视顾护阳气,擅用麻黄、附子等温药。20 世纪 50 年代初,上海流行小儿暑热证时,徐小圃用自创温下清上汤治疗,使之成为有效名方。董廷瑶注重脾胃之生化升降,强调"百病以胃气为本",在调补脾胃方面,提出切忌呆补、蛮补,应遵补润燥,斡旋气机,治疗痰多久咳擅用培土生金法,此外创制"熊麝散"治疗腺病毒肺炎,"暖脐散"治疗肠麻痹,"集成金粟丹"治疗发热惊厥等,以家传手法按压"火丁"治疗婴儿吐乳症。王伯岳认为小儿肺系疾病常表里相兼、寒热互见,常予表里双解、辛温辛凉并施;小儿脾胃以理脾助运为主,不可一味壅补;强调攻不伤正,补不碍滞;重视小儿外治之法。江育仁提出了"脾健不在补贵在运"的学术论点,倡导运脾疗法治疗儿童脾胃病,还提出了"疳证从疳气、疳积、干疳论治"等思想;运用热痰风理论指导小儿暑温的辨证论治。刘弼臣推崇万全和张锡纯提出的"少阳学说"、钱乙"五脏证治"的学术思想,临证强调"以五脏为主,突出从肺论治",提出了抽动障碍等"调肺以治外风"的学术观点。这些学术观点丰富了中医儿科学的内容,对临床具有重要的指导意义。

随着国家对学术流派的重视和扶持,传统的中医儿科流派焕发生机。徐氏儿科的"温阳"理论,强调阳气对小儿生长发育及疾病转归的重要性,主张儿科疾病治疗以维护阳气为第一要务。董氏儿科擅长从脾胃生化升降着手调治儿科病证,创建健脾助运、理气养胃、升清降浊等诸法,专攻小儿厌食、吐乳及其他胃肠道疾病等。岭南儿科注重顾护脾胃,以清法见长,不远温补,且擅用岭南草药。浙派儿科多重视滋阴清热之法,对辛温之法用之较少。闽派李氏中医儿科以温病理论为指导,用药方面以辛凉、辛寒为主,擅用石膏,急重症配合"飞针回春"。寒地儿科提出寒地儿童"寒""风""燥""湿热""外寒内热"等致病特点,推崇经方,提出将"分消走泄法"应用于儿童湿热型疾病中。仪征"臣字门"儿科流派临证处方用药以"和"为贵,不轻用过补、过攻之剂,对小儿轻症或病后调理,主张以食疗为主。盛京小儿针推流派倡导用推即用药,依法立方,精简取穴,协同配穴增效,形成了二十四节气保健及脏腑保健的推拿方法,擅用脊背六法、透穴针刺法。津沽小儿推拿推崇"固护中州,腹部推拿;纲举目张,核心用穴;化繁为简,皮部推按"。齐鲁小儿推拿三大流派,三字经派取穴少而精,推时长,以术组作为治病的基础方,据五行生克指导选穴配伍;张汉臣派推拿法治疗上长于应用徐疾补泻和轻重补泻手法,严守补虚扶弱和补泻兼治原则,尤其对虚寒证效果显著;孙重三派推拿法首重天人合一的整体观念,并数其术数,手法轻巧柔和且深透,首先将开天门、推坎宫、运太阳和揉耳后高骨归为四大手法。

课堂互动

不同地域的中医儿科流派各有特色,对于这些地域流派特征的形成谈谈你的看法。

医学教育方面,20世纪50年代开始了现代中医中等和高等教育,20世纪70年代开始中医儿科学硕士生教育,20世纪80年代开始中医儿科学博士生教育,20世纪90年代开始进行中医儿科在职医师的继续教育,不仅培养了大批中医儿科人才,而且使中医儿科队伍素质不断提高,成为学科发展的有力保证。与此同时,编写了不同层次的中医儿科学教材、教学参考资料、各种类型题库,整理出版了历代儿科名著,挖掘了大量对临床具有理论指导和实践应用价值的可贵资料,出版了大批中医儿科学术著作。王伯岳、江育仁主编的《中医儿科学》,是20世纪下半叶出版的第一部现代大型儿科学术专著,系统论述了中医儿科学基础理论和临床常见病的辨证论治。汪受传主编的中医药学高级丛书《中医儿科学》,全面反映了现代中医儿科临床进展,介绍了中医儿科学科研方法,适用于中医儿科学专业研究生教学和继续教育。21世纪初,《中医儿科学》网络课程的开设,以及一批视听教材、CAI课件的出版,促进了由纸质教材向数字教材的转变,改进和丰富了中医儿科学的教学方法与教学手段,近年来,部分中医药院校开设中医儿科学本科专业,进一步加大了中医儿科人才培养力度。

此外,一些中医儿科相关的工具书相继问世。张奇文主编的《儿科医籍辑要丛书》,整理了历代中医著作,对儿科临床有指导意义的内容做了点注。王烈编著的婴童系列丛书《婴童医论》《婴童厄话》《婴童医案》等,以深厚的理论和丰富的经验为基础,记录了真实的医案,提出了独到的见解和学术观点,为中医儿科的学习提供了宝贵的临床资料。科学研究方面,在突出传统四诊的基础上,利用血液生化检测、超声影像等技术,搜集儿童体内疾病变化信息,并将其纳入中医儿科辨证体系,即宏观辨证与微观辨证相结合,使中医儿科辨证学的认识层次得到深化,发展了儿科辨证诊断学。制订了《中医儿科常见病诊疗指南》,有利于中医儿科向标准化和规范化方向发展。现代科研方法逐渐推广应用,设计严密、大样本、随机对照、统计方法合理等基本原则得到遵守,先进可靠的检测指标被引用,使临床研究的质量和水平不断提高。便捷的网络和发达的交通使得全国范围的多中心联合科研得以实现。在大量临床研究的基础上,探索出一些新的证治规律,研制出一批疗效好、副作用小、使用更为便捷的中成药。重点专科开展了对肺炎喘嗽、哮喘、反复呼吸道感染、感冒、泄泻、紫癜、癫痫、注意缺陷多动障碍、抽动障碍、性早熟等疾病的研究,取得了一批重大科研成果,促进了中医儿科的学术发展。在剂型改革方面,除了丸、散、膏、丹外,又研制出了一批新剂型,如颗粒剂、口服液、滴鼻剂、栓剂、膜剂、注射液、纳米乳剂等,便于儿科临床使用。

1983年9月成立了中华中医药学会儿科分会,各省、市、自治区相继建立了中医儿科专业委员会,分会每年召开一次全国中医儿科学术大会,对于促进中医儿科的学术交流、推动中医儿科学术发展和诊疗水平的提高发挥了积极的作用。2009年10月成立了世界中医药学会联合会儿科专业委员会,促进了全世界中医儿科工作者的团结和学术交流。

综上所述,中医儿科学的形成和发展已有数千年的历史,正在向着现代化的方向发展。中医儿科学的现代化,就是要建立起一套源于传统中医儿科,适应疾病谱变化及当今社会需要,与各学科协调发展的理论和实践体系。实现这一战略目标,人才培养是基础工程,科学研究是必由之路,传承精华、守正创新是根本原则。

笔记栏

学习小结

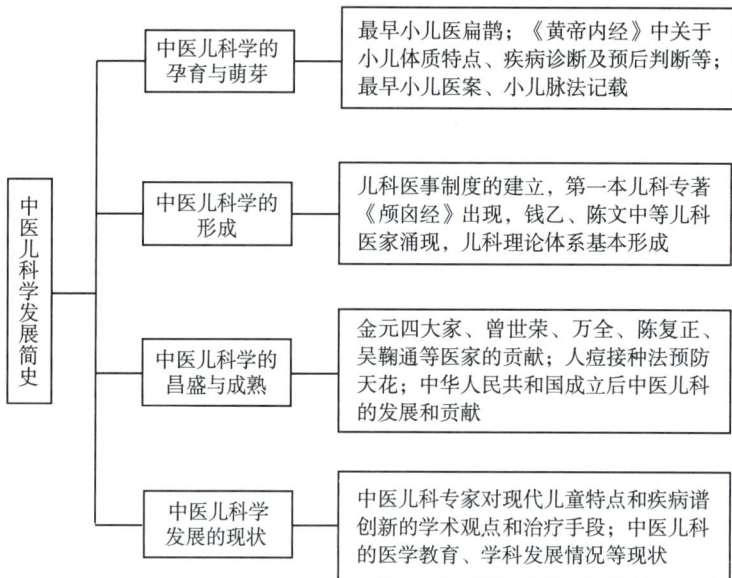

中医儿科学发展简史	中医儿科学的孕育与萌芽	最早小儿医扁鹊；《黄帝内经》中关于小儿体质特点、疾病诊断及预后判断等；最早小儿医案、小儿脉法记载
	中医儿科学的形成	儿科医事制度的建立，第一本儿科专著《颅囟经》出现，钱乙、陈文中等儿科医家涌现，儿科理论体系基本形成
	中医儿科学的昌盛与成熟	金元四大家、曾世荣、万全、陈复正、吴鞠通等医家的贡献；人痘接种法预防天花；中华人民共和国成立后中医儿科的发展和贡献
	中医儿科学发展的现状	中医儿科专家对现代儿童特点和疾病谱创新的学术观点和治疗手段；中医儿科的医学教育、学科发展情况等现状

（姜永红）

复习思考题

1. 论述"儿科之圣"钱乙对中医儿科学的贡献。
2. 试述万全、陈复正对中医儿科学的主要贡献。
3. 试述现代中医儿科流派的特征。

扫一扫 测一测

扫一扫
测一测

第二章

生长发育与保健

📑 学习目标

　　通过本章学习,掌握小儿年龄分期、各年龄期的特点;掌握小儿体格发育正常值及测定方法;熟悉小儿体格发育和智能发育的一般规律及其临床意义;熟悉各年龄期喂养保健的内容与要求。

PPT 课件

第一节　年　龄　分　期

　　小儿从成胎、出生到青春期,一直处于不断生长发育的过程中。不同年龄的小儿,其形体、生理、病理、病因等各有不同特点,患病种类、病理变化、临床表现也有所差异,对养育保健、疾病防治等都有不同的要求,故将小儿年龄分为若干期,以便更好地指导儿童养育和疾病防治。小儿年龄的分期,最早见于《灵枢·卫气失常》:"……十八已上为少,六岁已上为小。"目前多将 18 岁以内作为儿科就诊范围,整个小儿时期分为 7 个阶段。

一、胎儿期

　　从受孕直至分娩断脐为胎儿期。胎龄从孕妇末次月经第 1 天算起为 40 周,280 天,以 4 周为一个妊娠月,即"怀胎十月"。

　　胎儿在孕育期间,寄生于母体之内,与其母借胎盘、脐带相连,依靠母体的气血供养,在胞宫内生长发育,因而与母体息息相关。胎儿的健康成长,依赖于孕母的调摄,我国自古称之为"养胎""护胎"和"胎教"。

　　胎儿尚未成熟,如草木未萌,嫩芽易伤。在整个孕期内,尤其在妊娠早期(从受精到满 12 周)的胚胎期,从受精卵细胞至基本形成胎儿,最易受到各种病理因素,如感染、药物、劳累、物理、营养缺乏以及不良心理因素等伤害,造成流产、死胎或先天畸形。妊娠中期(自 13 周到未满 28 周),胎儿各器官迅速增长,功能也渐成熟。妊娠晚期(自满 28 周到40 周),胎儿以肌肉发育和脂肪积累为主,体重增长快。后两个阶段若胎儿受到伤害,易发生早产。先天之本为一生之基,做好胎儿期保健,将为儿童出生后的健康成长打下良好的基础。

　　此外,国际上还将孕期满 28 周到出生后 7 天止,定为围生期。围生期小儿死亡率最高,因而应特别强调围生期的保健。

二、新生儿期

自出生后脐带结扎至生后满 28 天为新生儿期。

新生儿开始脱离母体而独立生存,在短暂的时间内,经历了内外环境的突然变化,其机体内部也发生了相应的巨大变化。肺脏开始呼吸,脾胃开始受盛化物、输布精微和排泄糟粕,心主神明、肝主疏泄、肾主生长的功能开始发挥。但此时小儿脏腑功能、精神发育均未臻成熟,处于稚嫩状态。由于新生儿对外界的适应能力和御邪能力都较差,加上胎内、分娩及生后护理不当等原因,这一时期新生儿的发病率和死亡率都很高,产伤、窒息、硬肿、脐风等疾患尤为常见。因此应当高度重视新生儿的护理保健。

三、婴儿期

出生 28 天后至 1 周岁为婴儿期。

婴儿已经初步适应了外界环境,显示出蓬勃的生机,生长发育特别迅速。1 周岁时,小儿的体重增长到出生时的 3 倍,身长增长到 1.5 倍。由于生长迅速,机体对水谷营养的需求相对旺盛,而婴儿脾胃未充,运化力弱,因而需要重视乳食喂养,预防脾胃病的发生。同时,婴儿肺脏娇嫩,表卫未固,来自母体的免疫力逐渐消失,自身免疫力尚未健全,御邪能力弱,造成时行疾病和肺系疾病的发病概率大为增加,故应加强这一时期好发疾病的预防和保健工作。

四、幼儿期

1 周岁后至 3 周岁为幼儿期。

这一时期小儿的体格生长速度较前减慢。此期小儿学会了走路,活动范围扩大,接触周围事物的机会增多,智力发育比较突出,语言、思维和应人、应物的能力增强。同时,由于户外活动逐渐增多,感邪患病的机会也较前增加,多种小儿传染病如水痘、流行性腮腺炎、猩红热等发病率增高。小儿的饮食已逐步过渡到普通饮食,乳牙渐次长齐,在脾胃功能逐渐健全的过程中,要注意预防吐泻、厌食等脾系病证的发生。幼儿识别危险及自我保护能力差,易发生中毒、烫伤等意外事故。因此,要有针对性地做好幼儿期保健工作。

五、学龄前期

3 周岁后至 6~7 岁入小学前为学龄前期,也称幼童期。

学龄前期的小儿体格发育稳步增长,智能发育趋于完善。在这一时期,要开展早期教育,培养儿童形成良好的基本素质,包括良好的体质、生活习惯、思想品德等,以保障儿童的身心健康。学龄前期儿童容易发生溺水、烫伤、误服药物、食物中毒等意外事故,应注意防护。此期由于自身抗病能力有所增强,发病率有所下降,但与免疫反应有关的疾病如哮喘、幼年类风湿病、肾炎型肾病等发病率增加,应抓紧调治。

六、学龄期

自入小学始(6~7 岁)至青春期前(一般为女 12 岁,男 13 岁)称学龄期。

学龄期小儿在体格方面仍稳步增长,乳牙依次更换为恒牙。除生殖系统外,到本期末其他器官的发育已接近成人水平。此期智能发育逐渐成熟,控制、理解、分析、综合等能力增强,能适应正规的学习生活。这一时期儿童对各种时行疾病的抗病能力增强,发病率进一步下降,疾病的种类及表现基本接近成人,肾病综合征、哮喘、过敏性紫癜、风湿热等是这一时期的好发疾病,需要注意预防。此期还要注意端正坐、立、行的姿势,注意保护视力。要安排好起居作息,保证充足的营养和睡眠,注意情绪和行为变化,减少精神行为障碍疾病的发病率。学龄期是接受教育、增长知识的重要时期,家长应与学校配合,因势利导,使他们在各方面得到全面发展。

七、青春期

青春期受地区、气候、种族等因素影响,个体差异较大,一般女孩青春期自 11~12 岁起,到 17~18 岁;男孩青春期自 13~14 岁起,到 18~20 岁。

青春期是从儿童到成人的过渡时期,其显著特点是肾气盛、天癸至,生殖系统发育趋于成熟,女孩乳房发育、月经来潮,男孩精气溢泻。体格生长也出现第二次高峰,体重、身长增长幅度加大,心理变化也较大。根据这一特点,应加强教育与引导,使之在心理上、生活上适应这些变化,防治这一阶段容易出现的各种身心疾病,保障青春期的身心健康。

> **课堂互动**
>
> 从《灵枢·卫气失常》"……十八已上为少,六岁已上为小"谈谈你对小儿年龄分期的理解。

02章02节PPT

PPT 课件

第二节　生长发育

小儿处于不断生长发育的过程中。"生长"是小儿身体各器官、系统的增大和形态变化,主要反映为量的改变;"发育"是指机体各组织、器官、系统功能的进步,主要反映为质的变化。生长和发育密切相关,生长是发育的物质基础,生长的量的变化可在一定程度上反映身体器官、系统的成熟状况,因此,生长发育通常相提并论。

一、生长发育规律

生长发育具有一定规律性,主要表现在以下几点:

1. 连续性与阶段性　生长发育在整个小儿时期不断进行,但各年龄阶段生长发育并非等速进行。一般而言,年龄越小,体格增长越快,如体重、身长在出生后第一年,尤其是出生后最初 6 个月增长很快,后半年逐渐减慢,至青春期生长速度又相对加快。

2. 各系统器官发育不平衡性　小儿各系统的发育有一定顺序,各器官的生长速度有其阶段性。神经系统发育较早,淋巴系统在儿童期生长迅速,于青春期前达高峰,此后逐渐降至成人水平,生殖系统发育较晚,其他系统的增长基本与体格生长平行。

3. 有一定顺序性　生长发育一般遵循:①由上到下:先抬头、后挺胸,再会坐、立、行;②由近到远:从臂到手,从腿到脚的活动;③由粗到细:从全掌抓握到手指拾取;④由简单到复杂:先画直线后画圆图形;⑤从低级到高级:先从看、听等感性认识然后发展到记忆、思维等理性认识。

4. 有个体差异性　小儿生长发育虽按一定的规律发展,但在一定范围内受遗传、营养、性别、疾病、教养、环境等的影响而存在相当大的个体差异,因此每一个体的生长发育水平不会完全相同,在一定范围内的正常值也不是绝对的,必须结合考量影响个体的不同因素,才能做出正确的判断。

二、体格生长

小儿体格生长具有一定规律,某些指标可用生理常数表示,帮助衡量和判断儿童生长发育水平,并为某些疾病诊断和临床治疗用药提供依据。临床实际工作中,还可按体格生长的规律,列出一些计算公式,从而大致推算出各年龄组儿童的生理常数。

(一)体重

体重是小儿机体的总重量,是代表体格生长,尤其是营养状况的重要指标。临床给药、输液也常依据体重计算。称量体重,应在清晨空腹、排空大小便、仅穿单衣的状况下进行。

小儿体重的增长不是匀速的,一般年龄愈小,增长愈快。出生时体重约为3kg,出生后的前半年平均每月增长约0.7kg,后半年平均每月增长约0.5kg,1周岁以后平均每年增长约2kg。当无条件称量体重时,可用以下公式推算:

$$\leq 6 \text{ 个月体重}(kg) = \text{出生时体重} + 0.7 \times \text{月龄}$$
$$7\sim12 \text{ 个月体重}(kg) = 7 + 0.5 \times (\text{月龄} -6)$$
$$1 \text{ 岁以上体重}(kg) = 8 + 2 \times \text{年龄}$$

同一年龄小儿的体重可有一定的个体差异,其波动范围不超过正常均值的两个标准差,约15%。体重超过正常均值20%以上为肥胖症,体重下降超过正常均值的15%为营养不良。

(二)身高(长)

身高是指从头顶至足底的垂直长度。由于3岁以下小儿立位不易准确测量,常以仰卧位用量床测量,测量值为身长。立位与仰卧位测量值相差约1cm。测量身高时,应脱去鞋袜,摘帽,取立正姿势,枕、背、臀、足跟均紧贴测量尺。

身高(长)的增长规律与体重相似,年龄越小,增长越快。出生时身长约为50cm。生后第一年身长增长最快,约25cm,其中前3个月约增长12cm。第二年身长增长速度减慢,约10cm。2周岁后至青春期身高(长)增长平稳,每年5~7cm。进入青春期,身高增长出现第二个加速期,持续2~3年。临床可用以下公式推算2岁后至12岁儿童的大概身高:

$$\text{身高}(cm) = 70 + 7 \times \text{年龄}$$

身高(长)增长与种族、遗传、体质、营养、运动、疾病等因素有关,身高的显著异常是疾病的表现,如身高低于正常均值两个标准差(-2SD),应考虑侏儒症、克汀病、营养不良等。

此外,还可测定上部量和下部量。上部量指从头顶至耻骨联合上缘的长度,下部量指从耻骨联合上缘至足底的长度。上部量与脊柱增长关系密切,下部量与下肢长骨的生长关系密切。12岁前上部量大于下部量,12岁以后下部量大于上部量。

(三)囟门

囟门有前囟、后囟之分。前囟是额骨和顶骨之间的菱形间隙,后囟是顶骨和枕骨之间的三角形间隙。前囟的大小是指囟门对边中点间连线的距离。

前囟应在小儿出生后的12~18个月闭合。后囟在部分小儿出生时就已闭合,未闭合者正常情况应在生后2~4个月闭合。

囟门反映小儿颅骨间隙闭合情况,对某些疾病诊断有一定意义。囟门早闭且头围明显小于正常者,为头小畸形;囟门迟闭及头围大于正常者,常见于解颅(脑积水)、佝偻病等。囟门凹陷多见于阴伤液竭之失水;囟门凸出多见于热炽气营之脑炎、脑膜炎等。

(四) 头围

头围是从双眉弓上缘处,经过枕骨结节,绕头一周的长度。

足月儿出生时头围为 33~34cm,出生后前 3 个月和后 9 个月各增长 6cm,1 周岁时约为 46cm,2 周岁时约为 48cm,5 周岁时约增长至 50cm,15 岁时接近成人,为 54~58cm。

头围的大小与脑的发育有关。头围明显小者提示脑发育不良,头围过大则常提示为解颅。

(五) 胸围

测量胸围时,3 岁以下小儿可取立位或卧位,3 岁以上取立位。被测者应处于安静状态,两手自然下垂或平放(卧位时),两眼平视;测量者立于被测者右前侧,用软尺由乳头向背后绕肩胛角下缘 1 周,取呼气和吸气时的平均值。测量时软尺应松紧适中、前后左右对称。

新生儿胸围约 32cm;1 岁时约 44cm,接近头围,2 岁后胸围渐大于头围。胸围的大小与肺和胸廓的发育有关。一般营养不良或缺少锻炼的小儿胸廓发育差,胸围超过头围的时间较晚;反之,营养状况良好的小儿,胸围超过头围的时间较早。

(六) 牙齿

人一生有两副牙齿,即乳牙(20 颗)和恒牙(28~32 颗)。生后 4~10 个月乳牙开始萌出,出牙顺序是先下颌后上颌,自前向后依次萌出,唯尖牙例外。乳牙在 2~2.5 岁出齐。出牙时间推迟或出牙顺序混乱,常见于佝偻病、呆小病、营养不良等。6 岁左右开始萌出第 1 颗恒牙,自 7~8 岁开始,乳牙按萌出先后逐个脱落,代之以恒牙,最后一颗恒牙(第 3 磨牙)一般在 20~30 岁时出齐,也有终生不出者。

2 岁以内乳牙颗数可用以下公式推算:

$$乳牙数 = 月龄 -4(或 6)$$

(七) 脊柱

脊柱的变化反映椎骨的发育。在出生后 1 年中小儿脊柱生长比四肢快,以后则相反。新生儿脊柱无弯曲,仅呈轻微后凸;到 3 个月能抬头时,脊柱出现颈椎前凸;到 6 个月会坐时出现胸椎后凸;到 1 岁后会行走时出现腰椎前凸,形成了脊柱的自然弯曲,以保持身体的平衡;到 6~7 岁时这些弯曲才为韧带所固定。

(八) 骨化中心

足月婴儿出生时股骨远端和胫骨近端已出现骨化中心(此为判断新生儿胎龄的指标之一)。正常小儿的骨化中心按年龄出现,通常采用 X 线检测成骨中心出现的时间、数量、形态变化和融合情况,以此推断骨龄。正常婴儿在出生 4~6 个月后出现头骨及钩骨,到 2~3 岁时出现三角骨,4~6 岁时出现月骨及大、小多角骨,5~8 岁时出现舟骨,9~13 岁时出现豌豆骨,桡骨远端的成骨中心于 6~12 个月时出现,尺骨远端则到 6~8 岁时才出现。因此小儿 1 岁时在腕部已有 2~3 个骨化中心,3 岁时有 4 个,6 岁时有 7 个,8 岁时有 9 个,10 岁时全部出现,共 10 个。6~8 岁前腕部骨化中心数约为其岁数加 1。骨龄即为正常儿出现此数目骨化中心的年龄。但正常骨化中心出现的年龄差异较大。患呆小病等疾病时骨龄明显落后。目前临床也采用图谱或 TW2 评分法,根据每个骨化中心出现时间、大小、形状、密度等与标准图谱比较,其骨骼成熟度相当于某一年龄标准图谱时,该年龄即为其骨龄。

(九) 呼吸、脉搏

小儿呼吸频率可通过观察其腹部的起伏状况测得,也可用少量棉花纤维放置于小儿的鼻孔边缘,通过观察棉花纤维的摆动次数来测定;小儿脉搏次数一般通过寸口脉或心脏听诊检测。呼吸、脉搏的检测均应在小儿安静时进行。各年龄组小儿呼吸、脉搏的正常值见表 2-1。

表 2-1　各年龄组小儿呼吸、脉搏次数(次/min)

年龄	呼吸(次)	脉搏(次)	呼吸∶脉搏
新生儿	45~40	140~120	1∶3
≤1岁	40~30	130~110	1∶(3~4)
2~3岁	30~25	120~100	1∶(3~4)
4~7岁	25~20	100~80	1∶4
8~14岁	20~18	90~70	1∶4

(十)血压

测量血压时应根据不同年龄选择不同宽度的袖带,袖带宽度应为上臂长度的2/3,袖带过宽测得的血压值较实际血压值为低,过窄测得的血压值较实际血压值为高。小儿年龄愈小血压愈低。

不同年龄小儿血压正常值可用公式推算: 收缩压(mmHg)=80 + 2 × 年龄

舒张压(mmHg) = 收缩压 × 2/3

三、生殖系统发育

胚胎期性分化从受精卵开始,胚胎5~6周形成胎儿睾丸,8~12周形成附睾、输精管、精囊、前列腺芽胚;胚胎12周后形成卵巢、输卵管、子宫。受下丘脑-垂体-性腺轴的调节,各系统中生殖系统发育最迟,青春期才开始发育,此时出现第2个生长高峰,性器官迅速增长,出现第二性征。青春期持续7~10年,开始和持续的时间个体差异较大,受多种因素影响。性早熟即青春期提前出现,指女孩8岁以前,男孩9岁以前出现第二性征;性发育延迟指女孩14岁以后,男孩16岁以后未出现第二性征。

(一)男性生殖系统发育

男性生殖系统发育包括生殖器官的形态、功能发育和第二性征发育。男性生殖器官包括睾丸、附睾、阴茎。出生时睾丸大多已降至阴囊,10%睾丸未下降的男婴,一般1岁内睾丸都会下降到阴囊,少数未降者称隐睾。青春期以前睾丸保持婴儿状态,长径不足2.0cm,阴茎长度不足5cm,体积不超过3.0ml,功能处于静止状态,睾丸增大是男性青春期的第一征象。雄激素的分泌促进第二性征的出现,第二性征主要表现为阴毛、腋毛、胡须、变声及喉结的出现。首次遗精是男性青春期的生理现象,多于阴茎生长1年后或第2个生长高峰后出现。遗精后常会感到尴尬、烦恼和迷惑,学校和家庭应重视青春期性教育和保健教育。

(二)女性生殖系统发育

女性生殖系统发育包括生殖器官的形态、功能发育和第二性征发育。女性生殖器官包括卵巢、输卵管、子宫、阴道。出生时卵巢发育较为完善,但卵泡处于原始状态;进入青春前期后,在腺垂体促性腺激素的作用下,卵巢内滤泡发育,乳房出现硬结,随着卵巢迅速增长,雌激素上升,促进生殖器官的发育及第二性征的出现。第二性征主要表现为乳房的发育,阴毛、腋毛的出现。月经初潮是性功能发育的主要标志,大多在乳房发育1年后或第2个生长高峰后出现,受遗传、经济文化水平、营养状况等多种因素的影响,个体差异较大。

四、小儿神经心理发育

神经心理发育包括感知、运动、语言、性格、心理活动等方面,是反映小儿发育正常与否的重要指征。神经心理发育除与先天遗传因素有关外,还与后天所处环境及受到的教育等密切相关。

(一) 感知发育

1. 视感知的发育 视力是在外界刺激不断作用下反复练习才得以发展的。新生儿视觉不敏锐,在 15~20cm 距离处最清晰,可短暂地注视和反射地跟随近距离内缓慢移动的物体;2 个月起可协调地注视物体,初步有头眼协调;3 个月时头眼协调好,可追寻活动的物体或人;4~5 个月开始能认识母亲,见到奶瓶表示喜悦;6 个月时能转动身体协调视觉;9 个月时出现视深度感觉,能看到小物体;1 岁半时能区别各种形状;2 岁时能区别垂直线与横线,目光跟踪落地的物体;5 岁时可区别各种颜色;6 岁时视力达到 1.0。

2. 听感知的发育 听觉的发育对小儿语言的发展有重要意义。新生儿出生 3~7 天听觉已相当良好;3 个月时可转头向声源;4 个月时听到悦耳声音会有微笑;5 个月时对母亲语声有反应;8 个月时能区别简单语言的意义;9 个月时能寻找来自不同方向的声源;1 岁时听懂自己的名字;2 岁时听懂简单的吩咐;4 岁时听觉发育完善。

3. 嗅觉和味觉 新生儿的嗅觉和味觉出生时已基本发育成熟,对母乳香味已有反应,对不同味道如甜、酸、苦等反应也不同;3~4 个月时能区别好闻和难闻的气味;5 个月时对食物味道的微小改变很敏感,应合理添加各类辅食,使之适应不同味道。

4. 皮肤感觉 新生儿的触觉已很敏感,尤其以嘴唇、手掌、脚掌、前额和眼睑等部位最敏感;痛觉出生时已存在,疼痛可引起全身或局部的反应;温度觉也很灵敏,尤其对冷的反应,如出生时离开母体环境温度骤降就啼哭;2~3 岁时小儿能通过触觉与手眼协调一致的活动区分物体的大小、软硬和冷热等;5 岁时能分辨体积相同而重量不同的物体。

5. 知觉 知觉是人对事物的综合反应,与上述各感觉能力的发育密切相关。小儿 1 岁末开始有空间和时间知觉;3 岁能辨上下;4 岁辨前后,开始有时间概念;5 岁能辨自身的左右。

(二) 运动发育

小儿运动功能的发育遵循一定的规律,发育顺序是由上到下、由粗到细、由不协调到协调的进展。新生儿仅有反射性活动(如吮吸、吞咽等)和不自主的活动;1 个月小儿睡醒后常做伸欠动作;2 个月时扶坐或侧卧时能勉强抬头;4 个月时可用手撑起上半身;6 个月时能独坐片刻;8 个月会爬;10 个月可扶走;12 个月能独走;18 个月可跑步和倒退行走;24 个月时可双足并跳;36 个月会骑三轮车。

手指精细运动的发育过程为:新生儿时双手握拳;3~4 个月时可自行玩手,并企图抓东西;5 个月时眼与手的动作取得协调,能有意识地抓取面前的物品;5~7 个月时出现换手与捏、敲等探索性的动作;9~10 个月时可用拇指、食指拾东西;12~15 个月时学会用匙、乱涂画;18 个月时能摆放 2~3 块方积木;2 岁时会粗略地翻书页;3 岁时会穿简单的衣服。

(三) 语言发育

语言是表达思维、意识的一种方式。小儿语言发育要经过发音、理解与表达 3 个阶段。新生儿已会哭叫;2 个月能发出和谐喉音;3 个月发出咿呀之声;4 个月能发出笑声;7~8 个月会发复音,如"妈妈""爸爸"等;1 岁时能说出简单的生活用语,如吃、走、拿等;1 岁半时能用语言表达自己的要求;2 岁后能简单地交谈;5 岁后能用较为完整的语言表达自己的意思。

(四) 性格发育

性格是指人在对事、对人的态度和行为方式上所表现出来的心理特点,如英勇、刚强、懦弱、粗暴等。

由于每个人的生活环境、心理特征不同,因而表现在对人和事的兴趣、处理能力、适应程度等方面的性格特点也各不相同。小儿性格特征的形成和建立,是随着小儿的生长发育逐步完成的。

婴儿时期由于一切生理需要必须依赖于成人的照顾,因而随之建立的是以相依情感为突出表现的性格。2~3个月的小儿以笑、停止啼哭、伸手、眼神或发出声音等表示见到父母的愉快;3~4个月会对外界使自己感到高兴的事情表现出大笑;7~8个月会对不熟悉的人表现出认生;9~12个月会对外界不同的事情做出许多不同的面部表情反应;18个月的小儿逐渐建立了自我控制能力,在成人附近可以较长时间独自玩耍。

幼儿时期由于已经能够行走,并且具备了一定的语言表达能力,性格的相依性较前减弱。但由于幼儿的行为能力和语言表达能力都非常有限,仍对成人有很大的依赖性,因此表现为相依情感与自主情感或行为交替出现的性格特征。小儿在2岁左右就表现出对父母的依赖性减弱,不再认生,较前易与父母分开;3岁后可与小朋友做游戏,能表现出自尊心、害羞等。

(五)儿童心理活动的发展

新生儿已有非条件性的定向反射,如大声说话能引起新生儿停止活动,对饥饿、不舒适、寒冷等表现出不安、哭脸及啼哭等消极情绪;2个月时积极情绪增多,尤其是看到母亲时,表现非常高兴;3个月开始能短暂地集中注意人脸和声音;5~6个月的婴儿能再认母亲和其他亲近的人,但不能重现;1岁以后才有重现。

幼儿期再认的能力进一步增强,幼儿末期,能再认相隔几十天或几个月的事物,小儿的情感表现日渐丰富和复杂;学龄前期小儿已能有意识地控制自己情感的外部表现,对感兴趣的、能激起强烈情绪体验的事物较易记忆,并保持持久;学龄期儿童由于分析思维能力的发展以及学习任务的要求,有意记忆能力增强,记忆的内容拓宽,复杂性增加。5岁后能较好地控制其注意力;11岁后儿童注意力的集中性和稳定性逐渐提高,注意的范围也不断扩大。

五、变蒸学说

变蒸学说是我国古代医家用来解释小儿生长发育规律、阐述婴幼儿生长发育期间生理现象的一种学说。变者,变其情智,发其聪明;蒸者,蒸其血脉,长其百骸。小儿生长发育旺盛,其形体、神志都在不断地变异,蒸蒸日上,故称变蒸。

变蒸的日数,是由出生之日算起,32日为一变,64日再变,变且蒸。即两变一蒸,合320日为十变五小蒸。小蒸之后,又64日一大蒸,大蒸后,又64日复大蒸,复大蒸后,又128日再复大蒸,计256日三大蒸。至此,小蒸320日,大蒸256日,共计576日,约1岁7个月,变蒸完毕。小儿在变蒸过程中,不仅其形体不断地成长,其脏腑功能也不断地成熟完善,因而形成了小儿形与神之间的协调发展。

变蒸之名,始见于西晋王叔和的《脉经》:"小儿是其日数,应变蒸之时,身热而脉乱,汗不出,不欲食,食辄吐哯者,脉乱无苦也。"历代对于"变蒸"学说有两种不同的意见。一是同意小儿有"变蒸"者,如《颅囟经》、巢元方《诸病源候论》、孙思邈《备急千金要方》、钱乙《小儿药证直诀》、陈文中《小儿病源方论》、王肯堂《证治准绳·幼科》、万全《幼科发挥》、虞抟《医学正传》、吴谦《幼科心法要诀》、夏禹铸《幼科铁镜》、张山雷《小儿药证直诀笺正》等;二是不同意小儿有"变蒸"者,如张介宾《景岳全书·小儿则》、陈复正《幼幼集成》等。

变蒸学说揭示的婴幼儿生长发育规律是符合实际的,对于我们认识小儿的生长发育特点、研究当代儿童的生长发育规律有一定的借鉴价值。但是,有些古代医籍提出的变蒸时小儿出现发热、呕吐等症状属于正常表现,不需治疗的说法值得商榷,这些症状有可能是某些疾病如功能性低热、新生儿脱水热、暑热症等的表现,临床需注意鉴别。

02章03节PPT

PPT 课件

课堂互动

谈谈你对变蒸学说的认识。

第三节　儿童保健

儿童保健主要任务是研究儿童各年龄期生长发育的规律及其影响因素,以"治未病"理念为核心,进行合理喂养及调护,增强儿童体质,进行儿科疾病的预防及管理,促进儿童健康成长。

一、胎儿期保健

胎儿在母体之内,生长发育完全依靠孕母的气血供养,与孕母健康、营养状况密切相关。胎儿期保健历来被认为是儿童保健的第一步,古代称之为"养胎护胎""胎养胎教",其中强调"预养以培其元,胎养以保其真"。胎儿期保健,对于后天体质强弱、智力高下、疾病寿夭,有着深远的影响。

1. 预养以培其元　胎儿期保健,首先要从择偶婚配开始。近亲之间,血缘相近,不可通婚,否则会使后代体弱而且患遗传性疾病的机会增多。结婚之前,应提倡和普及婚前体检及遗传咨询,查明有无不宜婚育、可能影响后代健康的疾病。男女双方应在适当的年龄结婚生育,男子三八,女子三七,肾气平均,发育成熟,是婚育的合适年龄。通过孕育前男女双方的养生保健,气血阴阳调理,使男女气血充沛,元阴元阳充实,有利于胎儿孕育。

2. 饮食调养　胎儿的生长发育,全赖孕母的气血濡养。孕妇脾胃仓廪化源充盛,才能气血充足,滋养胎儿。孕妇的饮食,应当富于营养,易于消化,进食按时、定量。禁忌过食大冷、大热、肥甘厚腻、辛辣炙煿等食物,以免酿生胎寒、胎热、胎肥等病证。对不同体质之孕妇,可以寒温不同属性之饮食以纠其偏。例如素体阴虚火旺者,饮食宜清淡;阳虚气弱者,饮食宜温补;脾胃虚弱者,宜调理脾胃。

3. 寒温调摄　女性怀孕之后,气血聚以养胎,卫气不足,卫外不固,多汗而易于为虚邪贼风所感。怀胎十月,要经历四个不同的季节,气候变化很大,孕妇要比常人更加注意寒温的调摄,顺应气温的变化,给孕妇创造良好的生活环境,减少气候骤变对人体的伤害。注意居室内空气流通,保持空气新鲜,勿去空气污浊、环境污染的场所,避免为其所害。孕妇的衣着以宽松为宜,紧衣束身会妨碍气血流通。孕妇的衣料以棉织品为优,穿着舒适、透气、吸潮、保暖;不可穿着硬挺、不吸潮,甚至可能引起过敏的衣物。

4. 防感外邪　孕期各种感染性疾病,尤其是病毒感染,包括风疹病毒、流感病毒、巨细胞病毒、单纯疱疹病毒、水痘病毒、肝炎病毒等,都可能导致先天性畸形、流产或早产。例如,孕妇妊娠早期感染风疹病毒,可造成小儿先天性白内障、先天性心脏病、耳聋、小头畸形及智力发育障碍等,称为先天性风疹综合征。《备急千金要方·妇人方上·养胎》说:"凡受胎三月,逐物变化,禀质未定",最要注意防感外邪,保养胎儿。

5. 避免外伤　妊娠期间,孕妇要防止各种外伤,以保护自己和胎儿。我国古代的《产孕集》曾对孕妇提出"十二毋戒示",包括毋登高、毋作力、毋疾行、毋侧坐、毋曲腰、毋跂倚、毋高处取物等。孕妇要谨防跌仆损伤,要注意保护腹部,避免受到挤压和冲撞。要远离噪声,避免接触放射线。噪声会损害胎儿的听觉,放射线能诱发基因突变,造成染色体异常,可能产生流产或胎儿发育畸形。同时妊娠期间要控制房事,节欲保胎。特别是妊娠期前 3 个月和后 1.5 个月,应当停止房事。房事不节,易于伤肾而致胎元不固,造成流产、早产,也易于因交合而酿生胎毒,使孕妇及胎儿宫内感染的机会增多。

6. 劳逸结合　孕妇应当动静相兼,劳逸结合,保持适度的活动,才能使全身气血流畅,胎儿得以长养,生产顺利。当然,孕妇也不可过劳,不能从事繁重的体力劳动和剧烈的运动,以免损伤胎元,引起流产或早产。一般来说,妊娠 1~3 个月应适当静养,谨防劳伤,以稳固其胎。4~7 个月可增加一些活动量,以促进气血运行,适应此期胎儿迅速生长的需要。

7. 调节情志　历代医家总结胎教的经验提出,女性妊娠期要"调心神,和情性,节嗜欲,庶事清净",即保持情绪安定,心态平和,可以聆听优雅的音乐,进行健康的娱乐活动,不仅可以陶冶孕妇的情操,更有利于胎儿的孕育成长。孕妇情志过极不仅损害自身的健康,而且会因气血逆乱,影响胎儿的正常发育。所以,孕妇应当精神内守,情绪稳定,喜怒哀乐适可而止,避免强烈的精神刺激,才能安养胎儿。

8. 谨慎用药　对孕妇用药应当十分审慎,无病不可妄投药物,有病也要谨慎用药,中病即止。患有心肾疾病、糖尿病、甲状腺功能亢进、系统性红斑狼疮、结核病等慢性疾病的孕妇应在医生指导下进行治疗,高危产妇应定期进行产前检查,必要时终止妊娠。对于某些药性峻猛、可能损害胚胎的药物应当列为禁忌。古人提出的妊娠禁忌中药主要分为以下 3 类:①毒性药类,如乌头、附子、天南星、野葛、水银、铅粉、砒石、硫黄、雄黄、斑蝥、蜈蚣等;②破血药类,如水蛭、虻虫、干漆、麝香、瞿麦等;③攻逐药类,如巴豆、牵牛子、大戟、芫花、皂荚、藜芦、冬葵子等。这些药物用于孕妇,可能引起中毒,损伤胎儿,造成胚胎早期死亡或致残、致畸等。各种化学合成药物更应慎重应用。

9. 定期做好产前检查　特别是对高危产妇需做产前筛查,异常者终止妊娠,减少妊娠合并症,预防流产、早产、异常产的发生。

二、新生儿期保健

小儿初生,乍离母腹,如嫩草之芽,气血未充,脏腑柔弱,胃气始生,阴阳未和,脏腑未实,骨骼未全,对外界环境变化的适应性和调节能力差,抵抗力弱,易患各种疾病,且病情变化快,若稍有疏忽,可致夭折。因而,新生儿期保健,尤其是在生后 1 周之内的保健必须高度重视。

1. 拭口洁眼　小儿出腹,必须立即做好体表皮肤黏膜的清洁护理。应用消毒纱布探入口内,轻轻拭去小儿口中秽浊污物,包括黏液、羊水、污血及胎粪等,以免小儿啼声一发咽入腹内,甚至呛入气道。同时,要轻轻拭去眼睛、耳朵中的污物。新生儿皮肤上的胎脂有一定的保护作用,不要马上拭去。但皮肤皱褶处及二阴前后应当用消毒的纱布蘸温水(或植物油)轻轻擦拭,去除污垢。

2. 断脐护脐　婴儿出生后需随即结扎脐带,古称断脐。处理时严格消毒,脐带残端要用干法无菌处理,然后用无菌敷料覆盖。若在特殊情况下未能保证无菌处理,则应在 24 小时内重新消毒、处理脐带残端,以防感染。断脐后脐部要保持清洁、干燥,让脐带残端在数天后自然脱落。在此期间,注意勿让脐部为污水、尿液及其他脏物所侵,洗澡时勿浸湿脐部,以预防脐风、脐湿、脐疮等疾病。

3. 洗浴衣着　初生之时,当用消毒纱布拭去小儿体表的血迹,出生 24 小时后予洗澡。洗澡水要用开水,待降温至比小儿体温略高时使用。洗浴时轻轻擦拭小儿体表,不要将小儿没入水中,以免浸湿脐部。浴毕将全身拭干,可在体表涂以少量消毒植物油或鱼肝油,皮肤皱褶潮湿处扑以松花粉或滑石粉。洗浴时注意动作轻柔,防止冒受风寒。臀部经常清洗,保持皮肤清洁干燥,防止红臀。

小儿刚出生,必须注意保暖,尤其是对胎怯儿,寒冷季节更需做好保暖。夏季则要防暑降温,环境温度不能过高,以防中暑。新生儿衣着要适宜,应用柔软、浅色、吸水性强的棉布制作;衣服式样宜简单、容易穿换、宽松而不妨碍肢体活动;不用纽扣、松紧带,以免损伤娇嫩的皮肤。尿布要柔软而且吸水性强,尿布外不可加用塑料或橡皮包裹。

4. 生后开乳　生后应尽早让小儿吸吮乳头,鼓励母亲按需哺乳。一般足月新生儿吸吮能力较强,吞咽功能基本完善。早期开乳有利于促进母乳分泌,对哺乳成功可起重要作用,又可以使新生儿早期获得乳汁滋养。

5. 预防疾病　新生儿娩出后要记录出生时评分、体温、呼吸、心率、体重与身长,注意啼哭、吮乳、睡眠、小便、大便、皮肤等情况,及时发现各种新生儿疾病的早期表现。提倡母婴同室,新生儿室应定期开窗通风,保持室内空气清新。新生儿有专用用具,食具用后要消毒,母亲在哺乳和护理前应洗手。家人患传染病及皮肤病者,不要接触新生儿。尽量减少亲友探视和亲吻,避免交叉感染。注意防止因包被蒙头过严、哺乳姿势不当、乳房堵塞新生儿口鼻等造成新生儿窒息。要按时接种卡介苗、乙肝疫苗,按要求进行先天性遗传代谢病筛查。

三、婴儿期保健

婴儿期体格生长发育特别迅速,合理喂养尤为重要。婴儿期保健的重点是要做好喂养、护养和预防接种等工作。

(一) 喂养

婴儿喂养方法分为母乳喂养、人工喂养和混合喂养 3 种。

1. 母乳喂养　生后 6 个月之内以母乳为主要食品者,称为母乳喂养。母乳喂养的优点:①满足婴儿的营养需求:母乳中含有适合婴儿消化吸收的各种营养物质,且比例合适。②增强免疫:母乳中含有多种免疫因子,具有增强婴儿免疫力、减少疾病的作用。③喂哺简便:母乳的温度适宜,不易污染,省时、方便、经济。④增进母婴的情感交流:母乳喂养的婴儿频繁地与母亲肌肤相亲,接受爱抚,有利于促进婴儿心理与社会适应性的发育;又便于观察小儿变化,随时照料护理。⑤母亲产后哺乳可产生催乳激素,促进子宫收缩而复原;可抑制排卵,有利于计划生育。此外,母乳喂养还能降低乳腺癌、卵巢癌的发病率。

每次哺乳前,应先做好清洁准备,包括给婴儿更换尿布,母亲洗手,清洁乳头。喂哺姿势宜取坐位,身体放松,怀抱婴儿,将小儿头、肩部枕于母亲哺乳侧肘弯部,另一手拇指和其他四指分别放于乳房上、下方,喂哺时将整个乳房托起,使婴儿口含乳头及大部分乳晕而不堵鼻。每次哺乳,尽量让婴儿吸空一侧乳房后再吸另一侧。哺乳完毕后将婴儿抱直,头靠母肩,轻拍其背,使吸乳时吞入胃中的空气排出,可减少溢乳。

哺乳量应由乳母细心观察婴儿的个体需要,以按需喂哺为原则。每次哺乳时间 15~20 分钟,根据各个婴儿的不同情况,适当延长或缩短每次哺乳时间,以吃饱为度。若母亲患急性或慢性传染病如肝炎、结核病等,或患重症心、肝、肾脏疾病,或身体过于虚弱,不宜哺乳。乳头皲裂、感染时可暂停哺乳,但要吸出乳汁,以免病后无乳。

随着婴儿长大,母乳已不能满足小儿生长发育的需要,同时婴儿的脾胃功能也逐渐适应非流质食物,可予断奶,断奶时间视母婴情况而定。一般从 4~6 个月始添加辅食,使婴儿脾胃逐渐适应普通饮食,减少哺乳次数,然后在小儿 10~12 个月时断奶。若母乳量多者也可适当延期,不可骤断。若正值夏季炎热或小儿患病之时,应适当推迟断奶。

2. 人工喂养　4~6 个月的婴儿由于各种原因不能进行母乳喂养,完全采用配方奶或其他兽乳,如牛乳、羊乳、马乳等喂养婴儿,称为人工喂养。

牛乳是最常用的代乳品,所含蛋白质虽然较多,但以酪蛋白为主,酪蛋白易在胃中形成较大的凝块,不易消化;牛乳中含不饱和脂肪酸少,明显低于人乳,牛乳中乳糖含量亦低于人乳。牛乳与人乳的最大区别是牛乳缺乏各种免疫因子,故牛乳喂养的婴儿患感染性疾病的机会较多。另外,牛乳含矿物质比人乳多 3~3.5 倍,增加婴儿肾脏的溶质负荷,对婴儿肾脏有潜在的损害。

其他乳类中,羊乳的营养价值与牛乳大致相同,但羊乳中叶酸含量很少,长期喂哺易致巨幼红细胞性贫血;马乳的蛋白质和脂肪含量少,能量亦低,故不宜长期哺用。

由于种类的差异,兽乳所含的营养素不适合婴儿,故一般人工喂养和婴儿断离母乳时应首选配方奶。

配方奶粉是以牛奶为基础改造的奶制品,可使宏量营养成分尽量接近于人乳,适合于婴儿的消化能力和肾功能,如降低酪蛋白、无机盐的含量等;添加一些重要的营养素,如乳清蛋白、不饱和脂肪酸、乳糖;强化婴儿生长所需的微量营养素如核苷酸、维生素 A、维生素 D、胡萝卜素和微量元素铁、锌等。使用时按年龄选用和调配。

若无条件选用配方奶而采用兽乳喂养婴儿时,不宜直接使用兽乳,必须进行改造。奶方配制包括稀释、加糖和消毒 3 个步骤。稀释度与小儿月龄有关,生后不满 2 周采用 2∶1 奶(即 2 份牛奶加 1 份水);以后逐渐过渡到 3∶1 或 4∶1 奶;满月后即可进行全奶喂养。加糖量为每 100ml 加 5~8g;婴儿每日约需加糖牛奶 110ml/kg,需水每日 150ml/kg。加热煮沸可达到灭菌的要求,且能使奶中的蛋白质变性,使之在胃中不易凝成大块。

3. 混合喂养　因母乳不足,需添喂牛、羊乳或其他代乳品时,称为混合喂养,或称部分母乳喂养。混合喂养的方法有两种:补授法与代授法。补授法即每日母乳喂养的次数照常,每次先哺母乳,将乳房吸空,然后再补充一定量代乳品,直到婴儿吃饱。这种喂养方法可因经常吸吮刺激而维持母乳的分泌,因而较代授法为优。代授法是指一日内有一至数次完全用乳品或代乳品代替母乳,称为代授法。使用代授法时,每日母乳哺喂次数最好不少于 3 次,维持夜间喂乳,否则母乳会很快减少。

4. 添加辅食　无论母乳喂养、人工喂养或混合喂养的婴儿,都应按时于一定月龄添加辅食。添加辅食的原则:由少到多,由稀到稠,由细到粗,由一种到多种,在婴儿健康、消化功能正常时逐步添加。添加辅食的顺序可参照表 2-2。

表 2-2　添加辅食顺序

月龄	食物性状	种类
4~6 个月	泥状食物	菜泥、水果泥、含铁配方米粉、配方奶
7~9 个月	末状食物	稀(软)饭、烂面、菜末、蛋、鱼泥、豆腐、肉末、肝泥、水果
10~12 个月	碎食物	软饭、烂面碎肉、碎菜、蛋、鱼肉、豆制品、水果

(二) 护养

1. 起居作息　阳光及新鲜空气是婴儿成长不可缺少的,要坚持带孩子到户外活动,增强小儿体质,增加对疾病的抵抗力。正如《万氏家藏育婴秘诀·鞠养以慎其疾》所说:"无风频见日,寒暑顺天时。"婴儿衣着不可过暖,衣着要宽松,不可紧束而妨碍气血流通,影响发育。要有足够的睡眠,要掌握婴儿睡眠时间逐渐缩短的生理特点,在哺乳、戏耍等安排上,注意使之逐步形成夜间以睡眠为主、白天以活动为主的作息习惯。要做好婴儿的清洁卫生,勤换衣裤。

2. 促进感知　婴儿期是感知觉发育的重要时期,视觉、听觉及其分辨能力迅速提高,要结合生活实践,教育、训练他们由近及远地认识生活环境,促进感知觉发育,培养他们的观察力。家长应为婴儿提供运动的空间和机会,促进其动作的发展。要对婴儿逐步进行大小便训练。语言的发展是一个连续的有序过程,婴儿要先练习发音,继而感受语言和理解语言,最后才是用语言表达即说话,家长要利用一切机会对婴儿做好语言的培养。

3. 避免暴受惊恐　恐惧心理是心理发育过程中的正常现象,但过度惊吓对婴儿的发育将造成不良影响。大人的厉声呼喝、东西的大声撞击,甚至是闹市的嘈杂声,都有可能会惊吓到婴儿。受惊吓的婴儿一般出现哭闹不止、夜睡不安、神情萎靡等。因此,父母需要注意婴儿生活的环境,尽量避免婴儿受到惊吓。

(三) 预防疾病

婴儿时期脏腑娇嫩,卫外不固,从母体获得的免疫力逐渐消失,而自身后天的免疫力尚未产生,易于发生肺脾系疾病和传染病。要定期为婴儿做健康检查和体格测量,6 个月以内婴儿每月检查 1 次,7~12 个月的婴儿 2~3 个月检查 1 次,进行生长发育监测,以便及早发现问题,采取措施,及时预防、纠正营养不良、肥胖症、营养性缺铁性贫血、维生素 D 缺乏性佝偻病等疾病。注意饮食卫生,降低脾胃病的发病率。要防止意外损伤,如异物吸入、窒息、中毒、跌伤等。婴儿时期对各种传染病都有较高的易感性,必须切实按照规定的计划免疫程序,为 1 岁以内的婴儿完成预防接种的基础免疫。

四、幼儿期保健

1. 饮食调养　幼儿处于以乳食为主转变为以普通饮食为主的时期。此期乳牙逐渐出齐,但咀嚼功能仍差,脾胃功能仍较薄弱,食物宜细、软、烂、碎。食物品种要多样化,以谷类为主,同时进食牛奶、鱼、肉、蛋、豆制品、蔬菜、水果等多种食物,荤素搭配。食物制作方法应多样化,以增进小儿食欲。频繁进食、夜间进食、过多饮水均会影响小儿的食欲。要培养小儿形成良好的饮食习惯,按时进餐,相对定量,进食时不玩耍、不看电视,少吃零食,不挑食、不偏食。注意训练幼儿正确使用餐具和独立进餐的技能。在保证充足营养供给的同时,又要防止食伤致病。

2. 起居活动　幼儿学走路时多由成人牵着走,既要防止跌跤,又要为孩子保留一定的自主活动空间,引导孩子的动作发育。幼儿有强烈的好奇心、求知欲和表现欲,喜欢问问题、唱简单的歌谣、翻看故事书、观看动画片等,成人应适当给予满足,经常与之交谈,鼓励他多说话,促进幼儿的语言发育。幼儿期肺脾系疾病发病率高,要慎起居、调饮食、讲卫生、防外感,减少发病。结合幼儿的年龄特点,培养其养成良好的生活习惯。《活幼心书·决证诗赋·小儿常安》说:"四时欲得小儿安,常要三分饥与寒。"这些都是行之有效的育儿经验。

3. 疾病预防　随着小儿年龄增加,户外活动、接触外人的机会增多,容易发生各种急性传染病。要训练其养成良好的卫生习惯,纠正其不良习惯,如吮手、用脏手抓食品、坐在地上玩耍等;饭前便后要洗手,不能吃腐败污染的食品,衣被经常换洗。还要继续按计划免疫程序做好预防接种。幼儿好奇好动,但识别危险的能力差,应注意防止异物吸入、烫伤、触电、外伤、中毒等意外事故的发生。

五、学龄前期保健

学龄前期儿童活动能力较强,智识已开,求知欲旺盛。虽然随着体质增强发病率明显下降,但仍要根据这一时期的特点,做好保健工作。

1. 体格锻炼　通过游戏、体育锻炼,以增强小儿体质。安排适合该年龄特点的锻炼项目,保证每天有一定时间的户外活动,接受日光照射,呼吸新鲜空气。

2. 适龄教育　学龄前期儿童好学好问,家长与保育人员应因势利导,耐心回答孩子的提问,尽可能给予解答。要按照该年龄期儿童的智能发育特点,安排适合的教育方法与内容。明代医家万全曾提出了"遇物则教之"的学习方法,《万氏家藏育婴秘诀·鞠养以慎其疾》说:"小儿能言,必教之以正言,如鄙俚之言勿语也;能食,则教以恭敬,如亵慢之习勿作也……言语问答,教以诚实,勿使欺妄也;宾客往来,教以拜揖迎送,勿使退避也;衣服、器用、五谷、六畜之类,遇物则教之,使其知之也;或教以数目,或教以方隅,或教以岁月时日之类。如此,则不但无疾,而知识亦早矣。"注意培养其学习习惯、想象与思维能力,使之具有良好的心理素质。

3. 疾病预防 利用小儿体质增强的时机,对幼儿期患病未愈的小儿抓紧调治,如对反复呼吸道感染患儿辨证调补,改善体质,减少发病;对哮喘缓解期儿童扶正培本,控制发作;对厌食患儿调节饮食,调脾助运,增进食欲;疳证患儿食治、药治兼施,健脾开胃,促进生长发育等。每年进行1~2次体格检查,监测生长发育,筛查与矫治近视、龋齿、缺铁性贫血、寄生虫等。

六、学龄期保健

进入学龄期,儿童生活规律和要求都发生了较大的变化。学龄期保健的主要任务是:保障身心健康,促进儿童的全面发展。

1. 全面发展 学龄期儿童处于发育成长的重要阶段,学校和家庭的共同教育是孩子健康成长的必要条件。家长和教师要言传身教,通过自己的言行举止引导孩子,让孩子沿着正确的培养目标发展,造就道德高尚、有责任感、遵守纪律、团结友爱、自强自重等优良品质。要保证孩子的膳食营养充足而均衡,以满足儿童体格生长、心理和智力发展、有序学习和运动等需求。进行户外活动和体格锻炼,参加系统的体育活动和一定的劳动。要激励孩子主动学习,促进其创造性思维的发展。要减轻过重的学习负担,给孩子留下自主学习的空间和必要的活动时间。

2. 疾病预防 学龄期儿童发病率进一步降低,但也有这一时期的好发疾病,须注意防治。要注意儿童情绪和行为的变化,避免思想过度紧张,减少精神行为障碍的发生。加强眼睛、口腔保健教育,端正坐、立、行姿势,养成餐后漱口、早晚刷牙、睡前不进食的习惯,配合眼保健操等锻炼方法,防治龋齿、近视等。一些免疫性疾病如哮喘、风湿热、过敏性紫癜、肾病综合征等在这一时期发病率高,要预防和及时治疗各种感染、避开污染环境、避免过敏原,减少发病。进行法治教育,学习交通规则,防范意外事故。

七、青春期保健

青春期是一个特殊时期。青春期肾气充盛,进入第二次生长发育高峰,生理、心理变化大,保健工作也就有其专门的要求。做好青春期保健,对于顺利完成从儿童向成人的过渡,使之身心健康地走向社会,有着重要的意义。

1. 生理保健 青春期体格生长迅速,脑力劳动和体力运动消耗大,必须增加各种营养素的摄入。要指导他们选择营养适当的食物和保持良好的饮食习惯,不要多吃营养成分不均衡的流行快餐,女孩不要为了追求体形而偏食、节食。要保证足够的休息和必要的锻炼。既要学好知识,也要提高动手能力,手脑并用,劳逸结合,全面发展。

青春期女孩月经来潮,要加强经期卫生指导,如保持生活规律,避免受凉、剧烈运动和重体力劳动,注意会阴部卫生,避免坐浴等。男孩发生遗精,也要教孩子学会正确处理。对于这一时期的好发疾病,如甲状腺肿、痛经、月经不调、结核病、风湿病、意外创伤和事故等,要做好预防和及时检查与治疗。

2. 心理保健 青春期为体格发育的第二个高峰期。不仅体重、身高有较大幅度的增长,且第二性征逐渐明显。"肾气盛,天癸至",生殖器官迅速发育,女孩开始有月经,男孩可发生遗精等。因此,应进行正确的性教育,培养良好的性格和道德情感,树立正确的人生观。青春期神经内分泌调节不够完善,常引起心理、行为、精神方面的不稳定,同时,生理方面的不断变化可能造成不安或易于冲动,社会环境改变也会带来相应的心理问题,产生如自卑、易冲动、冒险,甚至自杀等。要根据其生理、心理、精神方面的特点,加强教育与引导,使之认识自我,正确对待和处理青春期的生理变化。普及青春期保健知识,包括性生理知识,解除青少年对性的困惑,提倡男女同学的正常交往,抵制黄色书刊、网络的不良影响。宣传吸烟、酗酒、吸毒及滥用药物的危害。使之认识社会,适应社会,正确处理好人际关系,增强识别能力,抵御社会不良风气的侵害;养成良好的行为习惯,使自己能够顺利地融入社会,成为对国家有用的人才。

学习小结

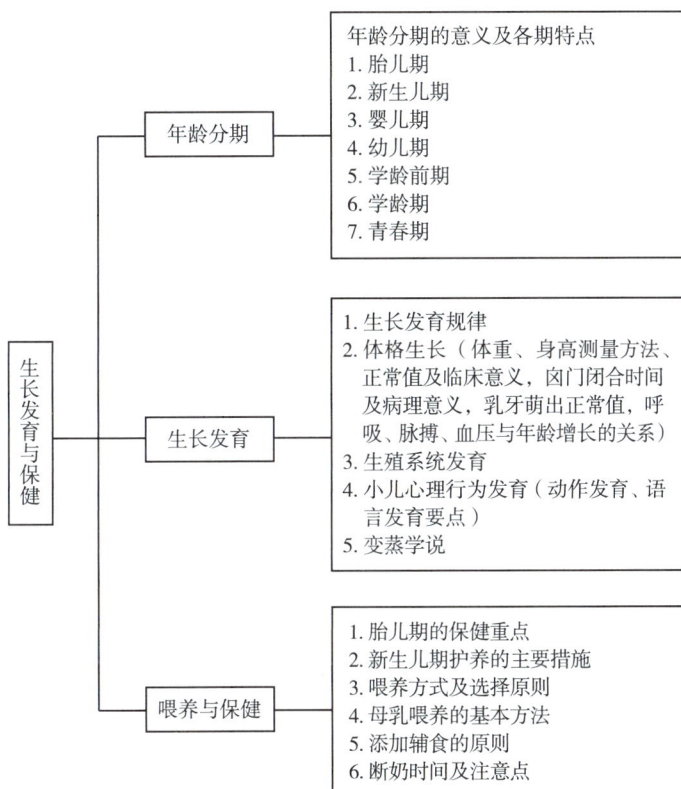

（王孟清　陈　健）

复习思考题

1. 小儿年龄分几期? 如何划分?
2. 什么叫生长发育? 掌握小儿生长发育规律有什么意义?
3. 母乳喂养有哪些优点?
4. 如何理解"四时欲得小儿安,常要三分饥与寒"?

扫一扫
测一测

PPT 课件

第三章
生理病理病因特点

学习目标

通过学习本章,掌握小儿生理、病理、病因特点及其对儿科临床的指导意义;了解小儿体质特点与病因的关系。

第一节　生　理　特　点

小儿与成人有着不同的生理特点,年龄越小,表现越显著,因此不能简单地把小儿看成成人的缩影。小儿生理特点主要表现在以下两个方面。

一、脏腑娇嫩,形气未充

脏腑,指五脏六腑;娇嫩,指娇弱柔嫩,不耐攻伐;形,指形体结构,如四肢百骸、精血津液等有形物质;气,指各种生理功能活动;充,指充实旺盛。脏腑娇嫩,形气未充,是对小儿处于生长发育时期,其机体脏腑的形态尚未成熟、各种生理功能尚未健全现象的概括。《灵枢·逆顺肥瘦》曰:"婴儿者,其肉脆血少气弱。"《万氏家藏育婴秘诀·幼科发微赋》有:小儿"血气未充""肠胃脆薄""精神怯弱"等论述。这些论述充分说明了小儿出生后,机体赖以生存的物质基础虽已形成,但尚未充实和坚固;机体的各种生理功能虽已运转,但尚未成熟和完善。

小儿五脏六腑的形与气皆属不足,其中又以肺、脾、肾三脏不足更为突出,常表现出肺脏娇弱、脾常不足、肾常虚的特点。小儿肺脏娇嫩,肌表薄弱,腠理疏松,卫外功能未固,外邪每易由表而入,侵袭肺脏而致感冒、咳喘等肺系疾病;小儿脾常不足,运化功能尚未健旺,但生长发育迅速,对精血津液等营养物质的需求却比成人多,因此易为饮食所伤,出现积滞、呕吐、腹泻等脾胃疾病;小儿肾常虚,表现为肾精未充,肾气不盛,青春期前的女孩无"月事以时下",男孩无"精气溢泻",婴幼儿二便不能自控或自控能力较弱等。此外,小儿心、肝两脏同样未臻充盛,功能尚不健全。心主血脉、主神明,小儿心气未充、心神怯弱,表现为易受惊吓,思维及行为的约束能力较差;肝主疏泄、主筋,小儿肝气尚未充实,阴血失养,经筋刚柔未济,表现为好动、易搐。

清代医家吴鞠通将小儿这种生理特点概括为"稚阳未充,稚阴未长"。这里的"阴",指机体的精、血、津液及脏腑、筋骨、脑髓、血脉、肌肤等有形之质;"阳"指脏腑的各种生理功能;"稚"指幼嫩尚未成熟。稚阴稚阳包括了机体柔嫩、气血未盛、脾胃薄弱、肾气未充、腠理疏松、神气怯弱、筋骨未坚等特点。吴鞠通的稚阴稚阳理论,从阴阳学说方面进一步阐明了小儿时期的机体,无论在形体方面还是生理功能方面,都处于相对不足的状态,都会随着年龄的增长逐步趋向完善和成熟。

二、生机蓬勃,发育迅速

小儿在生长发育过程中,无论是机体的形态结构,还是各种生理功能活动,都在迅速地、不断地向着成熟、完善方面发展。年龄越小,这种发育的速度愈快。1周岁内的小儿在体重、身长、头围、胸围、出牙等方面,每个月都会有明显的变化,如1周岁时的身长是初生时的1.5倍,体重则达初生时的3倍,小儿的思维、语言、运动能力等也随年龄增长而迅速发育。

古代医家借用《易经》中"纯阳"一词来表述小儿生机蓬勃、发育迅速的生理特点。《颅囟经·脉法》中首先提出:"凡孩子三岁以下,呼为纯阳,元气未散。"这里的"纯"指小儿先天所禀赋的元阴元阳未曾耗散,"阳"指小儿的生命活力,犹如旭日之初生,草木之方萌,蒸蒸日上,欣欣向荣。对于小儿为"纯阳"之体的理解,历代医家不尽一致,多从病理角度进行阐述。如叶天士《幼科要略·总论》说:"襁褓小儿,体属纯阳,所患热病最多。"《宣明论方·小儿门》说:"大概小儿病者纯阳,热多冷少也。"指出了小儿一旦患病,病邪易从热化,临床小儿热性病最多。当代医家多遵从《颅囟经·脉法》原文,并结合小儿的生长发育过程,从小儿生理方面去认识,理解为生机蓬勃、发育迅速。将小儿"纯阳"之体理解为生理上阳亢阴亏或纯阳无阴都是不恰当的。

"稚阴稚阳"和"纯阳"学说概括了小儿生理特点的两个方面。"稚阴稚阳"学说是用静止的观点论述小儿脏腑的形态、功能均较幼稚不足;"纯阳"学说则是从动态发展的观点来观察和概括小儿在生长发育、阳充阴长的过程中,表现出生机旺盛、发育迅速、欣欣向荣的生理现象。两者是动与静的关系,也是对立统一的辩证关系。两学说也为阐明小儿病因病理特点,指导临床诊疗提供了重要的理论依据。此外,明代医家万全提出了小儿生理特点的"三不足二有余"学说,其中"三不足"指:小儿脾常不足,"不足者,乃谷气之自然不足也";肺常不足,"肺为娇脏,难调而易伤也";肾常虚则由于"肾主虚者,此父母有生之后,禀气不足之谓也"。"二有余"指小儿肝常有余、心常有余,"所谓有余不足者,非经云虚实之谓也","云肝常有余脾常不足者,此却是本脏之气也。盖肝乃少阳之气,人之初生,如木之方萌,乃少阳生长之气,以渐而壮,故有余也"。万全"不足有余"论说明小儿既有脏腑娇嫩、形气未充的一面,又有生机蓬勃、发育迅速的一面,对我们具体认识小儿生理特点具有一定指导意义。

> **课堂互动**
>
> 纯阳学说对指导小儿喂养调护及疾病治疗用药、预后转归等方面有什么意义?

第二节　病　理　特　点

由于小儿有不同于成人的生理特点,故在发病情况、疾病种类及病情演变上亦与成人有很大差异,具体表现在以下两个方面:

一、发病容易,传变迅速

(一) 发病容易

小儿脏腑娇嫩,形气未充,为"稚阴稚阳"之体,御邪能力较弱,抗病能力不强,且寒暖不知自调,乳食不知自节,若护理喂养失宜,则外易感六淫,内易伤饮食,加上胎产禀赋等因素影响,因此小儿易于感触,容易发病,且年龄越小,发病率越高。

1. 肺娇易病　肺为娇脏,主宣发肃降,司呼吸,主一身之气,外合皮毛,主一身之表。小儿肺脏娇嫩,肺气宣降功能尚不健全,治节易于失常,腠理不密,固表抗邪能力较弱,故易感受外邪。六淫之邪,无论是从口鼻而入,还是从皮毛而侵,均先犯肺,故有"温邪上受,首先犯肺"及"天地之寒热伤人也,感则肺先受之"之说。因此,小儿时期容易患感冒、咳嗽、肺炎喘嗽、哮喘等肺系疾病,且肺系疾病为儿科发病率最高的一类疾病。

2. 脾弱易伤　脾为后天之本、气血生化之源,机体营养物质赖其提供。小儿生长发育迅速,但脾胃功能尚不健全,与其快速生长发育的需求形成矛盾状态,因而易因喂养不当、饮食失节,造成受纳、腐熟、精微化生转输等方面的异常,出现呕吐、泄泻、腹痛、积滞、厌食等脾系疾病,其发病率在儿科仅次于肺系疾病。

3. 心热易惊,肝旺易搐　心属火,主神志。"心常有余"指小儿初生,知觉未开,见闻易动,具有心神怯弱、易喜易怒易惊、变态无常等特点。若外感诸邪,易从火化,上扰心神,出现烦躁惊乱、神志昏迷、啼哭无常等"心热易惊"的病理表现。

肝属木,乃少阳之气,且为刚脏,体阴而用阳。"肝常有余"是对小儿易肝亢动风这一病理特点的概括。小儿脏腑娇嫩,若外感六淫,或内伤情志饮食,皆易从热化,出现发热、烦躁易怒等肝亢表现;甚而化火生风,风火相扇,引动肝风,出现惊惕、抽搐等风动症状。

总之,由于小儿"心常有余""肝常有余",感邪之后,易从火化,使心热易惊,肝旺易搐,故临床常见夜啼、注意缺陷多动障碍、抽动障碍、惊风等心肝系病证。

4. 肾虚易损　小儿"肾常虚",是针对其"气血未充,肾气未固"而言。肾藏精,主骨,为先天之本。肾的这种功能对身形尚未长大、多种生理功能尚未成熟的小儿更为重要,它直接关系到小儿骨、脑、发、耳、齿的功能及形态,关系到生长发育和性功能成熟。因而临床多见肾精失充、骨骼改变的肾系疾病,如五迟、五软、解颅等。

5. 疫疠易染　小儿形气未充,抗御外邪的能力较弱,易于感受各种时邪疫毒。邪从口鼻而入,肺卫受袭,可致麻疹、风疹、水痘等时行疾病;脾胃受邪,易致痢疾、霍乱、手足口病等传染病。传染病一旦发生,又易于在儿童中相互传染,造成流行。

(二) 传变迅速

小儿患病后具有传变迅速的演变规律,主要表现为易虚易实、易寒易热,即寒热虚实的转化较成人更加迅速。

1. 易虚易实　虚实是指小儿机体正气的强弱与导致疾病的邪气盛衰状况而言。易虚易实即是指小儿一旦患病,则邪气易实,正气易虚,实证可迅速转化为虚证,虚证也可转化为实证,或虚实并见之证。如小儿泄泻,病起多因内伤乳食,或感受湿热之邪,可见脘腹胀满、泻下酸腐、小便短少、舌红苔腻、脉滑有力之实证,若失治误治,泄泻不止,则可迅速出现气阴两伤之虚证甚至阴竭阳脱之脱证。又如反复呼吸道感染患儿,多有肺脾气虚表现,稍感外邪,则可出现发热、咽痛、咳嗽等外感实证表现,或兼见汗多乏力,纳呆食少,大便不调等虚实夹杂证候。这种病情虚实迅速变化的特点,实为小儿所独有。

2. 易寒易热　寒热是疾病中两种不同性质的病理属性。"易寒易热"是指在疾病的过程中,由于小儿"稚阴未长",故易阴伤阳亢,出现热证;又由于小儿"稚阳未充",故易阳气虚衰,出现寒证。小儿的易寒易热常与易实易虚交错出现,在病情演变中,形成寒证、热证迅速转化,或夹虚或夹实的证候。如小儿风寒外束的(表)寒实证,易转化为外寒里热,甚至邪热入里的实热证,失治或误治也易转变成阳气虚衰的虚寒证,或阴伤内热的虚热证等。

综上所述,小儿不仅发病容易,而且患病之后,虚实寒热的变化较成人更为迅速,且错综复杂。正如吴鞠通在《温病条辨·解儿难》中所说:"盖小儿肤薄神怯,经络脏腑嫩小,不奈三气发泄。邪之来也,势如奔马,其传变也,急如掣电……"所以,诊治小儿疾病,必须明察小儿病理特点、病情演变规律,及时诊断,预见其可能的病机变化,才能提高治疗效果。

二、脏气清灵,易趋康复

小儿体禀纯阳,生机蓬勃,脏腑清灵,精力充沛,组织再生和修复的过程较快,对各种治疗反应灵敏;小儿宿疾较少,病因相对单纯,疾病过程中情志因素的干扰和影响相对较少。因此,小儿虽有发病容易、传变迅速等不利的一面,但一般来说,只要诊断无误,辨证准确,治疗及时,处理得当,用药合理,护理适宜,疾病康复也较快。例如小儿感冒、咳嗽、泄泻等病证多数发病快,好转也快,小儿哮喘、癫痫、阴水等病证虽病情缠绵,但其预后较成人相对为好。正如《景岳全书·小儿则》所言:"盖小儿之病……且其脏气清灵,随拨随应,但能确得其本而撮取之,则一药可愈,非若男妇损伤、积痼痴顽者之比……"

第三节　病因特点

小儿疾病病因多数与成人相同,但由于小儿的生理特点,对不同病因致病的情况和易感程度与成人有明显的差别。小儿肺脏娇弱,易外感六淫及疫疬之邪,且年龄越小,易感程度越高;小儿脾常不足,易内伤乳食,且年龄越小,越易为乳食所伤。外感因素与乳食因素是小儿的主要病因。先天因素致病是小儿特有的病因,情志失调致病有逐年增多的趋势,意外性伤害和医源性伤害也需要引起重视。

一、外感因素

小儿为稚阴稚阳之体,脏腑娇嫩,尤其肺常不足,加之寒温不知自调,与成人相比,更易被"六淫"邪气所伤,因而小儿因外感因素致病者最为多见。外感因素包括风、寒、暑、湿、燥、火六淫和疫疬之邪。

风性开泄,善行数变,小儿肺常不足,最易为风邪所伤,发生肺系疾病。风为百病之长,其他邪气常与风邪相合为患。风寒、风热犯人,常见外感表证。暑为阳邪,其性炎热,易伤气阴;暑多夹湿,困遏脾气,缠绵难解。风寒湿或风湿热三气杂至,合为痹证。燥性干烈,化火最速,易伤肺胃阴津。火为热之极,六气皆从火化,小儿易感受外邪,故小儿所患热病最多。

疫疬是一类具有强烈传染性的病邪,其引发的疾病有起病急骤、病情较重、症状相似、易于流行等特点。小儿为"稚阴稚阳"之体,形气未充,御邪能力较弱,是疫疬邪气传染的易感群体,容易形成疫病的发生与流行。

二、乳食因素

小儿脾常不足,乳食贵在有序、有时、有节。小儿饮食不知自节,常因喂养不当,损伤脾胃,引起脾胃病证。如因初生缺乳,或未能按期添加辅食,乳食偏少可导致气血生化不足;乳食过多,积滞不化可致脾胃受损;任意纵儿所好,饮食营养不均衡,亦能使小儿脾气不充,运化失健,产生脾胃病证;又常因小儿幼稚,饮食不能自调、自控,易形成挑食、偏食,过食寒凉者伤阳,过食辛热者伤阴,过食肥甘厚腻者伤脾,少进蔬菜成便秘,某些食品致过敏等。

饮食不洁也是儿科常见病因。误进污染、变质食物,常引起肠胃疾病,如吐泻、腹痛、肠道虫证,甚至细菌性痢疾、伤寒、病毒性肝炎等传染病。此外,食品污染或农药残留、激素含量超标等,也已成为当前普遍关心的致病因素。

三、先天因素

先天因素即禀赋胎产因素,是指小儿出生之前或出生时作用于胎儿的致病因素。遗传因素是小儿先天因素中的主要病因,父母的基因缺陷可导致小儿先天畸形、生理缺陷或代谢异常等。女性受孕以后,不注意养胎护胎,也是导致小儿出现先天性疾病的常见原因。如妊娠女性饮食失节、情志不调、劳逸失度、感受外邪、房事不节等,都可能损伤胎儿而为病。环境污染又增加了新的致畸、致癌与致突变的机会。诚如《格致余论·慈幼论》所说:"儿之在胎,与母同体,得热则俱热,得寒则俱寒,病则俱病,安则俱安。"此外,分娩时难产、窒息、感染、产伤等,也是生后许多疾病的常见病因。

四、情志因素

小儿思想相对单纯,接触社会较成人少,对周围环境认识的角度不同于成人,因而受七情六欲之伤不及成人多见,导致小儿为病的情志因素也与成人有着一定的区别。小儿心神怯弱,最常见的情志所伤是惊恐。当小儿乍见异物或忽闻异声时,容易导致惊伤心神,出现夜啼、心悸、惊惕、抽搐等病证;家长对子女的过度溺爱、单亲家庭的影响、亲人亡故、教育方法失当、儿童心理承受能力差,均可导致精神行为障碍类疾病。

五、意外因素

小儿缺乏生活经验,对周围环境安全或危险状况的判断能力差,容易受到意外伤害。例如溺水、触电、烫伤,以及跌打损伤、误食毒物、吸入异物等。

六、其他因素

小儿脏腑柔嫩,易为药物所伤,凡大苦、大寒、大辛、大热之品,以及攻伐、峻烈、毒性药物,皆可损伤正气,加重病情。某些西药的毒副作用较多,如糖皮质激素诱发的库欣综合征;抗生素的胃肠道反应,对造血功能、肝肾功能、神经系统的毒副作用;广谱抗生素长期使用造成二重感染;免疫抑制剂导致脏器损害、骨髓抑制、生殖毒性等,都为临床所常见。此外,放射线对胎儿和儿童的伤害,也应引起高度的重视。

课堂互动

谈谈小儿对不同病因的易感程度、各种病因的致病情况,以及与成人的差别。

🔍 知识链接

小儿体质特点

体质是指不同人群及人群中的个体在先天禀赋和后天多种因素影响下形成的阴阳消长相对稳定状态及动静趋势,并表现为形态和生理功能上的固有特性。这种特性往往决定其对某种致病因素的易感性和病变类型的倾向性。如"肥人多湿",肥胖小儿易患湿疹、腹泻、喘息;燥热体质易患乳蛾、口疮、口糜;阳盛体质新生儿易患红臀、痱子,不易患水肿;阴盛体质易患水肿,不易患红臀、痱子等。体质的差异,也常导致同一疾病出现不同的临床表现。如在疾病发生之前能改善其病理体质,可预防疾病的发生。

目前,小儿体质研究是中医研究的热点。尽管尚无公认的体质分型与辨识标准,但已有研究成果在儿科临床和预防保健领域得到了越来越广泛的应用,并取得了显著成就。

👤 学习小结

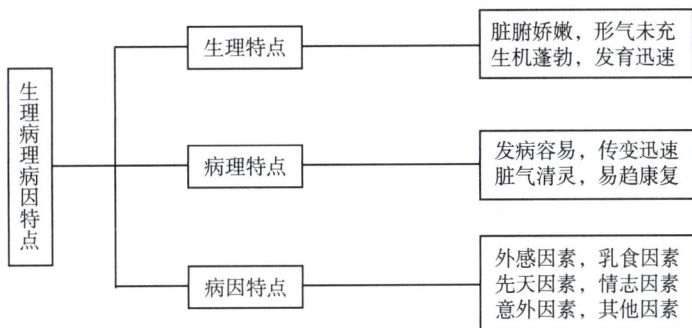

（王孟清）

复习思考题

1. 小儿"稚阴稚阳""纯阳之体"的含义是什么?
2. 小儿患病后为什么易寒易热?
3. 小儿发病的常见病因有哪些?

扫一扫
测一测

◆◆◆ **第四章** ◆◆◆

临 证 概 要

　　掌握儿科四诊的具体内容及操作要点,特别是望诊;掌握儿科辨证方法,了解儿科辨证纲领;掌握儿科治疗用药特点、常用内外治法、其他疗法等。通过本章的学习,对儿科疾病从整体层面的诊疗、辨证有更深入的理解,为下篇临床各章节的学习奠定基础。

第一节　诊 法 概 要

　　诊法是临床诊察疾病的各种方法的总称,是诊病辨证的主要手段。小儿疾病的诊断方法,与临床其他各科一样,均运用望、闻、问、切四种诊察手段获取临床资料进行诊断和辨证。由于小儿与成人在体质、形态、生理病理特点等方面均有差异,所以在四诊的运用上也与其他学科有别。因此,儿科诊法部分应主要了解儿科诊法的特色,掌握儿科四诊的主要内容与要点。

一、诊法特点

　　1. 儿科四诊,难求齐备　儿科四诊诊法理论上虽与成人相同,但由于小儿各年龄段生长发育的特点,很难做到四诊齐全。临床诊病常将望、闻、问、切四诊有机地结合起来即四诊合参,才能全面系统地了解病情,做出正确诊断和辨证。由于小儿口不能言,或虽能言但言不足信,问诊难;小儿诊病时往往啼哭叫扰,声色俱变,脉息难凭,故望、闻、切诊的运用也有一定的困难。古代医家有小儿五难之说,如《小儿药证直诀·原序》中所说"小儿之病,虽黄帝犹难之,其难一也……小儿脉微难见,医为持脉,又多惊啼,而不得其审,其难二也;脉既难凭,必资外证,而其骨气未成,形声未正,悲啼喜笑,变态不常,其难三也……而小儿多未能言,言亦未足取信,其难四也;脏腑柔弱,易虚易实,易寒易热……其难五也。"说明其难主要是"四诊"不全,或"四诊"信息难以相互参合印证,提供辨治的依据不多,难于诊断。临床上当症状与脉象或指纹不相符时,常舍脉从症,或舍纹从症。《景岳全书·小儿则》云:"小儿之病,古人谓之哑科,以其言语不能通,病情不易测。故曰:宁治十男子,莫治一妇人;宁治十妇人,莫治一小儿。此甚言小儿之难也……第人谓其难,谓其难辨也。"

　　2. 儿科诊法,望诊为主　小儿肌肤柔嫩,反应灵敏,脏腑功能失调,或气血阴阳偏盛偏衰,易从面、唇、舌等苗窍各部形诸于外,较成人更能反映病情的真实性,不易受主观因素影响。故在儿科四诊的运用中,望诊尤为重要。《幼科铁镜·望形色审苗窍从外知内》说:

"望闻问切,固医家之不可少一者也,在大方脉则然,而小儿科则惟以望为主,问继之,闻则次……"古代医家在重视儿科望诊的基础上,创立了诊察儿科疾病的特殊诊法——小儿指纹望诊法,主要用于3岁以下的小儿,以弥补其难以切脉之不足。

3. 儿科问诊,尽可周详　问诊的对象主要是与患儿密切接触的家人或保育人员等。从出生、喂养到发病、主病、主症等都要——详问,再结合体征与舌脉进行辨证。所以问诊也是诊断辨证的重要依据,问诊对于寻找病因有很大的帮助,要学会问诊,不可一味强调儿科特色望诊而忽略了问诊。

4. 年龄不同,四诊有别　小儿在不同的年龄阶段有不同的生理情况和病理表现,所以在四诊的运用上应有所侧重。如新生儿要察看脐部,1岁6个月以内要察看囟门的情况,3岁以下当察看指纹等。

5. 现代技术,合理参鉴　随着现代诊断技术的不断发展,在诊断方法上,应合理借鉴影像学、检验学等现代技术手段,辨病与辨证相结合,提高诊断水平。

二、四诊概要

(一) 望诊

儿科望诊,最好在自然光线充足的地方进行,尽量使小儿安静,诊查既全面又有重点,细心而又敏捷,才能提高诊查的效果。儿科望诊主要包括望神色、望形态、审苗窍、辨斑疹、察二便、看指纹。

1. 望神色

(1) 望神:神,指精神、意识、神志。神生于精,精是后天水谷化生而藏于五脏的精气,与先天肾精相结合的统称。神与形又有着密切的联系,形健则神旺,形羸则神衰,所以《素问·上古天真论》说:"形与神俱。"神是脏腑阴阳气血精津是否充足、和调的外在表现之一,在小儿尤为重要。《医原·儿科论》提出:"凡神充色泽者,天真必浓,易养而少病;神怯神瞪,面色惨淡枯瘁,唇红不泽者,禀赋必薄,难养而多病。"根据"神"的含义及"面中有睛,睛中有神,神者目中光彩是也","五脏六腑之精皆上注于目"的认识,望神应主要从目光的变化、意识是否清楚、反应是否敏捷、躯体动作是否灵活协调等方面去判断患儿有神、失神等不同情况。凡小儿有神则表现为目光炯炯,意识清楚,反应敏捷,躯体动作灵活协调,反之则为失神。

(2) 望色:色,亦称气色,是指皮肤的颜色和光泽。望色主要以望面部的颜色为主,兼望肌肤、目睛、毛发、爪甲等。望色的内容包括部位、颜色、光泽,其形成则是脏腑气血外荣的结果。部位、颜色、光泽要综合分析,其中又以五色变化最有意义。其内容主要有:

1) 正常面色:中国小儿的常色为微黄红润而有光泽,新生儿则全身皮肤嫩红,这是气血调和的表现。小儿因禀赋及其他因素的影响,正常面色可有差异,或稍白,或稍黄,或稍黑等,但总以荣润光泽为常色,即有气之色,亦称有神之色。《医门法律·望色论》云:"察色之妙,全在察神。"有神即是有气的一种表现。《小儿卫生总微论方·诸般色泽纹证论》又将分部与察色联系起来,"色青为风,色赤为热,色黄为食,色白为气,色黑为寒",并须察色之荣枯,"滋荣者,其色生……枯夭者,其色死……"

2) 五色主病:小儿患病之后色泽变化较成人更为敏感。面部五色诊病辨证,一般符合以下规律:

面色青:多见于寒证、痛证、瘀证、惊痫。面色青灰晦暗为阳气虚,乍青乍白为里寒甚;面色白中带青,表情愁苦皱眉多见于里寒腹痛;惊风和癫痫发作常见面青而晦暗,尤其是两眉间及唇周明显者多为惊风先兆;面青唇紫,呼吸急促为肺气闭塞,气血瘀阻。大凡小儿面

笔记栏

呈青色,病情一般较重,应多加观察。

面色赤:多为热证。若面红目赤、恶寒发热、脉浮为外感风热;里热常见面赤气粗、高热烦渴;虚热常见颧红潮热、低热起伏;若两颧艳红如妆、面白肢厥、冷汗淋漓为虚阳上越,是阳气虚脱的危重证候。新生儿面色嫩红,或小儿面色白里透红,为正常肤色。

面色黄:多为脾虚证或有湿浊。面色萎黄,是脾胃气虚;面黄浮肿,是脾虚湿滞;面色枯黄,是气血枯竭。面目色黄而鲜明,是湿热内蕴之阳黄;面目黄而晦暗,是寒湿阻滞之阴黄;小儿生后不久出现的黄疸为胎黄,有生理性与病理性之分。

面色白:多为虚证、寒证。面白少华、唇色淡白为血虚;阵阵发白,啼哭不宁,常为中寒腹痛;面色惨白、肢冷汗出,多为阳气暴脱。

面色黑:多为寒证、痛证、瘀证、水饮证。小儿面色青黑,四肢厥冷,为阴寒内盛;面色灰黑暗滞,多为肾气虚衰;面唇黧黑,多为心阳虚衰,瘀血阻滞;面色浅淡虚浮,常是肾阳亏虚,水饮内停。

3)五部配五脏(图4-1):《小儿药证直诀·面上证》对面上分部望诊的划分是:"左腮为肝,右腮为肺,额上为心,鼻为脾,颏为肾。"面色在不同部位出现,结合五脏所配而有不同的临床意义。古云:"察色之先,须明部位。"临床必须结合面部五部配五脏进行判断。

2. 望形态 形指形体,态指动态。望形态就是观察患儿形体的强弱胖瘦和动静姿态。

(1)望形体:形体望诊,包括头囟、躯体、四肢、肌肤、毛发、指趾等内容。凡发育正常、筋骨强健、肌丰肤润、毛发黑泽、姿态活泼者,是胎禀充足,营养良好,属健康表现;若生长迟缓、筋骨软弱、肌瘦形瘠、皮肤干枯、毛发萎黄、囟门逾期不合、姿态呆滞者,为胎禀不足,营养不良,多属病态。

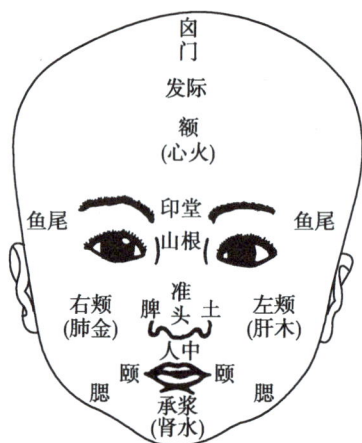

图4-1 小儿五部配五脏图

如头方发稀,囟门宽大,当闭不闭,可见于五迟证;前囟及眼窝凹陷,皮肤干燥,可见于婴幼儿泄泻阴伤液脱;胸廓高耸形如鸡胸,可见于佝偻病、哮喘病;肌肉松弛,皮色萎黄,多见于厌食、偏食、反复感冒;腹部膨大,肢体瘦弱,发稀,额上有青筋显现,多属疳积;毛发枯黄,或发竖稀疏,或容易脱落,均为气血亏虚表现。

(2)望动态:通过动态观察,可以分析不同姿态显示的疾病。如小儿喜俯卧者,为乳食内积;喜蜷卧者,多为腹痛;颈项强直,手指开合,四肢拘急抽搐,角弓反张,是为惊风;若翻滚不安,呼叫哭吵,两手捧腹,多为盘肠气痛所致;端坐喘促,痰鸣哮吼,多为哮喘;咳逆鼻扇,胁肋凹陷如坑,呼吸急促,多为肺炎喘嗽。

3. 审苗窍 苗窍是指口、舌、目、鼻、耳及前后二阴。苗窍与脏腑关系密切。因舌为心之苗,肝开窍于目,肺开窍于鼻,脾开窍于口,肾开窍于耳及二阴,故苗窍成为五脏的外候。《幼科铁镜·望形色审苗窍从外知内》说:"故小儿病于内,必形于外,外者内之著也。望形审窍,自知其病……五脏不可望,惟望五脏之苗与窍……"脏腑有病,能在苗窍上有所反映,审苗窍可以测知脏腑病情。

(1)察目:五脏六腑之精气皆上注于目,肝开窍于目,所以眼部望诊是审查脏腑变化的一个方面。黑睛等圆,目睛灵活,目光有神,眼睑张合自如,是为肝肾精血充沛的表现。眼睑浮肿,是风水相搏;眼睑开合无力,是元气虚惫。寐时睑开不闭,是脾虚之露睛。寤时睑不能闭,是肾虚之睑废。两目呆滞,转动迟钝,是肾精不足;两目直视,瞪目不活,是肝风内动。白睛发黄,是湿热熏蒸;目赤肿痛,是风热上攻。目眶凹陷,啼哭无泪,是阴津大伤;瞳孔散大,对光反射消失,是正气衰亡。

(2) 察鼻:主要察鼻的外形、颜色及分泌物。鼻为肺之窍,肺气通于鼻。鼻塞流清涕,为外感风寒;鼻流黄浊涕,为风热客肺;长期鼻流浊涕,气味腥臭,是肺经郁热;鼻衄鲜血,为肺热迫血妄行;鼻孔干燥,为肺热阴伤;鼻翼扇动,伴喘促,为肺气郁闭。

(3) 察口:主要观察口唇、口腔、齿龈、咽喉、腮、腭及舌(舌质、舌苔、舌体)等7个方面。口唇色红为热,唇红质干为热盛伤津;唇色鲜红为阴虚火旺;唇色红紫为瘀热互结。唇色淡红,为虚寒,淡白不润为阴血亏虚;唇色淡青,为风寒束表。环口发青为惊风先兆;面颊潮红,唯口唇周围苍白,为丹痧的特征表现之一。口唇震颤,为恶寒重症;口唇抽掣,是肝风内动;口唇糜烂,多为脾胃积热;口唇红肿,为心脾火盛。口开不闭为张,主虚;口闭难开为噤,主实。

口腔黏膜色淡白为虚为寒,色红为实为热。口腔破溃糜烂,多为心脾积热;口腔疱疹红赤,为外感邪毒;口内白屑成片,为鹅口疮。两颊黏膜见针尖大小灰白色小点,周围红晕,为麻疹黏膜斑。上下白齿间腮腺管口红肿如粟粒,按压肿胀腮腺无脓水流出者为痄腮,有脓水流出为发颐。齿为骨之余,龈为胃之络。牙齿萌出延迟,为肾气不足;齿衄龈痛,常为胃火上炎;牙龈红肿,为胃热熏蒸。新生儿牙龈上有白色斑块斑点,为马牙,非病态。咽喉为肺胃之门户,是呼吸与饮食通道。咽红、恶寒、发热是外感之象;咽红、乳蛾肿痛为外感风热或肺胃之火上炎;乳蛾溢脓,是热壅肉腐;乳蛾大而不红,是为肥大,多为瘀热未尽,或气虚不敛。咽痛微红,有灰白色假膜,不易拭去,为白喉之症。

(4) 察舌:察舌是望诊的主要内容。多种脏腑疾病可以从舌象反映出来,舌诊要求观察舌质与舌苔。正常小儿舌象表现为舌体灵活,活动自如,舌质淡红,舌苔薄白质润。

1) 察舌质:主要观察舌色、舌形和舌体。舌色淡红质润,多为脏腑气血功能正常,即使有病亦较轻浅。舌色淡白不荣,多为气血不足,主虚主寒;舌色鲜红主热证;舌质老红为实热证,多见于急性热病;舌红干为热伤阴津;舌尖红多为上焦温病或心火上炎;舌边红为肝胆有热;舌嫩红,伴质干不润者,为阴虚有热;舌色红绛主热入营血、瘀热互结,质干者为热灼阴津;深绛为血瘀夹热;舌质紫暗为气滞血瘀。舌形胖嫩为脾气不足;舌胀色赤为心脾热盛;舌起芒刺为热入营血;舌生裂纹多为阴液耗伤;舌体僵硬多为痰浊阻滞;舌体歪斜为风邪中络;舌体萎软为脾气衰弱。舌反复伸出舐唇,旋即回缩为弄舌;舌常伸出口外,久不回缩,为吐舌。吐舌常为心脾有热,弄舌可为惊风先兆,两者均可见于先天禀赋不足及智能低下者。

2) 察舌苔:正常舌苔由胃气所生。舌苔薄主正常或病轻浅,如外感初起;舌苔厚主病在里或深重,如食积痰湿。苔质滋润为有津;苔质滑润为湿滞;苔质干燥为津伤;苔质黏腻为痰湿;苔质腐垢为胃浊。舌苔白为正常或寒湿;薄白为外感风寒或风热初起;白腻为痰湿内蕴。舌苔黄主热证、里证,薄黄为风热在表、风寒化热或热邪入里;黄腻为脾胃湿热或痰热;老黄干燥主热甚耗伤气阴。舌苔色灰质润为痰湿内停,灰黄而干为热炽伤津。舌苔花剥如地图主脾胃病,舌淡胖有津主脾胃气虚,舌质红少津、少苔为脾胃阴虚。舌光无苔,主阴伤液竭或胃气将竭。儿童容易出现染苔,注意不可误认为病态,一般染苔比较浮浅且不均匀。

观察舌苔还应注意其动态变化。舌质由淡红转红转绛,为热邪由浅入深;舌苔由白转黄转灰,为热证由轻转重;舌苔由无到有,说明胃气来复;由薄转厚为食积湿滞加重;由厚转薄为食积湿滞渐化。

(5) 察耳:注意耳之外形、颜色、有无分泌物及耳后有无臀核(淋巴结)等。此外,临床应结合具体病情察看耳部相关的症状和体征。

（6）察前后二阴：主要观察前后二阴的外观和颜色。如男孩前阴阴囊紧致沉着为健康少病之征，而阴囊松弛颜色变浅则可为病态等。

4. 辨斑疹 斑疹均见于肌肤，是全身性疾患反映于体表的征象，在儿科较为常见。不同的疾病所见的疹或斑的色泽、形态、分布、出没顺序等方面各有不同，所以辨斑疹不仅有助于对这类疾病的诊断及鉴别诊断，同时对判断病情的轻重、顺逆也有重要的意义。

通过色泽、分布部位、出没时间及出没顺序规律等来辨是斑还是疹。如儿科常见的出疹性温热病麻疹、风痧、丹痧、奶麻等，均在以上几个方面有不同的特征。

5. 察二便 主要察二便的次、量、颜色、气味等。临床要了解婴幼儿正常粪便的特点，才能判断是否为异常粪便。因喂养方式不同，婴幼儿时期正常粪便的特点不一。母乳喂养儿大便次数较多，粪色黄，便质稀薄，便中不消化的乳凝块少，气味酸臭；牛乳或羊乳喂养儿的粪便较干，粪色多淡黄，便中不消化的乳凝块偏多。

正常小儿的小便为淡黄色。若小便黄赤短少，或伴刺痛，多为湿热下注；若小便黄褐如浓茶，伴身黄、目黄，多为黄疸；若小便色红如洗肉水或镜检红细胞增多者为尿血，鲜红色为血热妄行，淡红色为气不摄血，红褐色为瘀热内结，暗红色为阴虚内热。

6. 看指纹 指纹是指食指桡侧的浅表静脉，婴幼儿皮肤薄嫩，络脉易于显露，故3岁以下小儿看指纹为望诊内容之一。

指纹的部位，是从虎口沿食指内侧（桡侧）所显现的脉络，以食指三指节分风、气、命三关，食指根的第一指节为风关，第二指节为气关，第三指节为命关（图4-2）。看指纹时要将患儿抱于光线充足处。若诊患儿右手，医生以左手的拇、食二指握住患儿右手的食指尖，将患儿右手的中指、无名指、小指贴近医生左手的掌心，然后用医生右手的拇指桡侧，从命关到风关，轻轻推几次，使指纹显露。若诊患儿左手，则与上述相反。

《幼幼集成》提出：浮沉分表里、红紫辨寒热、淡滞定虚实，再加上三关测轻重可作为指纹辨证纲要。临床根据指纹的浮沉、色泽、推之是否流畅及指纹到达的部位来辨证。

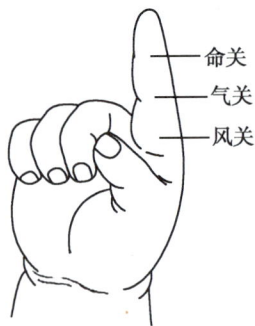

图4-2 小儿指纹部位图

浮沉分表里：浮为指纹显露，主病邪在表；沉为指纹深隐，主病邪在里。

红紫辨寒热：即指纹显红色主寒证；指纹显紫色主热证。

淡滞定虚实：淡为指纹色淡而推之流畅，主气血亏虚；滞为指纹色紫，推之不流畅，复盈缓慢，主时邪内滞。

三关测轻重：根据指纹所显现的部位判别疾病的轻重。纹在风关，示病邪初入，病情轻浅；纹达气关，示病邪入里，病情较重；纹达命关，示病邪深入，病情加重；纹达指尖，称透关射甲，如非一向如此，则示病情危笃。

指纹诊法在临床有一定的诊断意义，但若纹证不符时，当"舍纹从证"。

（二）闻诊

闻诊是医者运用听觉和嗅觉诊察病情的一种方法，包括听声音和嗅气味两个方面。

听声音是听小儿啼哭、语言、咳嗽、呼吸等声音的高亢低微，从而辨别病情。《幼科心法要诀·四诊总括》曰："心病声急多言笑，肺病声悲音不清，肝病声呼多狂叫，脾病声歌音颤轻，肾病声呻长且细，五言昭著证分明。"可见声音与五脏有密切的关系，闻声音也可以帮助诊察脏腑的病变。儿科闻声音的基本内容与成人相一致，而以啼哭声与呼吸声的闻诊最为重要。

啼哭是婴儿的语言,有属生理表现的,也有身体不适的某种表示,还可是各种病态的表现。小儿啼哭,有声有泪,哭声洪亮,一日数次,属正常。由于饥饿思食、尿布浸湿、包扎过紧等护理不当亦可啼哭不安,故小儿啼哭并非皆为病态。如果啼哭声尖锐、忽然惊啼、哭声嘶哑、大哭大叫不止,或常啼无力声慢而呻吟者,多为病态,必须详加辨析。

闻呼吸除耳闻外,可借助听诊器。注意呼吸的快慢深浅,有无节律异常。一般应要求患儿深呼吸后听之,或趁啼哭后出现深吸气时进行。如哮喘可闻及哮鸣音,肺炎喘嗽则有中细湿啰音等。

嗅气味包括病儿口中之气味及大小便、呕吐物等的气味,是临床诊察疾病的一个重要环节。多种疾病可有一定的特殊气味,闻之可协助诊断。如嗳腐酸臭多为乳食积滞,口气臭秽多为脾胃积热,脓涕腥臭多为鼻渊,大便酸臭多为伤食等。

课堂互动

谈谈你对儿科闻诊中闻咳嗽声的理解及其临床意义。

(三) 问诊

问诊是医者通过询问了解病情的一个重要方法。儿科谓之"哑科",指婴幼儿不能言语,就算能言也未必能准确表达。因此询问时必须耐心、细致、热情,充分取得患儿和家长的信任与配合。

儿科问诊对象多是家长、保育员或年长患儿,应注意掌握以下方面:

1. 问年龄　详细询问确切的年龄、月龄或日龄。新生儿应问明出生天数;2 岁以内的小儿应问明实足月龄;2 岁以上的小儿,应问明实足岁数及月数。因儿科某些疾病与年龄有密切关系,年龄大小也是儿童用药的重要参考依据。

2. 问病情　包括询问疾病的症状及持续时间、病程中的变化、发病的原因及治疗情况等。除主症及伴发症状的询问外,还应注意患儿的饮食、二便、睡眠情况等。清代陈修园将问诊的主要内容归纳为"十问歌",即:"一问寒热二问汗,三问头身四问便,五问饮食六胸腹,七聋八渴俱当辨,九问旧病十问因,再兼服药参机变,妇女尤必问经期,迟速闭崩皆可见,再添片语告儿科,天花麻疹全占验。"

3. 问个人史　包括以下几个方面:一是生产史,主要询问胎次、产次,是否足月,顺产或难产,是否有流产史及接生方式、出生地点、出生情况、孕期母亲的营养和健康状况。二是喂养史,包括喂养方式和辅助食品添加情况,是否已经断奶和断奶的情况。对年长儿还应询问饮食习惯、现在的食物种类和食欲等。三是生长发育史,包括体格生长和智能发育,如坐、立、行、语、齿等出现的时间;囟门闭合的时间;体重、身长增长情况;年长儿应询问一些心理、行为、学习的情况等。四是预防接种史,询问曾接种过的疫苗种类、接种时间、有无不良反应等。其他方面还应询问既往患病史、家族史等。

(四) 切诊

包括脉诊和按诊两个方面,是诊断儿科疾病的重要手段。

小儿脉诊与成人脉诊不同。①脉诊方法:3 岁以下小儿一般不切脉,而以指纹诊法代替;3 岁以上小儿用一指定三关的方法。因小儿寸口部位较短不能容纳成人三指,故医者用食指或拇指同时按压寸、关、尺三部,再根据指力轻、中、重的不同,取浮、中、沉来体会脉象的变化。②小儿平脉次数,因年龄不同而不同,年龄越小,脉搏越快,注意有无情绪影响脉象变化。③小儿病脉主要以浮、沉、迟、数、无力、有力6种基本脉象为纲,以辨疾病的表、里、寒、热、虚、实。④对脉诊的临床意义要根据不同年龄的不同情况区别对待,当"脉证不符"时,可"舍脉从证"。

按诊亦称触诊,是医者用手按压或触摸颅囟、颈腋、胸腹、四肢、皮肤等,以察其冷、热、软、硬、突、陷、有无癥瘕痞块等情况,从而协助诊断病情。按诊是诊断学中十分重要的组成部分。临床上除须掌握中医学的按诊内容外,还可与现代诊法中触诊的内容相参进行。儿科的按诊须注意以下几方面:①小婴儿须触摸顶部及枕部颅骨,了解前后囟的闭合情况,有无隆起或凹陷,颅骨有无软化呈乒乓球样的感觉等。②小儿腹部的按诊,应尽量在小儿安静时,或在婴儿哺乳时进行,如啼哭无法制止时,可利用吸气时做快速按诊。腹部按诊要注意肝、脾等脏器的大小。③要根据年龄特点以判断按诊所得资料的临床意义。

第二节 辨证概要

"辨证"是中医认识疾病的基本方法,也是确立治法的前提。"证"是中医学中一个特定的概念,它是对一组具有内在联系的病因、病机、病性、病状、病位、病理演变等病理要素的概括。"辨证"就是在综合分析四诊资料的基础上,分析疾病的病因,明确病变的部位,确定病证的病机,判断邪正的消长及疾病动态变化情况,加以归纳概括。

中医的辨证方法很多,它们各有不同内容,亦各具特点,在临床相互补充,有效地指导着中医的临床实践。儿科辨证常用方法有八纲辨证、脏腑辨证、卫气营血辨证、三焦辨证、六经辨证、气血津液辨证、病因辨证。儿科的辨证方法和内容虽与成人相似,但在具体运用时仍有其不同特点和侧重。

一、辨证特点

1. 儿科辨证强调及时准确 由于小儿"易寒易热""易虚易实"的病理特点,患病后易发生寒热的转化与虚实的变化。"邪之来也,势如奔马;其传变也,急如掣电",患儿病情变化快,可在较短时间内,邪从表入里,由实转虚,或晨寒暮热,晨热暮寒等。因此,必须根据小儿病情变化,及时准确灵活辨证,采取相应的施治方法。

2. 儿科辨证识别主证兼证 小儿"稚阴未长""稚阳未充",临床证候多见寒热虚实错杂。所以,在儿科疾病的辨证中,应从错综复杂的病状中找出主证和兼证,在治疗时应以解决主证为主,兼顾兼证,同时要注意两者之间的相互转化。如小儿出现发热恶寒,鼻塞流清涕,纳呆呕吐,此时应区别是感冒夹滞还是积滞兼有外感。

3. 儿科辨证注重病证结合 辨病,是对疾病症状表现、原因、性质、部位、患者的体质,以及各种检查的结果等进行全面分析与辨别,根据不同疾病的不同特征,做出相应的疾病诊断。各种疾病发展过程的不同阶段可以形成不同的证。因此,辨病与辨证相结合,既可把握疾病的发展规律,注意不同疾病的不同特点,又能注意到不同疾病在某些阶段所表现的共同证候。辨证与辨病相结合,是目前中医儿科临床最常用的诊断方法。

二、辨证概要

1. 八纲辨证 将四诊收集的资料,归纳、分析概括为阴、阳、表、里、寒、热、虚、实八类证候,用以表示疾病病位、病性、小儿体质强弱和邪正的盛衰以及病证类别的总印象。小儿任何一种疾病,从大体病位来说,总不外表证和里证;基本病性可区分为寒证和热证;从邪正斗争的关系来说,可概括为实证和虚证;病证的总类别都可归属于阳证和阴证。但由于小儿病理上易虚易实,易寒易热,证情往往错综不清,不易分辨,再加上"四诊"不全,供辨识的主、客观症状和体征不多,故在八纲辨证时一般首先分清寒热,危急重证当辨识虚实。

寒热之辨,主要从唇、舌、咽部颜色及二便的变化来分。一般唇、舌、咽颜色红多为热,再结合二便的表现判断。对实在难以辨识的,则多可从寒热兼顾辨识。

虚实之辨,多注意了解病情的缓急、病程的久暂、神色变化、体温、脉搏、呼吸、血压、哭声、先后天情况等。一般若病情缓,病程长,失神,面色苍白或萎黄,哭声绵长无力,体温低,脉搏(心率)迟、无力,呼吸节律与频率异常,多为虚或以虚为主的证候。

2. 脏腑辨证 是在认识脏腑生理功能和病理变化的基础上,对四诊所获得的临床资料进行综合分析,以判断疾病的病因病机,辨清病变的部位及性质。对疾病的认识最终大多落实到脏腑上来,故脏腑辨证是儿科最为重要的辨证方法之一。

(1)肺与大肠病辨证:肺主气,司呼吸,主宣发肃降,外合皮毛,通调水道,朝百脉而开窍于鼻,与手阳明大肠经互为表里。《小儿药证直诀·五脏所主》曰:"肺主喘。实则闷乱喘促,有饮水者,有不饮水者;虚则哽气,长出气。"肺与大肠病变,常表现为呼吸功能失常,肺气宣肃不利,通调水道失职,大肠传导失司等,出现发热、恶风、喷嚏、鼻塞、鼻扇、流涕、咳嗽、气喘、痰鸣、咯痰、喉痛、小便不利、大便秘结、泄泻、脱肛等症。

小儿由于肺脏尤娇,肺系病证多而且易于传变,致危重症多或缠绵难愈。同时由于小儿体属纯阳、稚阴稚阳,故临床小儿肺系病证表现为热证多、兼证多、变证多、易伤阴液。

(2)脾与胃病辨证:脾与胃互为表里,位于中焦,为仓廪之官,乃水谷之所聚。脾主运化,主统血,主肌肉及四肢,开窍于口,其华在唇。脾主升清,胃主降浊,脾喜燥恶湿,胃喜润恶燥,脾胃为后天之本、气血生化之源、人体气机升降的枢纽。《小儿药证直诀·五脏所主》曰:"脾主困。实则困睡,身热,饮水;虚则吐泻,生风。"脾胃病变,常表现为水谷受纳运化失常,生化无源,气血亏虚,气机升降失常,水湿滞留,痰浊内生,乳食积滞,血失统摄等,出现唇红、唇裂、唇肿、唇缩、口疮、牙龈赤肿或溃烂、食欲不振、恶心呕吐、腹痛、腹胀、嗳气、便秘、泄泻、痰涎壅盛、衄血紫癜、面色萎黄、困倦多睡、肌肤浮肿、口角流涎、肌肉瘦削、睡卧露睛等。

小儿脾常不足,胃小且弱,易为饮食所伤,而出现脾胃病证。常见证型有脾运失健、脾胃积热、湿困脾土(湿困中焦)、食积胃脘、胃阴不足、脾气虚弱、脾阳不足等。

(3)心与小肠病辨证:心为五脏六腑之大主,主神志,主血脉,其华在面,开窍于舌,在液为汗,与小肠相表里。心为君主之官,属阳主火,具有推动血液在全身脉道中运行及主宰人的精神意识思维活动的功能。心位于胸中,心包围护其外。《小儿药证直诀·五脏所主》说:"心主惊。实则叫哭发热,饮水而摇;虚则卧而悸动不安。"心与小肠病变常表现血脉运行异常、神志异常、舌部疾患及汗液、脉搏、小便的变化等症状。如神昏、谵语、烦躁、多梦、惊惕、行为失常、神识失聪、面色红赤、小便赤涩、舌烂、吐舌、弄舌、唇舌爪甲青紫、五心烦热、出血、紫癜、汗多等。

小儿"心常有余",受病之后易出现心火上炎、邪陷心包、痰火扰心、心气阴两虚、心阳虚衰、心脉瘀阻等。

(4)肝与胆病辨证:肝居于胁里,藏血,主疏泄,主筋,其华在爪,开窍于目,与胆相表里,对全身气机通畅、精神情志的正常活动、血液的正常运行及脾胃的正常纳运均有非常密切的关系。肝喜条达,恶抑郁。《小儿药证直诀·五脏所主》说:"肝主风。实则目直,大叫,呵欠,项急,顿闷;虚则咬牙,多欠气。热则外生气,湿则内生气。"肝胆病变常表现为疏泄功能失常,肝不藏血,阴血亏虚,筋脉失养,目失涵养,以及部分纳食、消化、吸收异常等,出现目赤、直视、窜视、头痛、眩晕、强直、抽搐、角弓反张、口眼歪斜、口苦、吐酸、寒热往来、胁痛、黄疸、咬牙、善怒、失眠多梦、筋脉拘急、屈伸不利、爪甲不荣、偏坠、囊缩、囊肿、小腹疼痛等。

小儿"肝常有余",故肝与胆病多见肝胆湿热、肝热风动、肝阴不足等证。

(5) 肾与膀胱病辨证:肾位于腰部,腰为肾之府。肾为先天之本,主藏精,主水,纳气,主骨,生髓,其华在发,开窍于耳及前后二阴,与膀胱相为表里,对人体水液代谢、生长发育均起着重要的作用。肾与膀胱病变,常表现为藏精、主水、纳气等功能失常,生长发育障碍,生殖功能、水液代谢、脑、髓、骨、听觉异常等,出现五迟、五软、解颅、鸡胸、龟背、小便淋漓、遗尿、水肿、小便短赤、小便清长、耳鸣、耳聋、牙齿不生、发枯不润、喘息日久等。

《小儿药证直诀·五脏所主》说:"肾主虚,无实也。惟疮疹,肾实则变黑陷。"小儿肾常不足,加之有先天禀赋不足者,故临床小儿肾脏证候,以虚证为主,如肾气虚、肾阳虚、肾阴虚证;虚实夹杂占少数;膀胱病变则以湿热证多见。

3. 卫气营血辨证 卫气营血辨证是清代温病学家叶天士在前人的基础上提出的用于外感温热病的一种辨证方法。小儿易受温热病邪侵袭,所患热病较多,故卫气营血的辨证方法在儿科临床运用极为普遍,并具有以下特点:

热邪传变较速,故小儿热病初起多见卫气同病较多,即表邪尚存而里热已盛,如既有鼻塞流涕、恶风,又见壮热心烦、口渴、舌质红、便干等症。同时易见热势弥漫而致气营(血)同病,酿成气营两燔或气血两燔的证候。如儿科时行疾病中,丹痧、小儿暑温等均多见这类证候。再者由于小儿脏腑娇嫩,不堪邪侵,尤其是初生儿、小婴儿,易见逆传心包,病邪由卫分直入心营而见神昏痉厥等。

4. 三焦辨证 三焦辨证为清代著名温病医家吴鞠通所提出,也是儿科常用的辨证方法。对温热疾病多与卫气营血辨证结合运用,一般规律是病始于上焦,次传中焦,终于下焦。

课堂互动

谈谈你对儿童温热疾病中运用卫气营血辨证与三焦辨证的理解。

5. 六经辨证 根据小儿的生理、病理特点,运用六经辨证有以下特点:因小儿脏腑娇嫩,形气未充,故发病容易、传变迅速,易见"合病""并病"或"传经"。如常见太阳阳明合病,太阳少阳合病或太阳阳明并病及太阳、少阳、阳明的传经等;初生儿、小婴儿或素禀不足儿则易见病邪"直中",如新生儿患肺炎喘嗽,可无热、咳、痰、喘、扇之典型表现,病初即见病邪直中心包之心气不足甚至心阳虚衰之证候。

6. 气血津液辨证 分析人体气血津液的病理变化所表现出来的不同证候,常与八纲辨证、脏腑辨证结合应用。小儿气血津液辨证常见证候:①气虚:乏力、倦怠、语声低微、舌体胖淡、指纹淡、脉象无力等;②气滞:胸腹胀满、疼痛;③气逆:咳喘、呕吐、呃逆;④血虚:面色苍白、萎黄,唇舌指甲色淡;⑤血瘀:发绀、紫斑、瘀点、肝脾肿大或皮肤硬肿;⑥出血:鼻衄、齿衄、便血、尿血等;⑦津液不足:唇干、舌面乏津、少苔、无苔或苔花剥、小便短少等;⑧水液内停:浮肿、尿少等症。这些气血津液的证候,须与脏腑辨证相结合进行,如肺气虚、脾气虚、肾气虚、肺气上逆、胃气上逆、心血不足、胃阴不足等。

7. 病因辨证 中医学病因的内容,除外邪致病的六淫(风、寒、暑、湿、燥、火)、疫疠,内伤致病的七情(喜、怒、忧、思、悲、恐、惊)、饮食不节、劳倦过度等因素外,还包括疾病过程中的病理产物如痰饮、瘀血、积滞等。病因辨证是根据发病的客观因素和各种发病原因作用于机体后产生不同证候表现的规律性,分析、归纳、推求病因,辨别证候的属性,所以称为"辨证求因"或"审证求因"。病因辨证对儿科亦有重要的意义。以湿邪为例,湿为阴邪,重浊黏滞,终归脾胃。主要证候见肢体困倦、脘闷纳呆、大便溏泄、舌苔腻或厚腻等,在小儿诸多疾病中均可由此因素而造成疾病缠绵难愈等。

以上各种辨证方法,都是建立在中医学阴阳、藏象、气血精津、病因病机等基础理论上。其中八纲辨证有各种辨证方法的共性,可称为辨证总纲;脏腑辨证关系着病位、病性的进一步确定,为辨证的基础;病因辨证是找出病证的起因,便于分析疾病在病因作用下病机的演变;六经辨证是结合经络、脏腑、八纲等各种理论的一种综合性辨证方法,对于认识疾病的深浅传变有着重要的意义;卫气营血辨证与三焦辨证则主要用于热病辨证,对于儿科发热类疾病尤其适用。善于灵活运用这些辨证方法,相互补充,融会贯通,辨证更加完善准确,临床疗效才会不断提高。

第三节 治 疗 概 要

治疗是辨证论治的关键环节,也是临证的宗旨。中医具有多种治疗方法和手段,应结合儿科特点,灵活运用,提高临床疗效。

一、儿科治疗用药特点

1. 治疗强调及时正确 小儿"病之来也,势如奔马;其传变也,急如掣电"。病情的好转与加剧多在转瞬之间,故把握病机,及时治疗尤为重要。小儿"脏气清灵,随拨随应"的关键在于诊断明确、辨证准确、治疗用药正确,故用药正确与否关系着病情的进退。

2. 药物选择细心审慎 审慎治疗首先是注意药物的选择。《温病条辨·解儿难》指出:"其用药也,稍呆则滞,稍重则伤,稍不对证,则莫知其乡,捉风捕影,转救转剧,转去转远。"故儿科用药尤须审慎,特别是新生儿、婴幼儿。疾病的发生是由"阴阳失衡"所致,小儿疾病的阴阳失衡与小儿体质特点密切相关。药物有寒、热、温、凉之分,用之不慎可造成新的阴阳失衡致生他疾。在同类药物中要尽量选择适宜小儿体质特点的药物,凡大辛、大热、大苦、大寒、有毒、重镇、攻伐、峻下之品,应审慎使用,注意剂量和使用的时机和法度,"中病即止"或"衰其大半而止"。

3. 处方精准,药量适度 小儿脏气清灵,随拨随应,其处方用药应轻巧灵活,尽量避免治疗目的不明确、杂乱堆砌药物的大处方,药物尤其是性味猛烈的药味,应严格掌握其用量。小儿中药剂量常随年龄大小、个体差异、病情轻重、方剂组合、药味多少以及药味本身的性味、质地轻重、毒性大小来确定,并可结合医者临床用药经验使用,一般应在药典规定的剂量范围内。用药要适当,剂量要准确。

4. 重视给药途径剂型 儿科用药一般以内服汤剂为主,但汤剂有服用不便及"缓不济急"的不足,对婴儿可用口服液或糖浆剂。丸剂、片剂在不能吞服时,可研碎,加水服用。颗粒剂和浸膏剂可用温开水溶解稀释后服用。为了避免服药困难,可用栓剂或通过直肠给药。病情需要时可用注射剂。注射给药作用迅速,但要严格掌握其剂量、适应证、禁忌证,防止发生副反应。

5. 掌握汤剂煎服方法 儿科应用汤剂需对用药总量加以控制。以成人量对照,新生儿可用1/6量,婴儿用1/3量,幼儿及幼童用1/2~2/3量,学龄儿童接近成人量。儿童用药量的控制可根据病情需要和临床经验,分别通过精简药味或减少单味药用量来实现。煎熬时要分清处方中是否有先煎、后下、包煎、另煎的药物,煎熬前要用干净水浸泡药物,煎熬时间根据处方作用决定。煎出的药量约为:新生儿 30~50ml,婴儿 60~100ml,幼儿及幼童 150~200ml,学龄儿童 200~300ml。煎出的药液根据病情分 3~5 次服用,尽量不要强行灌服。

6. 合理运用药物内服外治 根据病情需要,正确选用药物的内服与外治。中医治法中有许多的药物外治法,应大力提倡应用,如熏洗法、涂敷法、热熨法、敷贴法等。内治与外治相结合,容易取得较快较好的疗效,如小儿泄泻在内服方药的同时,用药物敷脐治疗;痄腮在用清瘟解毒消肿散结的同时,用如意金黄散醋调外敷腮肿局部,可促进痄腮早日痊愈。

总之,儿科疾病,无论采用内治法、外治法或其他治法,必须因人、因病、因时、因地制宜,不可偏废。

二、常用内治法

在审明病因、分析病机、明确诊断、辨清证候之后,应针对性地选择一定的治疗方法,其中汗、吐、下、和、温、清、补、消八法是中医学最基本的治法。根据儿科自身特点,按照八法原则,常组合成以下 13 种治法,这些治法既单独使用,也常联合运用。

1. 疏风解表法 主要适用于外邪侵袭肌表所致的表证。由于外邪郁闭肌表,开阖失司,出现发热、恶风、汗出或无汗等症。可用疏散风邪的药物,使郁于肌表的邪气从汗而解。临床上有辛温、辛凉之分。

2. 止咳平喘法 主要适用于邪郁肺经,痰阻肺络所致的咳喘。咳喘久病,每易由肺及肾,出现肾虚的证候,此时宜在止咳平喘剂中,加入温肾纳气的药物。

3. 清热解毒法 主要适用于热毒炽盛的实热证,如温热病、湿热病、斑疹、血证、丹毒、疮痈等。其中又可分为甘凉清热、苦寒清热、苦泄降热、咸寒清热等,应按邪热在表、在里,属气、属血,入脏、入腑等,分别选方用药。

4. 凉血止血法 主要适用于诸种出血的证候,如鼻衄、齿衄、尿血、便血、紫癜等。小儿血证常由血热妄行、血不循经引起,用清热凉血法治疗居多;但是,气不摄血、脾不统血、阴虚火旺等其他原因引起的出血临床也不少见,可在补气、健脾、养阴等法的基础上配伍本法进行治疗。

5. 安蛔驱虫法 主要适用于小儿肠道虫证,如蛔虫、蛲虫等。其中尤其以蛔虫病变化多端,可合并蛔厥(胆道蛔虫症)、虫瘕(蛔虫性肠梗阻)等。发生这些情况时,当先安蛔缓急止痛为主,待病势缓和后,再予驱虫。

6. 消食导滞法 《幼幼集成·食积证治》说:"消者散其积也,导者行其气也。"本法主要适用于小儿乳食不节,停滞不化之证,如积滞、伤食吐泻、疳证等。小儿脾胃薄弱,若饮食不节,恣食无度,则脾胃纳运失常。轻则呕吐泄泻、厌食腹痛;重则为积为疳,影响生长发育。在消食导滞药物中,麦芽擅消乳积,山楂能消肉食积,神曲善化谷食积,莱菔子擅消麦面之积,鸡内金则能消各种食积,还有开胃作用。

7. 镇惊安神法 主要适用于小儿惊风、癫痫等病证。小儿热病最多,且热邪易炽,引动肝风;或灼津炼液,生痰阻络,窍道不通可出现惊风等病证。常用方药如紫雪丹、至宝丹、安宫牛黄丸、苏合香丸、羚角钩藤汤等。

8. 利水消肿法 "治湿不利小便,非其治也"。本法主要适用于水湿停聚,小便短少而水肿的患儿。若为湿邪内蕴,脾失健运,水湿泛于肌肤者,则为阳水;若脾肾阳虚,不能化气行水,水湿内聚为肿,则为阴水。除常用方剂外,车前子、荠菜花、玉米须等,也有较好的消肿利尿作用。

9. 健脾益气法 主要适用于脾胃虚弱、气血不足的小儿,如泄泻、疳证及病后体虚等。单味怀山药粉调服,有良好的健脾止泻作用。气虚与脾虚关系密切,治气虚时多从健脾着手,健脾时多借助益气,故两者常配合运用。鉴于脾虚气弱,小儿运化失职,常出现食欲不振,消化不良,故健脾益气方药中可酌情佐以砂仁、藿香、陈皮、山楂、神曲、鸡内金等理气消导之品。

10. 培元补肾法　主要适用于小儿胎禀不足,肾气虚弱及肾不纳气之证,如解颅、五迟、五软、遗尿、哮喘等。小儿时期常见肝肾同病、脾肾同病或肺肾同病,治疗时应配合养肝、健脾、补肺之品。

11. 活血化瘀法　主要适用于各种血瘀之证。如肺炎喘嗽、哮喘口唇青紫,肌肤有瘀斑、瘀点,以及腹痛如针刺、痛有定处、按之有痞块等。基于“气为血之帅,气行则血行”的原则,活血化瘀方中常辅以行气的药物。

12. 回阳救逆法　主要适用于小儿元阳虚衰欲脱之危重证候。临床可见面色苍白、神疲肢厥、冷汗淋漓、气息奄奄、脉微欲绝等,此时必须用峻补阳气的方药加以救治。

13. 芳香化湿开窍法　主要分为芳香化湿法及芳香开窍法。芳香化湿法适用于内外湿邪困阻脾胃所致的食欲不振、腹胀、呕吐等症,常用方剂如香砂平胃散、不换金正气散、藿香正气散等。芳香开窍法适用于痰湿秽浊之邪蒙蔽心包而致窍闭神昏等证,常用方剂如安宫牛黄丸、至宝丹、苏合香丸等。

三、常用外治法

(一)外治法的优点

小儿大多害怕打针,不愿服药或喂服困难。小儿肌肤柔嫩,脏气清灵,外治法作用迅速,尤为有效,因此自古有“良医不废外治”之说。临床实践证明,采用各种外治法治疗小儿常见病、多发病,易为患儿及家属所接受,应用得当,有较好的疗效。可以单用或与内治法配合应用。

外治诸法,其机制与内治诸法相通,也需视病情之寒热虚实进行辨证论治。外治法通常按经络腧穴选择施治部位。《理瀹骈文·略言》说:“外治之理,即内治之理;外治之药,亦即内治之药,所异者法耳。”可见外治与内治的取效机制是一致的。中医外治法以皮肤、黏膜和呼吸道作为药物的主要吸收途径,因此需要药物具有较强的透皮性和挥发性,常选择性味芳香中药,如苍术、艾叶、藿香、麝香、冰片、丁香、生姜、芫荽等为主组成外治配方。

(二)外治法的种类

目前儿科临床上的外治法,主要使用一些药物进行敷、贴、熏、洗、吹、点、灌、嗅等。这些方法稍加改进,药简效捷,是未来儿科医学的发展方向之一。

1. 熏洗法　是利用中药的药液及蒸气熏洗人体外表的一种治法。如夏日高热无汗可用香薷煎汤熏洗,发汗退热;麻疹发疹初期,为助透疹,用麻黄、浮萍、芫荽子、西河柳煎汤后,加黄酒擦洗头部和四肢,并将药液放在室内煮沸,使空气湿润,体表亦能接触药气。

2. 涂敷法　是将新鲜的中草药捣烂,或用药物研末加入水或醋调匀后,涂敷于体表的一种外治法。如用鲜马齿苋、仙人掌、青黛、金黄散、紫金锭等,任选一种,调敷于腮部,治疗流行性腮腺炎。用吴茱萸粉 3 份、胆南星粉 1 份,用米醋调成膏状涂敷于足底涌泉穴,治疗滞颐。

3. 罨包法　是将药物置于皮肤局部,并加以包扎的一种外治法。如用皮硝包扎于脐部以消食积;用五倍子粉加食醋调填入脐内再包扎,治疗盗汗等。

4. 热熨法　是将药物炒热后,用布包裹以熨肌表的一种外治法。如炒热食盐熨腹部,治疗腹痛;用生葱、食盐炒热,熨脐周围及少腹,治疗癃闭等。

5. 敷贴法　是将药物制成软膏、药饼,或研粉撒于普通膏药上,敷贴于局部的一种外治

笔记栏

法。如用丁香、肉桂等药粉,撒于普通膏药上贴于脐部,治疗寒证泄泻。再如用延胡索、白芥子、甘遂、细辛共研为末,加生姜汁调膏,于每年夏季三伏及冬季三九,贴敷于肺俞、心俞、膈俞、膻中穴,连用 3 年,适用于哮喘缓解期。

课堂互动

谈谈你对三伏敷贴在儿科肺系疾病中应用的理解。

---

6. **擦拭法** 是用药液或药末擦拭局部的一种外治法。如冰硼散擦拭口腔,或用淡盐水拭洗口腔,治疗鹅口疮、口疮等。

7. **药袋疗法** 是将药物研成粉末装入袋内,给小儿佩戴在胸前、腹部或枕头的一种外治法。药物常选用山柰、苍术、白芷、砂仁、丁香、肉桂、甘松、豆蔻、沉香、檀香、艾叶等芳香药物,根据病情,选药配方,制成香袋、肚兜、香枕等。具有辟秽除邪、增进食欲、防病治病的作用。

四、其他疗法

(一) 推拿疗法

小儿推拿古称小儿按摩,是专以手法对小儿疾病治疗的一种方法,有促进气血循行、经络通畅、神气安定、脏腑调和的作用,能达到祛邪治病的目的。儿科临床常用于学龄前小儿泄泻、腹痛、厌食、斜颈、痿证等疾病。年龄越小,效果越好。其手法应均匀渗透柔和。取穴和操作方法与成人有所不同。常用推、拿、揉、运、掐等手法,常取上肢的六腑、天河水、三关,掌部的大肠、脾土、板门,下肢的足三里、三阴交,背部的大椎、脾俞、肾俞、大肠俞、七节骨、龟尾,腹部的脐中、天枢、丹田、气海等穴。

捏脊疗法是儿科常用的一种推拿方法,此法通过对督脉和膀胱经的按摩,调和阴阳,疏理经络,行气活血,恢复脏腑功能以防治疾病。具体操作方法:患儿俯卧,一法是医者两手半握拳,双手两食指抵于背脊上,再以两手拇指伸向食指前方,合力夹住肌肉提起,而后,食指向前,拇指向后退,做翻卷动作,两手同时向前移动;另一法是医者用双手拇指与食指、中指、无名指相对,做捏物状手形,自腰骶开始,沿脊柱两侧捏起皮肤,不断向上捏至大椎穴止。如此反复 3~5 次,捏到第 3 次后,每捏 3 把,将皮肤提起 1 次。每日 1 次,6 日为 1 个疗程。对有脊背皮肤感染、紫癜等疾病的患儿禁用此法。

(二) 针灸疗法

针灸疗法包括针法与灸法。儿科针灸疗法常用于治疗遗尿、哮喘、泄泻、惊风、痹证、乙脑后遗症等病证。小儿针灸所用的经穴基本与成人相同。但是,由于小儿接受针刺的依从性较差,故一般采用浅刺、速刺的针法,又常用腕踝针、耳针、激光穴位照射治疗;小儿灸法常用艾条间接灸法,与皮肤有适当距离,以皮肤微热微红为宜,并要注意防止皮肤灼伤。

刺四缝疗法是儿科针法中常用的一种。四缝是经外奇穴,位置在食指、中指、无名指及小指四指中节横纹中点,是手三阴经所经过之处。针刺四缝可以健脾开胃、清热除烦、止咳化痰、通畅百脉、调和脏腑,常用于治疗小儿厌食、疳证、咳嗽等病症。具体操作方法:皮肤局部消毒后,用三棱针或粗毫针针刺约 1 分深,刺后用手挤出黄白色黏液少许。

(三) 拔罐疗法

拔罐疗法是运用罐具,造成罐内负压,使之吸附于患处或穴位上,产生局部充血,从而达到治疗病证的一种治法,有促进气血流畅、营卫运行、祛风散寒、舒筋止痛等作用,常用于肺炎喘嗽、哮喘、腹痛、遗尿等疾病。儿科拔罐采用口径较小的竹罐或玻璃罐,留罐时间要短,取罐时注意先以拇指或食指按压罐边皮肤,使空气进入罐内,火罐自行脱落,不可垂直用力硬拔。现也常用硅胶罐,使用时,只需用力将罐挤压排气(挤压程度随所需吸力大小而定),再将罐口紧扣在所选部位,放松挤压,罐即吸住局部皮肤;起罐时,再次挤压罐具,罐内负压消失则自行脱落。对高热惊风、水肿、出血、严重消瘦、皮肤过敏、皮肤感染的小儿,不可使用此法。

(四)耳针疗法

耳针疗法是指采用针刺或其他方法刺激耳穴,以诊断、防治疾病的一类方法。耳针法治疗范围较广,操作方便,儿科临床常用于治疗遗尿、哮喘、变应性鼻炎、过敏性紫癜等。

耳穴压豆法是儿科耳针疗法最常用的一种方法。耳穴压豆法具有简单、方便、有效的特点,一般无副作用,可免除因耳针消毒不严所引起的耳软骨炎等副作用。具体操作方法:皮肤局部消毒,将表面光滑的近似圆球状或椭圆状的王不留行种子或小磁珠(直径2mm左右)等,用小块胶布固定在需要刺激的耳穴上,根据病情需要每日可分别压、按、揉数次,每穴每次可刺激一至数分钟,这样可以持续并随时加强对其耳穴的刺激作用。湿热天气,留置时间不宜过长,皮肤过敏小儿不宜使用此法。

(五)饮食疗法

饮食疗法,简称食疗,是在中医药学理论指导下,运用食物的性味和所含成分,作用于有关脏腑,以调节机体功能、防治疾病、养生康复的一种方法。

中医饮食疗法主要有两大类:一类是单独用食物,凡米、面、果、菜、禽、畜、蛋、鱼等皆可用作食疗,如生姜红糖茶能够解表散寒,治疗小儿风寒感冒;苹果泥能止泻,治疗小儿泄泻;萝卜粥能祛痰止咳、降气宽中、消食行滞,可治疗小儿咳嗽、厌食;羊肝能养血补肝明目,可治疗小儿雀盲等。另一类是食物加药物,经过加工制成食疗食品,如八珍糕能健脾助运,可治疗小儿厌食、疳证;马齿苋粥能清肠利湿止泻,可治疗小儿脾虚夹湿泄泻;金银花露能清热解毒,治疗小儿暑热痱子;雪梨膏能润肺止咳,治疗小儿肺燥咳嗽。在后一类食疗中的药物,常选择那些既是食品又是药品的品种,如甘草、乌梅、陈皮、砂仁、酸枣仁、决明子、莱菔子、青果、罗汉果、白果、香橼、肉豆蔻、肉桂、菊花、薄荷、藿香、茯苓、鸡内金等。这类食疗一般不宜给正常的小儿服用,更不可长期服用。

饮食疗法要根据小儿特点,因人而异,辨证施用,择食调养,同时要注意饮食禁忌。饮食疗法中小儿常用的饮食种类有粥、汤、饮、汁、羹、露、茶、糕、饼、膏、糖等,其中尤以粥类用途最广。饮食疗法用途虽广,但作用比较平和,临床上一般只作为辅助疗法。

📖 思政元素

博 学 精 术

作为医者,以治病救人为第一要务,故应具备勤勉严谨的治学态度和精湛的医术。正如《素问·气交变大论》所言,医者需"上知天文,下知地理,中知人事",《素问·疏五过论》言"必知天地阴阳,四时经纪,五脏六腑,雌雄表里,刺灸砭石,毒药所主,从容人事",否则容易贻害病家。明代徐春甫在《古今医统·医道》中指出"医本活人,学之不精,反为夭折",强调医生必须具备高超医术方有可能避免失治、误治。明代寇平在《全幼心鉴·为医先去贪嗔》中记载"人有恒心,践履端谨,始可与言医道矣",意在言明只有坚持不懈、言行端正,勇于实践的人,方可能成为合格的医生。

学习小结

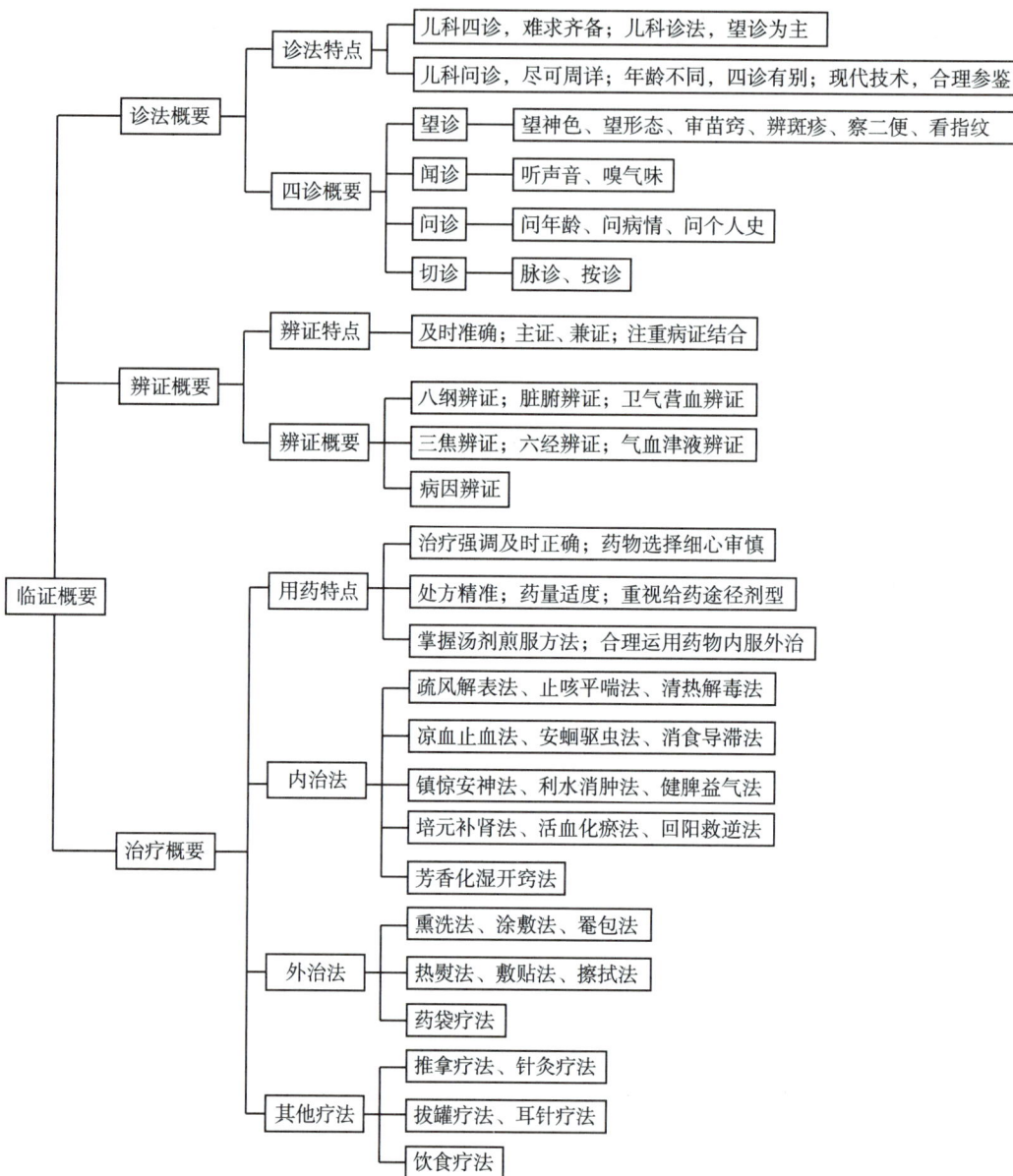

（杨 昆）

复习思考题

1. 简述不同年龄段小儿的汤剂用药剂量。
2. 简述小儿气血津液辨证中气虚、气滞、气逆的常见临床表现。

扫一扫
测一测

下篇

中医儿科学临床

第五章

肺 系 病 证

05章01节PPT

PPT 课件

学习目标

通过本章学习,掌握小儿肺系病证的发病特点,以及感冒、鼻鼽、乳蛾、咳嗽、肺炎喘嗽、哮喘、反复呼吸道感染的概念、病因病机、诊断、鉴别诊断和辨证论治。

第一节 感 冒

感冒是感受外邪引起的一种临床常见的外感疾病,以发热、恶寒、鼻塞、流涕、喷嚏、咳嗽、全身不适为主要表现。本病一年四季均可发生,以气候骤变及冬春时节多见。任何年龄皆可发病,但小儿发病率高,尤以婴幼儿最为常见。因小儿肺脏娇嫩,脾常不足,神气怯弱,感邪之后,易出现夹痰、夹滞、夹惊的兼证,且常诱发哮喘,也可引起心肌炎、急性肾炎等疾病。

感冒俗称"伤风",分为四时感冒和时行感冒。四时感冒是由于感受四时六淫之气所致,临床症状较轻,一般无传染性;时行感冒是由感受时行疫疠邪毒而发,临床症状较重,且具有传染性。

本病相当于西医学的急性上呼吸道感染。

【病因病机】

感冒的病因以感受风邪为主,常兼寒、热、暑、湿、燥邪,或感受时邪疫毒所致。在正气不足、气候变化、冷热失常、调护不当时容易发生本病。

1. 外感六淫 以风邪为主,风为百病之长,常兼夹寒、热、湿邪,由口鼻或皮毛而入,侵袭肌表,郁于腠理,卫表失和,正邪交争,卫气失于宣发,导致发热恶寒等表证;邪客肺卫,肺气失宣,则致鼻塞、流涕、喷嚏、咳嗽等症。由于感邪不同,机体反应有异,所以,临床上有风寒感冒、风热感冒、暑邪感冒之别。

2. 感受时邪 小儿为稚阴稚阳之体,形气未充,肌表薄弱,易感触时行疫疠之邪,且易相染流行。疫疠之邪,易犯于肺、脾二经。疫邪性烈,易于传变,故起病急骤;邪犯肺卫,郁于肌表,则初起发热、恶寒、肌肉酸痛;疫火上熏,则目赤咽红;邪毒犯胃,胃气上逆,则见恶心、呕吐;邪毒犯脾,脾失运化,则见腹泻、腹痛等症。

3. 正气不足 小儿肺脏娇嫩,卫外功能相对较弱,最易被外邪所侵而致病。

感冒的病变部位主要在肺卫,病机关键为肺卫失宣。因小儿生理病理特点有别于成人,感冒后易出现兼夹证。小儿肺脏娇嫩,感邪之后,失于宣肃,气机不利,津液不得输布而内生痰液,痰壅气道,则咳嗽加剧,喉间痰鸣,此为感冒夹痰。小儿脾常不足,感邪之后,脾运失司,稍有饮食不节,致乳食停滞,阻滞中焦,则脘腹胀满,不思乳食,或伴呕吐、腹泻,此为感冒夹滞。小儿神气怯弱,心常有余,肝常有余,感邪之后,热扰肝经,易致心神不安,烦躁不宁,睡卧不实,容易惊惕,甚则热盛动风,而致惊厥,此为感冒夹惊。

【诊断】

(一) 诊断要点

1. 有感受外邪病史,常见于气候骤变、冷暖失调之时,或有与感冒患者接触史。
2. 以发热、恶风寒、鼻塞流涕、喷嚏、咳嗽、全身不适等为主症,可伴咽红或咽痛。
3. 感冒伴兼夹证者,可见咳嗽加剧,喉间痰鸣;或脘腹胀满,不思饮食,呕吐酸腐,大便失调;或睡卧不宁,惊惕抽搐。

(二) 鉴别诊断

1. 本病与急喉喑(急性感染性喉炎)鉴别见表5-1。

表5-1 感冒与急喉喑的鉴别

鉴别点	感冒	急喉喑
起病	较缓	急
主症	发热、咳嗽、鼻塞流涕	发热、声音嘶哑、犬吠样咳声
吸气性喉鸣	无	有
吸气性呼吸困难	无	有
肺部听诊	呼吸音清或粗	喉传导音或管状呼吸音

2. 其他病证 感冒夹痰要与咳嗽、肺炎喘嗽相区别;感冒夹滞要与呕吐、泄泻、积滞、腹痛相区别;感冒夹惊要与其他疾病中的邪陷心肝证相区别。多种急性传染病的早期都有类似感冒的症状,如麻疹、幼儿急疹、水痘、百日咳、流行性脑脊髓膜炎等,要与感冒特别是时邪感冒相区别,应从流行病学史、临床特征、临床表现及其演变、实验室检查等方面鉴别。

【辨证论治】

(一) 辨证思路

本病重在辨风寒、风热、暑湿及有无兼证。根据发病季节及流行特点,冬春两季多为风寒、风热感冒;夏季多为暑邪感冒;冬末春初,发病呈流行性者多为时邪感冒。

1. 辨风寒、风热 根据发热、恶寒的轻重,鼻涕的清浊,咽喉唇舌的红赤程度辨别。若恶寒重,无汗,鼻流清涕,咽不红,舌淡,苔薄白为风寒之证;若发热恶风,有汗,鼻流浊涕,咽红,舌红苔薄黄为风热之证。当风寒风热不易辨清时,以看咽部为准。

2. 辨暑热、暑湿 暑邪感冒,病发夏季。暑热偏盛者,发热较高,无汗或汗少而黏,口渴心烦,苔黄腻;暑湿偏盛者,身热不扬,胸闷泛恶,头重身困,食少纳呆,舌苔白腻。

3. 辨四时感冒与时行感冒 根据全身症状和发热恶寒的轻重,是否呈流行性来辨别。发热恶寒等全身症状较轻,多为四时感冒;发热恶寒重,全身症状明显,有流行趋势,多为时行感冒。

4. 辨兼夹证 兼见咳嗽较重、痰多,或喉间痰鸣,此为夹痰;兼见不思饮食、恶心、呕吐、大便不调,此为夹滞;兼见烦躁不安、惊惕哭闹,甚或惊厥,此为夹惊。

(二)治疗原则

治疗感冒,以疏风解表为基本原则。根据不同的证候分别治以辛温解表、辛凉解表、清暑解表、清热解毒。兼夹证,在解表基础上,分别佐以化痰、消导、镇惊之法。退热,须发汗解表,但小儿为稚阴稚阳之体,发汗不宜太过,以防津液耗损。

> **课堂互动**
>
> 谈谈对"治上焦如羽,非轻不举"的理解。

(三)分证论治

1. 风寒感冒

证候:恶寒重,发热轻,无汗,头痛,鼻流清涕,喷嚏,咳嗽,咽无红肿,舌淡红,苔薄白,脉浮紧或指纹浮红。

证候分析:风寒侵袭肺卫,正邪交争,卫阳被遏,腠理闭塞,则恶寒重,发热轻,无汗,头痛;风寒犯肺,肺失宣肃,则鼻流清涕,喷嚏,咳嗽。

辨证要点:发热,恶寒重,无汗,鼻流清涕,咽不红,脉浮紧或指纹浮红。

治法:辛温解表。

主方:荆防败毒散(《摄生众妙方》)加减。

常用药:荆芥、防风、羌活、生姜、柴胡、薄荷、前胡、桔梗、甘草。

加减:头痛明显加葛根、白芷;恶寒重,无汗,加生麻黄、桂枝;咳声重浊加杏仁、白前;纳呆、舌苔白腻,加陈皮、藿香。若见面赤唇红、口渴、咽红等外寒内热之证,可加黄芩、连翘、射干。

2. 风热感冒

证候:发热重,恶风,有汗或少汗,头痛,鼻流浊涕,喷嚏,咳嗽,咽红肿痛,口干渴,舌质红,苔薄黄,脉浮数或指纹浮紫。

证候分析:风热客于肺卫,或寒从热化,卫表失和,故发热重,恶风,有汗或少汗;风热犯肺,肺气失宣,则鼻流浊涕,喷嚏,咳嗽;风热上扰则头痛;风热上攻咽喉,则咽喉红肿疼痛。

辨证要点:发热重,鼻流浊涕,咽红肿痛,舌质红,苔薄黄,脉浮数或指纹浮紫。

治法:辛凉解表。

主方:银翘散(《温病条辨》)加减。

常用药:金银花、连翘、薄荷、桔梗、牛蒡子、荆芥、豆豉、芦根、竹叶。

加减:高热加黄芩、柴胡、蝉蜕;咳嗽痰多加杏仁、桑叶、瓜蒌皮;咽红肿痛加射干、玄参;热重、便秘,加生大黄、枳实。

3. 暑邪感冒

证候:发热,无汗或汗出热不解,头痛,身重困倦,胸脘满闷,泛恶欲呕,或有泄泻,食欲不振,小便短黄,舌质红,苔黄腻,脉濡数或指纹紫滞。

证候分析:暑邪束表,卫表不和,则见高热无汗,鼻塞流涕;暑多夹湿,故头身困重;暑湿中阻,脾失运化,则胸脘满闷,泛恶欲呕,食欲不振,或有泄泻。

辨证要点:病发夏季,发热,头痛,身重困倦,食欲不振,舌红,苔黄腻。

治法:清暑解表。

主方:新加香薷饮(《温病条辨》)加减。

常用药:香薷、金银花、连翘、厚朴、扁豆花、藿香。

加减:偏热重加黄连、栀子、虎杖;偏湿重加佩兰、薏苡仁;呕吐加半夏、竹茹;泄泻加黄连、苍术。

4. 时行感冒

证候:起病急骤,高热,恶寒,无汗或汗出热不解,头痛,心烦,目赤咽红,肌肉酸痛,腹痛,或有恶心、呕吐,舌质红,苔黄,脉数或指纹紫。

证候分析:时行邪毒,侵袭肌表,正邪交争,故见起病急骤,高热,恶寒,无汗或汗出热不解,肌肉酸痛;疫邪化火上攻则头痛,心烦,目赤咽红,舌红苔黄;疫邪犯脾则腹痛,或有恶心、呕吐。

辨证要点:有流行病学史,起病急,局部症状轻、全身症状重,发热恶寒,无汗或汗出热不解,目赤咽红,全身肌肉酸痛,舌红苔黄。

治法:清热解毒。

主方:银翘散(《温病条辨》)合普济消毒饮(《东垣试效方》)加减。

常用药:金银花、连翘、荆芥、羌活、栀子、黄芩、大青叶、桔梗、牛蒡子、薄荷。

加减:高热加石膏、知母;目赤加夏枯草、决明子、牡丹皮;腹痛加木香、枳壳;恶心呕吐加竹茹、半夏。

5. 兼证

(1) 夹痰:感冒兼见咳嗽较剧,痰多,喉间痰鸣。此由肺不布津,津凝成痰,或热邪灼津炼液成痰,痰阻于肺,肺失宣肃所致。风寒夹痰者,治当疏风散寒,宣肺化痰,加用杏苏散、三拗汤加减。风热夹痰者,治当疏风散热,清肺化痰,加用桑菊饮加减。

(2) 夹滞:感冒兼见脘腹胀满,不思饮食,呕吐酸腐,口气秽浊,大便酸臭,或腹痛泄泻,或大便秘结,小便短黄,舌苔厚腻。此因乳食停滞中焦,胃失和降,脾失运化所致。治当解表兼以消食导滞。在疏风解表的基础上,加用保和丸加减。

(3) 夹惊:感冒兼见高热,惊惕哭闹,睡卧不宁,甚至抽风惊厥。此为热灼筋脉,热扰肝经,热盛动风所致。治当清热解表,祛风定惊,加用钩藤、菊花、蝉蜕、珍珠母,或另服小儿金丹丸或小儿回春颗粒。

【诊疗提示】

1. 了解病史和全身情况,注意是否有兼夹证。

2. 注意咽喉部的望诊及心肺体征。

3. 发热者注意检查血常规,初步区分感染性质,必要时进行病原学检查。

4. 全身症状重,咳嗽频繁者,行胸部 X 线检查;反复抽搐者,可行脑脊液检查,注意与中枢神经系统感染性疾病相区别。

5. 小儿感冒易于寒从热化,或热为寒闭,形成寒热夹杂证,单用辛凉药汗出不透,单用辛温药助热化火,故常以辛凉辛温药并用。

6. 6 个月 ~5 岁患儿,体温高,尤其有热性惊厥史者,应注意预防热性惊厥的发生,可在早期加用平肝清心之品,以达先证而治。

7. 感冒药煎煮时间宜短,一般煮沸后 10~15 分钟即可,宜温服。

【其他疗法】

(一) 中成药

1. 风寒感冒颗粒　用于风寒感冒。

2. 风热感冒颗粒　用于风热感冒。

3. 藿香正气口服液　用于暑邪感冒。

4. 连花清瘟颗粒　用于时邪感冒。

5. 小儿豉翘清热颗粒　用于风热感冒夹滞者。

6. 午时茶颗粒　用于风寒感冒夹滞者。

7. 猴枣牛黄散　用于感冒夹惊。

(二) 针灸疗法

1. 针法　取大椎、太阳、曲池、外关、合谷。用泻法,1 日 1~2 次。用于风热感冒。

2. 灸法　取大椎、风门、肺俞。用艾炷 1~2 壮,每穴 5~10 分钟,以表面皮肤潮热为宜,1 日 1~2 次。用于风寒感冒。

【预防调护】

1. 居室保持空气新鲜、流通。

2. 根据气候变化,及时增减衣服。

3. 经常户外活动,呼吸新鲜空气,多晒太阳,加强锻炼。

4. 避免与感冒患者接触,感冒流行期间尽量不去公共场所。

【古籍摘要】

《幼科释谜·感冒》:"感冒之原,由卫气虚,元府不闭,腠理常疏,虚邪贼风,卫阳受撼。"

《仁斋直指方·诸风》:"感冒风邪,发热头痛,咳嗽声重,涕唾稠黏。"

病案分析

艾某,男,7 个月。1980 年 5 月 19 日就诊。患儿发热,微咳,有汗不多,鼻流清涕,曾由家长自予"阿鲁片""感冒冲剂"等药,症犹未减。今晨起又增目眦红痒,口角流涎,体温仍 39℃。来诊时咽部红肿,舌苔白。诊为:感冒(外感风邪,上犯心肺)。治宜祛风邪以解表,清心肺以退热。拟方:荆芥穗 6g,羌活 6g,板蓝根 6g,牛蒡子 9g,防风 6g,黄芩 10g,炒知母 6g,淡豆豉 6g,神曲 9g,桔梗 6g,杏仁 6g,淡竹叶 6g,生甘草 3g。服上药 3 剂,诸症悉除。

按:本案初起风寒在表,逐渐入里化热,辨证属寒热夹杂,表寒里热,故治疗以疏风解表为主,辛温辛凉并用,疏风散寒而不助热,辛凉清热而不碍邪,兼顾小儿容易夹痰、夹滞的特点,佐以消食导滞及宣肺止咳之品,标本兼顾,起效甚捷。

病案摘自《中国百年百名中医临床家丛书:王伯岳》

PPT 课件

第二节　鼻　鼽

鼻鼽是小儿常见的鼻部疾病,多由脏腑虚损,感受外邪或接触异物引发,临床以突然和反复发作的喷嚏、清水样涕、鼻痒和鼻塞等为主要特征。常伴发过敏性结膜炎、湿疹、哮喘、腺样体肥大、鼻窦炎、鼻出血、中耳炎及睡眠呼吸障碍等。同年龄段男童发病率高于女童,年幼儿发病率高于年长儿,且城镇儿童比农村儿童更易罹患。本病可常年发病,亦可呈季节性发作,春、秋、冬三季多发,具有反复发作的病史特点。本病具有一定遗传倾向,部分患儿可有荨麻疹、湿疹、支气管哮喘等过敏性疾病史或家族史。

西医学的变应性鼻炎、血管运动性鼻炎、嗜酸性粒细胞增多性非变应性鼻炎等疾病可参照本病辨证施治。

【病因病机】

鼻鼽的病因有内因、外因之分。内因责之于先天禀赋有异,伏风内潜,肺脾肾等脏腑虚损,卫外不固;外因责之于气候骤变或小儿冷暖失调,六淫之邪侵犯人体,或接触冷空气、花粉、尘螨、毛絮等异气、异物。本病病位主要在肺,涉及脾肾。病机关键为邪聚鼻窍,肺气不宣,津液骤停。

1. 肺虚邪侵,宣肃失司　患儿先天禀赋有异,伏风内潜,加之肺禀不足,肺气虚寒,卫表不固,遇气候骤变或冷暖失调,风寒、异气乘虚而入,邪聚鼻窍,邪正相搏,肺气不宣,津液停聚,壅塞鼻窍,肺失通调,气不摄津,水湿泛溢,遂致喷嚏、流清涕、鼻塞等,发为鼻鼽。

2. 肺脾气虚,清阳不升　小儿喂养不当,脾胃运化力弱,化生不足,脏腑功能失健,气血生化乏源,鼻窍失养,脾失健运,脾不运湿,停聚鼻窍,肺气虚弱,易受外邪或异气侵袭,邪聚鼻窍而发为鼻鼽。

3. 肺肾两虚,温煦失职　先天禀赋不足,肾阳式微,则摄纳无权,气不归元,温煦失职,寒水上泛,肺之阳气受损,腠理、鼻窍失于温煦,复受外邪、异气侵袭,发为鼻鼽。

4. 肺经伏热,上犯鼻窍　小儿乳食不节,食积化热,郁火内伏于肺经,又复感温热邪气,两邪相搏,邪热迫津外泄或煎熬津液,肺失肃降,邪热上犯鼻窍,亦可发为鼻鼽。

课堂互动

谈谈鼻鼽发病与肺、脾、肾三脏关系。

【诊断】

(一) 诊断要点

1. 具有反复发作的病史,部分患儿可有荨麻疹、湿疹、支气管哮喘等过敏性疾病史或家族史,多有花粉、动物皮毛、尘螨等过敏史。

2. 临床表现以喷嚏、清水样涕、鼻痒、鼻塞等症状出现 2 项及 2 项以上,每天症状持续或累计 1 小时以上。可伴有呼吸道症状(咳嗽、喘息等)和眼部症状(包括眼痒、流泪、眼红和灼热感等)等其他伴随疾病症状。症状严重的患儿可有所谓"过敏性敬礼"动作,即为减轻鼻痒和使鼻腔通畅而用手掌或手指向上揉鼻。

3. 发作期常见鼻黏膜苍白、水肿,鼻腔水样分泌物。症状严重的患儿可出现变应性黑眼圈、变应性皱褶。

4. 实验室检查

(1) 血常规:白细胞总数正常,嗜酸性粒细胞可增高。

(2) 鼻腔分泌物检测:嗜酸性粒细胞检查可呈阳性,鼻灌洗液中变应原特异性 IgE 可呈阳性。

（3）变应原检测：至少一种变应原皮肤点刺试验和/或血清特异性 IgE 阳性。

（二）鉴别诊断

本病需与感冒等相鉴别,见表 5-2。

表 5-2 鼻鼽与感冒鉴别要点

鉴别点	鼻鼽	感冒
病因	脏腑虚损,卫外不固	多为感受外邪诱发,肺、脾、肾三脏虚损不显
主症	喷嚏、清水样涕、鼻痒、鼻塞,以鼻部症状为主	恶寒、发热、鼻塞流涕、咳嗽,鼻痒、眼痒多不显
体征	鼻黏膜苍白、水肿	鼻黏膜淡红
发病特点	病程 >2 周,多呈反复或持续发作	病程 7~10 天
实验室检查	白细胞正常,嗜酸细胞多增高,过敏原检测阳性	白细胞正常或略低,嗜酸细胞正常,过敏原检测阴性
个人及家族史	可有湿疹、反复咳嗽及过敏史;可有家族过敏史	无特殊

【辨证论治】

（一）辨证思路

首先辨别疾病的寒、热、虚、实,再结合兼症,辨别病位。

1. 辨寒热虚实　清涕连连、鼻塞,遇冷风或劳累后加重,鼻黏膜色淡,鼻甲肿胀,多属寒证、虚证;喷嚏、鼻痒、喷嚏连连,流涕黏浊或鼻衄,多在遇热或闷热天气发作,鼻黏膜色红,鼻甲肿胀,伴口干、烦热等,多属热证、实证。

2. 辨脏腑　鼻痒、喷嚏连作、流清涕、鼻塞遇风冷加重,鼻黏膜色淡、鼻甲肿胀,伴畏寒怕风、自汗者,多属肺气虚寒。鼻痒、喷嚏连连、流清涕、鼻塞劳累后加重,鼻黏膜色淡、鼻甲肿胀,伴纳呆、便溏等,多属脾气虚弱。鼻痒、喷嚏连作、流清涕量甚多、鼻道可见水样分泌物、下鼻甲肿胀苍白,伴腰膝酸软、四肢不温、怕冷等,多属肾阳不足。鼻痒、喷嚏连连、流清涕、鼻塞,鼻黏膜色红、鼻甲肿胀,多在遇热或闷热天气发作或加重,伴口干、烦热等,多属肺经伏热。

（二）治疗原则

本病以脏腑辨证为主,分辨寒热虚实而随证施治,如虚实夹杂、寒热并存者,应注意兼顾。发作期当攻邪以治其标,间歇期应补虚以固其本,注重消风而宣通肺窍。

（三）分证论治

1. 肺气虚寒

证候:鼻痒,喷嚏频频突发,清涕如水,鼻塞,嗅觉减退,畏风怕冷,自汗,气短懒言,语声低怯,面色苍白,或见咳嗽痰稀,鼻黏膜色淡,鼻道水样分泌物。舌质淡,苔薄白,脉虚弱,指纹淡红。

证候分析:肺气虚损,卫表不固,风寒、异气乘虚而入,故鼻痒遇寒而发;邪正相搏,则喷嚏频频;肺失通调,气不摄津,则涕清如水;水湿停聚鼻窍,则鼻黏膜肿胀,色淡白或灰白,鼻甲肿大,鼻塞不通;肺气虚弱,则气短懒言、语声低怯;肺气虚寒,腠理疏松,故畏风怕冷,自汗;面色苍白、舌质淡、舌苔薄白、脉虚弱为肺气虚寒之征。

辨证要点:鼻痒,喷嚏频发,流清涕,鼻塞,畏风怕冷,自汗,鼻黏膜色淡,鼻道水样分泌物。

治法:温肺散寒,益气固表。

主方:温肺止流丹(《辨证录》)加减。

常用药:党参、炙黄芪、炒白术、防风、桂枝、荆芥、细辛、苍耳子、辛夷、白芷、甘草。

加减:鼻痒甚者,加蝉蜕、乌梅;喷嚏多者,加刺蒺藜、五味子;流涕多者,加苍术;畏风寒者,加麻黄、生姜;多汗者,加煅龙骨、煅牡蛎。

2. 肺脾气虚

证候:鼻痒,喷嚏频频突发,流清涕,鼻塞,嗅觉减退,面色萎黄,食少纳呆,消瘦,腹胀,大便溏薄,四肢倦怠乏力,鼻黏膜色淡,鼻道水样分泌物。舌质淡,苔薄白,脉弱,指纹淡。

证候分析:脾气虚弱,化生不足,鼻窍失养,肺气不足,卫外不固,风寒异气乘虚而入,则鼻痒;正气祛邪外出,则喷嚏频频;脾不运湿,停聚鼻窍,故鼻塞,清涕涓涓而下,鼻黏膜淡白或灰白色;脾失健运,津液输布失职,则脘腹胀满,大便溏薄,食少纳呆;神疲乏力,少气懒言,四肢倦怠,舌质淡胖,边有齿痕,脉弱无力均为气虚之征。

辨证要点:以鼻痒、喷嚏频发、流清涕、鼻塞、鼻黏膜色淡,鼻道水样分泌物等伴见食少便溏、神疲乏力为辨证要点。

治法:益气健脾,升阳通窍。

主方:补中益气汤(《脾胃论》)加减。

常用药:炙黄芪、白术、防风、党参、茯苓、炙甘草、升麻、陈皮、柴胡、辛夷、白芷。

加减:大便溏薄者,加葛根、芡实;畏风恶寒者,加桂枝、川芎;清涕如水量多者,加苍术、干姜;脘腹饱胀者,加砂仁、木香;食欲不振者,加焦山楂、炒谷芽;多汗者,加碧桃干、浮小麦。

3. 肺肾两虚

证候:鼻痒,喷嚏频频突发,流清涕,鼻塞,嗅觉减退,面色㿠白,形寒肢冷,腰膝酸软,神疲倦怠,小便清长,鼻黏膜苍白,鼻道水样分泌物。舌质淡,苔白,脉沉细,指纹沉淡。

证候分析:肺肾阳虚,温煦失职,风寒异气易从口鼻、肌表入侵,则发鼻痒;正邪相争,故喷嚏频频;肾阳虚弱,气化失职,寒水上泛,津停鼻窍,而鼻塞,清涕如水,鼻甲肿大,黏膜淡白;面色㿠白,形寒肢冷,腰膝酸软,小便清长,舌质淡,舌苔白,脉沉细无力等均为肺肾阳虚之征。

辨证要点:以鼻痒、喷嚏频发、流清涕、鼻黏膜苍白、鼻道可见水样分泌物,伴见形寒肢冷、腰膝酸软为辨证要点。

治法:温肺补肾,通利鼻窍。

主方:金匮肾气丸(《金匮要略》)加减。

常用药:熟地黄、山药、山茱萸、茯苓、泽泻、牡丹皮、肉桂、附子、细辛、苍耳子、辛夷。

加减:大便溏薄者,加肉豆蔻、补骨脂;小便清长者,加益智仁、乌药;鼻痒多嚏者,加乌梅、五味子;清涕长流者,加苍术、桂枝;畏风易感者,加炙黄芪、白术、防风;多汗者,加煅龙骨、煅牡蛎。

4. 肺经伏热

证候:鼻痒,喷嚏频频突发,流黄涕或脓涕,鼻塞,嗅觉减退,可伴有咳嗽、咽痒、口干烦热,或见鼻衄,鼻黏膜色红,咽红。舌质红,苔黄,脉数,指纹淡紫。

证候分析:邪热久郁肺经,肺失清肃,又复感温热邪气,两邪相搏,则发为鼻痒喷嚏;邪热迫津外泄,则流清涕或黏涕;邪热煎熬津液,故口干烦躁;舌质红,舌苔白或黄,脉数为肺热之征。

辨证要点：鼻痒，喷嚏频发，流清涕，鼻塞，口干烦热，或见鼻衄，鼻黏膜色红。

治法：清宣肺气，通利鼻窍。

主方：辛夷清肺饮（《医宗金鉴》）加减。

常用药：辛夷、黄芩、栀子、麦冬、百合、生石膏、知母、甘草、枇杷叶、菊花、薄荷。

加减：外感风邪者，加防风、白芷；鼻痒喷嚏者，加刺蒺藜、徐长卿；鼻流浊涕者，加黛蛤散、苍术；鼻流脓涕者，加胆南星、鱼腥草；鼻干无涕者，去生石膏、知母，加南沙参、黄精；咽痒者，加蝉蜕、牛蒡子；咽红肿者，加金银花、败酱草；咳嗽者，加桔梗、前胡。

【诊疗提示】

1. 注意询问患儿家族史及既往病史，如湿疹、哮喘、瘾疹等。

2. 注意询问患儿有无过敏史，是否进行过过敏原检测。

3. 注意评估患儿症状的严重程度，是否有夜间憋醒，或影响日常学习生活。

【其他疗法】

（一）中成药

1. 辛芩颗粒、通窍鼻炎颗粒（片） 用于肺气虚寒证。

2. 玉屏风颗粒 用于肺脾气虚证。

3. 辛夷鼻炎丸、鼻康片 用于肺经伏热证。

（二）针灸疗法

1. 体针 选迎香、印堂、风池、风府、合谷等为主穴，以上星、足三里、禾髎、肺俞、脾俞、肾俞、三阴交等为配穴。每次主穴、配穴各选 1~2 穴，用补法，留针 20 分钟。

2. 灸法 用督灸在患儿督脉的上星穴、神庭穴、囟会穴、前顶穴灸治。每次 2~4 小时，每日 1 次，4 日为一疗程，治疗 3~4 疗程，每疗程之间停 1 日。

3. 耳针 选神门、内分泌、内鼻、肺、脾、肾、肾上腺、皮质下等穴。王不留行贴压，两耳交替，每次取 3~5 穴。

（三）外治疗法

选用白芥子、细辛、辛夷、甘遂、冰片（5∶5∶5∶5∶1）等药物研粉，生姜汁调成膏状，分别敷贴于大椎、肺俞等穴位。

【预防护理】

1. 注意观察，寻找诱发因素，若有发现，应尽量避免。在寒冷、扬花季节及雾霾等不良天气时，出门戴口罩，减少和避免各种尘埃、花粉、污染物的刺激；避免接触或进食易引起机体过敏之物，如宠物、羽毛、兽毛、鱼虾、海鲜等，忌辛辣刺激食物。

2. 注意室内卫生，经常除尘去霉，勤晒被褥。

3. 按揉迎香穴，每次 100 下，每日 1~2 次。

【古籍摘要】

《灵枢·口问》："人之嚏者，何气使然？岐伯曰：阳气和利，满于心，出于鼻，故为嚏。"

《诸病源候论·鼻病诸候》："肺气通于鼻，其脏有冷，冷随气入乘于鼻，故使津涕不能自收。"

《医学发明·膈咽不通并四时换气用药法》："皮毛之阳元本虚弱，更以冬月助其令，故病者善嚏、鼻流清涕。"

第三节　乳　蛾

乳蛾是儿科常见肺系疾病,指以咽喉部喉核(腭扁桃体)肿大或伴红肿疼痛甚至溃烂为主症的肺系疾病。因喉核肿大,状如乳头或蚕蛾,故名乳蛾;急性乳蛾喉核溃烂化脓者,名烂乳蛾。本病多发生于 3 岁以上小儿,一年四季均可发病,症状轻重不一,一般预后良好,偶可引起水肿、心悸、痹证等病证,长期反复不愈可致反复呼吸道感染。本病相当于西医学的急、慢性扁桃体炎。

【病因病机】

乳蛾的病因主要与感受风热邪毒有关,或素体肺胃热毒炽盛,复感外邪所致。咽喉为肺胃之门户,外邪入侵,咽喉首当其冲受邪。

1. 风热搏结　风热邪毒从口鼻而入,咽喉首当其冲,热毒搏结于喉,气血壅滞,脉络受阻,肌膜受灼,则喉核肿大。

2. 热毒炽盛　邪热入里,或素体肺胃热盛,复感外邪,循经上攻,搏结喉核,热毒炽盛,血败肉腐成脓。

3. 肺胃阴虚　小儿稚阴未长,热病伤阴,或素体阴虚,均可致肺胃阴虚,虚火上炎,搏结喉核,则喉核肿大,日久不消。

本病病位在肺胃,病机为热毒壅结咽喉。初起以实证为主,病久邪热伤阴,多为虚证;反复发作者,余邪滞留,气机不畅,气滞血瘀,痰瘀互结喉核,出现虚实夹杂证候。

【诊断】

(一)诊断要点

1. 常有外感病史或咽痛反复发作史。

2. 咽喉肿痛,或咽痒不适为主症,多伴发热。

3. 咽部检查可见扁桃体肿大、充血呈鲜红或暗红色,重者溃烂化脓。

4. 咽拭子检查可检出致病病毒或细菌。

(二)鉴别诊断

本病与鹅口疮、白喉鉴别要点见表 5-3。

表 5-3　乳蛾与鹅口疮、白喉的鉴别

鉴别点	乳蛾	鹅口疮	白喉
病原体	链球菌为主	白念珠菌	白喉杆菌
主症	发热、咽痛	口腔白屑	发热、咽部灰白色假膜
口腔检查	扁桃体肿大充血,或化脓	舌、两颊内侧黏膜、软腭、咽喉见白屑、不易清除	咽部、扁桃体见白色假膜,不易擦去,强行擦去易出血

【辨证论治】

(一)辨证思路

本病以八纲辨证为主,主要辨病情的轻重、病性的虚实。

1. 辨轻重　根据起病缓急、喉核赤肿程度、有无溃烂化脓、发热高低和全身症状轻重辨别。若起病急骤,喉核赤肿甚,有溃烂化脓,壮热不退,全身症状明显者,病势较重;若起病缓慢,喉核赤肿不甚,无溃烂化脓,发热不甚,全身症状不明显者,病势较轻。

2. 辨虚实　根据病程长短、喉核颜色以及伴随症状辨别。若病程短,喉核赤肿明显或有溃烂化脓,壮热不退,舌红苔黄,脉数有力者多为实热证,一般有表证者为风热搏结,表证不明显者多为热毒炽盛;若病程长,或反复发作,喉核赤肿不甚,舌红少苔,脉细,多为虚证或虚中夹实。

(二) 治疗原则

以清热解毒,利咽消肿为基本治则。急性期风热搏结者,治以疏风清热,利咽消肿;热毒炽盛者,治以清热泻火解毒;肠腑不通者配以通腑泻火;乳蛾肉腐成脓者,治以泻火解毒合并消痈排脓;慢性期治以养阴或益气,佐以祛邪利咽。本病在内服药物治疗的同时,可配合局部外喷散剂等治疗。

(三) 分证论治

1. 风热搏结

证候:喉核红肿,尚未化脓,咽喉疼痛,咽痒不适有异物感,吞咽不利,发热重,微恶寒,可伴鼻塞流涕,头痛身痛,舌质红,苔薄白或黄,脉浮数或指纹紫。

证候分析:风热犯肺,循经上逆,搏结喉核,则喉核红肿疼痛,咽痒不适,吞咽不利;肺失清宣,卫阳遏郁,则发热重,恶寒轻,鼻塞流涕,头痛身痛。

辨证要点:喉核红肿疼痛,尚未化脓,发热重,微恶寒,舌红,脉浮数。

治法:疏风清热,解毒利咽。

主方:银翘马勃散(《温病条辨》)加减。

常用药:金银花、连翘、马勃、射干、牛蒡子、大青叶、蝉蜕、薄荷。

加减:喉核红肿甚者加山豆根、板蓝根、僵蚕;发热甚者加生石膏、黄芩;声音嘶哑加青果、木蝴蝶;咳甚痰多加前胡、浙贝母。

2. 热毒炽盛

证候:喉核红肿明显,甚至溃烂化脓,吞咽困难,壮热不退,口干口臭,大便干燥,小便黄少,舌质红,苔黄厚,脉数或指纹青紫。

证候分析:邪热入里,或素体肺胃热盛,复感外邪,循经上攻,搏结喉核,热毒炽盛,故见喉核红肿明显,血败肉腐成脓;热毒炽盛,充斥气分,则壮热不退,口干口臭,大便干燥,小便黄少,舌质红,苔黄厚。

辨证要点:喉核红肿明显,溃烂化脓,壮热不退,舌质红,苔黄厚,脉数。

治法:清热解毒,消肿排脓。

主方:牛蒡甘桔汤(《麻症集成》)加减。

常用药:牛蒡子、射干、山豆根、桔梗、玄参、连翘、黄芩、黄连、栀子、甘草。

加减:壮热烦渴加生石膏、知母;溃烂化脓明显者加蒲公英、皂角刺;口渴声嘶加天花粉、芦根;喉核和舌质暗红者,加赤芍、牡丹皮。

3. 肺胃阴虚

证候:喉核肿大色暗红,咽干喉燥,日久不愈,干咳少痰,大便干燥,小便黄少,舌质红,苔少,脉细数或指纹青紫。

证候分析:邪热炽盛日久,肺胃阴伤,虚火上炎,则喉核肿色暗红,咽喉干燥或痒;肺阴不足,宣发失司,则干咳少痰;肺阴不足,累及大肠,传导失司,则大便干燥。

辨证要点:喉核肿大暗红,咽干喉燥,舌质红,苔少,脉细数。

治法:养阴清肺,利咽散结。

主方：养阴清肺汤(《重楼玉钥》)加减。

常用药：生地黄、麦冬、玄参、牡丹皮、赤芍、川贝母、桔梗、薄荷、甘草。

加减：喉核肿大甚者去甘草，加夏枯草、昆布；干咳甚者加沙参、玉竹；声音嘶哑加诃子、蝉蜕；低热不退加青蒿、地骨皮。

【诊疗提示】

1. 注意观察发热、咳嗽、呼吸困难、呕吐和吞咽困难患儿咽喉部情况。

2. 注意望喉核颜色、大小、形态、有无溃烂化脓。

3. 喉核赤肿，或喉核溃烂及发热等全身症状明显者，做咽拭子培养。

4. 年长儿注意了解其肾脏、关节、心脏等的情况，必要时检查血沉、抗链球菌溶血素 O（抗 O，ASO）、C 反应蛋白、尿常规等，以便早期发现继发病证。

5. 治疗本病时遵循"火郁发之"的原则，用药避免过于寒凉。

【其他疗法】

(一) 中成药

1. 银翘解毒片　用于风热搏结证。

2. 蓝芩口服液或蒲地蓝口服液　用于热毒炽盛证。

3. 冰硼散、锡类散、开喉剑、西瓜霜喷剂任选一种吹喉　用于风热搏结证和热毒炽盛证。

(二) 针灸疗法

可用三棱针或粗针点刺少商、商阳，放血数滴，每日 1 次；或以耳尖、耳背静脉为主穴，点刺放血 1~3 滴，体温高者加刺曲池，咽喉疼痛明显者加刺合谷，婴幼儿不留针，年长儿留针 15 分钟。用于急乳蛾各证。

(三) 外治疗法

敷贴疗法：吴茱萸、黄连、黄芩、连翘，以 2∶1∶2∶2 比例研极细粉混合，每日临睡前取药粉 20g 左右，用醋适量调和，捏挤成小饼状，贴于双足涌泉穴后固定，次晨取下，每日 1 次，3 日为 1 疗程，可用 2 疗程。

【预防护理】

1. 注意口腔卫生，饮食宜清淡，多饮水，加强营养，保持大便通畅。

2. 彻底治疗本病，防止病情迁延或并发其他疾病。

【古籍摘要】

《诸病源候论·咽喉心胸病诸候》："喉咽者，脾胃之候，气所上下。脾胃有热，热气上冲，则喉咽肿痛。夫生肿痛者，皆挟热则为之。"

《重楼玉钥·喉风三十六症》："此证由肺经积热，受风邪凝结，感时而发，致生咽喉之旁，状如蚕蛾。"

第四节　咳　　嗽

PPT 课件

咳嗽是小儿常见的肺系病证，以咳嗽为主症。有声无痰为咳，有痰无声为嗽，有声有痰谓之咳嗽。《幼幼集成·咳嗽证治》指出："凡有声无痰谓之咳,肺气伤也;有痰无声谓之嗽,脾湿动也;有声有痰谓之咳嗽,初伤于肺,继动脾湿也。"本病一年四季均可发生,冬春季多见,以婴幼儿多发。多数预后良好,部分可反复发作,日久不愈。

咳嗽可分为外感咳嗽和内伤咳嗽,以外感咳嗽多见。临床以咳嗽为主症者,均可参照本病进行辨证论治。本病相当于西医学中的气管炎、支气管炎。

【病因病机】

咳嗽的病因有外感和内伤,以外感多见,主要为感受外邪,其中又以感受风邪为主。内因以痰浊内生,肺阴不足为常见病因。

1. 感受外邪　风邪从皮毛或口鼻而入,首犯肺卫,肺失宣肃,肺气上逆而发为咳嗽。风邪为百病之长,其他外邪多随风而侵袭人体,故在外感咳嗽中,均以风邪为先导。风为阳邪,化热最速,且小儿为纯阳之体,故小儿风寒咳嗽,大多为时短暂,并化热入里,出现热性咳嗽。

2. 痰浊内生　小儿脾常不足,若饮食喂养不当,致脾失健运,水湿内停,酿湿成痰,上渍于肺,肺失宣肃而为咳嗽。此即"脾为生痰之源,肺为贮痰之器"。加之外邪干肺,肺不能宣布津液,聚而为痰。

3. 肺阴不足　小儿脏腑娇嫩,若遇外感咳嗽,日久不愈,正虚邪恋,肺热伤津,燥热耗液,肺阴受损,阴虚生热或化燥,伤于肺络,而导致久咳不止,干咳无痰,金破不鸣之声音嘶哑。

咳嗽的病变部位在肺,常涉及于脾,其主要病机为肺脏受邪,肺失宣肃,肺气上逆。肺为娇脏,其性清宣肃降,上连咽喉,开窍于鼻,外合皮毛,主一身之气,司呼吸。外邪从口鼻或皮毛而入,邪侵入肺,肺气不宣,清肃失职,而发生咳嗽。小儿脾常不足,脾虚生痰,上贮于肺,或咳嗽日久不愈,耗伤正气,可转为内伤咳嗽。正如《素问·咳论》指出："五脏六腑皆令人咳,非独肺也。"

【诊断】

(一)诊断要点

1. 多见于感冒之后,常因气候变化而发病。

2. 咳嗽、咯痰为主要临床症状,听诊两肺呼吸音粗糙,可闻及干啰音或不固定的粗湿啰音。

3. 胸部 X 线检查无异常或可见肺纹理增粗紊乱。

4. 实验室检查

(1)血常规:病毒感染者血白细胞总数正常或偏低;细菌感染者血白细胞总数及中性粒细胞增高。

(2)病原学检查:取鼻咽或气管分泌物标本作病毒分离或桥联酶标法检测,有助于病毒学的诊断。肺炎支原体抗体 IgG、IgM 检测用于肺炎支原体感染诊断。痰细菌培养,可作为细菌学诊断。

(二)鉴别诊断

本病与肺炎喘嗽鉴别见表5-4。

表 5-4　咳嗽与肺炎喘嗽鉴别

	咳嗽	肺炎喘嗽
主症	咳嗽	发热、咳嗽、痰壅、气促、鼻扇
肺部听诊	两肺呼吸音粗,或可闻及干啰音及不固定的粗湿啰音	肺部有中、细湿啰音,常伴干啰音,或管状呼吸音
X线胸片检查	无异常或肺纹理增粗	肺部显示纹理增多、紊乱、透亮度降低,或见小片状、斑点状阴影,也可呈不均匀大片阴影

【辨证论治】

（一）辨证思路

1. 辨外感、内伤　根据病程的长短和表证的有无辨别。起病急,病程短,伴有发热、鼻塞流涕等表证者为外感咳嗽;起病缓,病程较长,伴有不同程度的脏腑功能失调的证候者为内伤咳嗽。

2. 辨寒热、虚实　结合咳嗽的声音、咳痰性状及咳嗽多发时间。

（1）辨咳嗽声音:咳声洪亮有力,多为实证;咳而声低气怯,多为虚证;咳嗽声重咽痒,多为风寒咳嗽;咳声高亢,或声浊暗哑,多为风热咳嗽;咳嗽痰鸣辘辘,多为痰湿咳嗽;咳声嘶哑,气涌作呛,多为燥热咳嗽;咳声嘶哑,气短声低,多为肺阴不足。

（2）辨咳痰性状:痰白清稀易咯,多属风寒或痰湿;痰黄黏稠,多为风热或痰热;痰少而黏,多为燥热或阴虚。

（3）辨咳嗽时间:咳嗽昼重夜轻,多为外感咳嗽;咳嗽昼轻夜重,多为肺燥阴虚。

（二）治疗原则

本病以宣肃肺气为基本治则。外感咳嗽者,佐以疏风解表,不宜过早使用滋腻、收敛、镇咳之药,以免碍邪外出;内伤咳嗽者,佐以燥湿化痰,或清热化湿,或养阴润肺等法随证施治。

（三）分证论治

1. 风寒咳嗽

证候:咳嗽频作,痰白清稀,咽痒声重,鼻流清涕,或恶寒无汗,发热头痛,全身酸痛,舌苔薄白,脉浮紧或指纹淡红。

证候分析:风寒犯肺,肺失宣肃,则咳嗽频作,痰白清稀,鼻塞流清涕,咽痒声重;风寒外束,腠理闭塞,恶寒无汗,头身疼痛。

辨证要点:咳嗽痰稀,鼻流清涕,舌苔薄白,脉浮紧或指纹淡红。

治法:疏风散寒,宣肃肺气。

主方:杏苏散（《温病条辨》）加减。

常用药:紫苏叶、苦杏仁、前胡、半夏、桔梗、陈皮、茯苓、枳壳、生姜、大枣、甘草。

加减:外寒重加荆芥、防风;痰多清稀加金沸草、紫苏子;若咽喉肿痛,声音嘶哑,舌质红,风寒化热者,加鱼腥草、黄芩。

2. 风热咳嗽

证候:咳嗽不爽,痰黄量少,不易咯出,鼻流浊涕,或有发热口渴,咽喉疼痛,舌质红,苔薄黄,脉浮数或指纹浮紫。

证候分析:风热犯肺,肺失宣肃,肺气上逆,故见咳嗽,咽喉疼痛,鼻流浊涕;热邪炼液成痰,故咳痰不爽,痰黄黏稠,不易咯出,发热口渴。

辨证要点:咳嗽不爽,痰黄,鼻流浊涕,咽红,舌质红,脉浮数或指纹浮紫。

治法:疏风清热,宣肃肺气。

主方:桑菊饮（《温病条辨》）加减。

常用药:桑叶、菊花、苦杏仁、连翘、牛蒡子、薄荷、前胡、桔梗、芦根、甘草。

加减:咳嗽重者合麻杏石甘汤;发热甚加生石膏、黄芩;咳甚痰多酌加瓜蒌皮、天竺黄;喉核赤肿甚加射干、玄参。

3. 痰热咳嗽

证候:咳嗽痰多,色黄黏稠难咯,或伴发热口渴,烦躁不安,小便黄少,大便干结,舌质红,苔黄腻,脉滑数或指纹紫。

证候分析:痰热犯肺,肺失宣肃,则咳嗽痰多,色黄黏稠难咯,发热口渴;热扰心神,故烦躁不安,小便黄少;肺失清肃,大肠传导失司,故大便干结。

辨证要点:咳嗽痰多色黄,舌质红、苔黄腻,脉滑数或指纹紫。

治法:清热泻肺,宣肃肺气。

主方:清金化痰汤(《统旨方》)加减。

常用药:黄芩、栀子、桑白皮、瓜蒌子、浙贝母、麦冬、橘红、茯苓、桔梗、甘草。

加减:高热者加生石膏、知母;咳痰多酌加鱼腥草、葶苈子;痰中带血、烦躁易怒加黛蛤散、白茅根;口渴甚者加芦根、天花粉;大便干结加大黄、厚朴。

4. 痰湿咳嗽

证候:咳嗽痰多,色白清稀,胸闷纳呆,困倦乏力,舌质淡红,苔白滑,脉滑或指纹淡红。

证候分析:脾失健运,痰浊内生,痰湿渍肺,肺失宣肃,则咳嗽痰多,色白清稀;湿浊困脾,故胸闷纳呆,困倦乏力。

辨证要点:咳痰清稀,色白量多,纳呆,舌质淡红,苔白滑,脉滑或指纹淡红。

治法:燥湿化痰,宣肃肺气。

主方:二陈汤(《太平惠民和剂局方》)加减。

常用药:茯苓、陈皮、半夏、莱菔子、苦杏仁、紫苏子、白芥子、甘草。

加减:胸闷不适,咳痰不爽加枳壳、桔梗;寒湿较重,痰白清稀,舌苔白滑加干姜、细辛;食少纳呆加白术、六神曲。

5. 阴虚咳嗽

证候:久咳不愈,干咳少痰或痰黏难咯,口咽干燥,声音嘶哑,手足心热或潮热盗汗,唇红,舌质红,苔少或花剥,脉细数或指纹淡紫。

证候分析:肺热阴伤,阴虚灼津,肺失宣肃,故干咳少痰或痰黏难咯,口咽干燥,声音嘶哑;阴虚生内热,故手足心热或潮热盗汗。

辨证要点:久咳不愈,干咳少痰,舌质红,苔少或花剥,脉细数或指纹淡紫。

治法:养阴润肺,化痰止咳。

主方:沙参麦冬汤(《温病条辨》)加减。

常用药:沙参、麦冬、黄精、玉竹、桑叶、白扁豆、天花粉、紫菀、款冬花。

加减:低热不退加青蒿、地骨皮、牡丹皮;久咳痰黏重用川贝母、百部;兼胃阴不足,食少纳差加山楂、炒谷芽;咳痰带血丝者加白茅根、生地黄。

【诊疗提示】

1. 注意了解咳嗽发生、加剧的时间,咳痰色、量、性状及伴随症状。

2. 注意咽喉部、鼻部及胸部的望诊;注意咳嗽的声音及肺部的体征。

3. 咳嗽剧烈伴发热或病程长者,可做血常规、痰培养、胸部 X 线、肺功能等检查。

【其他疗法】

(一) 中成药

1. 杏苏止咳颗粒、三拗片　用于风寒咳嗽。

2. 急支糖浆　用于风热咳嗽。

3. 金振口服液　用于痰热咳嗽。

4. 橘红痰咳液　用于痰湿咳嗽。

5. 养阴清肺糖浆　用于阴虚咳嗽。

（二）针灸疗法

针法　取穴：①天突、内关、曲池、丰隆。②肺俞、尺泽、太白、太冲。每日取1组，两组交替使用，1日1次，10次为1疗程，中等刺激，或针后加灸。用于肺脾气虚咳嗽。

【预防护理】

1. 注意气候变化，及时增减衣服，防止受凉感冒。
2. 保持居住环境的空气流通，避免煤气、尘烟等刺激。
3. 饮食宜清淡，控制生冷瓜果和辛辣香燥食物，多饮水。
4. 避免边进食边嬉笑、哭闹，以免气管异物的发生。
5. 一旦咳嗽应经常变换体位及拍背部，以促进痰液排出。

【古籍摘要】

《素问·咳论》："黄帝问曰：肺之令人咳，何也？岐伯对曰：五脏六腑皆令人咳，非独肺也。帝曰：愿闻其状。岐伯曰：皮毛者，肺之合也，皮毛先受邪气，邪气以从其合也。其寒饮食入胃，从肺脉上至于肺，则肺寒，肺寒则外内合邪，因而客之，则为肺咳。"

《小儿药证直诀·咳嗽》："有肺盛者，咳而后喘，面肿，欲饮水，有不饮水者，其身即热，以泻白散泻之。有肺虚者，咳而哽气，时时长出气，喉中有声，此久病也，以阿胶散补之。"

第五节　肺炎喘嗽

PPT课件

肺炎喘嗽是小儿时期常见的肺系疾病之一，多由肺气郁闭，失于宣降所致，以发热、咳嗽、痰鸣、气促、鼻扇为主要临床特征，重者可见张口抬肩，呼吸困难，面色苍白，口唇青紫等症。本病一年四季均可发生，以冬春季节多见；任何年龄均可患病，年龄越小，发病率越高。本病预后与患儿年龄大小、体质强弱、受邪轻重及护理得当与否有密切关系。若早期及时有效治疗，则预后良好；年龄幼小，体质虚弱者常反复发作，迁延难愈；病情较重者易合并心阳虚衰及邪陷厥阴等严重变证，甚至危及生命。

本病相当于西医学的小儿肺炎、喘息性支气管炎等。

【病因病机】

本病病因有外因、内因之分。外因主要责之于感受风邪，或罹患他病累及而来；内因责之于肺脏娇嫩、卫外不固。

肺主气，司呼吸，开窍于鼻，外合皮毛。风邪无论由皮毛或口鼻而入，皆可犯肺。邪气闭肺，肺失宣发肃降之令，故可见发热、恶寒、咳嗽等症；风为百病之长，常夹杂其他邪气致病，故有风寒闭肺与风热闭肺的不同证候。由于小儿体质特点，临床以风热闭肺常见，风寒闭肺者较少或病程短暂。此外，小儿脏腑娇嫩，形气未充，肺常不足，藩篱不固，若小儿先天不足，或后天失养，肺气不足，卫外不固，易于感受外邪，肺主水功能失职，水液输化无权，聚而为痰，闭阻肺络，肺失宣肃，易发本病。

若邪在肺卫不解，化热入里，炼液成痰，痰热互结，闭阻肺络，肺气郁闭，则出现本病典型临床表现如发热、咳嗽、气促、鼻扇、痰鸣等。若毒热之邪郁闭于肺，肺热壅盛，灼津耗液，可见高热、剧咳、烦躁、喘促等。肺与大肠相表里，肺失肃降，大肠之气不得下行，则出现腹胀、便秘等腑实证候。若邪热炽盛,内陷厥阴,引动肝风,则出现高热、神昏、抽搐等邪陷厥阴之变证。气为血之帅,若肺气郁闭,影响及心,致血行不畅,脉道涩滞,则出现唇甲发绀、舌有瘀斑等气滞血瘀证候,甚或心失所养,心气不足,心阳虚衰,而出现面白肢冷、呼吸急促、心烦不安、右胁下痞块、脉微欲绝等危重之象。病情严重者,可出现内闭外脱之证。

本病后期,邪气渐退,正气耗伤,可出现正虚邪恋之象。邪热伤肺,肺阴耗伤,余邪留恋者,则见阴虚肺热之证候;素体虚弱,或久咳伤肺,肺病及脾者,则见肺脾气虚之证候。

综上,肺炎喘嗽的病变部位主要在肺,常累及脾,亦可内窜心肝。痰热既是病理产物,也是重要的致病因素,其病理机制主要是肺气郁闭之演变。

> **课堂互动**
>
> 谈谈肺炎喘嗽的基本病机,与咳嗽、哮喘病机的不同之处。

【诊断】

(一)诊断要点

1. 起病较急,多有外感病史或传染病史。

2. 临床以发热、咳嗽、气急、鼻扇、痰鸣等症为主要表现。病情严重时,常见喘促不安,烦躁不宁,面色苍白,口唇青紫发绀,或高热不退。

3. 新生儿患肺炎常以不乳、精神萎靡、口吐白沫等症状为主,而无上述典型表现。

4. 肺部听诊可闻及固定的中细湿啰音。

5. 辅助检查

(1)血常规检查:细菌感染时白细胞总数较高,中性粒细胞增多;病毒感染时白细胞总数正常或降低。

(2)病原学检查:细菌培养、病毒分离等,可获得相应的病原学诊断,病原特异性抗原或抗体(肺炎支原体抗体)检测有助于早期诊断。

(3)X线检查可见小片状、斑片状阴影,或见不均匀的大片阴影。

(二)鉴别诊断

本病与咳嗽鉴别见表5-5。与哮喘鉴别详见本章第六节哮喘。

表5-5 肺炎喘嗽与咳嗽鉴别

鉴别点	肺炎喘嗽	咳嗽
主要病机	肺气郁闭	肺气失宣
典型症状	发热、咳嗽、痰鸣、气急、鼻扇,甚至发绀	以咳嗽为主
发热	有	常无
气喘	常有	无
缺氧发绀	常有	一般无
肺部体征	固定的中细湿啰音	干啰音或多变的粗大湿啰音
X线检查	肺可见小片状、斑片状阴影,或见不均匀的大片状阴影	以肺纹理增粗、紊乱为主

【辨证论治】

(一)辨证思路

本病辨证,重在辨常证和变证。

1. 辨常证、变证。根据呼吸频率和节律、心率快慢、唇甲颜色、肝脏大小及是否有神昏、抽搐等辨别。若出现神昏、抽搐、唇甲发绀、胁下痞块、肢厥脉微等证候时属于变证。

2. 常证者,病初辨风寒与风热,根据症状、咽红与否及舌脉辨识;极期辨热重、痰重,根据发热高低、喉间痰鸣的轻重、呼吸喘急的程度辨别;后期辨气伤与阴伤,根据感邪的性质、症状、舌脉等进行辨别。

(二)治疗原则

本病以宣肺开闭、止咳平喘为基本治则。若痰多壅盛者,宜降气涤痰;喘憋严重者,治以平喘利气;气滞血瘀者,佐以活血化瘀;壮热炽盛、大便秘结者佐以通腑泄热。若出现变证,心阳虚衰者,温补心阳;邪陷厥阴者,则开窍息风,随证施治。病久肺脾气虚者,宜补肺健脾,以扶正为主;阴虚肺热,余邪留恋,宜养阴润肺化痰,兼清解余邪。

(三)分证论治

1. 常证

(1)风寒闭肺

证候:恶寒发热,无汗不渴,咳嗽气促,痰稀色白,舌质淡红,苔薄白,脉浮紧或指纹淡红。

证候分析:风寒闭肺,肺失宣肃,故咳嗽气急,痰稀色白;邪郁肌表,则恶寒发热,无汗不渴。

辨证要点:恶寒,发热,无汗,咳嗽气促,舌淡红,苔薄白,脉浮紧。

治法:辛温开肺,化痰降逆。

主方:三拗汤(《太平惠民和剂局方》)加减。

常用药:麻黄、苦杏仁、荆芥、淡豆豉、前胡、紫苏叶、桔梗、防风、甘草。

加减:痰多白黏,苔白腻者,加陈皮、莱菔子;若寒邪外束,肺有伏热,兼见发热、烦躁,改用大青龙汤表里双解。

(2)风热闭肺

证候:发热重,恶寒轻,咳嗽,痰稠色黄,呼吸急促,咽红,舌质红,苔薄白或薄黄,脉浮数或指纹青紫。

证候分析:风热闭肺,肺卫失宣,则发热重,恶寒轻,鼻塞流涕,咽喉红肿;邪热重者,肺气郁闭,失于宣肃,则咳嗽,气促。风热在表,故舌质红,苔薄白或黄,脉浮数或指纹青紫。

辨证要点:发热重,咳嗽,气促,咽红,舌质红,脉浮数。

治法:辛凉开肺,降逆化痰。

主方:银翘散(《温病条辨》)合麻杏石甘汤(《伤寒论》)加减。

常用药:麻黄、苦杏仁、石膏、金银花、荆芥、淡竹叶、连翘、薄荷、芦根、桔梗、牛蒡子、甘草。

加减:壮热烦渴者倍用石膏,加知母;喘息痰鸣加葶苈子、浙贝母;咽喉红肿疼痛加射干、蝉蜕;口渴加天花粉、麦冬。

(3)痰热闭肺

证候:壮热烦躁,喉间痰鸣,痰稠色黄,气促喘憋,鼻翼扇动,或口唇青紫,舌质红,苔黄腻,脉滑数或指纹青紫。

证候分析:本证为肺炎喘嗽的极期阶段,因外邪化热入里,炼液为痰,痰热互结,郁闭肺络,肺气闭塞所致。因此,本阶段具备肺炎喘嗽的发热、咳嗽、痰壅、气急、鼻扇的典型表现。痰偏重者,咳嗽剧烈,气促鼻扇,痰多喉鸣,甚则痰声辘辘,舌苔腻,脉弦滑;热偏重者,壮热不退,面赤唇红,口渴,便秘尿赤,舌红苔糙,脉滑数。本证因邪毒炽盛,易发生心阳虚衰或邪陷厥阴之变证,临证时要高度警惕,积极治疗。

辨证要点:壮热,咳嗽,痰鸣,喘促,舌红,苔黄腻。

治法:清热涤痰,宣肺定喘。

主方:五虎汤(《证治汇补》)合葶苈大枣泻肺汤(《金匮要略》)加减。

常用药:麻黄、苦杏仁、石膏、细茶、桑白皮、葶苈子、紫苏子、前胡、黄芩、虎杖、甘草。

加减:热甚加栀子、连翘;痰多加天竺黄、浙贝母;唇紫加丹参、赤芍;便秘加大黄、玄明粉通便泄热。

(4)毒热闭肺

证候:高热持续,咳嗽剧烈,气急鼻扇,甚至喘憋,涕泪俱无,鼻孔干燥如煤烟,面赤唇红,烦躁口渴,溲赤便秘,舌质红而干,苔黄糙,脉滑数或指纹青紫。

证候分析:肺热炽盛,宣肃失司则高热持续,咳嗽剧烈;气道不利,肺气闭塞则气促鼻扇,喘憋;毒热耗液伤津则涕泪俱无,鼻孔干燥,面赤唇红,烦躁口渴,溲赤便秘。舌红而干,苔黄糙,脉滑数或指纹青紫皆为热毒壅盛,肺气闭郁之象。

辨证要点:持续高热,咳嗽剧烈,喘憋鼻扇,舌质红,苔黄糙,脉滑数。

治法:清热解毒,泻肺开闭。

主方:黄连解毒汤(《肘后备急方》)合三拗汤(《太平惠民和剂局方》)加减。

常用药:麻黄、苦杏仁、枳壳、黄连、黄芩、栀子、石膏、知母。

加减:热毒重加虎杖、蒲公英;口干鼻燥,涕泪俱无,加芦根、麦冬;咳重痰多加浙贝母、款冬花;烦躁不宁加淡竹叶、灯心草。

(5)阴虚肺热

证候:病程较长,低热盗汗,咳嗽少痰或无痰,口干口渴,面色潮红,舌质红,苔少或花剥,脉细数或指纹紫。

证候分析:本证多见于肺炎的恢复期,因久热久咳,耗伤肺阴,导致低热不退,口干口渴,面色潮红,盗汗;阴津受损,肺失滋养,故咳嗽少痰。唇红,舌质红,苔少或花剥,脉细数或指纹紫为阴虚有热之象。

辨证要点:肺炎后期干咳少痰,舌质红,苔少或花剥,脉细数。

治法:养阴清热,润肺止咳。

主方:沙参麦冬汤(《温病条辨》)加减。

常用药:北沙参、麦冬、玉竹、天花粉、桑白皮、款冬花、白扁豆、甘草。

加减:低热不退加青蒿、地骨皮;久咳痰黏加炙枇杷叶、百部;食少纳差加山楂、石斛。

(6)肺脾气虚

证候:低热起伏不定,面色少华,咳嗽无力,痰多,神疲倦怠,动则汗出,纳差便溏,舌质淡,苔薄白或腻,脉细弱无力或指纹淡红。

证候分析:本证多见于肺炎的恢复期,久咳不愈,耗伤肺脾之气,肺气虚弱,则咳嗽痰多;脾虚不运,则食少纳差,大便稀溏;肺脾气虚,卫表不固,故自汗。

辨证要点:咳嗽无力,面色少华,自汗纳差,舌质淡,苔薄白,脉细。

治法:健脾益气,止咳化痰。

主方:人参五味子汤(《幼幼集成》)加减。

常用药:党参、白术、茯苓、五味子、麦冬、陈皮、半夏、紫菀、甘草。

加减:咳嗽痰多加莱菔子、瓜蒌皮;大便稀溏加山药、苍术;食欲不振,腹部胀满加山楂、木香;汗多易感加黄芪、浮小麦。

笔记栏

2. 变证

(1) 心阳虚衰

证候:突然呼吸急促,烦躁不安,面色苍白,口唇发绀,四肢厥冷,胁下痞块,舌质紫暗,苔白,脉微急促或指纹青紫,可达命关。

证候分析:因肺气闭塞,累及于心,血脉瘀阻,心失所养,宗气生成不足,故突然呼吸急促,心悸心慌,烦躁不安;气血瘀滞,则口唇发绀,胁下痞块;心阳虚衰,不能温养颜面四肢,则面色苍白,四肢厥冷。舌质紫暗,苔白,脉微急促为心阳虚衰之象。

辨证要点:突然呼吸急促,烦躁不安,胁下痞块,唇舌紫暗,脉微急促。

治法:益气温阳,救逆固脱。

主方:参附龙牡救逆汤(经验方)加减。

常用药:人参、附子、龙骨、牡蛎、白芍、甘草。

加减:神疲乏力,唇红舌红,少苔,加生脉散;胁下痞块,口唇发绀者,加丹参、川芎行气活血。

气阳虚衰者亦可用独参汤或参附汤少量频服以救急,还可用参附注射液(新生儿、婴幼儿禁用,以下同)静脉滴注。若气阴两竭,可加用生脉注射液(新生儿、婴幼儿禁用,以下同)静脉滴注。出现本证,病情危重,应予中西医结合抢救治疗,参照第十三章第三节急性心功能不全。

(2) 邪陷厥阴

证候:壮热不退,四肢抽搐,神昏谵语,颈项强直,两目上视,舌质红,苔黄,脉数或指纹青紫,可达命关。

证候分析:热邪炽盛,内陷心包,或热痰蒙蔽心包,壮热不退,神志昏迷;热邪炽盛,引动肝风,则四肢抽搐,颈项强直,两目上视。舌质红,苔黄,脉数为邪热炽盛之证。

辨证要点:壮热,神昏,抽搐。

治法:平肝息风,清心开窍。

主方:羚角钩藤汤(《重订通俗伤寒论》)合牛黄清心丸(《痘疹世医心法》)加减。

常用药:羚羊角、钩藤、茯神、地黄、栀子、黄芩、菊花、浙贝母、白芍、甘草。

加减:壮热不退加石膏、水牛角;抽搐加僵蚕、全蝎;高热神昏合紫雪丹;神昏痰多加胆南星、天竺黄;大便干结加大黄、郁李仁。出现本证,病情危重,应及时救治,参照第十三章第一节高热等相关章节。

【诊疗提示】

1. 本病不同年龄小儿的临床表现有较大差异,应注意患儿年龄特点。

2. 注意对发热、咳嗽、痰壅、喘急、鼻扇等症状体征轻重程度的观察。

3. 注意观察患儿精神状态、呼吸、心率、口唇爪甲颜色、囟门、肝脏肿大等情况。

4. 血常规、病原学检查及胸部 X 线检查有助于临床诊断与对病情变化的判断。

5. 本病早期常以清肺为主,中期以豁痰为主,后期常以养阴益气为主。由于风、热均为阳邪,常可伤及气阴,治疗上应避免过早或过多使用辛温药物。

6. 本病肺脏痰热与大肠肠腑浊气交互影响,采用通腑宣肺的方法上下同治,往往有助于提高疗效。

【其他疗法】

(一) 中成药

1. 小青龙颗粒 用于风寒闭肺证。

2. 清肺化痰丸、小儿肺热咳喘口服液 用于风热闭肺与痰热闭肺证。

3. 喜炎平注射液　用于风热闭肺证与痰热闭肺证。

4. 小儿咳喘灵口服液　用于痰热闭肺证。

5. 热毒宁注射液　用于风热闭肺证、痰热闭肺证与毒热闭肺证。

6. 牛黄清肺散　用于毒热闭肺。

7. 养阴清肺口服液　用于阴虚肺热证。

(二)外治疗法

白芥子末 9g,红花末 3g,细辛末 2g,面粉 15g。将上药加醋调成糊状,用纱布包好后,敷贴背部双侧肺俞穴。每日 1 次,每次 2~4 小时,以皮肤发红为度,3 日为 1 个疗程,可连用 2 个疗程。用于肺炎迁延不愈或痰多,肺部啰音经久不消者。

(三)拔罐疗法

选取肺俞、定喘、阿是穴,每日 1 次。佐治啰音吸收不良。

【预防护理】

1. 保持室内空气流通,温湿度适中,适当增加户外活动。

2. 尽量少到公共场所,预防各种感染性疾病。

3. 保持呼吸道通畅,适当拍背翻身,有助于排痰。

4. 伴发热的患儿应监测体温,警惕发生高热惊厥。

5. 补充营养及水分。饮食清淡易消化。

6. 密切观察病情,防止发生变证。

【古籍摘要】

《素问·通评虚实论》:"乳子中风热,喘鸣肩息者,脉何如? 岐伯曰:喘鸣肩息者,脉实大也。缓则生,急则死。"

《小儿药证直诀·肺盛复有风冷》:"胸满短气,气急咳嗽上气。"

《医宗金鉴·幼科杂病心法要诀》:"暴喘传名马脾风,胸高胀满胁作坑,鼻窍扇动神闷乱,五虎一捻服最灵。"

病案分析

患儿徐某,女,3 岁,2003 年 5 月 26 日初诊。患儿 3 日前无明显诱因出现发热,伴咳嗽,予头孢拉定静脉滴注治疗 2 日,未见好转,发热、咳嗽加重,同时伴气喘,舌质红,苔黄腻,脉数。诊为肺炎喘嗽(痰热闭肺)。治以清热开肺,化痰平喘。拟方:炙麻黄 5g,杏仁 10g,生石膏 15g,葶苈子 10g,桑白皮 10g,前胡 10g,制僵蚕 6g,黄芩 5g,法半夏 5g,炙百部 10g,3 剂。每日 1 剂,水煎服。二诊,患儿出汗较多,发热未作,咳嗽明显好转,气喘减轻,喉间时有痰鸣,小便正常,舌质红,苔薄黄,脉数。上方减生石膏,加莱菔子、丹参,再进 3 剂。三诊,患儿已无发热咳嗽,偶有痰鸣。舌质淡红,苔薄白,脉数。上方再进 2 剂,症状完全消失。

按:本案为肺炎喘嗽痰热闭肺证。治疗应予清热开肺、化痰平喘为主。汪教授认为肺炎喘嗽是热、痰、郁、瘀,四者相连,相互影响,在临床上常运用清热化痰、开郁活血法治疗本病,取得了较满意疗效。

病案摘自《汪受传儿科医案》

PPT 课件

第六节 哮 喘

哮喘是一种反复发作的哮鸣气喘性肺系疾病,多由感受外邪或接触异物、异气,引动内伏痰饮而发。临床以喘促气急,喉间痰吼哮鸣,呼气延长为主要特征。严重者不能平卧,呼吸困难,张口抬肩,摇身撷肚,口唇青紫。哮喘发作有明显的季节性,以秋冬季节或气候骤变时突然发作或加重,常在凌晨和/或夜间发作或加剧。本病有明显的遗传倾向,发病年龄以1~6岁多见,初次发作常在3岁以内。多数患儿经规范治疗能够缓解或自行缓解,随年龄增长,可逐渐临床痊愈;但若失治误治,屡发屡止,可延至成年,甚至贻患终身。

本病包括西医学中支气管哮喘、喘息性支气管炎等。

【病因病机】

哮喘病因复杂,多由外因作用于内因而发。内因责之于素体肺、脾、肾不足,痰饮内伏;外因责之于感受外邪、接触异物、饮食不慎、情志失调或劳倦过度等,其中,外因以感受外邪触发最为多见。

(一)内因

1. 正虚痰伏 小儿肺脏娇嫩、脾常不足、肾常虚,兼有气血阴阳未充。因受先、后天病理因素影响,形成肺脾气虚、脾肾阳虚、肺肾阴虚等不同体质。人体水液的正常代谢有赖于肺气宣降、脾气转输、肾气温煦,痰饮的产生主要与肺、脾、肾三脏功能失调密切相关。肺气不足,治节无权,则水津失于输布,凝液成痰;脾虚运化失司,则聚湿生痰,上储于肺;肾气不足,无力蒸化水液,或命门火衰,不能温煦脾土,土虚不运,易致水湿停聚,上泛为痰。即所谓痰之本水也,源于肾;痰之动湿也,主于脾;痰之末肺也,贮于肺。肺、脾、肾不足,痰饮内伏,形成哮喘反复发作的夙根。

2. 禀赋因素 小儿哮喘常与先天禀赋相关,常有家族史。既往常有奶癣、瘾疹、鼻鼽等病史。小儿禀赋有异,素体肺、脾、肾不足,痰饮内伏,外因引触,发为哮喘。

(二)外因

1. 外感六淫 哮喘发作常因外邪引动体内伏痰而发。气候骤变,感受六淫外邪,以风寒、风热为主,邪犯肺卫,肺失宣降,肺气不利,引动伏痰,痰气交阻于气道,痰随气升,气因痰阻,相互搏击,气机升降不利,以致呼吸困难,喘息气促,喉间痰吼哮鸣,发为哮喘。

2. 接触异物 吸入或接触花粉、螨虫、灰尘、煤气、油味、动物毛屑、毛絮等异气、异物。内犯于肺,触动伏痰,影响肺气宣降,肺气上逆发为哮喘。

3. 饮食不慎 "形寒饮冷则伤肺",嗜食生、冷、酸、咸常使肺脾受损;嗜食海鲜鱼虾等发物亦可刺激机体,引动伏痰,诱发哮喘;过食肥甘厚味可酿生积热蒸痰,使肺气壅塞,亦能诱发哮喘。

4. 劳倦所伤 哮喘每因过劳或游玩过度而发。劳倦过度耗伤正气,或汗出当风,卫外不固,触冒外邪,引动伏痰,壅塞气道,发为哮喘。

5. 情志失调 小儿暴受惊恐,或情绪紧张,或过度悲伤,所欲不遂,而致气郁不舒,升降失常,气逆于上,引动伏痰,发为哮喘。

本病病位主要在肺,涉及脾、肾。病机多为外因引动内因,即肺、脾、肾不足,痰饮内伏,遇感引动。发作时,痰随气升,气因痰阻,相互搏结,阻塞气道,宣降失常,而致痰吼哮鸣,咳喘气促,呼吸困难。

发作期以邪实为主,若是外感风寒,内伤生冷,或素体阳虚、寒痰内伏,则发为寒性哮喘;若是外感风热,或风寒化热,或素体阴虚、痰热内伏,则发为热性哮喘;若是素体阳盛,复感风寒,或外寒未解、里热已成,则表现为外寒内热之证。缓解期则以正虚为主,患儿久病哮喘,常导致肺之气阴耗伤、脾之阳气受损,表现为肺脾气虚;或先天肾气未充,导致肾气虚弱,表现为脾肾阳虚,摄纳失职,气逆于上,产生"短气不足以息"之象;另外,痰热耗伤肺肾之阴,或者过食温热之品伤阴,则致肺肾阴虚,失于润养,功能失职,同样可以使哮喘反复发作。

总之,哮喘由素体肺、脾、肾不足,导致痰饮内伏,隐伏于肺,成为哮喘之夙根。诱因引发,痰气交阻,阻塞气道,反复不已。正如《证治汇补·胸膈门》所言:"内有壅塞之气,外有非时之感,膈有胶固之痰,三者相合,闭拒气道,搏击有声,发为哮病。"由于本病伏痰难去,外邪难防,尤其是素体肺、脾、肾不足的体质状态难以调理,致使哮喘缠绵,难以根治。

课堂互动

谈谈对于元代朱丹溪《丹溪心法·喘论》中提出"哮喘专主于痰"的理解。

【诊断】

(一) 诊断要点

1. 多有湿疹、鼻衄等过敏性疾病史,哮喘等家族史。发作常与感受外邪、气候骤变、过敏原暴露、剧烈运动等诱因有关。

2. 喘息、咳嗽、气促、胸闷反复发作,常突然发作,发作之前多有喷嚏、咳嗽等先兆症状。发作时喘促、气急、哮鸣、咳嗽,甚者不能平卧、烦躁不安、口唇青紫。

3. 肺部听诊发作时双肺可闻及散在或弥漫性、以呼气相为主的哮鸣音,呼气相延长。

4. 上述症状和体征经抗哮喘治疗有效,或可自行缓解。

5. 肺功能检查气道阻力增加,支气管舒张试验阳性。

(二) 鉴别诊断

本病需与肺炎喘嗽鉴别,见表5-6。

表5-6 哮喘与肺炎喘嗽鉴别

鉴别点	哮喘	肺炎喘嗽
病因	肺、脾、肾不足,痰饮留伏,外邪引动	内因肺脏娇嫩,外因感受风邪
主症	咳嗽、气喘、哮鸣为主,多无发热	发热、咳嗽、痰壅、气急、鼻扇
咳喘特点	喘症为主,常有喉中哮鸣音,伴见咳嗽	以咳为主,可伴喘
肺部体征	呼气相为主的哮鸣音	细湿啰音
反复发作	是	否
过敏史	多有	一般无

【辨证论治】

(一) 辨证思路

哮喘临床分发作期、迁延期和缓解期,辨证主要从寒热虚实和肺、脾、肾三脏入手。发作期以邪实为主,重点辨寒热;迁延期为虚实夹杂,重点辨虚实、脏腑之偏重;缓解期以正虚为主,重点辨脏腑,再辨气血阴阳。

1. 发作期 若喉间哮鸣,痰白清稀,形寒肢冷,舌苔白滑,多属寒性哮喘;若声高息涌,痰黄难咯,身热面赤,舌红苔黄为热性哮喘;若咳喘痰鸣,痰黏色黄,大便干结,但见恶寒发热,鼻流清涕,为寒热错杂之外寒内热。

2. 迁延期 此期为哮喘症状虽有所减轻但尚未完全平息,时作时止。若静时不发,活动则喘鸣发作,汗多易感,纳呆便溏为气虚痰恋;若咳喘痰鸣久作未止,动则喘甚,喘息无力,畏寒肢冷为肾虚痰恋。

3. 缓解期 缓解期以正虚为主,有肺脾气虚、脾肾阳虚、肺肾阴虚之分。若患儿平素易感,气短自汗,纳呆便溏,属肺脾气虚;若食少便溏,动则气短,面色㿠白,形寒肢冷,则属脾肾阳虚;若喘促乏力,干咳少痰,面色潮红,消瘦,气短,干咳少痰,手足心热,属肺肾阴虚。

4. 辨轻重险逆 哮喘发时喘鸣呼吸困难,短期能逐渐平复,其证多轻;若久发不已,喘鸣气促,不得平卧,则属重证;若咳喘突发急剧,喘促不安,张口抬肩,呼吸困难,面色青灰,肢厥身冷,大汗淋漓,则为险逆之候,甚则危及生命。

(二) 治疗原则

哮喘应坚持长期、规范、个体化的治疗原则,以发作期治其标、迁延期标本兼治、缓解期治其本为基本原则。发作期攻邪以治肺,分辨寒热随证施治;迁延期祛邪兼顾扶正,祛邪不宜攻伐太过,扶正需辨别本虚脏腑,补其不足;缓解期扶正以治其本,补肺固表,健脾益肾,调整脏腑气阴阳,以消除伏痰凤根。临床应重视缓解期的持续治疗,以改善患儿体质,达到哮喘长期缓解。本病属于顽疾,宜采用多种疗法综合治疗,如雾化吸入、穴位敷贴、针灸疗法等。

(三) 分证论治

1. 发作期

(1) 寒性哮喘

证候:咳嗽气喘,喉间哮鸣,咳痰清稀或有泡沫,鼻塞喷嚏,鼻流清涕,面色淡白,形寒肢冷,恶寒无汗,舌淡红,苔白滑或薄白,脉浮紧或指纹红。

证候分析:本证为风寒犯肺,引动伏痰,痰气闭阻气道,故见咳嗽气喘,喉间痰鸣;风寒束表则见鼻流清涕,形寒肢冷,恶寒无汗,脉浮紧;痰湿内阻于肺,阳气不得宣畅,可见面色淡白,痰稀多沫,舌淡苔白等。

辨证要点:咳嗽气喘,喉中哮鸣,痰白清稀,恶寒无汗,舌质淡红,苔白,脉浮紧。

治法:温肺散寒,化痰定喘。

主方:小青龙汤(《伤寒论》)合三子养亲汤(《韩氏医通》)加减。

常用药:麻黄、桂枝、细辛、干姜、半夏、白芥子、紫苏子、莱菔子、五味子、白芍。

加减:咳甚加紫菀、款冬花、旋覆花;晨起喷嚏、流涕加辛夷、蝉蜕;哮吼甚加射干、地龙;喘促甚加赭石。若表寒不甚,寒饮阻肺,可用射干麻黄汤加减。

(2) 热性哮喘

证候:咳嗽喘促,声高息涌,喉间痰吼哮鸣,咯痰黄稠,胸膈满闷,身热,面赤,口渴,便秘,尿黄,舌质红,苔黄,脉滑数或指纹紫。

证候分析：外感风热之邪，或风寒化热，引动伏痰，痰气交阻，气实有余而呼吸不利，故见胸膈满闷，咳嗽喘促，声高息涌，喉间痰吼哮鸣；痰热内盛，则咯痰黄稠，身热，面赤，口渴，便秘，尿黄，舌质红，苔黄，脉滑数或指纹紫。

辨证要点：咳嗽喘促，痰吼哮鸣，咯痰黄稠，舌质红，苔黄，脉滑数。

治法：清肺涤痰，止咳平喘。

主方：麻黄杏仁甘草石膏汤（《伤寒论》）合苏葶丸（《医宗金鉴》）加减。

常用药：炙麻黄、石膏、杏仁、桑白皮、葶苈子、紫苏子、射干、瓜蒌皮、枳壳。

加减：喘急加地龙、僵蚕；痰多加胆南星、竹沥；咳甚加百部、款冬花；热重加栀子、鱼腥草、黄芩；便秘加瓜蒌子、大黄。若表证不著，喘息咳嗽，痰鸣，痰色微黄，可选用定喘汤加减。

（3）外寒内热

证候：喘促气急，咳嗽哮鸣，咯痰黏稠色黄，恶寒无汗，鼻塞清涕，面赤口渴，尿赤，便秘，咽红，舌质红，苔薄白或薄黄，脉浮紧或滑数，指纹浮红或沉紫。

证候分析：外有风寒束表之征，内有痰热蕴肺之候，外寒引动体内痰热，痰气搏结，外寒证见恶寒无汗，鼻流清涕；内热证见咯痰黏稠色黄，面赤口渴，尿赤，便秘。本证常见于寒性哮喘未解，入里化热而成寒热夹杂者。

辨证要点：喘促哮鸣，咯痰黏稠色黄，恶寒无汗，鼻流清涕，尿赤，便秘。

治法：解表清里，定喘止咳。

主方：大青龙汤（《伤寒论》）加减。

常用药：麻黄、桂枝、白芍、细辛、五味子、半夏、石膏、黄芩、葶苈子、紫苏子。

加减：热重加栀子、鱼腥草、虎杖；咳嗽重加前胡、款冬花；咳喘哮吼甚加射干、桑白皮；痰热重加黛蛤散、竹沥。

2. 缓解期

（1）肺脾气虚

证候：反复感冒，气短自汗，咳嗽无力，神疲懒言，形瘦纳差，面白少华，便溏，舌质淡，苔薄白，脉细软或指纹淡。

证候分析：肺气虚，卫表不固，故见咳嗽无力，气短自汗，神疲懒言，易于感冒；脾虚运化失健，形体失养，故见面白少华，形瘦纳差，便溏。

辨证要点：反复感冒，咳嗽无力，形瘦纳差，舌淡苔薄，脉细软。

治法：健脾益气，补肺固表。

主方：人参五味子汤（《幼幼集成》）合玉屏风散（《究原方》）加减。

常用药：黄芪、党参、茯苓、白术、半夏、五味子、防风、炙甘草。

加减：气虚甚加太子参、山药；汗出甚加煅龙骨、煅牡蛎；纳食欠佳加焦六神曲、焦山楂；便溏加怀山药、白扁豆；痰多加桔梗、胆南星；腹胀加莱菔子、枳壳、槟榔。

（2）脾肾阳虚

证候：动则喘促，咳嗽乏力，气短心悸，形寒肢冷，脚软无力，面色苍白，腹胀纳差，便溏，夜尿多，舌质淡，苔薄白，脉细弱或指纹淡。

证候分析：素体阳虚或哮喘日久，伤及脾肾之阳。肾不纳气，可见动则喘咳，气短心悸；脾肾阳虚，失于温煦，故见面色苍白，形寒肢冷，脚软无力，腹胀纳差，大便溏泄，小便频多。

辨证要点：动则喘咳，形寒肢冷，腹胀纳差，大便溏薄，舌质淡，脉细弱。

治法：健脾温肾，固摄纳气。

主方：金匮肾气丸（《金匮要略》）加减。

常用药:制附子、肉桂、山茱萸、熟地黄、山药、淫羊藿、茯苓、白术、核桃仁、五味子。

加减:虚喘明显加蛤蚧、冬虫夏草;咳甚加款冬花、紫菀;夜尿多加益智仁、菟丝子、补骨脂。

(3) 肺肾阴虚

证候:咳嗽时作,喘促乏力,干咳或咳痰不爽,面色潮红,夜间盗汗,手足心热,形体消瘦,舌质红,苔少或花剥,脉细数或指纹淡红。

证候分析:久病不愈,肺肾两亏,可见干咳少痰,喘促乏力,形体消瘦;内生虚热,则面色潮红,手足心热,盗汗。

辨证要点:咳嗽时作,喘促乏力,干咳少痰,盗汗,舌质红,舌苔少或花剥,脉细数。

治法:养阴清热,补益肺肾。

主方:麦味地黄丸(《寿世保元》)加减。

常用药:麦冬、五味子、熟地黄、山茱萸、山药、枸杞子、百合、沙参、紫河车、牡丹皮。

加减:阴虚盗汗加知母、黄柏;呛咳不爽加百部、款冬花;潮热加鳖甲、地骨皮。

【诊疗提示】

1. 注意询问患儿家族史及既往病史,如湿疹、哮喘、瘾疹等。
2. 注意询问患儿哮喘发作及加重的诱因、既往治疗情况。
3. 注意观察患儿精神、唇甲颜色等,检测患儿肺部体征。
4. 根据病情需要进行血常规、肺功能测定或过敏原等检查。
5. 缓解期的预防治疗有助于减少哮喘急性发作次数,减轻哮喘发作时的严重程度。

【其他疗法】

(一) 中成药

1. 小青龙口服液　用于寒性哮喘。
2. 哮喘颗粒　用于热性哮喘。
3. 小儿宣肺止咳颗粒　用于外寒内热证。
4. 玉屏风颗粒　用于肺脾气虚证。
5. 固本咳喘片　用于脾肾阳虚证。

(二) 针灸疗法

1. 体针　发作期:取定喘、天突、内关。咳嗽痰多者,加膻中、丰隆。针刺,1 日 1 次。缓解期:取大椎、肺俞、足三里、肾俞、关元、脾俞。每次取 3~4 穴,针刺加灸,隔日 1 次。
2. 耳针　选喘点、内分泌、交感、肺、肾。用于哮喘发作期。

(三) 外治疗法

白芥子、延胡索、甘遂、细辛,共研细末,加生姜汁调膏,分别贴在肺俞、心俞、膈俞、膻中穴。适用于缓解期肺脾气虚、脾肾阳虚证患儿。每年夏季三伏及冬季三九贴敷。

【预防护理】

1. 加强哮喘管理　遵循"医者精治、患家细防"的原则。
2. 规避诱发因素　如烟味、漆味、尘螨、花粉、海鲜发物、冷饮等。
3. 注意气候变化,预防呼吸道感染。
4. 积极治疗和清除感染病灶　如及时治疗鼻窦炎、扁桃体炎、龋齿等。
5. 加强锻炼,饮食宜清淡而富有营养。

【古籍摘要】

《丹溪心法·喘》:"凡久喘之证未发,宜扶正气为主,已发用攻邪为主。"

《幼科发挥·喘嗽》:"或有喘疾,遭寒冷而发,发则连绵不已。发过如常,有时复发,此为宿疾,不可除矣。"

第七节　反复呼吸道感染

反复呼吸道感染是小儿时期的常见病。小儿 1 年内上、下呼吸道感染次数频繁,超过一定范围的疾病,称为反复呼吸道感染。一年四季均可发病,冬春季为著,夏季有自然缓解的趋势。本病多见于 6 个月 ~6 岁的小儿,其中 1~3 岁的幼儿最为常见,一般到学龄期前后感染次数明显减少。本病具有反复感染、迁延难愈的特点,易发生鼻炎、咳嗽等疾患,影响小儿的生长发育与身心健康。

本病与古代医籍的体虚感冒相似。

【病因病机】

本病病因主要是正气不足、卫外不固所致,包括禀赋不足、喂养不当、调护失宜、正虚邪伏等。

1. 禀赋不足,体质柔弱　父母体弱多病或妊娠时患病,或早产、多胎、胎气孱弱,生后肌骨嫩怯,腠理疏松,不耐四时邪气,感邪即病。

2. 喂养不当,脾胃受损　人工喂养或母乳不足、过早断乳、辅食添加不当或偏食、厌食,恣食生冷寒凉、肥甘厚腻之品,伤其脾胃,脾胃运化不足,土不生金,肺脾气虚,易遭外邪侵袭。

3. 调护失宜,不耐寒热　患儿户外活动过少,日照不足,肌肤柔弱,卫外不固,一旦气候突变,感冒随即发生。此外,家长未能根据天气变化或季节交替,为患儿及时添减衣被,衣被过薄易感风寒;衣被过厚,汗出当风,亦致外感。

4. 正虚邪伏,遇感而发　外邪侵袭后,由于正气受损,邪毒往往不能肃清,留伏于里,一旦受凉或疲劳后,新感易受,留邪内发,旧病复燃,诸证又现。

本病的发病以虚证为主,主要责之于肺、脾、肾三脏亏损,正气不足,卫外不固,导致反复外感。若反复呼吸道感染久病不愈,正气愈损,患儿抵抗力更加下降,则易变生他病。

【诊断】

(一)诊断要点

反复呼吸道感染分为反复上呼吸道感染和反复下呼吸道感染。上呼吸道感染包括鼻炎、咽炎、扁桃体炎;下呼吸道感染为支气管炎、毛细支气管炎及肺炎等疾病。2012年中华中医药学会《中医儿科常见病诊疗指南》中制定的反复呼吸道感染的诊断条件如下:

1. 按不同年龄每年呼吸道感染的次数诊断,见表 5-7。

2. 按半年内呼吸道感染的次数诊断　半年内呼吸道感染 ≥ 6 次,其中下呼吸道感染 ≥ 3 次(其中肺炎 ≥ 1 次)。

表 5-7　反复呼吸道感染诊断条件

年龄(岁)	上呼吸道感染(次/年)	下呼吸道感染(次/年)	
		气管支气管炎	肺炎
0~2	7	3	2
2~5	6	2	2
5~14	5	2	2

注:①两次感染间隔时间 7 天以上。

②若上呼吸道感染次数不够,可以将上、下呼吸道感染次数相加,反之则不能。但若反复感染是以下呼吸道为主,则应定义为反复下呼吸道感染。

③确定次数需连续观察 1 年。

④肺炎需由肺部体征和影像学证实,两次肺炎诊断期间肺炎体征和影像学改变应完全消失。

(二)鉴别诊断

本病与鼻鼽鉴别见表 5-8。

表 5-8　反复呼吸道感染与鼻鼽的鉴别

鉴别点	反复呼吸道感染	鼻鼽
过敏史	无	有
家族史	无	有
临床特征	反复发作多次的发热,恶寒,鼻塞,流涕,咳嗽等	突然和反复发作的鼻痒,喷嚏频频,流清涕,鼻塞等

【辨证论治】

(一)辨证思路

本病主要以八纲辨证及脏腑辨证为主。

1. 辨虚实　急性感染期以邪实为主,非急性感染期则以正虚为主,以肺、脾、肾三脏之亏虚为主。

2. 辨脏腑　自汗、气弱、气短懒言者多为肺虚;面黄少华、厌食少食、倦怠乏力者多属脾虚;生长发育迟缓、骨骼不坚甚至畸形者多为肾虚。偏气虚者面色苍白,气短懒言,语声低微,舌淡嫩,边有齿痕,脉细无力。偏阴虚者,手足心热或低热,盗汗,咽干,舌红,少苔,脉细数。

(二)治疗原则

本病按急性感染期与非急性感染期辨治。急性感染期重在祛邪,按不同的疾病治疗,但注意顾护本虚的特点。非急性感染期重在补虚扶正,分别采取健脾益气、调和营卫、温肾健脾及养阴润肺的治法,使“正气存内,邪不可干”。本病因虚致病,因病致虚,屡感外邪,故复感时,应祛邪务尽,并及时扶正。除药物内服治疗外,本病可予推拿、捏脊、敷贴疗法等外治疗法。

(三)分证论治

1. 肺脾气虚

证候:反复外感,神疲乏力,少气懒言,汗多,动则汗出,唇口色淡,面黄少华,纳呆,或大便稀溏,舌质淡红,苔薄白,脉细无力或指纹淡。

证候分析:本证多见于先天禀赋不足,后天喂养不当、调护失宜之小儿。肺气虚弱,宗气不足,卫外不固,故反复外感,多汗;脾虚生化乏源,运化失常,故面黄少华,纳呆,大便稀溏;肺脾气虚见舌质淡红,脉细无力或指纹淡。

辨证要点:反复外感,汗多,少气懒言,纳呆食少,舌淡红,苔薄。

治法:补肺固表,健脾益气。

主方：玉屏风散(《究原方》)合六君子汤(《医学正传》)加减。

常用药：黄芪、白术、防风、党参、茯苓、陈皮、山药、甘草。

加减：纳呆加鸡内金、焦山楂；大便溏加薏苡仁、诃子；余邪未清者加黄芩、连翘。

2. 营卫失调

证候：反复外感，恶风恶寒，面色少华，汗多，汗出不温，舌淡红，苔薄白，脉无力或指纹淡红。

证候分析：本证多见于素体卫阳不足小儿，或病后失调小儿。营卫失和，卫气不能外固，营阴不能内守，津液无以固敛，故汗多，恶风恶寒，反复外感；舌淡红、苔薄白、脉无力或指纹淡红均为营卫失调之象。

辨证要点：反复外感，恶风恶寒，多汗，汗出不温，舌淡红，苔薄。

治法：调和营卫，益气固表。

主方：黄芪桂枝五物汤(《金匮要略》)加减。

常用药：炙黄芪、桂枝、白芍、当归、大枣、炙甘草。

加减：汗多加浮小麦、煅牡蛎；咽红喉核红肿加玄参、浙贝母、夏枯草；精神疲倦、胃纳不振加党参、山药。

3. 脾肾两虚

证候：反复外感，面白少华，形体偏瘦，形寒肢冷，肌肉松软，鸡胸龟背，发育落后，或喘促乏力，气短，动则喘甚，少气懒言，多汗，纳呆便稀，夜尿多，舌质淡，苔薄白，脉沉细无力或指纹淡红。

证候分析：本证多因禀赋不足或病后失调所致。脾虚运化无力，故纳呆、便稀；气血精微化生不足，不能濡养全身，故见面白少华，形体偏瘦，肌肉松弛；肾精亏虚，故见发育落后；肾阳不足则形寒肢冷；肾不纳气见喘促乏力，气短，动则喘甚；脾肾不足见舌淡，苔薄白，脉沉细无力或指纹淡红。

辨证要点：反复外感，面白少华，发育落后，纳呆便稀，夜尿多，舌淡，苔薄白，脉沉细无力。

治法：温补肾阳，健脾益气。

主方：金匮肾气丸(《金匮要略》)合理中丸(《伤寒论》)加减。

常用药：熟地黄、山茱萸、山药、茯苓、牡丹皮、泽泻、桂枝、白术、干姜、甘草。

加减：生长发育落后加鹿角胶、补骨脂；汗多加炙黄芪、煅龙骨；四肢不温加肉桂、肉苁蓉；腹泻加炮姜、补骨脂；夜尿多加缩泉丸。

4. 肺脾阴虚

证候：反复外感，面白颧红，口渴，盗汗自汗，手足心热，纳呆，大便干结，舌质红，苔少或花剥，脉细数或指纹淡红。

证候分析：本证多因素体阴虚或病后失调所致。肺虚卫表不固，故容易外感；脾虚运化无力则纳呆；阴虚内热则手足心热，面白颧红，舌质红，苔少或花剥。

辨证要点：反复外感，纳呆，盗汗自汗，手足心热，舌红，苔少或花剥。

治法：健脾益气，养阴润肺。

主方：生脉散(《医学启源》)合沙参麦冬汤(《温病条辨》)加减。

常用药：人参、麦冬、五味子、沙参、玉竹、桑叶、天花粉、甘草。

加减：便秘加瓜蒌仁、枳壳；手足心热加地骨皮、银柴胡；口渴加芦根、石斛；干咳痰少加百部、炙枇杷叶。

【诊疗提示】

1. 详细询问病史，包括先天性心脏病、贫血、营养不良及维生素 D 缺乏性佝偻病等疾病史,寻找可能的病因。

2. 注意询问患儿胎产病、生长发育史、过敏史及生活环境,辨识患儿体质特点。

3. 注意精神、形体、面部、咽喉部及舌的望诊,寒热、汗、饮食及二便的问诊。

4. 根据病情需要进行免疫学、胸部 X 线及微量元素等实验室检查。

5. 本病可配合使用三伏贴、三九贴治疗。

【其他疗法】

(一) 中成药

1. 玉屏风颗粒　用于肺脾气虚证偏肺气虚。

2. 参苓白术颗粒　用于肺脾气虚证偏脾气虚。

3. 槐杞黄颗粒　用于气阴两虚证。

4. 百合固金口服液　用于肺脾阴虚证。

(二) 捏脊疗法

捏脊疗法具有调阴阳、理气血、和脏腑、通经络的作用,可提高患儿免疫力,增强体质,防治反复呼吸道感染。每天 1 次,每周治疗 5 天,4 周为 1 个疗程。

(三) 推拿疗法

补脾经、补肺经、揉肾经。用于反复呼吸道感染多汗者。

(四) 穴位注射法

黄芪注射液(婴儿禁用,以下同),取双侧足三里穴位注射,每次 1ml,每周 1 次,连用 4 周。用于反复呼吸道感染肺脾气虚证。

【预防护理】

1. 积极锻炼身体,膳食营养均衡,增强体质,提高抗病能力。

2. 注意环境及个人卫生,保持室内空气流通,气候变化及时添减衣服,感冒流行期间不去公共场所。

3. 积极防治各种慢性病,清除感染病灶,避免接触各种诱发因素,如尘螨、花粉、油漆等。

4. 按时预防接种,增强机体抗病能力。

【古籍摘要】

《灵枢·五变》:"肉不坚,腠理疏,则善病风。"

《证治汇补·伤风》:"有平昔元气虚弱,表疏腠松,略有不谨,即显风证者,此表里两因之虚证也。"

思政元素

基于"天气通于肺"的理论探讨保护生态环境的重要性

通过课堂讲授儿童肺系疾病的病因病机与儿童肺脏的生理病理特点,以及近年来儿童肺系疾病发病率增高趋势时,引入《黄帝内经》中"天气通于肺"的理论,让学生了解儿童更加容易受外界生态环境的影响,使学生认识到保护生态环境的重大意义,从自身出发,培养学生的社会责任感与绿色低碳生活意识。

学习小结

```
                          ┌ 感冒 ─── ①风寒感冒：荆防败毒散加减
                          │          ②风热感冒：银翘散加减
                          │          ③暑邪感冒：新加香薷饮加减
                          │          ④时行感冒：银翘散合普济消毒饮加减
                          │
                          ├ 鼻衄 ─── ①肺气虚寒：温肺止流丹加减
                          │          ②肺脾气虚：补中益气汤加减
                          │          ③肺肾两虚：金匮肾气丸加减
                          │          ④肺经伏热：辛夷清肺饮加减
                          │
                          ├ 乳蛾 ─── ①风热搏结：银翘马勃散加减
                          │          ②热毒炽盛：牛蒡甘桔汤加减
                          │          ③肺胃阴虚：养阴清肺汤加减
                          │
                          ├ 咳嗽 ─── ①风寒咳嗽：杏苏散加减
                          │          ②风热咳嗽：桑菊饮加减
                          │          ③痰热咳嗽：清金化痰汤加减
肺系                      │          ④痰湿咳嗽：二陈汤加减
病证 ────────────────────┤          ⑤阴虚咳嗽：沙参麦冬汤加减
                          │
                          ├ 肺炎喘嗽 ┬ 常证 ─ ①风寒闭肺：三拗汤加减
                          │          │        ②风热闭肺：银翘散合麻杏石甘汤加减
                          │          │        ③痰热闭肺：五虎汤合葶苈大枣泻肺汤加减
                          │          │        ④毒热闭肺：黄连解毒汤合三拗汤加减
                          │          │        ⑤阴虚肺热：沙参麦冬汤加减
                          │          │        ⑥肺脾气虚：人参五味子汤加减
                          │          └ 变证 ─ ①心阳虚衰：参附龙牡救逆汤加减
                          │                   ②邪陷厥阴：羚角钩藤汤合牛黄清心丸加味
                          │
                          ├ 哮喘 ─┬ 发作期 ─ ①寒性哮喘：小青龙汤合三子养亲汤加减
                          │       │          ②热性哮喘：麻杏甘石汤合苏葶丸加减
                          │       │          ③外寒内热：大青龙汤加减
                          │       └ 缓解期 ─ ①肺脾气虚：玉屏风散合人参五味子汤加减
                          │                  ②脾肾阳虚：金匮肾气丸加减
                          │                  ③肺肾阴虚：麦味地黄丸加减
                          │
                          └ 反复呼吸道感染 ─ ①肺脾气虚：玉屏风散合六君子汤加减
                                             ②营卫失调：黄芪桂枝五物汤加减
                                             ③脾肾两虚：金匮肾气丸合理中丸加减
                                             ④肺脾阴虚：生脉散合沙参麦冬汤加减
```

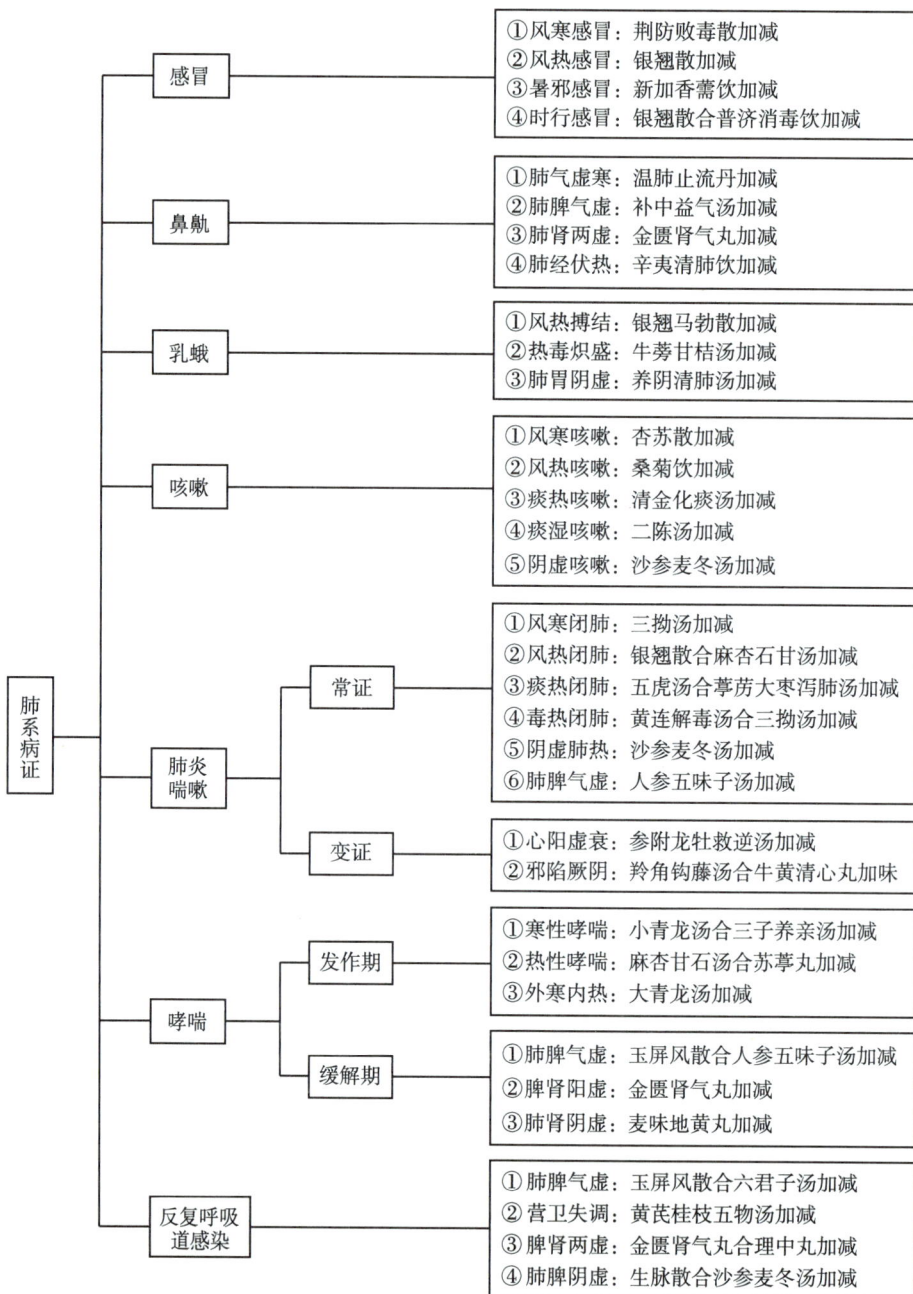

（熊　磊　赵　霞　叶　进　尹蔚萍）

复习思考题

1. 感冒为何会出现兼夹证？
2. 鼻衄肺气虚寒证与肺脾气虚证应如何鉴别？

3. 乳蛾为何会出现水肿、心悸、痹证等病证?

4. 咳嗽为何以外感咳嗽最多见?

5. 肺炎喘嗽的辨证原则是什么?

6. 哮喘中的寒哮与热哮应如何鉴别?

7. 中医如何认识反复呼吸道感染?

第六章

脾 系 病 证

第一节 鹅 口 疮

鹅口疮是以口腔、舌上散在或满布白色屑状物为特征的一种口腔疾病。因其白屑状如鹅口、色白如雪片,故又称"鹅口""雪口"。本病一年四季均可发生,临床上多见于新生儿、早产儿,以及体质虚弱、营养不良、久病久泻、长期使用广谱抗生素或免疫抑制剂的小儿。

本病症状一般较轻,经积极治疗,预后良好;若邪盛正虚,白屑堆积,可蔓延至鼻腔、咽喉、气道、胃肠,影响吮乳、呼吸、消化,甚至危及生命。

本病西医亦称鹅口疮,由白念珠菌感染所致。

【病因病机】

鹅口疮的发病,主要由胎热内蕴,或体质虚弱,或调护不当,口腔不洁,感受秽毒之邪所致。

1. 心脾积热　孕母平素喜食辛热炙煿之品,热留脾胃,儿在胎中禀受其母热毒,蕴积心脾;或出生时孕母产道秽毒侵入儿口;或喂养不当,嗜食肥甘厚味,脾胃蕴热;或护理不当,口腔不洁,秽毒之邪乘虚而入,内外合邪,热毒蕴积心脾火热循经上攻,熏灼口舌,发为鹅口疮。

2. 虚火上炎　先天禀赋不足,素体阴虚;或热病之后灼伤阴津;或久泻伤阴,以致肾阴亏虚,阴虚阳亢,水不制火,虚火上浮,熏蒸口舌而发。

本病病位主要在心脾,因舌为心之苗,口为脾之窍,脾脉络于舌旁,若感受秽毒之邪,循经上炎,则发为鹅口疮。临床上有虚实之分:实证多由心脾积热循经熏灼口舌而起;虚证则因虚火上炎所致。

【诊断】

(一)诊断要点

1. 多见于新生儿、营养不良体弱儿,或长期使用抗生素、激素、免疫抑制剂的患儿。

2. 舌上、颊内、牙龈或上腭散布白屑,可融合成片不易拭去。如强行剥落可见充血、糜烂创面。重者可向咽喉处蔓延,影响吮乳与呼吸。

3. 根据发病年龄、病史及口腔乳凝块样白膜,多可确诊。诊断困难者,可取少许白屑涂片,加 10% 氢氧化钠溶液,在显微镜下可见到白念珠菌孢子和菌丝。

(二)鉴别诊断

1. 本病需与白喉鉴别,见表 6-1。

表 6-1　鹅口疮与白喉鉴别

鉴别点	鹅口疮	白喉
病原菌	白念珠菌	白喉杆菌
传染性	无	有
部位	舌上、颊内、牙龈或上唇、上腭	咽、扁桃体,甚则鼻腔、喉部
表现	白屑	白色的假膜坚韧不易擦去,强力剥离则易出血
发热	有	有
咽痛	无	有
进行性喉梗阻	无	有
呼吸困难	无	有
病情	一般不重	病情严重

2. 残留奶块　其状与鹅口疮相似,但以温开水或棉签轻拭,即可除去奶块。

【辨证论治】

(一)辨证思路

主要根据病程长短、白屑多少,结合全身症状,辨别其病性虚实与病情轻重。

1. 辨实证、虚证

实证:一般病程短,口腔白屑堆积,周围焮红,疼痛哭闹,尿赤便秘,舌红者,多属心脾积热之实证。

虚证:病程较长,口腔白屑较少,周围不红,疼痛不显,大便稀溏,食欲不振,或形体瘦弱等。口腔白屑散在,周围不红,形瘦颧红,手足心热,舌光红少苔者,多属虚火上浮之虚证。

2. 辨病情轻重

轻症:范围局限,呼吸平稳,身热不著,吮乳如常。

重症:范围弥漫,呼吸困难,高热或体温不升,吮乳受限等。

(二)治疗原则

根据病性虚实论治,实则清泄心脾积热,虚则滋肾养阴降火。本病在口腔局部,外治疗法与内服治疗可同时应用,轻者外治即可。

(三)分证论治

1. 心脾积热

证候:口腔满布白屑,周围黏膜焮红,烦躁不安或啼哭,口干、口臭或口渴,呛奶或呕吐,纳呆,或伴发热、面赤、唇红,大便干结,小便黄赤,舌红,苔薄黄或腻,脉滑数,指纹紫滞。

证候分析:本证为鹅口疮之实证。胎毒内蕴,或口腔不洁,感受秽毒,内积心脾,郁而化热化火,熏灼口舌,故见口腔白屑满布,面赤、唇红,重者可出现烦躁、哭闹,或可伴有发热等症。大便干、小便黄赤均为热象。

辨证要点:口腔白屑多,周围焮红,面红唇赤,舌质红,苔黄厚。

治法:清心泻脾。

主方:清热泻脾散(《医宗金鉴》)加减。

常用药:黄连、栀子、黄芩、石膏、地黄、竹叶、灯心草、甘草。

加减:大便秘结者,加大黄;口干喜饮者,加石斛、玉竹;湿热重,舌红苔黄厚腻者,加藿香、佩兰、滑石。

2. 虚火上炎

证候:口腔内白屑散在,周围黏膜红晕不著,形体瘦弱,颧红盗汗,手足心热,口干不渴,舌红苔少,脉细,指纹淡紫。

证候分析:本证为鹅口疮之虚证。先天禀赋不足,或生后喂养调护不当,或久病体质虚弱,津液耗伤,阴虚阳亢,水不制火,虚火上浮,熏蒸口舌,故口舌白屑稀疏,红晕不著。颧红盗汗,手足心热,口干不渴,舌红苔少,脉细为阴虚之象。

辨证要点:口腔白屑散在,周围焮红不重,舌质嫩红,苔少。

治法:滋阴降火。

主方:知柏地黄丸(《医宗金鉴》)加减。

常用药:知母、黄柏、熟地黄、山茱萸、山药、茯苓、泽泻、牡丹皮。

加减:食欲不振者,加乌梅、石斛、生麦芽;便秘者,加火麻仁、郁李仁;久病反复,虚火上炎,少佐肉桂。

【诊疗提示】

1. 注意患儿年龄,有无喂养不当及口腔不洁史。

2. 注意询问是否有长期使用抗生素、激素及免疫抑制剂的病史。

3. 仔细检查小儿口腔,若见到舌上、口腔有白屑,应考虑为鹅口疮。

4. 可用棉签轻拭白屑,查看能否拭去,并做涂片检查。

【其他疗法】

(一) 中成药

1. 清热解毒口服液　用于心脾积热证。

2. 小儿导赤片　用于心脾积热证。

3. 知柏地黄丸　用于虚火上炎证。

(二) 含漱疗法

1. 冰硼散、青黛散、珠黄散　选用一种。适量,涂敷患处,1 日 3 次。用于心脾积热证。

2. 西瓜霜　适量,喷、吹或敷于患处,1 日 3 次;重症者兼内服,1~2g,1 日 3 次。用于心脾积热证。

3. 锡类散　适量,涂敷患处,1 日 2 次。用于心脾积热证、虚火上炎证。

【预防护理】

1. 注意口腔清洁,婴儿奶具要消毒。

2. 避免过烫、过硬或刺激性食物,防止损伤口腔黏膜。

3. 注意患儿营养,积极治疗原发病。

4. 用金银花、甘草煎水搽洗患儿口腔,1 日 3 次。

5. 注意观察口腔黏膜白屑变化,如发现患儿吞咽或呼吸困难,应立即处理。

【古籍摘要】

《幼科类萃·耳目口鼻门》:"小儿初生,口内白屑满舌上,如鹅之口,故曰鹅口也。此乃胎热,而心脾最盛重,发于口也。"

《外科正宗·鹅口疮》:"鹅口疮皆心脾二经胎热上攻,致满口皆生白斑雪片,甚则咽间叠叠肿起,致难乳哺,多生啼叫。"

第二节 口　疮

口疮以齿龈、舌体、两颊、上腭等处出现黄白色溃疡,疼痛流涎,或伴发热、周身不适为特征。若满口糜烂,色红疼痛者,称为口糜;溃疡发生在口唇两侧者,称为燕口疮。本病一年四季均可发病。发病年龄以 2~4 岁为多见。一般预后良好,若体质虚弱,则口疮可反复出现,迁延难愈。

本病属于西医学口炎范畴,包括溃疡性口炎、疱疹性口炎、口角炎等。

【病因病机】

口疮的病因包含外因和内因两个方面。外因为感受外邪,风热乘脾;或因调护不当,秽毒内侵,心脾积热。内因源于久病体弱,虚火上浮等。

1. 风热乘脾　外感风热之邪,由肌表侵入,内应于脾胃。风热夹湿夹毒,化热化火,循经上攻,熏灼口舌齿龈,发为口疮。

2. 心脾积热　孕母过食辛辣厚味,胎热内蕴;调护失宜、喂养不当,嗜食肥甘厚腻,蕴而生热;或喜食煎炒炙烤,内火偏盛,热积心脾;或口腔不洁,秽毒内侵,致内外合邪,火热蕴积心脾,循经上炎而致口舌生疮。

3. 虚火上浮　禀赋不足,素体阴虚;或久患热病,或久泻不止,耗伤阴液,肾阴亏虚,水不制火,虚火上浮而发口疮。

心开窍于舌,脾开窍于口,胃经络齿龈,肾脉连舌本,故口疮的病位主要在心、脾、胃、肾。其病性有虚实之分。实证多为风热乘脾或心脾积热,体质虚弱,虚火上浮者多为虚证。

【诊断】

(一)诊断要点

1. 有喂养不当、过食炙煿,或外感发热的病史。

2. 齿龈、舌体、两颊、上腭等处出现黄白色溃疡点,大小不等,甚则满口糜腐,疼痛流涎,可伴发热或颌下淋巴结肿大、疼痛。

3. 血常规　白细胞总数及中性粒细胞比例偏高或正常。

(二)鉴别诊断

本病常与鹅口疮相鉴别,见表6-2。

表 6-2 口疮、鹅口疮的鉴别

病名	致病因素	发病年龄	发病季节	性状	部位
口疮	细菌感染或单纯疱疹病毒I型	多见于 2~4 岁婴幼儿	一年四季均可发病	淡黄或白色溃疡面,周围黏膜红色,不能拭去,拭后出血	口腔、舌上
鹅口疮	白念珠菌	初生儿、体弱多病或长期使用抗生素的婴幼儿	一年四季均可发病	散在白色凝乳状斑点,易融合成片状假膜,不易拭去,可有溢血	口腔黏膜、舌上,可蔓延至咽喉、软腭或鼻腔

【辨证论治】

(一) 辨证思路

1. 辨病性 见表 6-3。

表 6-3 口疮实证与虚证鉴别

鉴别点	实证	虚证
起病	急	缓
病程	短	长,常迁延反复
口腔溃疡	口腔溃烂及疼痛较重,局部有灼热感	口腔溃烂及疼痛较轻,周围黏膜淡红
伴随症状	发热、口臭流涎,烦躁,哭闹拒食等	或伴低热、颧红盗汗;或神疲、面白、纳呆、便溏等

2. 辨脏腑 若口疮见于舌上、舌边,并伴有烦躁哭闹、夜眠不安、尿短赤者,病变部位多属心;若口疮发生于口颊部、上颚、齿龈、口角,以溃烂为主,并伴有口臭、流涎、大便秘结者,病变部位多属脾胃。

(二) 治疗原则

口疮的治疗,实证治以清热解毒,清泄心脾积热;虚证治以滋阴降火,引火归原。

(三) 分证论治

1. 风热乘脾

证候:口腔溃疡较多,分布于口颊、口角、上颚、齿龈、口唇等处,也可以是先见疱疹,继则破溃形成溃疡,周围焮红,灼热疼痛,流涎拒食,烦躁多啼,口臭,大便秘结,小便短赤,发热恶风,或咽红肿痛。舌质红,苔薄黄,脉浮数,指纹浮紫。

证候分析:本证多为外感引起。外感风热邪毒,内应脾胃,上熏口舌,发为口疮、口糜;火热熏灼,故疼痛拒食,烦躁不安;热灼肠胃,津液受劫,故大便秘结,小便短赤。发热恶风,或咽红肿痛为外感风热之象。

辨证要点:多有外感史,疱疹溃烂,周围焮红,灼热疼痛,流涎拒食,伴发热恶风或咽喉红肿;舌质红,苔薄黄,脉浮数,指纹浮紫。

治法:疏风散火,清热解毒。

主方:银翘散(《温病条辨》)加减。

常用药:金银花、连翘、板蓝根、薄荷、牛蒡子、竹叶、芦根、甘草。

加减:发热不退,加柴胡、栀子;咽喉红肿疼痛,加贯众、射干;疮面色黄糜烂,加黄连、薏苡仁;口臭便秘,加生大黄、槟榔。

2. 心火上炎

证候:口腔溃疡或糜烂,以舌边尖为多,红肿灼热,疼痛较重,心烦不宁,叫扰啼哭,面赤唇红,口干欲饮,进食困难,小便短黄。舌边尖红,苔薄黄,脉细数,指纹紫滞。

证候分析:本证由心火炽盛,邪热循经上炎所致。舌乃心之苗,手少阴心经通于舌。故本证以舌上、舌边溃烂为主。热扰心神则心烦不宁,叫扰啼哭。热邪煎津则口干欲饮,小便短黄。

辨证要点:口腔溃疡或糜烂,以舌边尖为多,红肿灼热,心烦尿赤,舌边尖红,苔薄黄,脉细数,指纹紫滞。

治法:清心凉血,泻火解毒。

主方:泻心导赤散(《医宗金鉴》)加减。

常用药:黄连、地黄、竹叶、通草、甘草。

加减:尿少者,加车前子、滑石;口渴甚,加天花粉、芦根;大便秘结,加生大黄、枳实;热毒重者,加黄芩、栀子。

3. 脾胃积热

证候:颊内、上腭、唇角、齿龈等处黏膜出现破损溃烂,色白或黄,呈圆形或椭圆形,溃疡较深,大小不一,有的融合成片,甚则满口糜烂,边缘鲜红,灼热疼痛,拒食,口臭,涎多黏稠。可兼发热,面赤唇红,烦闹不安,小便短赤,大便秘结,舌质红,舌苔黄,脉数,指纹紫滞。

证候分析:本证由脾胃积热,循经上炎所致。脾开窍于口,故口腔溃疡,甚则满口糜烂。脾主摄涎,脾热则涎多黏稠。拒食,口臭,大便秘结,均为脾胃积热之象。

辨证要点:口腔内溃疡红肿疼痛,口臭涎多,小便短赤,大便秘结,舌红,苔黄。

治法:清胃解毒,通腑泻火。

主方:凉膈散(《太平惠民和剂局方》)加减。

常用药:黄芩、连翘、栀子、生大黄、玄明粉、竹叶、薄荷、甘草。

加减:口干渴者,加天花粉、芦根;烦躁者,加石膏、郁金;口臭涎多,舌苔厚腻,湿热重者,加石菖蒲、滑石、佩兰;溃疡满布黄色渗出物者,加金银花、蒲公英;黏膜红赤、疼痛重者,加地黄、牡丹皮;食积内停,脘腹胀满者,加焦山楂、炒麦芽、厚朴。

4. 虚火上浮

证候:口腔溃烂,周围色不红或微红,无疼痛或微痛,反复发作或迁延不愈,神疲颧红,手足心热,口干不渴。舌质红,舌苔少或花剥,脉细数,指纹淡紫。

证候分析:本证为虚证口疮,多见于体禀虚弱,肝肾不足者。肾阴亏虚,水不制火,虚火上浮,熏灼口舌,故口腔溃烂;虚火内炽,故见神疲颧红,口干不渴。舌质红,舌苔少或花剥,脉细数为阴虚之象。

辨证要点:口腔溃疡反复发作,溃疡色淡,痛不显,神疲颧红,舌红少苔。

治法:滋阴降火,引火归原。

主方:六味地黄丸(《小儿药证直诀》)加肉桂。

常用药:熟地黄、山茱萸、山药、茯苓、牡丹皮、泽泻、肉桂。

加减:热病伤阴,口干者,加麦冬、玄参、乌梅;低热或五心烦热者,加地骨皮、白薇;颧红盗汗,骨蒸潮热者,加知母、黄柏;大便秘结者,加郁李仁、火麻仁;经久不愈,溃疡久不收口者,加儿茶、五倍子。

若脾肾阳虚,虚阳上浮,见口舌生疮,手足欠温,大便溏薄,小便清长,反复发作,迁延不愈者,治以温补脾肾,引火归原,可用理中汤加肉桂。

【诊疗提示】

1. 注意观察口腔黏膜、齿龈、舌体、两颊、上腭等处是否有溃烂。

2. 仔细询问是否有喂养不当、过食炙煿的病史。

3. 注意了解患儿是否有发热等外感症状。

4. 有发热症状患儿应检测血常规。

【其他疗法】

（一）中成药

1. 双黄连口服液　用于风热乘脾证。

2. 小儿化毒散　用于心火上炎证。

3. 黄栀花口服液　用于脾胃积热证。

4. 知柏地黄丸　用于虚火上炎证。

（二）含漱疗法

野菊花、金银花、薄荷、连翘、板蓝根各 10g，玄参 15g。加水 1 000ml 煎煮，待温后含漱。每次至少含漱 3 分钟，1 日 3~5 次。用于口疮实热证。

（三）药物外治

1. 口腔炎喷雾剂　每次向口腔内挤喷药液适量，1 日 3~4 次。用于实热证。

2. 青黛散　适量涂敷患处，1 日 3 次。用于风热乘脾证。

3. 冰硼散　适量涂敷患处，1 日 3 次。用于风热乘脾证、心火上炎证。

4. 双料喉风散　适量涂敷患处，1 日 3 次。用于心火上炎证。

5. 锡类散　适量涂敷患处，1 日 3 次。用于脾胃积热证、心火上炎证、虚火上炎证。

6. 吴茱萸　15~30g，捣碎，醋调敷涌泉穴，临睡前固定，次日晨去除。用于虚火上炎证。

（四）推拿疗法

1. 推天椎骨，揉天突，清胃，清板门。用于风热乘脾证。

2. 清心平肝，清天河水，清小肠，捣小天心。用于心火上炎证。

3. 清胃，清板门，退六腑，清大肠，清天河水。用于脾胃积热证。

4. 补肾，揉二马，分手阴阳，清天河水，推涌泉穴。用于虚火上炎证。

【预防护理】

1. 注意饮食卫生，保持口腔清洁。

2. 饮食宜清淡，多食新鲜蔬菜和水果，不宜过食肥甘厚味。忌辛辣刺激、过冷过烫、粗硬食品。

3. 选用金银花、野菊花、生甘草煎汤漱口。

4. 多饮水，保持大便通畅。

【古籍摘要】

《小儿卫生总微论方·唇口病论》："风毒湿热，随其虚处所着，搏于血气，则生疮疡……若发于唇里，连两颊生疮者，名曰口疮；若发于口吻，两角生疮者，名曰燕口。"

《幼幼集成·口疮证治》："口疮者，满口赤烂，此因胎禀本厚，养育过温，心脾积热，熏蒸于上，以成口疮。"

第三节　呕　　吐

呕吐是因胃失和降，气逆于上，以致乳食由胃中上逆经口而出的病证。古人谓有声有物谓之呕,有物无声谓之吐,有声无物谓之哕。由于呕与吐常同时发生,故合称呕吐。

本证任何年龄均可发生,且无季节性,以新生儿、乳婴儿最为多见。呕吐是儿科常见病证,除脾胃系病证以外,其他多种急、慢性病证中,也常常出现呕吐症状。呕吐经积极治疗,一般预后良好;但若呕吐严重则耗伤津液,日久可致脾胃虚损,气血化源不足而影响生长发育。

呕吐可见于西医学的多种疾病,如消化道畸形、消化道功能紊乱、胃炎、溃疡病、胆囊炎、胰腺炎、胆道蛔虫、急性阑尾炎、肠梗阻等消化系统疾病,肝炎、败血症、肠炎、痢疾等感染性疾病,或颅脑疾病、尿毒症,以及中暑、药物、食物影响等。本节所述以消化道功能紊乱症为主。

【病因病机】

由于感受外邪、乳食不节、脾胃虚寒、暴受惊恐、情志失和等原因,使胃失和降,胃气上逆所致,病位在胃。

1. 感受外邪　感受风寒暑湿燥火六淫之邪,或秽浊之气,邪犯胃腑,气机不利,胃失和降,气逆于上则呕吐。

2. 乳食不节　多由喂养不当,乳食过多,或进食太急,恣食生冷、厚味、油腻等不易消化食物,乳食积滞,壅塞中焦,以致胃不受纳,脾失健运,气机升降失调,胃气上逆而呕吐。

3. 脾胃虚寒　素体脾胃虚寒,中阳不足,或喂养不当,贪食生冷之品,寒邪内着,客于肠胃,胃失和降,气逆于上则发呕吐。

4. 暴受惊恐　小儿神气怯弱,易受感触,若暴受惊恐,惊则气乱,恐则气下,气机逆乱,横逆犯胃,胃失和降,气逆而上则发呕吐。

5. 情志失和　环境不适,所欲不遂,或被打骂,均可致情志怫郁,肝气不舒,横逆犯胃,食随气逆而致呕吐。

总之,小儿呕吐病机关键为胃失和降,胃气上逆,病变主要在胃,与肝脾关系密切。

【诊断】

(一)诊断要点
1. 有感受外邪、乳食不节、脾胃虚寒或情志不畅等病史。
2. 乳食从胃中上涌,经口而出,常伴嗳腐食臭、恶心纳呆、胃脘胀闷等症。

(二)鉴别诊断
本病需与溢奶鉴别,见表6-4。

表6-4　呕吐与溢乳鉴别

鉴别点	呕吐	溢乳
病因	胃失和降,气逆于上	哺乳过急过量
病位	胃	胃
主症	乳食由胃中上逆经口而出	哺乳后,乳汁自口角溢出
病理	是	否
预后	积极治疗,一般预后良好	随年龄增长,可逐渐自愈

【辨证论治】

(一)辨证思路
本病辨证以八纲辨证为主,辨明病性,并结合发病原因综合分析。

感受外邪,多有寒热表证;食伤则有饮食不节、不洁,暴饮暴食的病史,同时可有呕吐酸馊、胃脘作痛的症状;肝气犯胃则常有情志不畅史,多伴胁痛、嗳气等症状。

1. 辨寒热　寒吐多朝食暮吐,暮食朝吐,吐物清冷淡白,伴不消化食物残渣,同时兼有里寒证;热吐则食入即吐,吐物酸馊腐败,兼有里热证。

2. 辨虚实　见表6-5。

表6-5　呕吐虚证和实证鉴别

	实证	虚证
诱因	外邪、饮食、情志因素	体质虚弱、脾胃虚寒
起病	急	缓慢
病程	较短	较长
呕吐特点	呕吐量较多,吐出为快	呕吐胃内容物较少,呕而无力,时作时止
脉象	实而有力	弱而无力
呕吐物性质	苦水黄水或呕吐宿食腐臭	清稀,味淡

(二)治疗原则

呕吐病机总属胃失和降,胃气上逆,故以和胃降逆为基本治疗原则。同时,应辨明病因,审因论治以治本。食积呕吐者宜消食导滞;胃热呕吐者宜清热和胃;胃寒呕吐者宜温中散寒;肝气犯胃呕吐者宜疏肝降气。除药物治疗外,还要重视饮食调护。若因误食毒物、药物而引起呕吐,则忌见呕止呕,应首先帮助患儿将有毒之物尽快排出,切不可闭门留寇。

(三)分证论治

1. 外邪犯胃

证候:起病较急,突发呕吐,吐物清稀,或伴流涕、恶寒发热、头身不适,大便未解或便稀不化。苔白或腻,脉浮或指纹紫红。

证候分析:感受外邪,邪犯胃腑,气机不利,胃失和降,气逆于上,急发呕吐;外邪犯肺,可见流涕,喷嚏,恶寒发热,全身不适之候。

辨证要点:急发呕吐,吐物清稀,伴外感表证。

治法:疏风解表,和中降逆。

主方:藿香正气散(《太平惠民和剂局方》)加减。

常用药:藿香、紫苏叶、白芷、半夏、陈皮、茯苓、白术、厚朴、大腹皮、竹茹、炙甘草。

加减:腹胀去白术加木香、枳壳;腹痛加延胡索、川楝子;恶寒、涕清者加荆芥、防风;发热、涕浊者加金银花、连翘。

2. 乳食积滞

证候:呕吐频频,以吐为快,呕吐物多为酸臭乳块或不消化食物残渣,口渴多饮,烦躁哭闹,拒食拒乳,脘腹胀痛拒按,大便秘结或泻下酸臭,小便短少色黄或黄浊,舌质红,苔厚腻,脉弦滑,指纹紫滞。

证候分析:本证因饮食不节,积滞于中,导致脾胃升降失司,胃气上逆,发生呕吐。乳食积滞,胃不受纳,则拒食;食积化热,灼伤津液则口渴多饮;乳食壅滞,气机不畅,则脘腹胀满疼痛。

辨证要点:有伤乳伤食病史,呕吐酸臭乳块或不消化食物残渣。

治法:消食导滞,和胃止呕。

主方:保和丸(《丹溪心法》)加减。

常用药:六神曲、莱菔子、半夏、陈皮、连翘、茯苓、山楂、麦芽、谷芽。

加减:大便不通加大黄、枳实;口渴加天花粉、芦根;呕吐甚则加旋覆花、赭石;脘腹胀满疼痛加厚朴、香附。

3. 脾胃虚寒

证候:食后良久方吐,或朝食暮吐,吐出多为清稀痰水,或不消化残余乳食,酸臭味不大,时吐时止,面色苍白,精神疲倦,四肢欠温,或腹痛绵绵,大便溏薄,小便清长,舌质淡,苔白,脉细无力,指纹淡红。

证候分析:素体脾胃虚寒,中阳不足,或贪食生冷之品,寒邪内着,客于肠胃,胃失和降,气逆于上则发呕吐。脾阳不振,升降失调,运化失职,故食久方吐;寒邪内着,客于肠胃,气机凝滞,故腹痛绵绵;四肢欠温,面色苍白,倦怠乏力,皆脾虚胃寒之候。

辨证要点:食久方吐或朝食暮吐,吐物清稀无臭。

治法:温中散寒,和胃降逆。

主方:丁萸理中汤(《医宗金鉴》)加减。

常用药:党参、白术、甘草、干姜、丁香、吴茱萸、竹茹、半夏。

加减:呕吐清水,腹痛绵绵,四肢欠温者,加附子、肉桂温阳散寒。

4. 惊恐呕吐

证候:跌仆惊恐后呕吐清涎,面色青或白,心烦,睡卧不安,惊惕哭闹,舌淡红,苔薄白,指纹青。

证候分析:小儿神气怯弱,暴受惊恐,惊则气乱,恐由气下,气机逆乱,横逆犯胃,胃失和降,气逆而上则发呕吐。骤受惊恐,心气受损,故心神烦乱,睡卧不安,面色青白。

辨证要点:惊后呕吐,呕吐清涎,惊惕哭闹。

治法:疏肝理脾,镇惊止吐。

主方:定吐丸(《幼幼新书》)加减。

常用药:丁香、半夏、龙齿、郁金、砂仁、沉香、赭石。

加减:头晕目眩加菊花、天麻;惊惕不安加磁石、珍珠母。

5. 肝气犯胃

证候:呕吐吞酸,嗳气频作,胸胁胀痛,烦闷不舒,每因情志不遂而呕吐加重,易怒易哭,舌红苔薄腻,脉弦或指纹紫滞。

证候分析:情志怫郁,肝失条达,横逆犯胃,胃失和降,气逆而上则呕吐吞酸,嗳气频作;肝气不舒,气机不利,则胸胁胀痛,易怒易哭。

辨证要点:呕吐吞酸,嗳气频作,遇情志刺激加重。

治法:疏肝理气,和胃降逆。

主方:四逆散合半夏厚朴汤(《伤寒论》《金匮要略》)加减。

常用药:柴胡、白芍、枳壳、炙甘草、半夏、厚朴、紫苏梗、茯苓、川楝子。

加减:口苦咽干加黄连、吴茱萸;大便秘结加大黄、番泻叶;呕吐黄色苦水加黄芩、竹茹。

【诊疗提示】

1. 询问呕吐发生的时间是否与饮食有关,呕吐时的状态及呕吐物的量、性状、气味。

2. 辨识引起呕吐的各种不同疾病,询问病史以及伴随症状,如是否有头痛、发热、抽搐、腹泻等,以免贻误病情。

3. 仔细进行体格检查,特别应注意腹部切诊。

4. 若反复剧烈呕吐,需注意大便是否通畅,必要时拍摄腹部 X 线平片、腹部 B 超及血液生化等检查,排除外科急腹症等其他疾病引起的呕吐。

【其他疗法】

（一）中成药

1. 藿香正气口服液　用于外邪犯胃证。
2. 香砂养胃丸　用于脾胃虚寒证。

（二）针灸疗法

1. 体针　中脘、足三里、内关。
2. 耳针　胃、肝、神门。

（三）推拿疗法

1. 乳食积滞证　泻大肠,清补脾经,清胃经,揉板门。
2. 脾胃虚寒证　补脾经,揉外劳宫,推三关,揉中脘。

（四）外治疗法

1. 鲜生姜切成 0.1~0.3cm 厚,直径 1cm 的姜片,用胶布固定双侧太渊穴上,并让姜片压住桡动脉,5 分钟后让患儿口服用药,可以预防服药呕吐。
2. 吴茱萸 30g,生姜、葱各少许。共捣如饼,蒸熟贴脐,日 1 次。用于寒性呕吐。

【预防护理】

1. 新生儿、婴儿哺乳不宜过急,以防空气吞入。
2. 食物宜清淡、营养丰富,定时、定量喂养,忌恣食生冷、肥甘、煎炸、炙煿、辛辣的食物、饮料等。
3. 注意饮食卫生,预防食物及药物中毒。
4. 专人护理,安静休息,消除恐惧心理。
5. 呕吐时取坐位或侧卧位,以防呕吐物吸入气管。呕吐较轻者,可进少量易消化流质或半流质食物;较重者应暂禁食,用少许生姜汁滴入口中,再予少量米汤内服。
6. 服用中药时宜少量频服,以不引起呕吐为度。药液可浓缩,冷热适中。

【古籍摘要】

《素问·举痛论》:"寒气客于胃肠,厥逆上出,故痛而呕也。"
《素问·脉解》:"食则呕者,物盛满而上溢,故呕也。"
《幼幼集成·呕吐证治》:"盖小儿呕吐,有寒有热有伤食,然寒吐热吐,未有不因于伤食者,其病总属于胃。"

06章04节PPT

PPT 课件

第四节　泄　泻

　　泄泻是以大便次数增多,粪质稀薄或如水样为主症的一种儿童常见的脾胃系疾病。一般以大便溏薄而势缓者为泄,大便清稀如水而直下者为泻。

　　泄泻一年四季均可发病,尤以夏秋两季为多。发病年龄以婴幼儿为主,其中 6 个月 ~2 岁的儿童发病率最高。本病轻者预后良好,重者极易伤津耗液,导致气阴两伤,甚至出现阴竭阳脱之危候;若久泻迁延不愈者,常可导致疳证,或慢惊风。

　　西医儿童腹泻病可参照本病治疗。

【病因病机】

小儿泄泻常见原因有感受外邪、伤于饮食、脾胃虚弱与脾肾阳虚等。

1. 感受外邪 小儿脏腑薄弱,藩篱不密,卫外不固,易为外邪所袭,外感风、热、寒、暑诸邪常与湿邪相合而致泻,尤以夏秋之季的暑湿之邪多见,故有"无湿不成泻""湿胜则濡泻"之论。

2. 内伤乳食 小儿脾常不足,运化力弱,或因神识未开,乳食不知自节;或家长爱儿心切,乳哺不当;或过食生冷瓜果及不易消化食物,皆能损伤脾胃。脾伤则运化功能失职,清浊不分,并走大肠,而发生泄泻。

3. 脾胃虚弱 小儿素体脾虚,或久病迁延不愈,或用药攻伐过度,皆使脾胃更虚。胃弱则腐熟无能,脾虚则运化失职,水谷不化,精微不布,不能分清别浊,水反为湿,谷反为滞,合污而下,而致泄泻。

4. 脾肾阳虚 久病久泻,脾虚及肾,每致肾阳不足,命门火衰,则脾失温煦,阴寒内盛,水谷不化,便下澄澈清冷,完谷不化,洞泄不禁。

总之,小儿泄泻病位在脾胃,基本病机为脾困湿盛。由于小儿稚阳未充、稚阴未长,患泄泻后较成人更易于损阴伤阳发生变证。一旦暴吐暴泻,或者泻下过度,易于伤阴耗气,出现气阴两伤,甚则阴伤及阳,导致阴竭阳脱的危重变证。若久泻不止,脾气虚弱,肝旺而生内风,可成慢惊风。脾虚失运,生化乏源,气血不足以荣养脏腑肌肤,久则形成疳证。

课堂互动

如何理解"湿多成五泄"?

【诊断】

(一)诊断要点

1. 有感受外邪,或乳食不节、饮食不洁等病史。

2. 大便次数增多,粪质稀薄。

3. 重症泄泻,可见小便短少,高热,烦渴,神萎,皮肤干瘪,囟门凹陷,目眶下陷,啼哭无泪,口唇樱红,呼吸深长,腹胀等症。

(二)鉴别诊断

本病与痢疾鉴别,见表6-6。

表6-6 泄泻与痢疾的鉴别

鉴别点	泄泻	痢疾
起病	或急或缓	急
大便性状	量多,无脓血	量少,有黏冻脓血
里急后重	无	有
大便常规	脂肪球或少量白细胞、红细胞	脓细胞、红细胞多,可找到吞噬细胞
大便培养	阴性或致病性大肠杆菌、沙门菌等	痢疾杆菌

【辨证论治】

（一）辨证思路

本病以八纲辨证为主，注意辨别常证与变证。辨证时应注意审查病因，大便性状是辨证的重要依据，并注意观察精神、食欲、发热、口渴、尿量异常、腹痛、腹胀等症状。

1. 辨寒热、虚实、阴阳　常证中大便量多次频，便下急迫，色黄褐，气秽臭，可见少许黏液，舌红苔黄腻者属湿热泻；大便清稀多泡沫，臭气轻，腹痛重，伴外感风寒症状者多属风寒泻；有伤食史，纳呆腹胀，大便稀溏夹白色乳凝块或未消化食物残渣，气味酸臭或如败卵，腹痛则泻，泻后痛减者为伤食泻；三者多属实证。

常证中腹泻日久，大便稀溏或烂糊，色淡不臭，多于食后作泻，时轻时重，进难消化食物泄泻加重，腹痛喜按者为脾虚泻；大便澄澈清冷，完谷不化，甚至并发疳证者为脾肾阳虚泻。两者均属虚证，或有虚实夹杂证。

2. 辨常证、变证　常证多指仅以粪便稀薄、排便次数增多，一般情况尚好的小儿泄泻；而变证则是指由于暴注下迫、泄泻不止而造成的阴液耗伤甚至阴竭阳脱的重症，临床表现为精神萎靡，眼眶凹陷，皮肤干瘪，无尿口渴，口唇樱红；或者面色青灰、精神萎靡，四肢厥冷，脉微欲绝等症。

（二）治疗原则

本病以运脾化湿为基本治则。实证以祛邪为主，针对病因不同，分别给予清热利湿、消食导滞、疏风解表等法；虚证以扶正为主，根据脏腑虚损的不同，予健脾益气、温补脾肾、固涩止泻治疗。泄泻变证，气阴两伤者，治以益气养阴；阴竭阳脱者，急当挽阴回阳、救逆固脱，并结合液体疗法。本病除口服药物外，还可选用外治疗法，或内外合治。

（三）分证论治

1. 常证

（1）风寒泻

证候：大便清稀，色淡夹泡沫，臭味不甚，便前腹痛肠鸣，常伴恶寒发热，鼻塞流涕。舌淡红，苔白，脉浮，指纹淡红。

证候分析：风寒邪气客于脾胃，寒凝气滞，中阳被困，运化失职，则泄泻清稀，粪多泡沫；寒主收引，气机不利，则肠鸣腹痛；风寒袭表故见鼻塞流涕，恶风咳嗽等表证。

辨证要点：大便清稀夹有泡沫，臭味不甚，肠鸣腹痛。

治法：疏风散寒，运脾化湿。

主方：藿香正气散（《太平惠民和剂局方》）加减。

常用药：藿香、紫苏叶、白芷、姜半夏、陈皮、苍术、厚朴、大腹皮、茯苓、炙甘草、葛根。

加减：腹胀加木香、枳壳；腹痛加白芍、延胡索；纳呆食少加六神曲、焦山楂；尿少加车前子、泽泻；恶风鼻塞加防风。

（2）湿热泻

证候：大便水样，泻势急迫，量多次频，气味秽臭，腹痛阵作，或大便夹有黏液、肛门红赤、发热、烦躁口渴，恶心呕吐，小便短黄。舌质红，苔黄腻，脉滑数，指纹紫。

证候分析：湿热之邪，蕴结脾胃，下注大肠，传化失司，故泻下稀如水样，气味秽臭；热性急迫，则泻下急迫如注，量多次频；湿热交蒸，壅遏肠胃气机，则腹痛腹胀，阵发哭闹。本证易发生伤阴甚至阴竭阳脱变证。

辨证要点：泻下急迫，便稀味臭，量多次频，舌质红，苔黄腻。

治法：清热利湿。

92

主方:葛根黄芩黄连汤(《伤寒论》)加味。

常用药:葛根、黄芩、黄连、马齿苋、地锦草、甘草。

加减:热重于湿加白头翁、连翘;湿重于热加苍术、薏苡仁、车前子;腹胀满加厚朴、木香;呕吐加藿香、姜半夏。

(3) 伤食泻

证候:便次增多,夹有乳块或不消化的食物残渣,腹痛欲泻,泻后痛减,大便酸臭或如败卵,嗳气酸馊,食少或拒食,矢气频频臭秽,夜寐欠安。舌苔白厚腻或黄腻,脉滑数,指纹紫滞。

证候分析:乳食不节,损伤脾胃,健运失常,食积中焦,故大便夹杂乳块或食物残渣;乳食积滞脾胃,气机不利,则腹胀腹痛;胃失和降,浊气上逆则嗳气,呕吐,气味酸臭;乳积化热,上扰心神,故夜寐不安。

辨证要点:有伤乳食病史,大便酸臭或如败卵,腹痛欲泻,泻后痛减。

治法:消食化滞,运脾和中。

主方:保和丸(《丹溪心法》)加减。

常用药:山楂、六神曲、半夏、茯苓、连翘、陈皮、莱菔子。

加减:呕吐者加竹茹、砂仁;大便稀水样加苍术、车前子;大便不爽加厚朴、枳壳;腹痛较重加白芍、木香。

(4) 脾虚泻

证候:大便稀溏,多于食后作泻,色淡不臭,反复发作,时轻时重,面色萎黄,食欲不振,神疲倦怠。舌淡苔白,脉细弱,指纹淡。

证候分析:脾胃虚弱,运化失职,不能分清别浊,水反为湿,谷反为滞,合污而下,而致泄泻,大便稀溏,色淡不臭;脾胃虚弱,运纳无权,故多于食后作泻,食欲不振。

辨证要点:反复发作,食后作泻,面色萎黄,神疲纳呆,舌淡苔白。

治法:健脾益气,运脾止泻。

主方:七味白术散(《小儿药证直诀》)加味。

常用药:白术、人参、茯苓、藿香、木香、葛根、甘草、山药、炒白扁豆。

加减:苔腻加佩兰、苍术、陈皮;纳呆腹胀加六神曲、焦山楂、厚朴。

(5) 脾肾阳虚泻

证候:久泻不止,大便清稀,澄澈清冷,完谷不化,或伴脱肛,形寒肢冷,面白无华,精神萎靡。舌淡苔白,脉沉细,指纹色淡。

证候分析:久病久泻,脾肾阳虚,脾失温煦,水谷不化,并走肠间,故便下澄澈清冷、完谷不化;脾虚气陷,则伴脱肛;命门火衰,阴寒内盛,则形寒肢冷,精神萎靡。

辨证要点:久泻不止,大便清稀、完谷不化,形寒肢冷。

治法:健脾温肾,固涩止泻。

主方:附子理中丸(《太平惠民和剂局方》)合四神丸(《内科摘要》)加减。

常用药:附子、人参、白术、炮姜、补骨脂、肉豆蔻、五味子、吴茱萸、甘草、诃子。

加减:脱肛加黄芪、升麻;久泻不止加石榴皮、赤石脂、禹余粮。

2. 变证

(1) 气阴两伤

证候:泻下无度,神萎不振,四肢乏力,眼眶、囟门凹陷,皮肤干燥,心烦不安,啼哭无泪,口渴引饮,小便短少,甚则无尿,唇红而干。舌红少津,苔少或无苔,脉细数。

证候分析:本证多起于湿热泻。暴泻或泻下日久,耗伤气阴,肌肤失养,故皮肤干燥,眼眶、囟门凹陷,尿少;无津上承,故口渴引饮,啼哭无泪;阳随阴泄,故神萎不振,四肢乏力;气阴不足,心失所养,故心烦不安。舌红少津,苔少或无苔为气阴两伤之象。本证若不能及时救治,则可能迅速发展为阴竭阳脱证。

辨证要点:泻下无度,神萎不振,眼眶囟门凹陷,口渴,尿少。

治法:健脾益气,酸甘敛阴。

主方:人参乌梅汤(《温病条辨》)加减。

常用药:人参、乌梅、木瓜、莲子、山药、葛根、白芍、甘草。

加减:久泻不止加诃子、禹余粮;口渴引饮加天花粉、石斛。

(2) 阴竭阳脱

证候:泻下不止,便稀如水,次频量多,精神萎靡,表情淡漠,面色青灰或苍白,四肢厥冷,哭声微弱,气息低微。舌淡,苔薄白,脉细微欲绝。

证候分析:暴泻或久泻不止,耗伤津液,阴损及阳,阴伤于内,阳脱于外,气随津脱,故精神萎靡,表情淡漠,面色青灰或苍白,气息低微;阳气不能充养四肢,故四肢厥冷;脉细微欲绝,为元气欲脱之象。

辨证要点:泻下不止,精神萎靡,尿少或无,四肢厥冷,脉细微欲绝。

治法:回阳固脱。

主方:参附龙牡救逆汤(《中医方剂临床手册》)加减。

常用药:红参、附子、龙骨、牡蛎、芍药、炙甘草、干姜、白术。

加减:四肢厥冷,大汗淋漓,即予参附注射液静脉滴注。本证病情危重,应中西医结合治疗。

【诊疗提示】

1. 详细询问诱发小儿腹泻的原因。

2. 注意询问并观察大便次数与性状、气味及伴发症状。

3. 注意观察小儿神色、皮肤弹性、眼眶囟门凹陷程度、口渴程度,询问小便的量、次,最后一次排尿的时间,以判断津液耗伤的轻重。

4. 注意询问患儿年龄、喂养方式。

5. 注意大便常规检查。有发热或病情较重者,应检查血常规、电解质、血生化、血气分析、大便培养等,必要时注意检查患儿心肌酶及心电图。

【其他疗法】

(一) 中成药

1. 藿香正气口服液 用于风寒泻。

2. 葛根芩连丸 用于湿热泻。

3. 保和丸 用于伤食泻。

4. 参苓健脾胃颗粒 用于脾虚泻。

5. 附子理中丸 用于脾肾阳虚泻。

(二) 针灸疗法

1. 体针 主穴取足三里、中脘、天枢、脾俞。配穴取内庭、气海、曲池。呕吐加内关、上脘,腹胀加下脘。实证用泻法,虚证用补法。

2. 灸法 取足三里、中脘、神阙。艾灸或隔姜灸。用于脾虚泻、脾肾阳虚泻。

(三) 推拿疗法

1. 清大肠、清板门、清补脾土、退六腑、拿肚角、推上七节骨、按揉足三里,治疗实证泄泻。

2. 补脾土、补大肠、推上三关、摩腹、推上七节骨、捏脊,治疗虚证泄泻。

(四) 外治疗法

1. 五倍子、干姜各 10g,吴茱萸、丁香各 5g,共研细末,用白酒调和,贴敷神阙穴,纱布敷盖固定。适于虚寒泄泻。

2. 丁香 1 份,肉桂 2 份,共研细末。每次 1~2g,姜汁调成糊状,敷于神阙穴,外用胶布固定。适于风寒泻、脾虚泻、脾肾阳虚泻。

【预防护理】

1. 提倡合理母乳喂养,适时适量添加辅食,勿过饱,勿进难消化食物。

2. 讲究卫生,饭前便后要洗手,做好腹泻患者的隔离治疗及食具消毒。

3. 注意气候变化,及时添减衣物,避免受暑或着凉。

4. 急性腹泻期间适当减少乳食,若伴频繁呕吐者应暂禁食 3~4 小时,随病情好转,逐渐恢复少量易消化的食物。

5. 对感染性腹泻患儿要注意消毒隔离。

【古籍摘要】

《幼幼集成·泄泻证治》:"夫泄泻之本,无不由于脾胃。盖胃为水谷之海,而脾主运化,使脾健胃和,则水谷腐化,而为气血,以行荣卫。若饮食失节,寒温不调,以致脾胃受伤,则水反为湿,谷反为滞,精华之气不能输化,乃致合污下降,而泄泻作矣。"

《幼幼集成·泄泻证治》:"泄泻有五:寒、热、虚、实、食积也。但宜分别所泻之色。凡暴注下迫,属火;水液清澄,属寒;老黄色,属心脾肺实热,宜清解;淡黄色属虚热,宜调补;青色属寒,宜温;白色属脾虚,宜补;酱色属湿气,宜燥湿;馊酸气属伤食,宜消。"

〽 病案分析

　　丁某,女,6 个月,1997 年 10 月 18 日来诊。患儿 2 日前因进食生冷后开始出现腹泻,日解 4~5 次,肠鸣则泻,大便水样带泡,色淡黄,臭味不甚,无发热。曾在外院诊治,静脉滴注双黄连注射液、穿琥宁注射液等,症状无明显改善,大便次数反增。来诊时精神稍倦,日解水样大便 7~8 次,面色稍黄,腹胀,肠鸣音活跃,前囟、眼眶无明显凹陷,皮肤弹性可,小便如常,舌淡苔白滑,指纹浮红于风关。诊为:泄泻(风寒夹湿)。拟方:藿香、佩兰各 8g,紫苏叶、陈皮各 3g,茯苓、扁豆、薏苡仁各 12g,砂仁 2g,白术、甘草各 4g。2 剂。10 月 20 日二诊,大便次数明显减少,日解 2~3 次,糊状,胃纳增加。复以上药去紫苏叶,加山药 8g,再进 2 剂而告愈。

　　按语:本病本因寒邪直犯脾胃,脾运失健,湿浊内生,合污下降所致,前医却用清热解毒之中药针剂静脉滴注,以寒益寒,更伤脾胃,故腹泻不见好转,来诊时仍一派风寒夹湿的证候,并初现脾胃气虚的征象。因此治以疏风散寒、芳香化湿为主,佐健脾益气为法。辨证准确,用药得当,故大便次数明显减少。再诊去解表之紫苏叶,加山药以加强健脾之功而收效。

病案摘自《黎炳南儿科经验集》

06章05节PPT

PPT 课件

第五节 便 秘

便秘指大便干燥坚硬,秘结不通,排便次数减少或者间隔时间延长,或虽有便意但排出困难的一种病证。本病可发生于任何年龄,一年四季均可发病。由于排便困难,部分患儿可出现食欲不振,睡眠不安,或由于便时努责,引起肛裂、脱肛或痔疮。若便秘长期未能得到有效治疗,可影响患儿生长发育及身心健康。西医功能性便秘可参照本病治疗。

【病因病机】

儿童便秘常见病因有饮食因素、热病伤津、气血亏虚、情志失和等。

1. 饮食失调 小儿脾常不足,乳食不知自节,若喂养不当,饥饱失常,或过食辛辣香燥、油煎炙煿之品,或偏食精细肥甘之物等,皆可损伤脾胃,致运化失常,乳食停滞中焦,积热蕴结而致肠腑传导失常,引起便秘。

2. 热病伤津 小儿易感温邪,邪热稽留,热盛伤津;或温邪留恋,下移大肠;或过用辛温药物,或恣食炙煿辛辣之物,伤津耗液;或胎热素盛,肠道燥热等,均可导致燥热内结,肠道干涩,传导不利,粪质干燥坚硬,难于排出。

3. 情志失和 小儿肝常有余,若所欲不遂,情志不舒,肝气郁结,气机郁滞;或情绪紧张,气机郁结;或久坐不动,气机不利,均可致腑气郁滞,通降失常,糟粕内停,不得下行,而致便秘。

4. 气血亏虚 禀赋不足,气亏血少;或进食过少,气血生化乏源;或吐衄便血,或壮热大汗,或因病过用发汗、通利、燥热之剂,耗气损阴伤津,致身体虚弱,气血虚衰。气虚则脾胃运化传导无力,血虚则津液不足以滋润大肠,均可使大便干结难行,便秘由生。

本病病机关键是大肠传导失常,病位在大肠,与脾、胃、肺、肝、肾等脏腑功能失调密切相关。

【诊断】

(一) 诊断要点

1. 有排便疼痛或费力史。

2. 大便干燥坚硬,秘结不通,或虽有便意但排出困难。

3. 排便间隔时间延长,每周排便 ≤ 2 次。

4. 直肠内存在大量粪便团块,或有大量粪便潴留史,或有与粪便潴留有关的姿势。

至少出现上述 2 项,持续 1 个月以上。

(二) 鉴别诊断

1. 先天性巨结肠 小儿先天性肠道畸形,主要表现为胎粪排出延迟,顽固性腹胀便秘,呈进行性加重;常有营养不良,食欲不振,高度腹胀;肛肠指检有空虚感或裹手感;钡剂灌肠 X 线检查显示近直肠 - 乙状结肠处狭窄,上段结肠异常扩大。

2. 肛裂 肛管皮肤破裂形成菱形裂口或溃疡,以排便时刀割样疼痛、便时出血为特点,反复发作,患儿常因疼痛而忍便,长期忍便就会出现大便干结形成便秘。需行肛诊检查确诊。

【辨证论治】

(一) 辨证思路

本病按八纲辨证,首辨虚实寒热,再辨气血阴阳。

1. 辨虚实　实证多为乳食积滞、燥热内结、气机郁滞所致,粪质干燥坚硬,常伴腹胀拒按、口苦口臭、口腔溃疡、睡眠不安等症状。虚证多因气血亏虚,失于濡养,传导无力所致,病程较长,粪质不甚干结,但欲便不出或便出不畅,腹胀喜按,常伴神疲乏力、面白无华等虚证表现。

2. 辨寒热　热证便秘多有面赤身热、口干、尿黄、腹胀腹痛、舌红苔黄等症状。寒证便秘常见四肢不温、面色青白、喜温恶寒、小便清长、舌淡苔白等表现。

3. 气血阴阳　气虚者,多努挣无力,排便时汗出气短,数日甚至周以上排便一次,大便粗,夹有不消化食物;血虚者,大便干硬,艰涩难下,伴见面色萎黄无华,唇舌色淡。

(二) 治疗原则

本病的治疗,实证以祛邪为主,常用清热通导、疏肝理气、消积导滞之法;虚证以扶正为先,多用健脾益气、滋阴养血、润肠通便、温阳益肾等法。除口服药物外,可配合推拿、针灸等疗法进行治疗。同时,必须注意调整不合理的饮食结构,建立良好的排便习惯。

(三) 分证论治

1. 乳食积滞

证候:大便干结,排便困难,腹胀满疼痛,不思乳食,或恶心呕吐,手足心热,心烦,睡眠不安,小便短黄。舌红苔黄厚,脉沉有力,指纹紫滞。

证候分析:小儿乳食失节,或过食辛辣香燥、油煎炙煿、肥甘及精细之品,或偏食挑食等,损伤脾胃,运化失常,乳食停滞中焦,久而成积,而致肠腑传导失常,引起便秘。气机阻滞,则脘腹胀满疼痛;胃气上逆则恶心呕吐;积滞日久,蕴结化热,则手足心热,心烦不安。

辨证要点:有伤乳、伤食史,便秘腹胀,舌苔厚腻。

治法:消积导滞,清热通便。

主方:枳实导滞丸(《内外伤辨惑论》)加减。

常用药:枳实、大黄、黄芩、黄连、六神曲、白术、茯苓、泽泻、莱菔子。

加减:腹胀痛加大腹皮、香附、厚朴;积滞化热加连翘、栀子;伤乳加麦芽;呕恶加藿香、竹茹。

2. 燥热内结

证候:大便干硬,排出困难,甚至秘结不通,热结旁流,面红身热,口干口臭,或腹胀腹痛,小便短赤。舌质红,苔黄燥,脉滑数,指纹紫滞。

证候分析:热病肺燥,下移大肠;或胎热素盛,肠道燥热;或恣食炙煿辛辣之物,伤津耗液,导致肠胃积热,耗伤津液,燥热内结,粪质干燥坚硬,难于排出,腹胀腹痛,面红身热,口干口臭。

辨证要点:大便干硬,排出困难,口臭,舌质红,苔黄燥。

治法:清热导滞,润肠通便。

主方:麻子仁丸(《伤寒论》)加减。

常用药:麻子仁、大黄、枳实、苦杏仁、芍药、厚朴、槟榔。

加减:口干舌燥加生地黄、玄参;口舌生疮加胡黄连、淡竹叶;腹胀痛加木香。

3. 气机郁滞

证候:大便闭涩,嗳气频作,肠鸣矢气,胸胁痞闷,腹中胀痛。舌质红,苔薄白,脉弦,指纹滞。

证候分析:患儿所欲不遂,情志不舒,肝气郁结,或情绪紧张,或久坐少动,气机郁滞,腑气通降失常,糟粕内停,不得下行,则大便闭涩;气机不利,升降失常,则胸胁痞满,肠鸣矢气;肝失条达,横逆犯胃,胃失和降则嗳气频作。

辨证要点:情志不畅或久坐少动,大便闭涩,胸胁痞闷。

治法:疏肝理气,导滞通便。

主方:六磨汤(《世医得效方》)加减。

常用药:木香、乌药、沉香、大黄、槟榔、枳壳、郁金。

加减:口苦咽干加黄芩、栀子、龙胆;嗳气频作加旋覆花、紫苏子;恶心呕吐去槟榔,加厚朴、姜半夏;胸胁痞满加瓜蒌、香附;腹胀腹痛加青皮、莱菔子;气郁寡言加柴胡、白芍、合欢皮。

4. 气血亏虚

证候:偏于血虚者,粪质干结,甚则艰涩难下,伴唇甲色淡,头晕心悸,健忘,多梦;偏于气虚者,大便或并不干硬,虽有便意,但努挣乏力,难于排出,或者大便粗,数日一行,伴汗出气短,便后疲乏,神倦懒言,面白无华。舌淡,苔白,脉弱,指纹淡。

证候分析:禀赋不足,或病后失调,或喂养不当,进食过少,致气血亏虚,传导无力,大便难以排出;气血亏虚,神形失养,故面白神疲,唇淡头晕;宗气不足,则气短懒言;劳则气耗,故便后疲乏汗出。

辨证要点:大便艰涩,或虽有便意,排出困难,神倦懒言,面白无华。

治法:补气养血,润肠通便。

主方:黄芪汤(《金匮翼》)合益血润肠丸(《沈氏尊生书》)加减。

常用药:黄芪、陈皮、火麻仁、蜂蜜、当归、熟地、荆芥、枳壳、杏仁、肉苁蓉、紫苏子。

加减:气虚较甚加人参;气虚下陷脱肛重用黄芪,加升麻、柴胡,或用补中益气汤;面白唇淡加何首乌、枸杞子、阿胶;心悸健忘加酸枣仁、柏子仁。

【诊疗提示】

1. 详细询问患儿排便情况,包括大便性状、排便间隔时间、是否有便意、排便是否顺畅等。

2. 注意观察是否有与粪便潴留有关姿势。

3. 注意询问患儿喂养情况,饮食结构是否合理,是否过于精细以及每日进食蔬菜量等;了解是否长期服用影响胃肠功能的药物。

4. 注意了解患儿不良习惯及情绪变化对病情的影响,如小儿常因贪玩而抑制排便,或某些原因使小儿排便时过度紧张而发病。

5. 注意患儿有无肛裂,是否因为怕疼而强制忍便而造成便秘。

【其他疗法】

(一) 中成药

1. 枳实导滞丸　用于乳食积滞证。

2. 麻仁丸　用于燥热内结证。

3. 逍遥丸　用于气机郁滞证。

4. 补中益气丸　用于气虚不运证。

5. 润肠丸　用于血虚津亏证。

(二) 针灸疗法

1. 体针　主穴取大肠俞、天枢、支沟、上巨虚。燥热内结加合谷、曲池;气机郁滞加中脘、行间;气血虚加脾俞、胃俞。实证用泻法,虚证用补法。

2. 耳穴压丸　常用穴为直肠下段、大肠、便秘点。

(三) 推拿疗法

1. 清大肠、退六腑、清补脾土、运内八卦、摩腹、按揉足三里、推下七节骨。用于实证便秘。

2. 补脾土、推肾水、清大肠、推上三关、摩腹、捏脊。用于虚证便秘。

(四) 贴敷疗法

大黄细末,装瓶备用,每次取 3g,用温水调成饼状贴于脐部神阙穴,用胶布或纱布固定。用于实证便秘。

【预防护理】

1. 注意合理的饮食结构,纠正不良的进食习惯。婴儿应适时添加辅食,幼儿应多吃蔬菜、水果,适当补充粗粮。

2. 增加活动量,避免少动久坐、久卧。

3. 避免情志刺激,保持精神舒畅。

4. 加强排便训练,坚持良好的排便习惯。

5. 对症治疗,可暂用开塞露塞肛。有肛裂时,便后洗净擦干,在肛门裂口处涂搽黄芩油膏或者复方紫草油等,以利裂口愈合。

【古籍摘要】

《诸病源候论·大便不通候》:"小儿大便不通者,腑脏有热,乘于大肠故也。脾胃为水谷之海,水谷之精华化为血气,其糟粕行于大肠。若三焦五脏不调和,热气归于大肠,热实,故大便燥涩不通也。"

《诸病源候论·大小便不利候》:"小儿大小便不利者,腑脏冷热不调,大小肠有游气,气壅在大小肠,不得宣散,故大小便涩,不流利也。"

《丹溪手镜·结燥便闭》:"结燥便闭,火邪伏于血中,耗散真阴,津液亏少。夫肾主大便为津液,津液润则大便润。热燥,脾脉沉数。下连于尺,脏中有热。亦有吐泻后,肠胃虚,服热药者,宜承气下之。又大便秘,小便数者,谓之脾约。脾血耗燥,肺金受邪,无所摄脾,津液枯竭,治宜养血润燥。"

06章06节PPT

PPT 课件

第六节　腹　　痛

腹痛是儿童时期常见的一种病证,临床以胃脘以下、脐周及耻骨以上部位疼痛为主要特征。根据疼痛的部位不同分为大腹痛、脐腹痛、少腹痛和小腹痛。疼痛部位在胃脘以下、脐部以上者为大腹痛;脐周部位疼痛者为脐腹痛;小腹两侧或一侧疼痛者为少腹痛;下腹部正中部位疼痛者为小腹痛。腹痛为一临床症状,可在多种内科、外科疾病中出现,其发病无季节性,任何年龄都可发生。婴幼儿腹痛时无法用语言表达或叙述不准确,容易造成漏诊、误诊,因此必须详细检查,以免贻误病情。

本节所讨论的内容以功能性腹痛为主。

【病因病机】

小儿腹痛病因复杂,包括外感与内伤,主要有腹部中寒、乳食积滞、胃肠热结、脾胃虚寒以及瘀血内阻等因素。

1. 腹部中寒 小儿脏腑娇嫩,形气未充,且寒温不知自调,若因衣被单薄,腹部受寒,或过食生冷寒凉之品,邪客胃肠,导致寒邪凝滞,气机不畅,经络不通,不通则痛,故发腹痛。

2. 乳食积滞 小儿脾常不足,易为乳食所伤,加之乳食不知自制,若喂养不当,乳哺不节,或暴饮暴食,或过食不易消化之物,导致乳食积于中焦,脾胃运化失常,气机壅塞不通而出现腹胀、腹痛之症。

3. 胃肠热结 乳食停滞,日久化热,或恣食肥甘、辛热之品,胃肠积滞,或感受外邪,入里化热,均致热结阳明,腑气不通而成腹痛。

4. 脾胃虚寒 小儿稚阳未充,若先天禀赋不足,素体阳虚,或过用寒凉攻伐之品,损伤脾胃,或病后体质虚弱,中阳不振,则寒自内生,脏腑、经脉失于温煦,气机不利,血脉凝滞,而出现腹痛。

5. 瘀血内阻 因跌打损伤,或术后腹内经脉损伤,瘀血内留,或久病不愈,瘀阻脉络,均可导致气机不利,血运受阻而腹痛。

总之,无论外感还是内伤导致,腹痛的病机主要为气机不畅,气血运行受阻,不通而痛。病初多以实证为主,若素体虚弱或病久致脏腑虚损者,呈现虚实夹杂或虚多实少之证。

👨‍🏫 **课堂互动**

请谈一下如何理解"不通则痛"?

【诊断】

(一)诊断要点

1. 有感受寒邪、乳食不当、外伤或手术等病史。
2. 以胃脘以下、脐周及耻骨以上部位疼痛为主要特征。
3. 腹痛以阵发性钝痛、隐痛为主。常反复发作,可自行缓解。
4. 除外腹部器官器质性病变、全身性疾病及腹部以外器官疾病引起的腹痛。

(二)鉴别诊断

功能性腹痛与器质性腹痛的鉴别见表6-7。

表6-7 功能性腹痛与器质性腹痛的鉴别

鉴别点	功能性腹痛	器质性腹痛
部位	脐周	疼痛部位大多与病灶部位一致
疼痛特点	发作性,可轻可重,反复发作	多为持续性疼痛,进行性加重
持续时间	短,可自行缓解	长,一般不能自行缓解
伴随症状	无	有
腹部体征	无	有

【辨证论治】

（一）辨证思路

本病重在辨部位和病性。

1. 辨部位　腹痛的部位与不同的病因有关。通常脐周疼痛多与虫、积以及肠部瘰核有关；胃脘及脐部以上疼痛多属乳食积滞；右侧少腹痛多为肠痈；脐下腹痛多见脾胃虚寒。

2. 辨病性　腹痛阵发，得温则减多属寒；遇热痛甚多属热；久痛喜按、得食稍减者为虚；暴痛拒按、食后痛剧者为实；胀满疼痛，按之痛甚为乳食积滞；痛如针刺、固定不移为血瘀；痛时走窜为气滞。

（二）治疗原则

本病以调理气机、疏通经脉为基本治则，根据不同病因分别治以温经散寒、消食导滞、通腑泄热、温中补虚、活血化瘀等法。除内治法外，还可配合针灸、推拿、外治等方法。

（三）分证论治

1. 腹部中寒

证候：腹痛阵作，疼痛较剧，痛处喜暖，得温则舒，遇寒痛甚，甚则额出冷汗，唇色紫暗，手足不温，或伴吐泻，舌质淡红，苔白滑，脉沉弦紧，指纹红。

证候分析：本证由腹部受寒或过食生冷所致。寒为阴邪，其性收引、凝滞，寒邪搏结肠间，凝滞气机，经脉拘急，故腹部疼痛而剧；痛处得温，寒凝稍散而痛减，遇冷则凝重而痛甚；腹部中寒，中阳不展，气血通行不畅，故面色苍白，唇色紫暗，肢冷不温。舌淡红，苔白滑，脉沉弦紧或指纹红为里寒之象。

辨证要点：腹痛阵作，疼痛较剧，得温则缓，遇寒痛甚。

治法：温中散寒，理气止痛。

主方：养脏汤（《医宗金鉴》）加减。

常用药：木香、丁香、当归、川芎、肉桂、生姜、白芍、甘草。

加减：恶心呕吐加竹茹、藿香；腹痛较剧加延胡索、香附；腹泻加肉豆蔻、炮姜。

2. 乳食积滞

证候：腹部胀满疼痛，按之痛甚，嗳哕酸腐，不思乳食，矢气频作，粪便秽臭，或腹痛欲泻，泻后痛减，或呕吐酸馊，夜卧不安，舌苔厚腻，脉沉滑，指纹紫滞。

证候分析：本证由伤乳伤食引起。乳食停滞肠胃，阻塞气机，故腹痛胀满，按之痛甚；宿食不化，浊气上逆则嗳哕酸腐，浊气下泄则矢气频作，粪便秽臭；泻则积滞下行，壅塞暂减，气机稍畅，故腹痛亦得减轻；食停中焦，纳化失健，故不思乳食，夜卧不安，舌苔厚腻。

辨证要点：腹部胀满，疼痛拒按，嗳哕酸腐，舌苔厚腻。

治法：消食导滞，行气止痛。

主方：香砂平胃散（《医宗金鉴》）加减。

常用药：香附、苍术、陈皮、厚朴、砂仁、山楂、六神曲、麦芽、枳壳、白芍、甘草。

加减：腹胀甚加大腹皮、莱菔子；腹痛甚加槟榔、延胡索；大便秘结去苍术，加瓜蒌子、大黄。

3. 胃肠热结

证候：腹痛拒按，遇热痛剧，面赤唇红，烦躁不安，手足心热，渴喜冷饮，小便黄赤，大便秘结，舌质红，舌苔黄燥，脉滑或数，指纹紫滞。

证候分析：本证多见于素体热盛，或恣食辛辣肥甘之儿。热结肠胃，腑气壅塞不通，故腹部胀满,疼痛拒按;里热炽盛,灼伤津液,故面赤唇红,烦躁不安,手足心热,渴喜冷饮;热结肠腑,津少肠燥,故大便秘结;舌红苔黄燥均为里热之象。

辨证要点:腹痛拒按,遇热痛剧,烦躁便秘,舌苔黄燥。

治法:通腑泄热,行气止痛。

主方:大承气汤(《伤寒论》)加减。

常用药:大黄、芒硝、枳实、厚朴、玄参、甘草。

加减:腹胀甚加木香、莱菔子;口渴甚加天花粉、石斛;口干、舌红少津者去芒硝,加生地黄、麦冬、芦根。

4. 脾胃虚寒

证候:腹痛绵绵,时作时止,喜温喜按,得食稍缓,面白少华,精神倦怠,四肢不温,乳食减少,或食后腹胀,大便稀溏,舌淡苔白,脉沉缓,指纹淡红。

证候分析:本证多见于素体阳虚,或病后脾胃受损之患儿。脾胃虚寒,中阳不振,脏腑失于温养,脉络涩滞,故腹痛绵绵,时作时止,喜温喜按;得食则借谷气之温养,故腹痛稍缓;脾虚失运,故乳食减少,或食后腹胀,大便稀溏;中阳不足,阳气不布,则见面白少华,精神倦怠,四肢不温。舌淡苔白,脉沉缓或指纹淡红为虚寒之象。

辨证要点:腹痛绵绵,喜温喜按,面白神倦,舌淡苔白。

治法:温中补虚,缓急止痛。

主方:小建中汤(《伤寒论》)合理中汤(《伤寒论》)加减。

常用药:桂枝、白芍、党参、白术、干姜、甘草、大枣、饴糖。

加减:唇舌俱淡明显者加黄芪、当归;手足逆冷加附子、肉桂;大便稀溏加山药、薏苡仁;呕吐清涎加吴茱萸、丁香;食少纳呆加苍术、六神曲。

5. 气滞血瘀

证候:腹部疼痛,多呈刺痛,痛而拒按,痛有定处,经久不愈,或腹有癥瘕结块,推之不移,面无光泽,口唇色暗,舌质紫暗或有瘀点,脉涩或指纹紫滞。

证候分析:本证常有腹部外伤或手术史。瘀血内积,络脉瘀阻,气血运行不畅,故腹部疼痛;瘀血乃有形之物,凝聚一处,难于消散,故多呈刺痛,且痛有定处,或有包块,推之不动,按之痛剧;面无光泽,口唇色晦,舌质紫暗或有瘀点,脉涩为血瘀之象。

辨证要点:腹痛拒按,痛有定处,舌质紫暗。

治法:活血化瘀,消癥止痛。

主方:少腹逐瘀汤(《医林改错》)加减。

常用药:小茴香、干姜、延胡索、当归、川芎、没药、肉桂、赤芍、蒲黄。

加减:胀痛明显加川楝子、乌药;腹有包块加三棱、莪术、穿山甲。

【诊疗提示】

1. 详细询问患儿的年龄,腹痛起病的缓急,病程的长短以及疼痛的部位、性质、发作诱因、伴随症状等,积极分析和查找原因。

2. 体格检查应取得患儿合作以便检查出是否有压痛或反跳痛、肠型、肌紧张或肿物;年小不合作者,要依靠突然发生的反常哭闹、面色苍白、出汗、精神差和特殊体位来判断,或采用对比法进行腹部检查。

3. 根据病情可做血常规、X线腹部平片、B超、大便常规等检查。

4. 及时发现外科急腹症,以免延误病情。

【其他疗法】

（一）中成药

1. 藿香正气口服液（丸）　用于腹部中寒者。
2. 大山楂丸　用于乳食积滞者。
3. 附子理中丸　用于脾胃虚寒者。
4. 元胡止痛片　用于瘀血内阻者。

（二）外治疗法

1. 鸡内金、使君子、六神曲、麦芽、山楂、砂仁、丁香等研末，姜汁调成膏状，敷于神阙穴，1日1次，每次6~12小时，3~5日为1个疗程。用于腹痛乳食积滞者。

2. 党参、苍术、白术、干姜、肉桂、当归、白芍、陈皮、丁香、木香、甘草等，制成膏药，贴敷于中脘、天枢、气海等穴，每1~2日1次，每次3~5贴，上穴交替使用。用于腹部中寒、脾胃虚寒者。

（三）针灸疗法

取足三里、合谷、中脘为主。寒重加灸神阙，食积加内庭，呕吐加内关，一般用3~5cm长毫针，快速进针，行平补平泻，捻转或提插。年龄大的儿童可留针15分钟。

（四）推拿疗法

揉按中脘，分推腹阴阳，摩腹，清补脾经，运八卦等，每次20~40分钟，1日1~2次。适用于腹痛各证型。

【预防护理】

1. 注意气候变化，及时增减衣物，避免感受外邪，防止腹部受凉。
2. 避免暴饮暴食，勿多食生冷，避免餐后剧烈运动或玩中进食。
3. 寒性腹痛者应热服汤药，热性者则冷服，伴呕吐者可少量多次服用。
4. 腹痛明显或持续者，应及时就诊，以免延误病情。

【古籍摘要】

《诸病源候论·小儿杂病诸候》："小儿腹痛，多由冷热不调，冷热之气与脏腑相击，故痛也。其热而痛者，则面赤，或壮热，四肢烦，手足心热是也；冷而痛者，面色或青或白，甚者乃至面黑，唇口爪皆青是也。"

《幼幼集成·腹痛证治》："凡病心腹痛者，有上、中、下三焦之别，上焦者病在膈上，此即胃脘痛也；中焦者痛在中脘，脾胃间病也；下焦者痛在脐下，肝肾病也。然有虚实之分，不可不辨。辨之法，但察其可按者为虚，拒按者为实；久病者多虚，暴病者多实；得食稍减者为虚，胀满畏食者为实；痛徐而缓，莫得其处者为虚，痛剧而坚，一定不移者为实。虚实既确，则治有准则。"

第七节　厌　　食

厌食是小儿时期常见的一种脾胃病证，临床以较长时期食欲不振，食量减少，甚则厌恶进食为特征。中医古代文献中无小儿厌食的病名，但文献所载"不思食""不嗜食""不饥

PPT课件

不纳""恶食"等病证的表现与本病相似。本病四季均可发生,而夏季暑湿当令之时,症状更为明显。发病年龄以 1~6 岁多见。患儿除食欲不振外,一般无特殊不适,预后良好。但长期不愈者,可使气血生化乏源,抗病能力下降,而易罹患他病,甚或日渐消瘦转为疳证。

西医学"消化功能紊乱"中的厌食症状可参照本节治疗。

【病因病机】

厌食的常见病因有喂养不当、他病伤脾、先天禀赋不足、情志失调等,其中喂养不当为主要原因。病位在脾胃,病机关键为脾胃失和,纳化失职。

1. 喂养不当 小儿脾常不足,且乳食不知自节。若家长缺乏育儿保健知识,婴幼期未按时添加辅食;或片面追求高营养,过食肥甘厚腻之品,超过了小儿脾胃正常的纳化能力;或过于宠溺,纵其所好,恣意偏食,嗜食生冷、零食;或饥饱无度;或滥服滋补之品,均可损伤脾胃,导致厌食。如《素问·痹论》所说:"饮食自倍,肠胃乃伤。"

2. 他病伤脾 脾为阴土,喜燥恶湿,得阳则运;胃为阳土,喜润恶燥,得阴则和。若患他病,误用攻伐,或误用苦寒损伤脾阳,或过用温燥耗伤胃阴,或病后失于调养,均可使脾胃受纳运化失常,而致厌食。

3. 先天不足 若母亲孕期营养摄入不足,或体弱多病,或早产、多产之儿,导致胎禀怯弱,元气不足,五脏皆虚,脾胃尤显薄弱,故生后即表现为不欲吮乳,且长期乳食难以增进。

4. 情志失调 若因所欲不遂、小儿长期情志不畅,也可致肝气不舒,而乘脾犯胃,造成厌食。

总之,本病的主要病位在脾胃,可累及肝肾。病机为脾胃不和,纳化失司。病初多属脾胃失健之轻证、实证;若病程迁延,或失治误治,则损伤脾胃气阴而转化为虚证;甚或病久因气血化生乏源而影响小儿生长发育,可转为疳证。

课堂互动

谈谈对《灵枢·脉度》所言"脾气通于口,脾和,则口能知五味矣"的理解。

【诊断】

(一) 诊断要点

1. 有喂养不当、病后失调、先天不足或情志失调等病史。

2. 较长时期食欲不振,食量明显少于正常同龄儿童。可伴面色少华,形体偏瘦,但精神尚好,活动如常。

3. 除外其他外感、内伤疾病所致的厌食症状。

(二) 鉴别要点

本病主要与疰夏、积滞相鉴别,可根据起病和主要症状鉴别。

1. 疰夏 为季节性疾病,有"春夏剧、秋冬瘥"的特点。除以食欲不振为主外,还见全身倦怠、大便不调或发热等症。

2. 积滞 有伤乳伤食史,除食欲不振、不思乳食外,还伴有脘腹胀满、嗳吐酸腐、大便酸臭等症。

【辨证论治】

(一) 辨证思路

本病以脏腑辨证为纲,根据脾胃受损程度不同,重点辨虚实。

凡病程短,仅表现纳呆食少,食而乏味,形体尚可,舌脉正常者为实证,属脾运失健证。若病程长,除食欲不振、食量减少外,尚伴面色少华、形体偏瘦、大便不调者为虚证。伴有面色萎黄、肢倦懒言、大便溏薄、舌淡苔薄者,属脾胃气虚证;若伴口舌干燥、大便秘结、舌红少津、苔少或剥脱者,则属脾胃阴虚证。

(二) 治疗原则

以运脾开胃为基本治疗原则。根据临床表现分别治以运脾和胃、健脾益气、滋养胃阴等法。同时,应注意患儿的饮食调养,纠正不良饮食习惯,方能取效。本病除口服药物外,还可选用推拿、敷贴、针灸等外治疗法。

(三) 分证论治

1. 脾失健运

证候:食欲不振,食量减少,食而乏味,形体正常,精神如常,舌淡红,苔薄白或薄腻,脉和缓或指纹淡紫。

证候分析:喂养不当,或病后失调,致脾失健运,胃气不和则出现食欲不振,食量减少,食而乏味;多食或强迫进食则加重脾胃负担,纳化失司故见恶心呕吐,大便溏薄;病初脾胃损伤不著,故形体、精神、舌脉等如常。本证迁延,失于调治,可损伤脾气而成脾胃气虚证。

辨证要点:食欲不振,食量减少,形体、精神如常。

治法:运脾开胃。

主方:不换金正气散(《太平惠民和剂局方》)加减。

常用药:苍术、厚朴、陈皮、藿香、半夏、神曲、鸡内金、炒麦芽、甘草。

加减:食后脘腹饱胀明显者加木香、莱菔子;嗳气泛恶加竹茹;大便偏稀加山药、薏苡仁、茯苓;大便偏干加枳实、槟榔。

2. 脾胃气虚

证候:不思乳食,食量减少,面色少华,形体偏瘦,肢倦乏力,大便溏薄,夹有不消化食物残渣,舌质淡,苔薄白,脉缓无力或指纹淡红。

证候分析:本证多见于脾胃素虚,或脾失健运迁延失治,或病后失养,或先天禀赋不足者。脾胃虚弱,运化无力,故纳呆食少;气血精微化生不足,不能濡养全身,故面色少华,形体偏瘦,肢倦乏力;脾不健运,故大便溏薄,夹不消化食物残渣;舌淡苔薄白,脉缓无力或指纹淡红为气虚之象。

辨证要点:不思乳食,食量减少,面色少华,肢倦乏力,舌淡苔薄。

治法:健脾益气。

主方:异功散(《小儿药证直诀》)加减。

常用药:党参、白术、茯苓、陈皮、山药、扁豆、焦山楂、鸡内金、甘草。

加减:大便稀溏用炒白术,加苍术、薏苡仁;大便夹不消化食物残渣加炒谷芽、炒麦芽;汗多易感加黄芪、防风、牡蛎;情志抑郁加柴胡、佛手。

3. 脾胃阴虚

证候:不思进食,食量减少,口干饮多,形体偏瘦,大便偏干,或烦躁少寐,舌红少津,苔少或花剥,脉细数或指纹偏紫。

证候分析:本证多见于素体阴虚,或热病伤阴,或嗜食辛辣温燥之患儿。胃阴不足,受纳腐熟失职,故不思进食,纳食不香,食量减少;阴液不足,失于濡润,故口干饮多,面无光泽,皮肤干燥,形体偏瘦,大便偏干;阴虚甚则虚火扰心,则烦躁少寐;舌红少津,苔少或剥脱,脉细数为阴虚之象。

辨证要点:食少饮多,大便偏干,舌红,苔少或花剥,脉细数。

治法:养阴和胃。

主方:益胃汤(《温病条辨》)加减。

常用药:沙参、麦冬、生地黄、玉竹、石斛、白芍、乌梅、甘草。

加减:口干唇红加芦根、天花粉;烦躁少寐加胡黄连、酸枣仁;手足心热加牡丹皮、地骨皮;盗汗加鳖甲、煅龙骨;大便秘结加火麻仁、郁李仁。

【诊疗提示】

1. 详细询问患儿平时的食欲情况、每日进食量、有无腹胀、体重有无增长、大便情况,婴幼儿应询问喂养方式、辅食添加情况,以及有无精神刺激和不良饮食习惯。

2. 进行详细的体格检查。

3. 进行血常规、微量元素等必要的实验室检查,如厌食可导致营养不良性贫血,某些微量元素的缺乏或补充过多均可出现厌食的表现。

4. 某些全身性的疾病如急性或慢性感染性疾病、消化系统疾病、内分泌系统疾病、泌尿系统疾病等均可出现食欲不振,但常伴有其他原发病的主要症状,应予以排除。

【其他疗法】

(一)中成药

1. 小儿香橘丸 用于脾失健运证。

2. 小儿健脾丸 用于脾胃气虚证。

3. 健胃消食口服液 用于脾运失健证和脾胃气虚证。

4. 丁香开胃贴 用于厌食各证。

(二)推拿疗法

本病各证型均可采用补脾经、运内八卦、推四横纹、摩腹、分推腹阴阳、揉足三里等法。配合或单独应用捏脊疗法,对增进和改善食欲也有帮助。

(三)敷贴疗法

丁香、吴茱萸各30g,肉桂、细辛、木香各10g,白术、五倍子各20g,共研末,取药粉5~10g,用酒或生姜汁调糊状,外敷神阙。用于脾失健运、脾胃气虚证。

(四)针灸疗法

1. 针法 取足三里、三阴交、脾俞、胃俞为主穴,脾失健运者平补平泻;脾胃气虚者用补法;脾胃阴虚者加阴陵泉、内关,用补法。

2. 耳穴压豆法 主穴取脾、胃、神门、皮质下。用于厌食各证。

【预防调护】

1. 科学育儿,合理喂养,不偏食,不嗜食,养成良好的饮食习惯。

2. 对病后胃气刚刚恢复者,要逐渐增加饮食,切勿暴饮暴食而致脾胃复伤。

3. 注意精神调护,营造良好进食环境;变换生活环境要逐步适应,切勿训斥打骂,防止情志抑郁加重厌食。

4. 对厌食重者,可遵循"胃以喜为补"的原则,先从患儿喜爱的食物诱导开胃,暂不需要考虑其营养价值,待食欲增进后,再按需要补给。

【古籍摘要】

《幼科发挥·脾经兼证》:"诸困睡,不嗜食,吐泻,皆脾脏之本病也。"

《诸病源候论·脾胃病诸候·脾胃气不和不能饮食候》:"……胃受谷而脾磨之,二气平调,则谷化而能食。若虚实不等,水谷不消,故令腹内虚胀,或泄,不能饮食,所以谓之脾胃气不和不能饮食也。"

病案分析

濮某,男,5岁,1999年10月6日初诊。患儿近3个月食少饮多,大便干结,小便短赤。来诊时面色萎黄,皮肤不润,形体消瘦,咽不红,心肺(-),腹软,舌质红少津,无苔。诊为:厌食(胃阴不足)。治法:酸甘化阴,养胃助运。拟方:养胃合剂。乌梅、白芍、石斛、炒麦芽各10g,制成合剂30ml,每次服10ml,一日3次。药后诸症渐减。服药1个月,面色转华,体重增加,食欲增进,饮水减少,大便自调。

按:胃为阳腑,体阳而用阴,阴分不足,胃失濡润,亦不能受纳和腐熟水谷,证属胃阴不足,治当养阴。宜清补而不宜腻补,过用滋腻则足以碍脾。《类证治裁》说:"治胃阴虚不饥不纳,用清补,如麦冬、沙参、玉竹、杏仁、白芍、石斛、茯神、粳米、麻仁、扁豆子。"于清补之外,又须佐以助运而不过于温燥之品,如谷芽、麦芽、山楂、香橼皮、佛手、山药之类。

病案摘自《汪受传儿科医论医案选》

第八节　积　　滞

PPT 课件

积滞是由于乳食喂养不当,食停中脘,积而不化,气滞不行所形成的一种脾胃病证。临床以不思乳食、食而不化、脘腹胀满、嗳气酸腐、大便不调为特征。本病一年四季均可发生,尤以夏秋季节发病率较高。各年龄阶段均可发病,常以婴幼儿多见,特别是禀赋不足,脾胃虚弱,以及人工喂养的婴幼儿更易罹患。本病既可单独出现,又可兼夹于感冒、泄泻、疳证等其他病证中,一般预后良好,但若经久不愈,迁延失治,则影响小儿营养吸收和生长发育,而转化为疳证,所以《幼幼集成·诸疳证治》有"食久成积,积久成疳"之说,因此临床应积极防治。

西医学消化功能紊乱、功能性消化不良等疾病可参照本节治疗。

【病因病机】

积滞的病因主要与喂养不当有关,先天禀赋不足,或病后失调,脾胃虚弱者更易为乳食所伤。

1. 喂养不当　小儿脾常不足,乳食不知自节,若喂养不当,则易为乳食所伤。伤于乳者,多因哺乳不节,过急过量,冷热不调;伤于食者,多因偏食嗜食,暴饮暴食,或过食肥甘、生冷,或添加辅食过多过快等,均可影响脾胃的腐熟运化功能,脾胃运化失常,导致乳食不消,停聚中脘,积久不消,而表现不思乳食,脘腹胀满,嗳气酸腐等症。

2. 素体虚弱　小儿禀赋不足,脾胃素虚,或病后失调,脾胃虚弱,稍有乳食增加,或喂养失宜,即致食停中脘,滞而不化;若积滞日久,损伤脾胃,脾虚不运,积滞内停,均见虚实夹杂之证。

总之,积滞的病变脏腑在脾胃。病机关键为乳食停聚中脘,积而不化,气滞不行。由于脾胃受损程度有别,体质强弱及病程长短有异,临床有实证和虚实夹杂证之不同。一般平素体健,病程短,脾胃受损程度轻者,多为实证;若积久不消,病程迁延,脾胃受损程度重者,则为虚实夹杂。

【诊断】

(一) 诊断要点

1. 有伤乳、伤食史。

2. 以不思乳食、食而不化、脘腹胀满、嗳气酸腐、大便不调为特征。

3. 可伴有烦躁不安、夜间哭闹或呕吐等症。

4. 大便常规可见不消化食物残渣、脂肪滴。

(二) 鉴别诊断

本病主要与厌食、疳证做鉴别,具体见本章第九节疳证。

【辨证论治】

(一) 辨证思路

本病为乳食停积之证,病性属实,但若素体虚弱,也可呈虚实夹杂证。临床可根据病史、伴随症状及病程长短辨其虚实。

一般积滞初起多为实证,积久则虚实夹杂。由脾胃虚弱引起者,初起即见虚中夹实证候。其中脘腹胀痛,疼痛拒按,吐物酸腐,大便秘结或臭秽,便后胀痛减轻,舌红苔厚,脉有力或指纹紫滞者为实证,属乳食积滞证;若稍食即饱,腹胀喜按,面黄神疲,大便溏薄或夹有不消化的食物残渣,舌淡苔厚,脉无力或指纹淡滞,则为虚中夹实证,属脾虚夹积证。前者起病相对较急,病程短,后者则起病缓慢,病程相对较长。

(二) 治疗原则

本病以消食化积、理气导滞为基本原则。实证以消为主,积滞化热者,佐以清解积热;偏寒者,佐以温阳助运;积滞较重,或积热结聚者,当通腑泄热。虚实夹杂证,宜消补兼施,积重而脾虚轻者,宜消中兼补;积轻而脾虚重者,宜补中兼消。除内治法外,还可配合推拿、针灸等疗法。

(三) 分证论治

1. 乳食内积

证候:不思乳食,嗳腐酸馊,或呕吐食物、乳片,脘腹胀满,疼痛拒按,烦躁哭闹,夜寐不安,大便酸臭,舌质红,苔厚腻,脉弦滑或指纹紫滞。

证候分析:本证由喂养不当,乳食停滞引起。乳食所伤,脾胃受纳运化力减弱,故食欲不振;食滞中焦,气机郁结,故脘腹胀痛;食停而胃气上逆则呕吐酸馊;食滞不化,腐秽内结,则大便酸臭;胃肠不适则夜卧不安,烦躁哭闹;舌红,苔厚腻,脉弦滑或指纹紫滞则为乳食积滞,郁结化热之象。

辨证要点:不思乳食,脘腹胀痛,嗳气酸腐,大便酸臭,舌苔厚腻。

治法:消食化积,导滞和中。

主方:保和丸(《丹溪心法》)加减。

常用药:山楂、六神曲、莱菔子、半夏、陈皮、茯苓、连翘、甘草。

加减:腹胀明显者加厚朴、枳实;腹痛甚者加木香、槟榔;大便秘结加大黄、火麻仁;大便稀溏加车前子、薏苡仁;恶心呕吐加生姜、竹茹;若见烦躁易怒,夜卧不安,手足心热,大便干结者,此为积滞化热,治宜清热导滞,方选枳实导滞丸加减治疗。

2. 脾虚夹积

证候:不思乳食,稍食即饱,腹满喜按或喜伏卧,大便酸臭或夹有不消化食物残渣,面黄神疲,形体偏瘦,舌质淡,苔白,脉细滑或指纹滞。

证候分析:本证多见于脾胃素虚,或病后失调、脾胃虚弱患儿。脾胃虚弱,运化腐熟无力,乳食稍有增加,则停滞不化,表现为腹满喜按或喜伏卧,大便酸臭或夹不消化食物残渣;气血化源不足,故面黄神疲,形体偏瘦;舌淡,苔白或厚腻,脉细滑或指纹淡滞,为虚中夹实之象。

辨证要点:不思乳食,腹满喜按,面黄神疲,大便酸臭。

治法:健脾助运,消食化积。

主方:健脾丸(《医方集解》)加减。

常用药:人参、白术、陈皮、枳实、茯苓、神曲、麦芽、山楂。

加减:呕吐加半夏、生姜;腹痛喜按加白芍、木香;大便稀溏加苍术、薏苡仁;舌苔白腻加藿香、佩兰。

【诊疗提示】

1. 首先应了解患儿年龄,喂养方式、方法及辅食添加情况。

2. 注意询问近期内有无伤乳或伤食病史,了解呕吐物及大便性状,以及腹部不适的性质和部位。

3. 注意观察小儿神色、口唇、舌质、舌苔、指纹情况,认真做好腹部切诊。

【其他疗法】

(一) 中成药

1. 胃肠安丸　用于乳食内积证。

2. 枳实导滞丸　用于积滞重证,郁而化热。

3. 神曲消食口服液　用于脾虚夹积证。

(二) 外治疗法

1. 肉桂60g,丁香30g,苍术30g,焦六神曲30g,焦山楂30g,枳壳10g,玄明粉10g,焦槟榔10g。共研细末,装瓶中密封备用。以麻油调上药,敷于神阙穴,1日1次。用于乳食内积证。

2. 复方丁香开胃贴　药芯敷贴于神阙穴。每日1贴,每次12小时以上。用于脾虚夹积证。

(三) 推拿疗法

1. 乳食内积　清胃经,揉板门,运内八卦,推四横纹,揉按中脘,推下七节骨,摩腹,分推腹阴阳,捏脊。

2. 脾虚夹积　补脾经,运内八卦,清补大肠,揉按中脘、足三里,捏脊。

（四）针灸疗法

1. 体针　取足三里、中脘、梁门。乳食内积,加内庭、天枢;积滞化热,加曲池、大椎;脾虚夹积,加四缝、脾俞、胃俞、气海。

2. 耳穴　取胃、大肠、神门、交感、脾俞。左右交替,每日按压 3~4 次。用于积滞各证。

【预防调护】

1. 合理喂养,乳食宜定时定量,富含营养,易于消化,忌暴饮暴食及过食肥甘、生冷之物。

2. 根据生长发育需求,逐渐添加辅食。

3. 积滞患儿应暂时控制乳食,积滞消除后,方可逐渐恢复正常饮食。

4. 注意病情变化,给予适当处理。

【古籍摘要】

《幼幼集成·诸疳证治》:"谷肉果菜恣其饮啖,因而停滞中焦,食久成积,积久成疳。"

《活幼心书·明本论·伤积》:"婴孩所患积证,皆因乳哺不节,过餐生冷坚硬之物,脾胃不能克化,积停中脘。"

第九节　疳　　证

疳证是由喂养不当,或多种疾病影响,导致脾胃受损,气液耗伤,而形成的一种慢性病证。临床以形体消瘦、面色无华、毛发干枯、精神萎靡或烦躁不安、饮食异常、大便不调为特征。本病无明显季节性,好发于 5 岁以下,尤以婴幼儿多见。曾被列为古代儿科"四大要证"之一,多视为"恶候"。随着社会经济发展及人们生活水平、医疗技术水平的提高,其发病率明显下降。本病经及时治疗、合理调护,多数预后良好;若病程迁延,易出现兼证,影响小儿生长发育,严重者可致阴竭阳脱等危证,预后较差。

西医学的蛋白质 - 能量营养不良、维生素营养障碍、微量元素缺乏等疾病可参照本节治疗。

【病因病机】

疳证的病因主要与喂养不当、疾病影响或先天禀赋不足有关。

1. 喂养不当　包括乳食太过和乳食不及两方面。小儿时期"脾常不足",若乳食无度,过食肥甘厚味、生冷坚硬难化之物,或妄投滋补食品,以致食积内停,损伤脾胃,积久不愈,影响气血化生而成疳证。若因母乳不足,或断乳过早,或未及时添加辅食,或偏食、挑食,致使气血生化乏源,不能濡养全身,而导致形体消瘦、面色无华、毛发干枯等症。

2. 疾病影响　小儿长期吐泻,或病后失调,或失治、误治,药物损伤,或感染肠道虫证,导致脾胃受损,津液耗伤,气血亏损,肌肉消灼,形体羸瘦,而成疳证。

3. 禀赋不足　若因早产,或低体重、双胎、多胎,或孕母多病,或药物损伤胎元,均致先天禀赋不足,脾胃功能薄弱,水谷精微摄取不足,形成疳证。

疳证病位在脾胃。病机为脾胃虚损,气液耗伤。临床表现因病程不同而有轻重之分。初起病情尚轻,形体消瘦不著,表现脾胃失和之证,称为疳气;中期脾胃受损严重,积滞内停,生化乏源,表现脾虚夹积证候,称为疳积;后期脾胃衰败,化源枯竭,气血津液干涸,全身极度虚羸,称为干疳。

　　疳证日久,气血虚衰,必累及其他脏腑而出现诸多兼证。如脾病及肝,肝血不足,肝之精气不能上荣于目,可兼"眼疳";脾病及心,心火内炽,循经上炎,可兼"口疳";脾病及肺,肺气受损,可兼"肺疳";脾病及肾,肾精不足,可兼"骨疳";脾病日久,中阳不振,水湿泛溢,可兼"疳肿胀";脾虚气不摄血,血溢脉外,皮肤可见紫斑瘀点;甚则脾气衰败,元气耗竭,可致阴阳离决之危候。

【诊断】

(一) 诊断要点

　　1. 有先天禀赋不足、长期喂养不当或病后失调等病史。

　　2. 形体消瘦,面色不华,毛发稀疏枯黄,饮食异常,大便不调,或脘腹膨胀,烦躁易怒,或精神不振,或喜揉眉擦眼,或吮指磨牙。

　　3. 体重低于正常同龄儿平均值15%以上。

　　4. 实验室检查　血红蛋白及红细胞减少;疳肿胀者,血清总蛋白大多在45g/L以下,血清白蛋白常在20g/L以下。

　　5. 病情分级　其体重低于同年龄、同性别参照人群正常值的均数减2个标准差以下为体重低下(轻度),低于同年龄、同性别参照人群正常值的均数减2~3个标准差为中度,低于均数减3个标准差为重度。

(二) 鉴别诊断

　　本病与厌食、积滞鉴别见表6-8。

表6-8　厌食、积滞、疳证的鉴别

鉴别点	厌食	积滞	疳证
病因病机	喂养不当,纳化失司	内伤乳食,停聚不消	脾胃虚损,气血津液耗伤
病位	脾胃	脾胃	主在脾胃,常及他脏
病程	较长	较长	长
主症	长期食欲不振,食量减少,厌恶进食	不思乳食,食而不化,脘腹胀满	形体消瘦,面黄发枯
其他	精神尚好,腹无所苦,大便尚可	大便酸臭,嗳吐酸腐	饮食异常,精神萎靡或烦躁,大便不调
治则	运脾开胃	消积化滞	健运脾胃
预后	一般良好或日久成疳	积久不消转化为疳	较差,影响生长发育

【辨证论治】

(一) 辨证思路

　　本病有主证、兼证之不同,主证重在辨别轻、重,兼证应分清所累及脏腑,同时还应注重辨别病因。

　　1. 辨轻重　主要根据病程长短及临床表现辨别。初期症见面黄发疏,食欲欠佳,形体略瘦,大便不调,易发脾气,此时病尚轻浅,未涉他脏,称为疳气;病情进展,形体明显消瘦,肚腹膨隆,烦躁多啼,夜卧不宁,此为脾胃虚弱、积滞内停、虚实夹杂之疳积;病情进一步发展,形体极度消瘦,貌似老人,杳不思食,腹凹如舟,精神萎靡,为脾胃衰败,津液消亡之干疳,此期极易发生脱证,危及生命。

2. 辨兼证 以脏腑辨证为主。若伴口舌生疮、五心烦热,或吐舌弄舌等症者,称为心疳;伴目生云翳、干涩夜盲、畏光流泪、目赤多眵等症者,称为肝疳;伴潮热咳嗽、气喘痰鸣、久咳不愈等症者,称为肺疳;伴发育迟缓、鸡胸龟背、解颅肢软等症者,称为肾疳。

3. 辨病因 本病病因有乳食喂养不当、疾病影响、先天禀赋不足等,可通过询问病史加以判断,并及时做针对性处理,尽早消除病因,改善症状。

(二)治疗原则

本病以健脾益气为基本治疗原则,并根据疳证的不同阶段,采取不同的治法。疳气以和为主,疳积以消为主,或消补兼施,干疳以补为主。出现兼证者,则应结合主证,随症治之。此外,合理补充营养,纠正不良饮食习惯,积极治疗各种原发疾病,对本病康复也至关重要。

(三)分证论治

1. 主证

(1) 疳气

证候:形体略瘦,面色少华,毛发稀疏,食欲不振,精神欠佳,急躁易怒,大便或溏或秘,舌质淡,苔薄微腻,脉细或指纹淡紫。

证候分析:本证为疳证初起表现。由喂养不当,损伤脾胃,纳化失健所致。脾气虚则不思食,水谷精微化生不足,形体失于濡养,则形体消瘦,面色少华,毛发稀疏,精神欠佳;脾胃升降失常,则大便或溏或秘;土虚木亢,则急躁易怒;舌淡,苔薄微腻,脉细有力或指纹淡紫为病轻邪浅,脾虚不著之象。

辨证要点:形体略瘦,毛发稀疏,食欲不振,大便干稀不调。

治法:启脾助运,化湿和中。

主方:资生健脾丸(《先醒斋医学广笔记》)加减。

常用药:人参、白术、茯苓、山药、薏苡仁、藿香、陈皮、砂仁、山楂、麦芽。

加减:腹胀明显加枳实、木香;性情急躁,夜卧不宁加莲子心、胡黄连;大便稀溏加炮姜、肉豆蔻;大便秘结加火麻仁、决明子。

(2) 疳积

证候:形体明显消瘦,面色萎黄无华,四肢枯细,肚腹膨胀,甚则青筋暴露,毛发稀疏如穗,精神不振或易烦躁激动,夜卧不宁,或伴吮指磨牙、揉眉挖鼻,食欲不振或多食多便,大便酸臭,舌质淡红,苔腻,脉沉细或指纹紫滞。

证候分析:本证为疳证中期表现,多由疳气发展而成,因脾虚夹积而致。脾胃虚损,化源不足,肌肤失养,故形体明显消瘦,面色萎黄无华,发稀结穗,四肢枯细;脾虚不运,乳食停积,壅塞气机,阻滞脉络,故腹部膨隆,青筋显露;积久化热,胃有伏火,心肝火旺,则消食易饥,夜卧不宁,烦躁易怒,或动作异常;胃强脾弱则多食多便;舌淡、苔腻、脉沉细而滑或指纹紫滞为虚中夹实之象。

辨证要点:形体明显消瘦,四肢枯细,肚腹膨胀,烦躁不宁。

治法:消积理脾,消食导滞。

主方:肥儿丸(《医宗金鉴》)加减。

常用药:人参、茯苓、白术、胡黄连、黄连、麦芽、六神曲、山楂、使君子、甘草。

加减:腹胀明显加枳实、木香;大便秘结加火麻仁、郁李仁;烦躁不安加栀子、莲子心;多食易饥加连翘、黄芩;口渴喜饮加石斛、天花粉;嗜食异物,揉眉挖鼻,或吮指磨牙,或大便下虫,加苦楝皮、榧子;腹部青筋暴露,胁下痞块加丹参、穿山甲。

（3）干疳

证候：形体极度消瘦，面呈老人貌，皮肤干瘪起皱，面色无华，毛发干枯，精神萎靡，啼哭无力，腹凹如舟，杳不思食，大便稀溏或便秘，舌质淡嫩，苔少，脉细弱或指纹淡红。

证候分析：本证为疳证后期表现，皆由脾胃衰败，津液消亡，气血俱虚所致。脾胃衰败，气血精微化源欲绝，脏腑肌肉无以滋养，故形体极度消瘦，面呈老人貌，毛发干枯，腹凹如舟；脾虚气衰，故面色无华，精神萎靡，啼哭无力；胃气败竭，则杳不思食；脾虚气陷，则大便溏薄；津液耗竭，肠失濡养则便秘；舌淡嫩苔少、脉细弱或指纹淡红均属气血津液虚衰之象。

辨证要点：形体极度消瘦，精神萎靡，杳不思食。

治法：补益气血，以复化源。

主方：八珍汤（《瑞竹堂经验方》）加减。

常用药：当归、川芎、熟地黄、白芍、人参、白术、茯苓、甘草。

加减：面色淡白无华，四肢欠温，大便溏薄者，去熟地黄、当归，加肉桂、炮姜；夜寐不安加五味子、首乌藤；舌干红，无苔加乌梅、石斛；杳不思食加陈皮、砂仁；面色苍白，呼吸微弱，四肢厥冷，脉微欲绝者，应急服参附龙牡救逆汤，并采取中西医结合抢救。

2. 兼证

（1）眼疳

证候：两目干涩，畏光羞明，眼角赤烂，目睛失泽，甚至黑睛混浊，白睛生翳，夜间视物不清，舌质红，苔薄白，脉细。

证候分析：脾病及肝，肝阴不足，精血耗损，不能上荣于目，故两目干涩，畏光羞明，入夜视物不明，甚或白睛生翳；肝阴不足，肝火上炎，故眼角赤烂。

辨证要点：形体消瘦，兼见上述眼部症状。

治法：养血柔肝，滋阴明目。

主方：石斛夜光丸（《原机启微》）加减。

常用药：石斛、人参、茯苓、麦冬、熟地黄、生地黄、枸杞子、菟丝子、菊花、决明子。

加减：夜盲者加服羊肝丸。

（2）口疳

证候：口舌生疮，甚或口腔糜烂，秽臭难闻，面赤唇红，烦躁哭闹，惊惕不安，夜卧不宁，小便短黄，或吐舌、弄舌，舌尖红，苔薄黄，脉细数。

证候分析：脾病及心，心失所养，心火上炎，熏蒸口舌，故口舌生疮，口腔糜烂，秽臭难闻；心火扰神，则烦躁哭闹，惊惕不安，夜卧不宁；心火下移小肠，则小便短黄；心经有热，可见吐舌、弄舌。

辨证要点：形体消瘦，兼见口舌生疮。

治法：清心泻火，滋阴生津。

主方：泻心导赤散（《医宗金鉴》）加减。

常用药：黄连、生地黄、淡竹叶、连翘、麦冬、灯心草、玉竹、甘草。

（3）疳肿胀

证候：足踝浮肿，甚则全身浮肿，按之凹陷难起，四肢欠温，小便不利，舌质淡嫩，苔薄白，脉沉细无力。

证候分析：疳证日久，脾阳不振，脾病及肾，中阳不振，气不化水，水湿溢于肌表，故足踝或全身浮肿，按之凹陷；阳气虚衰，气化不利，故四肢欠温，小便不利。

辨证要点：形体消瘦，兼见浮肿，按之凹陷。

治法：温阳运脾，利水消肿。

主方：真武汤（《伤寒论》）加减。

常用药：附子、白术、桂枝、黄芪、茯苓、泽泻、白芍、防己、生姜。

【诊疗提示】

1. 首先应注意观察小儿营养状况。测量体重、皮下脂肪厚薄，察看面色、皮肤、毛发、爪甲、精神状态。

2. 仔细询问病史。包括胎产史、出生情况、喂养史、生长发育史，以及有无慢性疾病史等。

3. 根据病情可检测血常规、血生化、X 线等检查。

4. 疳肿胀患儿需补充蛋白质。

【其他疗法】

（一）中成药

1. 肥儿丸　用于疳气及疳积。

2. 十全大补丸、八珍颗粒　用于干疳。

3. 明目地黄丸　用于眼疳。

4. 冰硼散　用于口疳。

（二）推拿疗法

1. 补脾经，补肾经，运八卦，揉板门、足三里、胃俞，摩腹，捏脊。用于疳气。

2. 补脾经，清胃经、心经、肝经，捣小天心，揉中脘，分推手阴阳，捏脊。用于疳积。

3. 补脾经、肾经，揉板门，推四横纹，揉中脘，摩腹，揉二马，按揉足三里。用于干疳。

（三）针灸疗法

主穴取中脘、足三里、四缝；配穴取脾俞、胃俞。用于疳气证、疳积轻证。

（四）刺四缝疗法

四缝穴位于食、中、无名及小指四指中节。局部消毒后，用三棱针或粗毫针针刺四缝穴约 1 分深，刺后用手挤出黄白色黏液，每日 1 次，直到针刺后不再有黄白色黏液挤出为止。用于疳气、疳积。

【预防调护】

1. 提倡母乳喂养，合理添加辅食。

2. 纠正不良饮食习惯，注意营养平衡及饮食卫生。

3. 合理安排小儿生活起居，保证充足睡眠，坚持户外活动。

4. 定期测量体重，如发现体重增长缓慢、不增或减轻，应尽快查明原因，及时予以纠正。

5. 对重症疳证患儿要注意观察面色、精神、饮食、二便、哭声等情况，防止发生危症。

6. 病情较重的患儿要加强全身护理，防止发生褥疮、口疳、眼疳等并发症。

【古籍摘要】

《保婴撮要·卷八疳症》："盖疳者干也，因脾胃津液干涸而患。"

《小儿药证直诀·诸疳》："疳皆脾胃病，亡津液之所作也。"

《活幼心书·卷中明本论疳证》："疳之为病，皆因过餐饮食，于脾家一脏，有积不治，传之余脏，而成五疳之疾。"

06章10节PPT

PPT 课件

第十节　营养性缺铁性贫血

营养性缺铁性贫血是由于体内铁元素缺乏致使血红蛋白合成减少而引起的一种小细胞低色素性贫血。本病多见于婴幼儿,尤以 6 个月~2 岁最常见。临床表现因贫血程度不同而异,轻者可无自觉症状,中度以上者可出现头晕乏力、纳呆、烦躁等症,并有不同程度的面色苍白、指甲口唇和睑结膜苍白。本病一般预后较好,但长期贫血,脏腑失养,抗病力弱,易生他疾。

【病因病机】

本病病因主要与先天禀赋不足、后天喂养不当及他病影响有关。

1. 禀赋不足　孕母体弱,气血不足,或孕期调护不当,摄入不足,或早产、多胎、胎元受损等,均可致孕母气血化生乏源,影响胎儿生长发育,导致先天肾精不足、气血匮乏而表现头晕乏力,面色、口唇、爪甲及睑结膜苍白等症。

2. 喂养不当　小儿生长发育迅速,所需营养物质较为迫切,若母乳不足,或未及时添加辅食,或偏食少食,则致精微乏源,无以化生气血,而成贫血。

3. 罹患他病　大病久病之后,气血耗伤,或病后失调,脾胃虚弱,或饮食不洁,感染诸虫,耗伤气血,或外伤失血过多,或长期少量失血,皆致精血津液无以化生,而成本病。

总之,本病为血虚之证,血液的化生与五脏六腑密切相关,其中脾为生血之源,肾为生血之本,心主血,肝藏血,故本病的病位主要在脾、肾,与心、肝密切相关。病机为脾虚不能化生气血,肾虚不能填精生血,精血生化不足,血虚不荣。

【诊断】

(一) 诊断要点

1. 有铁供给不足、吸收障碍或慢性失血等病史。

2. 发病缓慢,皮肤黏膜逐渐苍白或苍黄,以口唇、口腔黏膜及甲床最为明显,神疲乏力,食欲减退。年长儿有头晕等症状。部分患儿可有肝脾肿大。

3. 实验室检查

(1) 外周血常规:血红蛋白 <110g/L,平均血红蛋白浓度(MCHC)<310g/L,红细胞平均体积(MCV)<80fl,平均血红蛋白(MCH)<26pg。网织红细胞数正常或轻度减少。

(2) 骨髓象:红细胞系增生活跃,以中、晚幼红细胞为主,各期红细胞体积均较小,胞质少,染色偏蓝;粒细胞系及巨核细胞系一般正常。

(3) 铁代谢:血清铁蛋白 <12μg/L,红细胞游离原卟啉 >0.9μmol/L,血清铁 <10.7μmol/L,总铁结合力 >62.7μmol/L,转铁蛋白饱和度 <15%。

4. 铁剂治疗有效。

5. 病情分度

(1) 轻度:血红蛋白 6 个月~6 岁,90~110g/L;6 岁以上 90~120g/L。红细胞计数(3~4) × 10^{12}/L。

(2) 中度:血红蛋白 60~90g/L;红细胞计数(2~3) × 10^{12}/L。

(3) 重度:血红蛋白 30~60g/L;红细胞计数(1~2) × 10^{12}/L。

(4) 极重度: 血红蛋白 <30g/L; 红细胞计数 <1×10^{12}/L。

(二) 鉴别诊断

本病与婴儿生理性贫血、营养性巨幼细胞贫血、再生障碍性贫血鉴别, 见表 6-9。

表 6-9　4 种贫血的鉴别

鉴别点	营养性缺铁性贫血	婴儿生理性贫血	营养性巨幼细胞贫血	再生障碍性贫血
发病年龄	多见于婴幼儿, 尤以 6 个月~2 岁最常见	胎儿出生后至 2~3 个月	6 个月~2 岁多见	多见于 15~25 岁
病因	铁元素缺乏致使血红蛋白合成减少	生理性	缺乏维生素 B$_{12}$ 或/和叶酸	多种原因引起的骨髓造血功能低下或衰竭
临床表现	轻者可无自觉症状, 一般以皮肤、黏膜苍白为突出表现, 甚至可出现头晕乏力、烦躁、纳差等症	一般无临床症状	贫血、神经精神症状	临床以贫血、出血、感染等为特征
实验室检查	血红蛋白降低明显, 呈小细胞低色素性贫血	红细胞数和血红蛋白量逐渐降低, 多为正细胞、正色素性贫血	红细胞的胞体变大、骨髓中出现巨幼红细胞	全血细胞减少, 网织红细胞数减少。骨髓象三系造血细胞明显减少, 非造血细胞增多
治疗	铁剂	自限性	维生素 B$_{12}$ 或和叶酸	造血干细胞移植或免疫抑制治疗

【辨证论治】

(一) 辨证思路

本病的辨证主要以气血阴阳辨证及脏腑辨证为主, 应首分轻重, 继辨脏腑。

1. 辨轻重　主要根据临床表现及实验室检查判断病情轻重。

2. 辨脏腑　食少纳呆, 体倦乏力, 大便不调, 病位在脾; 腰腿酸软, 畏寒肢冷, 发育迟缓, 病位在肾; 心悸心慌, 夜寐欠安, 语声不振, 病及于心; 头晕目涩, 潮热盗汗, 爪甲枯脆, 病及于肝。

(二) 治疗原则

本病以补益气血为基本原则。因脾胃为气血生化之源, 故脾胃虚弱证当以健脾生血为主, 其他各证处方遣药时也要注意顾护脾胃, 补而不滞, 不可一味滋补。同时, 要纠正不良饮食习惯, 合理安排饮食, 积极消除病因, 才能收到明显的治疗效果。

(三) 分证论治

1. 脾胃虚弱

证候: 面色苍黄, 唇淡甲白, 神疲乏力, 食欲不振, 肌肉松弛, 大便不调, 舌质淡, 苔白, 脉细无力, 指纹淡红。

证候分析: 本证多见于轻、中度贫血。由脾胃虚弱, 气血生化不足, 肌肤失养所致。气血不足, 肌肤失养, 则面色苍黄, 唇甲淡白, 神疲乏力, 肌肉松弛; 脾胃虚弱, 受纳运化失常, 则食欲不振, 大便不调; 舌质淡、苔薄白、脉细无力均为脾胃虚弱, 气血不足之证。

辨证要点: 面色苍黄, 唇甲淡白, 神疲乏力, 肌肉松弛, 食欲不振。

治法: 健运脾胃, 益气养血。

主方: 六君子汤 (《医学正传》) 加减。

常用药：党参、白术、茯苓、陈皮、半夏、大枣、甘草。

加减：纳呆加山楂、谷芽、鸡内金；便秘加当归、柏子仁、火麻仁；便溏、食物不化，加干姜、吴茱萸、山药；腹胀加槟榔、木香；反复外感合玉屏风散治疗。

2. 心脾两虚

证候：面色萎黄或苍白，唇淡甲白，发黄稀疏，时有头晕，心悸，夜寐不安，气短懒言，体倦乏力，食欲不振，注意力涣散，舌质淡红，脉细弱，指纹淡红。

证候分析：本证多见于中度贫血。由脾胃虚弱，气血亏虚，血不养心，心脾两虚所致。临床除见气血不足、脾胃虚弱证候外，兼见头晕心悸、夜寐不安、气短懒言、注意力涣散等心神失养证候。

辨证要点：面色萎黄或苍白，心悸，夜眠不安，注意力涣散。

治法：补脾养心，益气生血。

主方：归脾汤（《正体类要》）加减。

常用药：人参、白术、当归、茯苓、黄芪、龙眼肉、远志、酸枣仁、木香、甘草。

加减：血虚明显加鸡血藤、白芍；纳呆便溏去当归，加苍术、陈皮、焦山楂；心悸、夜寐不安，加柏子仁、酸枣仁；活动后多汗加浮小麦、煅牡蛎。

3. 肝肾阴虚

证候：面色苍白，爪甲色白易脆，毛发枯黄，发育迟缓，头晕目涩，盗汗，烦躁失眠，四肢震颤，舌质淡，苔少或光剥，脉细数，指纹淡紫。

证候分析：本证多见于中重度贫血，由血虚日久，累及肝肾，精血亏乏，肌肤失养所致。临床除面色苍白，毛发枯黄等血虚证候外，兼见肝肾阴虚之证。肝阴不足，筋失所养，则爪甲色白易脆，四肢震颤；目失所养则干涩；肾精不足，则发育迟缓；水不济火则烦躁失眠。

辨证要点：面色苍白，爪甲色白易脆，毛发枯黄，烦躁、盗汗。

治法：滋养肝肾，调补精血。

主方：左归丸（《景岳全书》）加减。

常用药：熟地黄、山药、枸杞子、山茱萸、牛膝、菟丝子、鹿角胶、龟甲胶。

加减：潮热盗汗加地骨皮、鳖甲、白薇；发育迟缓加紫河车、益智仁；眼目干涩加石斛、夜明砂；四肢震颤加白芍、钩藤、地龙。

4. 脾肾阳虚

证候：面色㿠白，爪甲苍白，发黄稀少，精神萎靡，畏寒肢冷，气少懒动，纳呆便溏，或完谷不化，形体消瘦或浮肿，发育迟缓，舌质淡，苔白，舌体胖嫩，脉沉细无力，指纹淡。

证候分析：本证见于重度贫血。由久病耗伤，精血亏虚，阴损及阳，脾肾阳虚所致。临床除面色㿠白、爪甲苍白、发黄稀少等血虚重候外，兼见脾肾阳虚之证。偏于脾阳虚者，畏寒懒动，纳呆便溏；偏于肾阳虚者，形寒肢冷，发育迟缓。若病情进一步发展，则可出现肾阳虚衰，阳气欲脱之危象。

辨证要点：面色㿠白，爪甲苍白，精神萎靡，畏寒肢冷，纳呆便溏。

治法：温补脾肾，填精养血。

主方：右归丸（《景岳全书》）加减。

常用药：熟地黄、山药、山茱萸、枸杞子、鹿角胶、菟丝子、杜仲、当归、肉桂、附子。

加减：大便溏泄去熟地黄，加白术、炮姜、肉豆蔻；下肢浮肿加薏苡仁、茯苓、猪苓。若冷汗肢厥脉微，阳气欲脱则急予参附龙牡救逆汤。

【诊疗提示】

1. 详细询问病史,注重喂养方法及饮食质和量的询问,对诊断和病因分析有重要意义。
2. 全面了解既往病史,寻找可能的病因。
3. 注意形体、面色、指甲、毛发等营养状态及精神状态的诊察。
4. 结合血常规特点判定病情,必要时进行铁代谢及骨髓检查。

【其他疗法】

(一)中成药

1. 小儿生血糖浆　用于贫血各证。
2. 健脾生血颗粒　用于脾胃虚弱证、心脾两虚证。
3. 小儿升血灵　用于脾胃虚弱证、心脾两虚证。
4. 复方阿胶浆　用于心脾两虚证。

(二)铁剂治疗

铁剂是治疗缺铁性贫血的有效制剂,若无特殊原因,应采用口服法给药,口服元素铁的剂量每日 4~6mg/kg,分 3 次服。二价铁盐容易吸收,为首选。血红蛋白恢复正常后再继续服用 6~8 周以增加铁储存。

(三)推拿疗法

推补脾经,推三关,补心经,分推手阴阳,运内八卦,揉足三里,摩腹,揉血海,捏脊。用于贫血各证。

(四)针灸疗法

主穴取膈俞、足三里、隐白、三阴交,配穴取气海、命门。用于脾胃虚弱证。

【预防护理】

1. 加强孕期、哺乳期母亲的营养和疾病防治,合理膳食,保证婴儿健康。
2. 提倡母乳喂养,及时添加营养丰富、富含铁剂的辅食;早产儿、低体重儿宜于 1~2 个月左右即给予铁剂预防。
3. 养成良好的饮食习惯,注意膳食合理搭配。
4. 及时治疗各种原发病,谨慎用药。
5. 重度贫血患儿要加强护理,卧床休息,减少活动,密切观察病情变化,早期发现虚脱、出血等危症,以及时抢救。

【古籍摘要】

《诸病源候论·小儿杂病诸候·羸瘦候》:"夫羸瘦不生肌肤,皆为脾胃不和,不能饮食,故血气衰弱,不能荣于肌肤。"

《幼科发挥·胎疾》:"胎弱者,禀受于气之不足也。……此胎禀之病,当随其藏气求之。肝肾心气不足,宜六味地黄丸主之。"

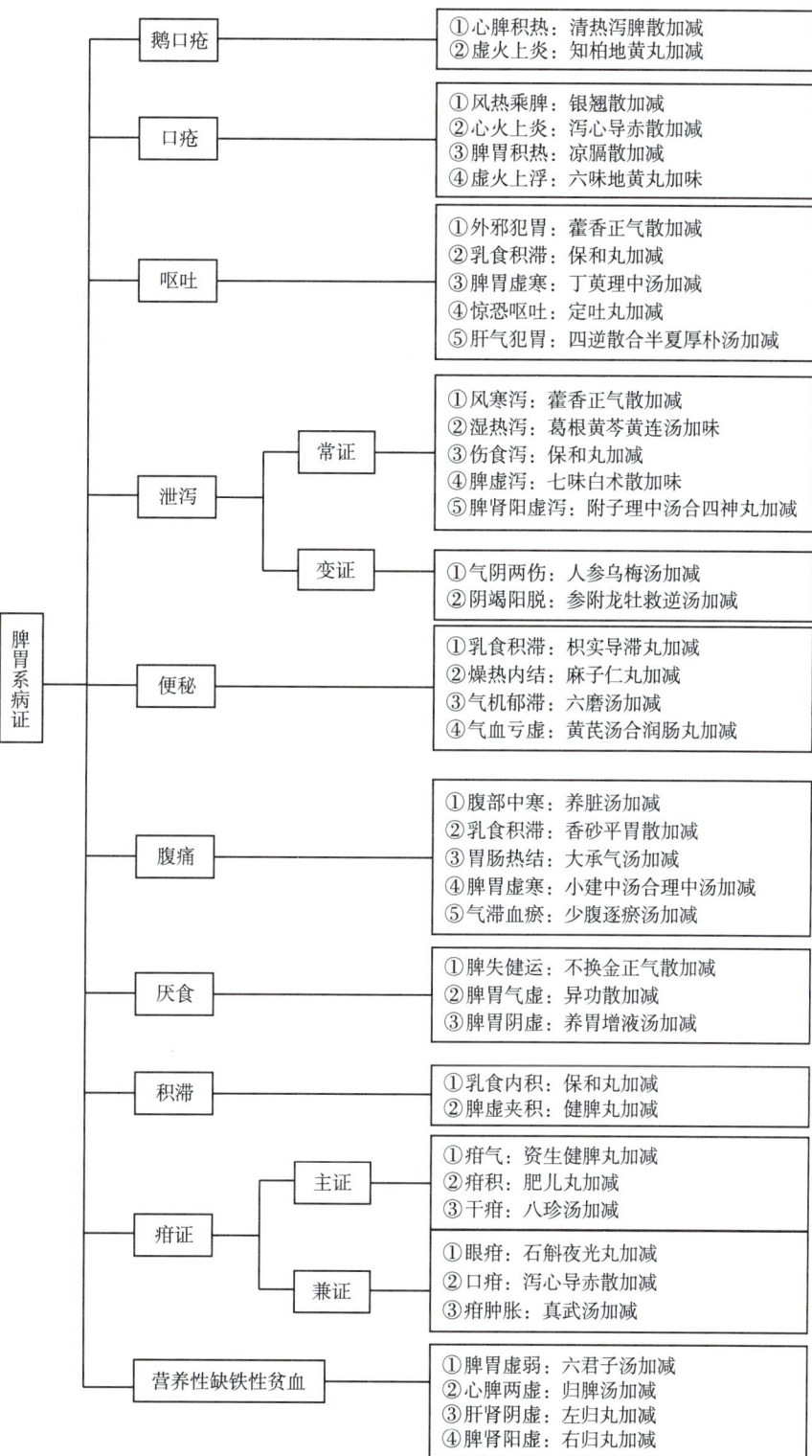

学习小结

鹅口疮
- ①心脾积热：清热泻脾散加减
- ②虚火上炎：知柏地黄丸加减

口疮
- ①风热乘脾：银翘散加减
- ②心火上炎：泻心导赤散加减
- ③脾胃积热：凉膈散加减
- ④虚火上浮：六味地黄丸加味

呕吐
- ①外邪犯胃：藿香正气散加减
- ②乳食积滞：保和丸加减
- ③脾胃虚寒：丁萸理中汤加减
- ④惊恐呕吐：定吐丸加减
- ⑤肝气犯胃：四逆散合半夏厚朴汤加减

泄泻

常证
- ①风寒泻：藿香正气散加减
- ②湿热泻：葛根黄芩黄连汤加味
- ③伤食泻：保和丸加减
- ④脾虚泻：七味白术散加味
- ⑤脾肾阳虚泻：附子理中汤合四神丸加减

变证
- ①气阴两伤：人参乌梅汤加减
- ②阴竭阳脱：参附龙牡救逆汤加减

便秘
- ①乳食积滞：枳实导滞丸加减
- ②燥热内结：麻子仁丸加减
- ③气机郁滞：六磨汤加减
- ④气血亏虚：黄芪汤合润肠丸加减

腹痛
- ①腹部中寒：养脏汤加减
- ②乳食积滞：香砂平胃散加减
- ③胃肠热结：大承气汤加减
- ④脾胃虚寒：小建中汤合理中汤加减
- ⑤气滞血瘀：少腹逐瘀汤加减

厌食
- ①脾失健运：不换金正气散加减
- ②脾胃气虚：异功散加减
- ③脾胃阴虚：养胃增液汤加减

积滞
- ①乳食内积：保和丸加减
- ②脾虚夹积：健脾丸加减

疳证

主证
- ①疳气：资生健脾丸加减
- ②疳积：肥儿丸加减
- ③干疳：八珍汤加减

兼证
- ①眼疳：石斛夜光丸加减
- ②口疳：泻心导赤散加减
- ③疳肿胀：真武汤加减

营养性缺铁性贫血
- ①脾胃虚弱：六君子汤加减
- ②心脾两虚：归脾汤加减
- ③肝肾阴虚：左归丸加减
- ④脾肾阳虚：右归丸加减

脾胃系病证

（孙丽平　张葆青　吴力群）

笔记栏

复习思考题

1. 鹅口疮的实证与虚证应如何鉴别?
2. 鹅口疮和口疮如何鉴别?
3. 如何根据呕吐物判断病性和病因?
4. 简述儿童泄泻比成人容易出现变证的病机。
5. 便秘如何辨虚实?
6. 简述腹痛的诊断要点。
7. 简述厌食的诊断要点。
8. 如何理解积滞的治疗宜"损之""调之""导之"?
9. 简述疳证兼证的病因及临床表现。
10. 厌食与积滞、疳证如何鉴别?
11. 怎样预防营养性缺铁性贫血?

扫一扫
测一测

第七章

心肝系病证

📝 学习目标

　　通过本章学习,掌握病毒性心肌炎的诊断要点、注意缺陷多动障碍和抽动障碍的诊断与辨证论治;掌握急惊风与慢惊风的区别及其治疗、癫痫的诊断及其辨证论治;了解夜啼的概念、惊风四证八候的含义。

第一节　夜　　啼

　　夜啼是指婴儿入夜啼哭不安,时哭时止,或每夜定时啼哭,甚则通宵达旦,但白天如常的一种病证。又名"惊啼""儿啼"等。多见于新生儿及婴儿。

　　啼哭是新生儿及婴儿的一种正常生理活动,是表达要求或不适的方式。因此饥饿、惊恐、尿布潮湿、衣被过热或过冷均可引起啼哭,而此时若喂以乳食、安抚亲昵、更换尿不湿、调节冷暖后,啼哭即可停止,此时不属病态。

　　本节主要论述婴儿夜间不明原因的反复啼哭。由于发热、口疮、腹痛或其他疾病引起的啼哭,应当审因论治,不属本病范围。

【病因病机】

　　本病病因有先天因素、后天因素两方面。先天因素责之于孕母素体虚寒,恣食寒凉之品,遗寒于胎儿;或孕母性情急躁,恣食香燥辛热之物,遗热于胎儿。后天因素包括脾寒、心热、惊恐等。

　　1. 脾虚中寒　脾为至阴,喜温而恶寒。若乳母过食寒凉生冷,儿食其乳,脾胃受寒;或因调护失宜,腹部中寒,以致寒邪内侵,凝滞气机,不通则痛,因痛而啼。由于夜间属阴,阴盛而脾寒更甚。使寒凝气滞,气机不利,致入夜之时,腹中作痛而啼哭不止。

　　2. 心经积热　若产后过食辛热之品,火热内蕴,儿食其乳,或婴儿将养过温,致火热内盛,心火上炎,烦躁不安而啼。心主神明,主火属阳,阳气亢盛,夜间阴不能潜阳,故入夜心烦而啼。彻夜啼哭之后,阳气耗损,无力抗争,故白天入寐,正气稍复,入夜又啼,反复不已。

　　3. 暴受惊恐　心藏神而主惊,小儿神气怯弱,智慧未充,若乍见异物,突闻异声,常致惊恐。惊则伤神,恐则伤志,神志不安,寐中惊惕,因惊而啼。

　　总之,本病常因寒、因热、因惊所致,病位主要在心、脾。病证属性有虚有实,而以实证居多。

【诊断】

（一）诊断要点

1. 多见于新生儿或婴儿，入夜啼哭，不得安睡，时哭时止，或每夜定时啼哭，甚则通宵达旦，而白天如常。各项检查无异常发现。

2. 全身一般情况良好，排除因发热、口疮、聤耳、肠套叠、寒疝、外伤等疾病引起的夜间啼哭。

（二）鉴别诊断

1. 生理性啼哭　小儿哭时声调一致，无其他临床症状，在经过详细检查后未发现病理状态，此时应考虑为生理性哭闹。大多因饥饿、尿布潮湿、衣被过热或过冷引起。

2. 病理性啼哭　因疾病引起患儿不适，日夜均可啼哭。如新生儿中枢神经系统感染或颅内出血，常有音调高、哭声急的"脑性尖叫"声；急腹症时（如肠套叠）可引起阵发性哭闹不安，伴面色苍白、出汗等症状；佝偻病及手足搐搦症患儿常烦闹不安、易哭；营养不良小儿常好哭，但哭声无力，易烦躁。

【辨证论治】

（一）辨证思路

小儿夜啼的辨证，主要以八纲辨证及脏腑辨证为主，应首分病情轻重，继辨虚实寒热。

1. 辨轻重　入夜啼哭，白天入睡，哭时声调一致，又可排除其他疾病，是为轻证，可按脾寒、心热、惊恐辨证论治；若分娩时有损伤，哭声尖厉、持久、嘶哑或哭声无力，昼夜无明显差异，多属严重病变的早期表现，应尽早明确诊断，以免耽误误病情。

2. 辨虚实寒热　哭声低弱，时缓时急，四肢不温，便溏，面色白者属虚寒；哭声响亮，啼哭不止，身腹温暖，便秘尿赤者属实热；惊惕不安，面色青灰，紧偎母怀，大便色青，面色时白时青者属惊啼。

（二）治疗原则

调整脏腑的虚实寒热，使脏气安和、寒热平衡是治疗夜啼的主要原则。针对脾寒、心热、惊恐不同病因，分别施以温脾散寒、清心导赤、镇惊安神等法治疗。

（三）分证论治

1. 脾虚中寒

证候：夜间啼哭，时哭时止，哭声低弱，面色无华，口唇色淡，睡喜蜷卧，腹喜摩按，四肢欠温，纳少便溏，舌质淡，苔薄白，指纹淡红。

证候分析：脾为至阴，受寒冷后，寒凝气滞，气机不利，不通则痛，故啼哭不止；脾脏受寒，阳气不足，则哭声低弱，面色无华，四肢欠温；虚寒内盛，脾运失健，则睡喜蜷曲，大便溏薄，舌质淡，苔薄白，指纹淡红。

辨证要点：夜啼伴睡喜蜷曲，哭声低弱，腹喜摩按，大便溏薄，舌质淡，苔薄白。

治法：温脾散寒，理气止痛。

主方：匀气散（《医宗金鉴》）加减。

常用药：炮姜、砂仁、陈皮、乌药、木香、白芍、桔梗、炙甘草。

加减：大便溏薄加党参、白术、茯苓健脾益气；时有惊惕加蝉蜕、钩藤；哭声微弱，胎禀怯弱，面色苍白，手足不温者，酌用附子理中汤温补元阳。

2. 心经积热

证候：夜间啼哭，哭声响亮，见灯火尤甚，哭时面赤唇红，烦躁不宁，身腹俱暖，大便干结,小便短黄,舌尖红,苔薄黄,指纹紫滞。

证候分析:本证为禀受胎热或后天蕴热,心有积热,神明受扰所致。心属火而忌热,见灯则烦热内生,两阳相搏,火热更甚,心神被扰,故哭声较响,见灯尤甚,烦躁不安;心火内蕴,则面赤唇红,大便干结,小便短赤,舌尖红,苔薄黄,指纹紫滞。

辨证要点:哭声响亮,烦躁不安,面赤唇红,舌尖红,苔薄黄。

治法:清心导赤,泻火安神。

主方:导赤散(《小儿药证直诀》)加减。

常用药:生地黄、淡竹叶、通草、甘草梢、黄连、灯心草。

加减:大便秘结而烦闹加麦冬、虎杖泻火;乳食积滞,腹部胀满、乳食不化加麦芽、莱菔子、鸡内金;热盛烦闹加栀子、淡豆豉。

3. 暴受惊恐

证候:入夜突然啼哭,如见异物,哭声尖锐,时高时低,时急时缓,表情恐惧,紧偎母怀,面色乍青乍白,时作惊惕,舌苔薄白,脉数,指纹青紫。

证候分析:小儿胎禀不足,神气怯弱,复又暴受惊恐,惊则伤神,恐则伤志,心神不宁,则夜间突然啼哭;乍见异物,突闻异声,心神受惊,神志不安,则表情恐惧,哭声时高时低,面色乍青乍白。

辨证要点:夜间突然啼哭,哭声时急时缓,表情恐惧,时作惊惕,或有暴受惊恐史。

治法:定惊安神,补气养心。

主方:远志丸(《济生方》)加减。

常用药:远志、石菖蒲、茯神、茯苓、龙骨、人参。

加减:睡中频频惊惕加钩藤、菊花;喉有痰鸣加僵蚕、郁金;腹痛便溏加白芍、木香;严重者可暂用琥珀抱龙丸以安神化痰。

【诊疗提示】

1. 详细询问病史,包括小儿年龄、喂养情况、啼哭的时间、生活习惯及环境。

2. 注意闻啼哭的声调,了解患儿白天活动情况。

3. 注意患儿是否有饥饿、口渴、过冷、过热、尿布潮湿、衣被过紧,以及关灯就哭、开灯就不哭的"拗哭"等不良睡眠习惯。本着渴则饮之、饥则哺之、痒则搔之的原则处理。在除外生理性夜间啼哭后,应考虑病理性啼哭。

【其他疗法】

(一) 中成药

琥珀抱龙丸　用于暴受惊恐证。

(二) 针灸疗法

1. 针刺取中冲、百会穴。热啼加大陵、少商;惊啼加神门、行间。用泻法,不留针;中冲穴浅刺出血。

2. 艾灸神阙　将艾条燃着后在神阙周围温灸,不能触到皮肤,以皮肤潮红为度。每日1次,连灸7日。用于脾虚中寒证。

(三) 推拿疗法

1. 分推手阴阳,运八卦,平肝木,揉百会、安眠(翳风与风池连线之中点)。寒啼加补脾土,摩腹,揉足三里、关元;热啼加掐总筋,揉小天心,泻小肠;惊啼加掐神门,揉印堂、太冲。

2. 按摩百会、四神聪、脑门、风池（双），由轻到重，交替进行。患儿惊哭停止后，继续按摩2~3分钟。用于惊恐夜啼。

（四）外治疗法

1. 干姜粉、艾叶适量，炒热布包，熨小腹，从上至下，反复多次。用于脾虚中寒证。

2. 丁香、肉桂、吴茱萸等量。研细末，置于普通膏药上，贴于脐部。用于脾虚中寒证。新生儿及婴儿用醋调或水调直接敷于脐部，避免膏药损伤皮肤。

【预防护理】

1. 孕妇及乳母不宜过食寒凉与辛辣热性食物，孕期适当补充钙剂。

2. 新生儿注意保暖而不过热，腹部不受凉。

3. 乳儿喂食以满足需要而不过量为原则。

4. 不要养成将婴儿抱在大人怀中睡眠的习惯，不通宵开灯，随着孩子的月龄增大，逐渐减少夜间哺乳次数，直至夜间不予哺乳。

5. 啼哭不止时，寻找啼哭原因，如饥饿、过饱、闷热、寒冷、虫咬、尿布浸渍、衣被刺激等，并予解决。

【古籍摘要】

《颅囟经·病证》："初生小儿，至夜啼者，是有瘀血腹痛，夜乘阴而痛则啼。"

《幼幼集成·夜啼证治》："小儿夜啼有数证：有脏寒，有心热，有神不安，有拗哭，此中寒热不同，切宜详辨。脏寒者，阴盛于夜，至夜则阴极发躁，寒甚腹痛，以手按其腹，则啼止，起手又啼；外证面青手冷，口不吮乳，夜啼不歇，加味当归散。心热烦啼者，面红舌赤，或舌苔白涩，无灯则啼稍息，见灯则啼愈甚。宜导赤散加麦冬、灯心；甚则加川连、胆草。神不安而啼者，睡中惊悸，抱母大哭，面色紫黑，盖神虚惊悸。宜安神丸定其心志。及吐泻后及大病后夜啼，亦由心血不足，治同上。凡夜啼见灯即止者，此为点灯习惯，乃为拗哭，实非病也。夜间切勿燃灯，任彼啼哭，二三夜自定。"

第二节 病毒性心肌炎

病毒性心肌炎是由病毒侵犯心脏，引起局限性或弥漫性心肌炎性病变为主的疾病，有的可累及心包或心内膜。临床可见心悸、胸闷、乏力、气短、面色苍白、肢冷、多汗等症。常继发于感冒、麻疹、流行性腮腺炎、腹泻等病毒感染性疾病之后，多数患儿预后良好，但少数可发生心源性休克、心力衰竭，甚则猝死，也有的迁延不愈而形成顽固性心律失常。

本病多见于3~10岁儿童，一年四季皆有发病。古代医籍中无本病专门记载，根据本病的主要临床症状，属于中医学风温、心悸、怔忡、胸痹、猝死等范畴。

【病因病机】

小儿病毒性心肌炎的病因既有内因，又有外因。内因责之于素体正气亏虚，外因多由风温、湿热邪毒侵袭所致。

1. 风热犯心 小儿肺常不足，卫外不固，外感风热邪毒多从皮毛而入，首犯肺卫，心肺同居上焦，肺朝百脉，与心脉相通，毒邪由表入里，内舍于心，致心脉痹阻，心失所养。

2. 湿热侵心 小儿脾常不足,饮食不洁或不节,湿热毒邪从口而入,蕴郁于胃肠,邪毒沿脾经从胃入膈,注入心中,导致心脉痹阻,心失所养。

3. 气阴两虚 外感风温、湿热邪毒,热毒之邪灼伤营阴,耗伤心之气阴,则气阴亏虚,心脉失养,心气不足,鼓动无力,而致悸动不安。

4. 痰瘀互结 病情迁延,伤及脾肺,脾不运化则水湿停聚,肺失宣降则水津不布,肺脾两虚而不能布散水津,留而成痰为饮,阻滞血脉、痰瘀互结,心之脉络受阻,致心脉痹阻。

5. 心阳虚衰 素体阳虚,复感毒邪,致心阳虚衰;或感邪日久,正气衰弱,心阳不足;或心阴亏虚,阴损及阳,致心阳虚损。若心阳虚损进一步发展则致心阳暴脱。

总之,正气不足,外感风温、湿热邪毒为本病病因,心脉痹阻,气阴耗伤为主要病理变化,瘀血、痰浊为本病病理产物。病程中或邪实正虚,或以虚为主,或虚中夹实,病机演变多端,可发生心阳暴脱的危证。

【诊断】

(一)诊断要点

1. 临床诊断依据

(1)发病前有感冒、泄泻、出疹等病史。

(2)心功能不全、心源性休克或心脑综合征。有明显心悸、胸闷、乏力、气短、面色苍白、肢冷、多汗、脉结代等表现。

(3)心脏听诊可有心音低钝、心率加快、心律不齐、奔马律等。

(4)X线或超声心动图检查示心脏扩大。

(5)心电图示Ⅰ、Ⅱ、aVF、V₅导联中2个或2个以上ST-T改变持续4天以上,以及其他严重心律失常。

(6)血清肌酸激酶同工酶(CK-MB)升高,心肌肌钙蛋白(cTnI或cTnT)阳性。

具备(1)病毒感染史,加上其他5条中的2条,就可以明确临床诊断。

2. 分期

(1)急性期:新发病,症状及检查阳性发现明显且多变,一般病程在半年以内。

(2)迁延期:临床症状反复出现,客观检查指标迁延不愈,病程多在半年以上。

(3)慢性期:进行性心脏增大,反复心力衰竭或心律失常,病情时轻时重,病程在1年以上。

(二)鉴别诊断

1. 风湿性心肌炎 风湿性心肌炎亦可出现发热、心悸、头晕、心律失常等类似本病的表现,但病前1~3周多有链球菌感染史,风湿活动期表现明显,如发热、关节炎、皮下结节、环形红斑,血沉增快、抗链球菌溶血素O增高,心电图P-R间期增长,病原学检测有助鉴别。

2. 中毒性心肌炎 由非病毒性病原体如细菌、真菌、立克次体、支原体等的毒素引起,可有类似本病的胸闷、憋气、心悸、乏力等表现,但几乎均见其原发病的特殊临床表现,如大叶性肺炎、支原体肺炎、伤寒等,而且中毒症状明显,如高热、苍白、神疲、白细胞及中性粒细胞增高等,以此鉴别。

【辨证论治】

(一)辨证思路

由于临床表现不一,证候错杂,辨证较为复杂。可根据临床表现,首先辨明虚实,其次辨别轻重。

1. 辨虚实 凡病程短暂,见胸闷胸痛,气短多痰,或恶心呕吐,腹痛腹泻,舌红苔黄,属实证;病程长达数月,见心悸气短,神疲乏力,面白多汗,舌淡或偏红,舌光红少苔,属虚证。一般急性期以实证为主,迁延期、慢性期以虚证为主或虚实夹杂。

2. 识轻重 神志清楚,神态自如,面色红润,脉实有力者,病情轻;若面色苍白,气急喘息,四肢厥冷,口唇青紫,烦躁不安,脉微欲绝或频繁结代者,病情危重。

(二)治疗原则

本病以扶正祛邪、养心通脉为基本治则。初期以祛邪、养心通脉为要,"邪去则正安";后期以扶正、养心通脉为主,祛邪为辅,"养正则邪自祛"。病初风热犯心者,治以清热解毒;湿热侵心者,治以清热化湿;后期气阴两虚者,治以益气养阴;痰瘀互结者,治以活血化瘀,祛痰化浊。心阳虚衰者,治以益气回阳,救逆固脱。

(三)分证论治

1. 风热犯心

证候:发热恶寒,或低热缠绵,或不发热,鼻塞流涕,咽红肿痛,咳嗽有痰,肌痛肢楚,心悸气短,胸闷胸痛,舌红苔薄,脉浮数或结代。

证候分析:风热邪毒客于肺卫,正邪相争,卫阳抗邪而浮盛于外,则发热或低热缠绵;外邪束表,肺失宣畅,鼻窍不利,津液为热邪所灼,故鼻塞流涕;风热袭肺,肺失清肃,肺气上逆,故咽红肿痛、咳嗽;邪气与气血相搏,肌肤失养则肌痛肢楚;痰热内盛,壅塞肺气,气机不畅则胸闷胸痛;邪毒入里,侵及心脉,心失所养,则心悸气短,脉结代。

辨证要点:胸闷胸痛,心悸气短,咽痛,恶寒发热。

治法:疏风清热,解毒护心。

主方:银翘散(《温病条辨》)加减。

常用药:金银花、连翘、淡豆豉、牛蒡子、薄荷、荆芥、桔梗、甘草、淡竹叶、芦根。

加减:邪热炽盛加黄芩、栀子;胸闷加枳壳、郁金;胸痛加丹参、红花;心悸、脉促加五味子、柏子仁;咽痛红肿加山豆根、玄参。

2. 湿热侵心

证候:寒热起伏,全身酸痛,恶心呕吐,腹痛腹泻,面色晦暗,倦怠乏力,胸部憋闷,心悸气短,善太息,舌质红,苔黄腻,脉濡数或结代。

证候分析:湿热邪毒束表,卫气被遏,肌表失于温煦,则寒热起伏;湿热侵袭肌肉关节,气血运行不畅,全身肌肉酸痛;湿热阻滞中焦,纳运失健,气机阻滞,故腹痛腹泻,恶心呕吐;湿热内侵心脉,则心悸胸闷,脉结代;舌红、苔黄腻、脉濡数均为湿热之象。

辨证要点:胸闷心悸,寒热起伏,恶心呕吐,腹泻。

治法:清热化湿,宁心通脉。

主方:中焦宣痹汤(《温病条辨》)加减。

常用药:连翘、栀子、蚕沙、赤小豆、薏苡仁、苦杏仁、木防己、滑石、半夏。

加减:胸闷憋气加瓜蒌皮、薤白;肢体酸痛加羌活、木瓜;心悸、脉结代加丹参、甘松。

3. 气阴两虚

证候:心悸怔忡,胸闷气短,少气懒言,神疲倦怠,头晕目眩,烦热口渴,自汗、盗汗,失眠乏力,舌红少津,脉细数或结代。

证候分析:邪毒内舍于心,耗伤心阴,心脉失养,阴不制阳,则心悸不宁,夜寐不安,脉细数或结代;气虚则少气懒言,神疲倦怠;心阴不足,不能上承于头目,脑失充养,故头晕目眩,失眠;阴虚生内热,则烦热口渴,舌红少津。

辨证要点:心悸胸闷,神疲乏力,烦热口渴,舌红少津,脉细数或结代。

治法：益气养阴，宁心安神。

主方：生脉散（《医学启源》）加减。

常用药：人参、麦冬、五味子、太子参、当归、生地黄、丹参、酸枣仁、炙甘草。

加减：若气虚明显加黄芪、西洋参；阴虚明显加熟地黄、玉竹；心悸不安加首乌藤、柏子仁；胸闷明显加郁金、枳壳；自汗、盗汗加浮小麦、麻黄根；大便偏干加火麻仁、瓜蒌仁。

4. 痰瘀互结

证候：心悸气短，胸闷憋气或心痛如针刺，脘腹满闷，恶心泛呕，面色晦暗，唇甲青紫，舌质紫暗，舌边尖有瘀点，舌苔腻，脉滑或结代。

证候分析：病程日久，肺脾受损，痰浊内生，阻滞气机，故脘腹满闷，恶心泛呕；痰浊内生，气滞血瘀，痰瘀互结，阻于心脉，故心悸，胸闷憋气或心痛如针刺，面、舌、唇甲紫暗，脉结代。

辨证要点：胸闷憋气，或心痛如针刺，脘腹满闷，唇甲青紫，舌质紫暗。

治法：活血化瘀，豁痰开痹。

主方：瓜蒌薤白半夏汤（《金匮要略》）合失笑散（《太平惠民和剂局方》）加减。

常用药：瓜蒌皮、薤白、半夏、丹参、五灵脂、蒲黄、郁金、枳壳。

加减：心痛明显加川芎、红花、降香；痰郁化热加黄连、竹茹；夜不能寐加合欢花、首乌藤、酸枣仁。

5. 心阳虚衰

证候：心悸怔忡，胸闷不舒，面色苍白，四肢不温，头晕自汗，甚则大汗淋漓，四肢厥冷，口唇及指（趾）发紫，呼吸浅促，舌质淡暗，舌苔薄白，脉细数或脉微欲绝。

证候分析：心阳虚弱，鼓动无力，气血运行不畅，故头晕心悸怔忡；阳虚则自汗；胸阳不振，心血不畅，则胸闷不舒；阳气不达面部四末，则面色苍白，四肢不温；若阳气暴脱，宗气大泄，则见大汗淋漓、四肢厥冷、口唇及指（趾）青紫、呼吸浅促、脉微欲绝。

辨证要点：心悸乏力，面色苍白，四肢不温，自汗，呼吸浅促、脉细欲绝。

治法：益气回阳，救逆固脱。

主方：参附龙牡救逆汤（验方）加减。

常用药：人参、附子、龙骨、牡蛎、白芍、炙甘草。

加减：神疲乏力明显加黄芪、白术；阳气暴脱加西洋参、麦冬、五味子、干姜。

【诊疗提示】

1. 详细询问发病前是否有外感病史。

2. 小婴儿可有拒食、发绀、四肢发凉、双眼凝视等不典型症状，应注意观察。

3. 认真进行心脏听诊，注意心音、心率与心律的改变。

4. 注意精神、形体、面部及舌的望诊，尤其注意脉诊。

5. 根据病情需要进行心电图、超声心动图、X线、心肌酶谱检测，有条件者可做病原学检测。

6. 应除外风湿性心肌炎、中毒性心肌炎、原发性心肌病、先天性心脏病及结缔组织病、代谢性疾病、药物等所致心脏病理改变。

【其他疗法】

（一）中成药

1. 生脉饮　用于气阴两虚证。

2. 丹参注射液（新生儿、婴幼儿禁用，以下同） 用于痰瘀互结证。

3. 生脉注射液 用于气阴两虚证。

4. 参附注射液 用于心阳虚衰证。

（二）针灸治疗

1. 体针 主穴取心俞、巨阙、间使、神门、血海，配穴取大陵、膏肓、丰隆、内关。用补法，得气后留针。

2. 耳针 取心、交感、神门、皮质下，或用王不留行压穴，用胶布固定，每日按压。

【预防护理】

1. 积极预防呼吸道或肠道病毒感染。

2. 注意休息，急性期应卧床休息 3~6 周，有心功能不全或心脏扩大者应卧床休息 3~6 个月。待热退后 3~4 周，心衰控制，心律失常好转，心电图改变好转时，可逐渐增加活动量。

3. 尽量保持安静，以减轻心肌负担，减少耗氧量。必要时可予镇静剂。

4. 饮食宜清淡而富有营养，忌食过于肥甘厚腻或辛辣之品。

5. 密切观察患儿病情变化，一旦发现心率明显增快或减慢、严重心律失常、呼吸急促、面色青紫等症状，应及时抢救。

【古籍摘要】

《小儿药证直诀·五脏所主》："心主惊……虚则卧而悸动不安。"

《证治准绳·幼科·惊悸》："惊者，心卒动而恐怖也；悸者，心跳动而怔忡也。两者因心虚血少，故健忘之证随之。"

第三节 注意缺陷多动障碍

注意缺陷多动障碍是一种较常见的儿童神经发育障碍性疾病。临床以活动过度，冲动任性，注意力不集中，自我控制能力差，常伴有不同程度的学习困难和认知障碍，但智力正常或接近正常为主要特征。

本病男孩明显多于女孩，为(4~9):1，其症状多在学龄前期出现，但在学龄期最为突出，约 70% 的患儿症状持续到青春期，30%~50% 的患儿症状持续至成年期。发病与遗传、环境、大脑发育异常、社会心理等因素有关。近年来有发病增多的趋势，严重影响儿童的身心健康。本病积极治疗，一般预后良好。

本病在古代中医书籍中未见专门记载，根据其临床表现可归属于"躁动""健忘"等病证范畴。

【病因病机】

本病的病因，主要为先天禀赋不足、后天失于护养、教育不当、环境影响等；其他如外伤瘀滞、情志失调等也可引起。

1. 心肝火旺 小儿"心常有余""肝常有余"，若教育失当，心理失和或情志失调，五志化火；或素体热盛，喜食油煎辛辣之品，助热生火，扰动心肝，即可见多动冲动，烦躁不安。

2. 痰火内扰　小儿素体肥胖,痰湿内停,平素喜食肥甘厚味之品,或偏食辛辣香燥之物,导致痰火内生,扰动心神,则见狂躁不安,冲动任性。

3. 肝肾阴虚　小儿稚阴稚阳之体,若先天禀赋不足,肾阴亏虚,水不涵木,肝阳亢盛,则表现为多动难静,神思涣散。

4. 心脾两虚　若心气不足,心失所养可致心神失守而精神涣散,注意力不集中;小儿脾常不足,若脾虚失养,则静谧不足,兴趣多变,言语冒失,健忘;心脾两虚则神思不定,反复无常不能自制。

本病乃精神、思维、情志兼病。人的精神情志活动与内脏有着密切的关系,必须以五脏精气作为物质基础。若五脏功能失常,必然影响人的精神情志活动,使其失常。阴主静、阳主动,人体阴阳平衡,才能动静协调,如《素问·生气通天论》指出:"阴平阳秘,精神乃治。"由于心常有余而肾常不足,肝常有余而脾常不足,阳常有余而阴常不足,若稍有感触,导致阴阳失衡,即可表现为其神飞扬不定,其志存变无恒,其情反复无常,其性急躁不耐等神、志、情、性的四类见症。

本病病位主要责之于心、肝、脾、肾,其病机关键在于脏腑功能失常,阴阳平衡失调。

课堂互动

　　谈谈对于小儿"心常有余""肝常有余"的理解。

【诊断】

(一)诊断要点

1. 多动不安,活动过度,不能安静地参加各种活动。

2. 神思涣散,上课注意力不集中,常做小动作,作业不能按时完成,学习成绩差,但智力正常或基本正常。

3. 情绪不稳,冲动任性,做事莽撞,好惹扰人。

4. 体格检查动作不协调,翻手试验、对指试验、指鼻试验、指指试验可呈阳性。

5. 相关神经心理测试和量表可以评估、了解患儿症状、社会功能、共患病、家庭环境等情况,作为重要辅助诊断手段。

6. 通常于 12 岁前起病,其表现与同年龄儿童发育水平不相称,病程持续 6 个月以上,症状存在于两个或更多的场合。

(二)鉴别诊断

1. 正常顽皮儿童　虽然多动不安静,有时出现注意力不集中,但大部分时间仍能集中注意力,正常学习,为了贪玩,常草率地迅速完成作业,并不拖拉,能遵守纪律,上课一旦出现小动作,经指出即能自我制约而停止。注意缺陷多动障碍患儿常作业拖拉,不能遵守纪律,自我控制力差。

2. 抽动障碍　主要表现为头面部、四肢或躯干肌群不自主的快速、短暂、不规则抽动,如挤眉、眨眼、点头、耸肩、甩手、蹬足、鼓肚等,或有不自主的发声抽动,如喉咙吭吭、吼叫声或复杂而不合时宜的语句等。多动障碍患儿无以上抽动障碍状。

此外,还应与智力低下,或视、听感觉功能障碍所致的注意力涣散与学习障碍相区别。

【辨证论治】

（一）辨证思路

本病的三大症状是多动、冲动、注意力缺陷。临床辨证时除考虑年龄特征外,还应注意辨脏腑、分虚实、判阴阳。

1. 辨脏腑　病在心者,注意力不集中,情绪不稳定,多梦烦躁;病在肝者,易于冲动,好动难静,容易发怒,常不能自控;病在脾者,兴趣多变,做事有头无尾,记忆力差;病在肾者,脑失精明,学习成绩低下,记忆力欠佳,或有遗尿、腰酸乏力等。

2. 辨虚实　本病一般初起多实证,以心肝火旺、痰火内扰为多,且以多动冲动为主;病久多虚证,以肝肾阴虚、心脾两虚为多,心脾两虚者以注意力缺陷为主。同时,由于本病病因复杂,病程较长,故常虚实夹杂或本虚标实。

3. 辨阴阳　阴静不足,表现为注意力不集中,自我控制差,情绪不稳,神思涣散;阳亢躁动,表现为多动不安,说话过多,冲动任性,急躁易怒。

（二）治疗原则

本病以泻实补虚、调和脏腑、平衡阴阳为基本治则。心肝火旺者,治以清心平肝;痰火内扰者,治以泻火豁痰;肝肾阴虚者,治以滋阴潜阳;心脾两虚者,治以补益心脾。由于本病病程较长,故需要较长时间的药物治疗,可配合运用针灸、心理疏导等综合措施。

（三）分证论治

1. 心肝火旺

证候:多动多语,冲动任性,急躁易怒,做事莽撞,好惹扰人,常与人打闹,注意力不集中,或面赤烦躁,大便秘结,小便色黄,舌质红或舌尖红,苔薄或薄黄,脉弦或弦数。

证候分析:本证以多动、冲动为主。心火亢则热扰心神,神失所藏,故心烦,多动不安,注意力不集中,舌尖红;肝火旺则肝阳易亢,故多动不安,冲动任性,性情急躁易怒,做事莽撞,脉弦或弦数;面赤,大便秘结,小便色黄,舌质红,均为阳亢实热之象。

辨证要点:多动多语,冲动任性,急躁易怒,大便秘结,舌质红,脉弦。

治法:清心平肝,安神定志。

主方:安神定志灵(《儿童多动症临床治疗学》)加减。

常用药:柴胡、黄芩、决明子、连翘、天竺黄、天麻、石菖蒲、郁金、当归、益智仁、远志、灯心草。

加减:急躁易怒加钩藤、夏枯草、珍珠母;冲动任性,烦躁不安,加栀子、礞石;大便干结、数日一行,加大黄、枳实、槟榔。

2. 痰火内扰

证候:狂躁不宁,冲动任性,多语难静,兴趣多变;胸中烦热,坐卧不安,难以入睡,口苦纳呆,便秘尿赤,舌质红,苔黄腻,脉滑数。

证候分析:本证以冲动、多动为主。痰火内扰,心神不安,故狂躁不宁,冲动任性,多动多语,烦热不安;火扰肝胆则口苦;痰邪困脾,脾不藏意,故纳少、兴趣多变;痰火灼津则便秘尿赤;舌质红,苔黄腻,脉滑数均为痰火之象。

辨证要点:狂躁不宁,冲动任性,多动多语,口苦心烦,舌质红,苔黄腻,脉滑数。

治法:清热泻火,豁痰宁心。

主方:黄连温胆汤(《六因条辨》)加减。

常用药:黄连、陈皮、半夏、胆南星、天竺黄、瓜蒌、枳实、石菖蒲、茯苓、珍珠母。

加减:烦躁易怒加钩藤、夏枯草、礞石;大便秘结加决明子、生大黄;食滞纳呆加莱菔子、槟榔、谷芽；狂躁不宁加礞石滚痰丸。

3. 肝肾阴虚

证候：多动难静，急躁易怒，冲动任性，神思涣散，难以静坐，学习成绩低下，五心烦热，盗汗，口干咽燥，或有遗尿，大便秘结，舌质红，苔少，脉细弦。

证候分析：本证多见于疾病后期。肾阴亏虚，水不涵木，肝阳上亢，故多动、急躁易怒；肾水不能上济于心，水火失济，心神不宁，故神思涣散，注意力不集中，记忆力欠佳；肾气失充，下元不固，故遗尿；阴虚生内热，故见五心烦热，盗汗，口干咽燥，舌质红，苔少，脉细弦。

辨证要点：多动难静，急躁易怒，神思涣散，五心烦热，舌红苔少，脉细弦。

治法：滋阴潜阳，宁神益智。

主方：杞菊地黄丸（《麻疹全书》）加减。

常用药：枸杞子、熟地黄、山茱萸、山药、茯苓、菊花、牡丹皮、泽泻、龙齿、龟甲。

加减：注意力不集中加益智仁、炙远志；夜寐不安加酸枣仁、五味子；盗汗加浮小麦、煅龙骨、煅牡蛎；大便秘结加火麻仁、郁李仁、当归。若急躁易怒、冲动任性明显，加石决明、夏枯草，或改用知柏地黄丸加减。

4. 心脾两虚

证候：神思涣散，精力难以集中，神疲乏力，形体消瘦或虚胖，多动而不暴躁，做事有头无尾，言语冒失，睡眠不实，记忆力差，伴自汗、盗汗，纳呆食少，面色无华，舌质淡或淡红，苔薄白，脉细弱。

证候分析：本证以注意缺陷为主。中焦脾虚，气血不足，心失所养，故静谧不足，神思涣散，精力难以集中，言语冒失，睡眠不实；脾虚失运，故面色无华，纳呆食少；舌质淡，苔薄白，脉细弱，为心脾两虚、气血不足之象。

辨证要点：神思涣散，精力难以集中，记忆力差，神疲乏力，舌淡，脉细弱。

治法：养心安神，健脾益智。

主方：归脾汤（《正体类要》）合甘麦大枣汤（《金匮要略》）加减。

常用药：党参、黄芪、白术、大枣、炙甘草、茯神、远志、酸枣仁、龙眼肉、当归、小麦。

加减：精力难以集中严重者加益智仁、龙骨；睡眠不实加五味子、夜交藤；记忆力差，动作笨拙，加何首乌、石菖蒲、郁金；舌苔腻加薏苡仁、草豆蔻、藿香。若食欲不振，兴趣多变，烦躁不宁，情绪不稳，辨证为脾虚肝亢者，改用逍遥散加减。

【诊疗提示】

1. 本病主要根据父母或主要监护人以及老师提供病史，临床医生通过观察、检查性交谈、体格检查和心理评估等检查进行诊断。

2. 临床核心症状包括多动、冲动和注意力不集中，对患儿的学业和社会功能产生明显的影响。

3. 与年龄发育不相称的活动过度和注意力不集中是与正常儿童重要的鉴别点。

4. 早期诊断和系统、规范治疗至关重要，需要家长、老师、医生共同参与。

【其他疗法】

（一）中成药

1. 静灵口服液、杞菊地黄丸　用于肝肾阴虚证。

2. 知柏地黄丸　用于肝肾阴虚证兼虚火上炎，或肾虚肝亢证。

3. 小儿智力糖浆　用于心肾不足或肝肾阴虚证。

4. 归脾丸 用于心脾两虚证。

(二)针灸疗法

1. **体针** 取穴：四神聪、内关、合谷、足三里、三阴交、太冲。配穴：心肝火旺者加肝俞、心俞；痰火内扰者加丰隆；肝肾阴虚者加肾俞、肝俞；心脾两虚者加心俞、脾俞。

2. **耳针** 取心、肝、肾、神门、交感、脑干、缘中、皮质下。浅刺不留针，每日或隔日1次。或用王不留行压穴，取穴同上，每3日1次。

【预防护理】

1. 孕妇应保持心情愉快，营养均衡，避免早产、难产及新生儿窒息。

2. 注意防止儿童脑外伤、中毒及中枢神经系统感染。

3. 关心体谅患儿，对其行为及学习进行耐心的帮助与训练，要循序渐进，不责骂不体罚，稍有进步，给予表扬和鼓励。

4. 进行个性化教育，注重激励，配合心理疏导，对动作笨拙的儿童可进行感觉统合训练。

5. 训练患儿有规律地生活，不要过于迁就。加强管理，防止攻击性、破坏性及危险性行为发生。

6. 保证患儿合理营养，避免食用有兴奋性和刺激性的饮料和食物。

第四节 抽动障碍

抽动障碍是起病于儿童时期的一种慢性神经精神障碍性疾病。临床以不自主的、反复的、快速的、无目的一个或多个部位肌肉运动性抽动或发声性抽动为特征，根据临床特点和病程长短分为短暂性抽动障碍、慢性抽动障碍和 Tourette 综合征（多发性抽动障碍）。

本病起病多在 2~12 岁，男孩发病明显多于女孩，为(3~9)∶1。一般病程持续时间较长，抽动在精神紧张时加重，入睡后消失，病症可自行缓解或加重，但智力不受影响。

本病在古代中医书籍中未见专门记载，根据其临床表现可属于"瘛疭""筋惕肉瞤"等病证范畴。

【病因病机】

本病的病因是多方面的，与先天禀赋不足、饮食所伤、感受外邪、疾病影响、情志失调，以及学习紧张、劳累疲倦、久看电视或久玩游戏机等因素有关。

1. **肝亢风动** 肝体阴而用阳，为风木之脏，主疏泄，性喜条达，其声为呼，其变动为握。无论何种因素，导致肝的功能失调，均可触动肝风而形成本病。若情志失调，五脏失和，则气机不畅，郁久化火，或感受六淫，外邪从阳化热，热引肝风，风邪上扰，伤及头面，则见点头摇头，挤眉眨眼，张口歪嘴，怪象丛生。

2. **痰热扰动** "怪病多由痰作祟"，小儿情志不悦，肝气不畅，肝郁化火，火灼津液为痰；或肝旺克脾，脾失健运，水湿潴留，聚液成痰，痰气互结，壅塞胸中，蒙蔽心神，则胸闷易怒，脾气乖戾，喉发怪声。

3. **脾虚肝旺** 小儿禀赋不足或病后失养，或饮食不节，损伤脾胃，脾气虚弱，土虚木亢，虚风内动，而见抽动无力，时发时止，时轻时重之症。

4. **阴虚风动** 先天不足，真阴亏虚，或热病伤阴，或肝病及肾，肾阴虚损，水不涵木，虚风内动,则出现挤眉弄眼,摇头扭腰,抽动无力等症。

《素问·阴阳应象大论》指出"风胜则动"及"伤于风者,上先受之"的致病特点,本病首发多从眼、鼻、口、头面开始。不管任何部位的抽动,皆是风邪为患。"诸风掉眩,皆属于肝",故本病病位主要在肝,也常影响到心肺脾肾。其病机属性为本虚标实,病初多实,迁延日久多虚,以肝肾阴虚为本,风痰鼓动为标。常由风生痰,痰生风,风痰胶结,肝郁风动而发病。

课堂互动

谈谈对《临证指南医案·肝风》"肝为风木之脏,因有相火内寄,体阴用阳,其性刚,主动主升"的理解。

【诊断】

(一)诊断要点

1. 发病于 18 岁前,可有疾病后及情志失调的诱因或有家族史。

2. 不自主的眼、面、颈、肩、腹及上下肢肌群快速抽动,以固定方式重复出现,无节律性,入睡后消失。在抽动时,可出现异常的发音,如"咯咯""吭吭",或咳声、呻吟声、粗言妄语。上述抽动可轮换发作,也能受意志短暂控制,可暂时不发作。

3. 病情轻者,病程在 1 年之内,属于短暂性抽动;病程超过 1 年,仅有一种抽动(或是运动抽动,或是发声抽动)属于慢性抽动;病程超过 1 年,既有运动抽动,又有发声抽动,属于多发性抽动,其无抽动间歇期不超过 3 个月。

4. 本病呈慢性过程,有明显波动性,可因感受外邪、精神紧张、久看电视或久玩电子产品等因素而加重或反复。

5. 实验室检查多无特殊异常,脑电图正常或非特异性异常。智力测试基本正常。

(二)鉴别诊断

1. 风湿性舞蹈病　6 岁以后多见,女孩居多,是风湿热主要表现之一。常表现为面部及四肢各种异常动作,且有其不规则的舞蹈样动作及肌张力减低等风湿热体征。抗链球菌溶血素 O 增高。抗风湿治疗有效。

2. 肌阵挛　肌阵挛是癫痫发作的一种类型,表现全身肌肉或某部肌肉突然、短暂、触电样收缩,可一次或数次发作。发作时常伴意识障碍,脑电图异常。抗癫痫治疗可控制发作。

【辨证论治】

(一)辨证思路

本病常呈反复发作,往往病程较长,常虚实夹杂,应根据不同阶段的临床表现,准确辨证,重在辨虚实、辨脏腑。

1. 辨虚实　病程短,抽动频繁有力,发声响亮,伴烦躁易怒,大便干,舌质红,脉实者,多属实证;病程较长,抽动较弱,发声较低,伴面色无华,懒言倦怠,舌淡苔薄,或潮热盗汗,舌红苔少者,多属虚证。

2. 辨脏腑　病在肝者,眨眼摇头,怪象百出,烦躁易怒;病在心者,夜眠多梦,心烦不宁,妄言抽动;病在脾者,抽动无力,纳少厌食,面黄体倦;病在肾者,肢颤腰扭,手足心热,舌红苔少;病在肺者,时有外感,喉出异声,发声抽动。

(二)治疗原则

本病治疗以息风止动为基本原则。实证以平肝息风,豁痰定抽为主;虚证以滋肾补脾,柔肝息风为要;虚实夹杂治当标本兼顾,攻补兼施。由于本病具有慢性、波动性的特点,故需要较长时间的药物治疗,可配合针灸等法综合处理。

(三)分证论治

1. 肝亢风动

证候:摇头,耸肩,挤眉,眨眼,噘嘴,踢腿,抽动频繁有力,不时喊叫,声音高亢,急躁易怒,伴头晕头痛,面红目赤,或腹动胁痛,便干尿黄,舌红苔黄,脉弦数。

证候分析:本证多由五志过极,肝气郁结,肝阳上亢,化火生风所致,故表现为一派阳亢风动之证,抽动频繁而有力,喊叫声高亢;急躁易怒,面红目赤,便干尿黄,舌红苔黄,脉弦数均是肝火实热征象。

辨证要点:抽动频繁有力,急躁易怒,便干尿黄,舌红,脉弦。

治法:平肝息风,泻火定抽。

主方:天麻钩藤饮(《中医内科杂病证治新义》)加减。

常用药:天麻、钩藤、石决明、栀子、黄芩、柴胡、蝉蜕、白芍、远志。

加减:急躁易怒加夏枯草、郁金、菊花;抽动明显加青礞石、蜈蚣、羚羊角(研末冲服);点头、摇头加葛根、蔓荆子;喊叫声高加山豆根、牛蒡子、土牛膝根;大便干结加大黄、决明子。

2. 痰热扰动

证候:头面、四肢、躯体肌肉抽动,抽动快而有力,喉中吭声,口出妄言,烦躁口渴,睡中易惊或睡眠不安,大便秘结,小便短黄,舌质红,苔黄腻,脉弦滑或滑数。

证候分析:本证多见于形体较胖的患儿,平素喜食肥甘厚味,易生痰化热,痰热互结内扰,引动肝风心火,而见抽动频繁,口出妄言,烦躁不安,便秘尿黄,舌质红,苔黄腻等痰热之症。

辨证要点:抽动秽语,烦躁不安,便秘尿黄,舌质红,苔黄腻。

治法:清热化痰,息风止抽。

主方:黄连温胆汤(《六因条辨》)加减。

常用药:黄连、半夏、陈皮、竹茹、枳实、茯苓、天竺黄、僵蚕、礞石、石菖蒲、远志。

加减:妄言频出,喉中痰鸣,加蝉蜕、锦灯笼;眨眼频繁加谷精草、青葙子、密蒙花;撸鼻加辛夷、苍耳子、白芷;烦躁胸闷加淡竹叶、连翘、瓜蒌皮;腹胀纳呆加厚朴、莱菔子、谷芽;抽动频繁加用礞石滚痰丸。

3. 脾虚肝旺

证候:抽动无力,时发时止,时轻时重,眨眼皱眉,噘嘴,撸鼻,腹部抽动,喉出怪声,精神倦怠,面色萎黄,食欲不振,形瘦性急,夜卧不安,大便不调,舌质淡,苔薄白或薄腻,脉细或细弦。

证候分析:本证多见于平素体质较差,或久病吐泻后,脾气虚弱,土虚木旺,虚风内动,则抽动无力,时发时止,时轻时重;脾虚不能运化水谷精微,无以生化气血则见面黄形瘦,精神倦怠;脾虚肝亢则性急易怒,夜卧不安;食欲不振,大便不调,舌质淡,苔薄白,均是脾虚之象。

辨证要点:抽动无力,时发时止,时轻时重,面色萎黄,食欲不振,舌质淡,苔薄。

治法:扶土抑木,调和肝脾。

主方:缓肝理脾汤(《医宗金鉴》)加减。

常用药:党参、白术、茯苓、山药、柴胡、白芍、当归、陈皮、酸枣仁、甘草。

加减:抽动频数加葛根、天麻;肝气亢旺加钩藤、生龙骨;手足蠕动频繁加蜈蚣、伸筋草、鸡血藤;腹部抽动明显加木瓜、枳壳、重用白芍、甘草;噘嘴加蝉蜕、白芷、藿香;食欲不振加谷芽、焦山楂、鸡内金;睡眠不安加柏子仁、珍珠母。兼心气虚者,合用甘麦大枣汤。

4. 阴虚风动

证候:挤眉弄眼,摇头扭腰,肢体抖动,咽干清嗓,形体偏瘦,性情急躁,两颧潮红,五心烦热,睡眠不安,大便偏干,舌质红少津,苔少或花剥,脉细数或弦细无力。

证候分析:本证见于病程长者,素体肝肾阴亏,阴虚生风所致,可见摇头扭腰,肢体抖动无力;真阴亏虚,水不涵木则形体偏瘦,性情急躁;阴亏津少则咽干清嗓,大便偏干;阴虚生火则两颧潮红,五心烦热,舌质红,苔少,脉细数。

辨证要点:形体偏瘦,五心烦热,时作抽动,肢体抖动,舌质红,苔少,脉细数。

治法:滋水涵木,柔肝息风。

主方:大定风珠(《温病条辨》)加减。

常用药:龟甲、鳖甲、生牡蛎、生地黄、阿胶(烊化)、麦冬、火麻仁、五味子、白芍、甘草。

加减:抽动明显加全蝎、蜈蚣;喉发异声加青果、玄参、桔梗;五心烦热加地骨皮、牡丹皮、青蒿;睡眠不实加酸枣仁、百合、夜交藤;心神不定,注意力不集中,加石菖蒲、益智仁、酸枣仁;头昏,舌质淡,加何首乌、当归、天麻。

【诊疗提示】

1. 本病诊断缺乏特异性诊断指标,采用临床描述性诊断方法。

2. 本病症状具有多样性、波动性和反复性,易被误诊为眼部、鼻咽部、颈部等局部疾病,需加以鉴别。

3. 根据病情严重程度和共患病评估选择治疗方法。

4. 心理行为治疗是每个患儿必不可少的,包括行为疗法、支持性心理咨询、家庭治疗等。

【其他疗法】

(一)中成药

1. 礞石滚痰丸 用于痰热扰动证。

2. 杞菊地黄丸 用于阴虚风动证。

3. 菖麻熄风片 用于肝亢风动夹痰者。

4. 九味熄风颗粒 用于肾阴亏损,肝风内动证。

5. 芍麻止痉颗粒 用于肝亢风动,痰火内扰者。

(二)推拿疗法

揉百会,推脾土,揉五指节,运内八卦,分推手阴阳,推上三关,揉足三里,揉涌泉。

(三)针灸疗法

1. 体针 主穴:四神聪、合谷、内关、足三里。配穴:眨眼加印堂、攒竹、太阳;皱眉加印堂、鱼腰、丝竹空;耸鼻加迎香、鼻通、四白;口角抽动加地仓、颊车;点头摇头加风池、大椎、肩井;耸肩加肩髃、肩髎、肩贞;上肢抽动加肩髃、曲池、手三里;腹部抽动加天枢、关元、中脘;下肢抽动加丰隆、三阴交、阳陵泉;喉出怪声加咽四针、列缺;注意力不集中加神门;情绪不稳、烦躁加太冲、神庭。

2. 耳针 皮质下、神门、心、肝、脾、肺、肾、脑干,每次选3~4穴,每周2次。每日可按压2~3次,每次5分钟。

【预防护理】

1. 注意围生期保健,孕妇应避免七情所伤,生活规律,营养均衡。

2. 培养儿童良好的生活和学习习惯,教育方法要适当,减少儿童精神压力。

3. 及时治疗眼部、鼻部疾病,勿长时间看电视或玩电子游戏,防止产生不良习惯。

4. 饮食宜清淡,不进食兴奋性、刺激性的饮料和食物。

5. 增强体质,防止感受外邪而诱发或加重病情。

【古籍摘要】

《素问·阴阳应象大论》:"东方生风,风生木,木生酸,酸生肝,肝生筋,肝主目……在声为呼,在变动为握,在窍为目,在味为酸,在志为怒。怒伤肝,悲胜怒;风伤筋……"

《小儿药证直诀》:"凡病或新或久,皆引肝风,风动而上于头目,目属肝,风入于目,上下左右如风吹,不轻不重,儿不能任,故目连劄也。"

病案分析

患儿,男,9岁6个月。2016年9月初诊。主诉:反复不自主鼓肚子、耸肩3年余,摇头加重1周。患儿3年前无诱因出现鼓肚子、耸肩,偶有摇头、咧嘴,每遇感冒或紧张时症状时轻时重。1周前因感冒发热1天,出现摇头加重,点头、扭颈、咧嘴,纳可,二便调。形体消瘦,面色少华,舌质淡红,苔薄白,脉细。诊断:多发性抽动症。中医辨证为脾虚肝旺。治拟扶土抑木,调和肝脾。处方:太子参10g、白术10g、陈皮10g、防风10g、钩藤10g、川芎6g、白芍6g、茯苓10g、木瓜9g、山药10g、伸筋草15g、谷精草10g、石菖蒲10g、半夏5g、葛根10g、柴胡10g、桂枝8g、地龙10g、全蝎5g、乌梢蛇10g、天麻8g、羌活6g、广藿香10g,21剂,常法煎服。2016年10月二诊:药后摇头明显减轻,仅在进餐时偶见,出现眨眼,纳差,二便调。面色少华,舌尖红赤,苔白,脉细。遂上方去柴胡、广藿香,加夏枯草10g、鱼腥草12g,21剂。2016年11月三诊:药后摇头、点头消失,眨眼减轻,纳可,睡眠可,二便调。面色少华,舌尖红,苔白,脉细。遂上方去桂枝、夏枯草、鱼腥草,加石斛10g、连翘10g、木贼草10g,30剂。连续复诊5个月共5诊,抽动症状基本消失,治疗期间曾感冒发烧一次,抽动症状无反复。

按:本案为小儿抽动症脾虚肝旺案,证属脾虚肝旺,治以扶土抑木,调和肝脾,拟"缓肝理脾汤"加减治疗获效。太子参、白术、茯苓健脾除湿;钩藤平肝息风,共奏健脾平肝之效。陈皮、防风、半夏为化痰行气,祛风解痉;白芍养血柔肝,缓急止挛,川芎行气解郁,引诸药上行,缓解头面部及上肢抽动,山药加强健脾,石菖蒲化湿豁痰,醒神益智;木瓜、伸筋草柔筋止抽,葛根舒经活络,通项背,止仰脖、甩头等项背部抽动,谷精草清热疏风利目。全方偏于健脾,配合化痰、平肝的药物,标本同治,补泻兼施。患者病程长,形瘦、纳差、舌淡等脾虚症状较之更重,且因外感而复发,加藿香醒脾开胃,且能发汗解表,祛除在表残留之邪。桂枝、柴胡皆为解表药,桂枝能"补中益气",柴胡善"推陈致新",一同加入增强脾土运化功能。再以地龙、全蝎、乌梢蛇等搜风剔络,息风定惊。二诊加入心肝二经之夏枯草、入肺经之鱼腥草以解内热。三诊因患者仍有眨眼症状,故加入能上通于目之木贼草。患儿脾胃之气健运,则营卫生成充足,所以再次感冒而抽动未复发。

病案摘自《王素梅教授治疗儿童多发性抽动症经验》

07章05节PPT

PPT 课件

第五节　惊　风

惊风是小儿常见的一种急重病证,临床以抽搐、昏迷为主要症状。惊风又是一种证候,可发生于多种疾病之中。惊风的证候可概括为四证八候,四证即痰、热、惊、风;八候指搐、搦、颤、掣、反、引、窜、视。惊风发作时,往往痰、热、风、惊四证混同出现,难以截然分开;八候的出现表示惊风已在发作;但惊风发作时,不一定八候全都出现,且其急慢、强弱程度各有不同。本病一年四季均可发生,多见于 1~5 岁儿童,且年龄越小,发病率越高。

惊风分为急惊风和慢惊风两大类。凡起病急暴,八候表现急速强劲,病性属实属阳属热者,为急惊风;起病缓慢,八候表现迟缓无力,病性属虚属阴属寒者,为慢惊风。慢惊风中若出现纯阴无阳的危重证候,称为慢脾风。

本病西医学称为小儿惊厥,可发生于高热、中毒性细菌性疾病、乙型脑炎、脑膜炎等多种疾病中。

急　惊　风

急惊风来势急骤,常痰、热、惊、风四证具备,以高热、抽风、昏迷为主要表现。

【病因病机】

小儿急惊风的病因主要包括外感风热、感受疫毒及暴受惊恐。

1. 外感风热　小儿肌肤薄弱,卫外不固,易感外邪。若冬春之季,寒温不调,气候骤变,风热之邪从口鼻或皮毛而入,易于传变,热极生风,或热盛生痰,痰盛动风,而生急惊诸症。

2. 感受疫毒　冬春季节感受温热疫毒,不能及时清解,内陷厥阴;或夏季感受暑热疫毒,邪炽气营,蒙蔽清窍,引动肝风;或饮食秽毒,湿热疫毒蕴结肠腑,化热化火,内陷心肝,扰乱神明,均可发为惊风。

3. 暴受惊恐　小儿元气未充,神气怯弱,若乍见异物,卒闻异声,或不慎跌仆,暴受惊恐,惊则气乱,恐则气下,以致气机逆乱,心神失主,痰升风动,发为惊风。

小儿急惊风的病位主要在心肝;病机围绕热、痰、风、惊的演变和转化,关键为邪陷厥阴,蒙蔽心窍,引动肝风。

【诊断】

(一)诊断要点

1. 多见于 3 岁以下婴幼儿,5 岁以上者逐渐减少。

2. 常有感受风热、疫毒之邪或暴受惊恐病史。

3. 临床以高热、抽搐、昏迷为主要表现。

4. 有明显的原发疾病,如感冒、肺炎喘嗽、疫毒痢、流行性腮腺炎、流行性乙型脑炎等。中枢神经系统感染者,神经系统查体病理反射阳性。

5. 必要时可行大便常规、大便培养、血培养、血电解质、脑脊液、脑电图、脑 CT、脑 MRI 等检查协助诊断。

(二)鉴别诊断

本病需与癫痫相鉴别,见表 7-1。

表 7-1　急惊风与癫痫鉴别

鉴别点	急惊风	癫痫
临床表现	以高热、抽搐、昏迷为主要表现	表现多样,神昏、抽搐、口吐白沫、喉中异声等特征表现,发作时无发热,具有突发突止、醒后如常、反复发作的特点
反复发作	否	是
脑电图	大多正常	见棘波、尖波、棘-慢波等

【辨证论治】

(一) 辨证思路

本病辨证,应首先辨别证候轻重,继而辨别病邪性质。

1. 辨轻重　惊风发作次数较少,持续时间较短(5 分钟以内),发作后无神志、感觉、运动障碍者,属轻证。若发作次数较多(2 次以上),或抽搐时间较长,发作后神志不清,甚至有感觉、运动障碍者,属重证。

2. 辨病邪　主要根据发病季节、年龄、病史、致病特点、原发病表现等辨别。外感风热者,冬春好发,常见于 3 岁以下小儿,表现为热性惊厥,多伴风热表证;温热疫毒所致者,亦多见于冬春季节,常有麻疹、流行性腮腺炎等疫病接触史及其特征表现,惊风属于该类疾病的变证;暑热疫毒引起者好发于盛夏,易见邪炽气营表现,常见于流行性乙型脑炎;湿热疫毒引起者,多见于夏秋,易阻滞肠腑,直中厥阴,出现神昏抽搐、大便异常,多见于中毒性痢疾;因于惊恐者,常有惊吓病史,可见惊惕不安、惊叫急啼、胆怯易惊等临床表现。

(二) 治疗原则

急惊风以豁痰、清热、息风、镇惊为基本治则。然痰有痰火、痰浊,热有表热、里热,风有外风、内风,惊有实证、虚证。因此治痰有泻心涤痰、豁痰开窍的区别;清热有解肌透表、苦寒泄热的差异;治风有疏风和息风的不同;镇惊有平肝镇惊、养血安神的区分。治疗中既要重视息风镇惊,又不可忽视原发疾病的处理,分清标本缓急,辨证结合辨病施治。

(三) 分证论治

1. 外感风热

证候:起病急骤,发热,鼻塞,流涕,咽赤,咳嗽,头痛,烦躁,神昏,抽搐,舌质红,苔薄黄,脉浮数,指纹青紫。

证候分析:风热外袭,犯于肺卫,郁于肌表,邪正交争,故发热、流涕、咽赤、咳嗽;风热之邪入里化热,扰乱心神,引动肝风,故烦躁、神昏、抽搐。舌质红,苔薄黄,脉浮数均为外感风热之征。本证常见于西医学热性惊厥。

辨证要点:发热,神昏,抽搐,咽赤,脉浮数。

治法:疏风清热,息风镇惊。

主方:银翘散(《温病条辨》)加减。

常用药:金银花、连翘、薄荷、荆芥穗、豆豉、牛蒡子、钩藤、僵蚕、蝉蜕。

加减:高热不退加生石膏、羚羊角(研末冲服);喉间痰鸣加天竺黄、胆南星;咽喉肿痛,大便秘结,加黄芩、大黄;神昏抽搐较重加水牛角、全蝎、蜈蚣。

2. 温热疫毒

证候:麻疹、流行性腮腺炎等疫病过程中,出现高热不退,神昏,四肢抽搐,头痛呕吐,烦躁口渴,舌质红,苔黄,脉数。

证候分析:多因原发温热疾病,温热疫毒未能及时清解外泄,内陷心肝所致。邪热扰心,神明失主,故烦躁不安,神昏;热灼筋脉,引动肝风,则抽搐、双目上视。

辨证要点:高热不退,神昏,四肢抽搐,头痛呕吐,舌质红,苔黄。

治法:平肝息风,清心开窍。

主方:羚角钩藤汤(《重订通俗伤寒论》)加减。

常用药:羚羊角、钩藤、川贝母、桑叶、菊花、白芍、石菖蒲、僵蚕、栀子。

加减:高热昏迷甚者加安宫牛黄丸;痰盛加天竺黄、胆南星;大便秘结加大黄;抽搐频繁加全蝎、蜈蚣。

3. 暑热疫毒

证候:起病急骤,持续高热,神昏谵语,反复抽搐,头痛项强,呕吐,或嗜睡,或皮肤出疹发斑,口渴便秘,舌质红,苔黄,脉弦数。严重者可发生呼吸困难等危象。

证候分析:暑为阳邪,化火最速,暑邪直中心包,扰乱神明,闭塞心窍则神昏谵语;火极生风,肝风内动,故反复抽搐,头痛项强;暑邪伤津耗液,故见高热、口渴、便秘;邪入营血,血溢脉外,故皮肤出疹发斑。本证常见于西医学流行性乙型脑炎。

辨证要点:多见于盛夏之季,持续高热,神昏谵语,反复抽搐,头痛项强,呕吐。

治法:清热祛暑,开窍息风。

主方:清瘟败毒饮(《疫疹一得》)加减。

常用药:生石膏、生地黄、黄连、水牛角、栀子、黄芩、知母、赤芍、玄参、连翘、牡丹皮、羚羊角(研末冲服)、钩藤、僵蚕。

加减:昏迷较甚者,可选用牛黄清心丸、安宫牛黄丸或紫雪丹;大便秘结加大黄、玄明粉;呕吐加半夏、竹茹;皮肤瘀斑加大青叶、丹参、紫草。

4. 湿热疫毒

证候:持续高热,频繁抽搐,昏迷,谵妄烦躁,腹痛呕吐,大便黏腻或夹脓血,舌质红,苔黄腻,脉滑数。

证候分析:本证多见于夏秋之季。湿热疫毒壅阻肠腑,故腹痛呕吐,大便脓血;内迫营血,直犯心肝,故昏迷、抽搐。舌质红,苔黄腻,脉滑数,均为湿热侵袭之象。本证常见于西医学中毒型细菌性痢疾。

辨证要点:夏秋季节,急起高热,反复惊厥,腹痛呕吐,黏液脓血便。

治法:清热化湿,解毒息风。

主方:黄连解毒汤(《肘后备急方》)合白头翁汤(《伤寒论》)加减。

常用药:黄连、黄柏、栀子、黄芩、白头翁、秦皮、钩藤、全蝎、赤芍。

加减:呕吐腹痛明显加玉枢丹;大便脓血较重者,可用大黄水煎灌肠;昏迷不醒,反复抽搐者,选用紫雪丹、至宝丹。若出现内闭外脱者,改用参附龙牡救逆汤灌服。

5. 暴受惊恐

证候:平素情绪紧张,胆小易惊,暴受惊恐后出现惊惕不安,身体战栗,喜投母怀,面色乍青乍白,甚则抽搐、神志不清。大便色青,脉律不整,指纹紫滞。

证候分析:多有惊吓史。小儿元气未充,心神怯弱,若暴受惊恐,神无所归,故惊惕不安;惊则气乱,风痰上扰,蒙蔽清窍,故见抽搐;面色乍青乍白、大便色青均为惊恐所致征象。

辨证要点:有惊吓病史,惊惕不安,面色乍青乍白。

治法:镇惊安神,平肝息风。

主方:琥珀抱龙丸(《活幼心书》)合朱砂安神丸(《内外伤辨惑论》)加减。

常用药:琥珀(冲服)、胆南星、朱砂(冲服)、天竺黄、当归、全蝎、钩藤、石菖蒲、远志。

加减:寐中肢体颤动,惊惕不安,加磁石;呕吐加竹茹、半夏;神疲乏力,唇甲色淡,加黄芪、当归、酸枣仁。

【诊疗提示】

1. 急惊风作为一个证候,可发生于多种疾病之中。应围绕其病因详细采集病史。

2. 注意发病的年龄特点。新生儿期常见产伤窒息、缺血缺氧性脑病、颅内出血、低血糖、低钙血症、新生儿破伤风等;婴儿期常见热性惊厥、中毒型细菌性痢疾、败血症等急性感染性中毒性脑病;学龄前期以颅脑外伤、颅内感染为多;儿童期则以颅内感染最常见。

3. 注意发病的季节特点。如冬春季节常见感冒、肺炎喘嗽、麻疹、流行性腮腺炎、流行性脑脊髓膜炎等;盛夏季节好发流行性乙型脑炎;夏秋季节常见中毒型细菌性痢疾;冬季多见重症肺炎、低钙血症;热性惊厥及各种中毒引起的惊风可见于一年四季。

4. 本病为急重症,可中西医结合治疗。

【其他疗法】

(一) 中成药

1. 安宫牛黄丸　用于急惊风症见神昏者。

2. 牛黄镇惊丸　用于急惊风暴受惊恐者。

3. 羚羊角粉　用于急惊风症见高热者。

4. 小儿回春丹　用于急惊风外感风热者。

(二) 针灸疗法

1. 体针　急惊风:外感风热者,取穴人中、合谷、太冲、手十二井(少商、商阳、中冲、关冲、少冲、少泽)、十宣、大椎。人中穴向上斜刺,用雀啄法。手十二井或十宣点刺放血。其余各穴均施行捻转泻法,强刺激。感受湿热疫毒者,取穴人中、中脘、丰隆、合谷、内关、神门、太冲、曲池,上穴施以提插捻转泻法,留针 20~30 分钟,留针期间 3~5 分钟施术 1 次。暴受惊恐所致者,取穴印堂、内关、神门、阳陵泉、四神聪、百会,施捻转泻法,留针 20 分钟。

2. 耳针　取穴心、肝、交感、神门、皮质下。毫针强刺激,留针 60 分钟。

【预防护理】

1. 按计划免疫接种,预防传染病。

2. 对于发热患儿,尤其既往有热性惊厥病史者,要及时控制体温,必要时加服抗惊厥药物。

3. 积极治疗原发病,防止惊厥反复发作。

4. 对于惊风发作中的患儿,切勿强制按压,以防骨折。要采取头侧位,保持呼吸道通畅,及时清除鼻腔、口腔分泌物,必要时吸痰。

5. 严密监测患儿面色、瞳孔、体温、血压、心率、呼吸等情况。抽搐时间较长者,应给予吸氧。

慢 惊 风

慢惊风来势缓慢,抽搐无力,时作时止,反复难愈,常伴昏迷、瘫痪等症。

【病因病机】

慢惊风多由急惊风未愈转变而来,或由大病、久病,如暴吐、暴泻、久吐、久泻等形成。

1. 脾胃虚弱　由于暴吐、暴泻,或久吐、久泻,或因他病过用峻利之品,妄用汗、下之法致脾胃受损。脾胃虚弱,土虚木贼,肝亢风动,致慢惊风。

2. 脾肾阳虚 胎禀不足,或久吐久泻,或喂养不当,或误用攻伐之品,损伤脾阳,日久及肾,脾肾阳虚,不能温煦筋脉,而致时时搐动之慢脾风证。

3. 阴虚风动 急惊风后,或温热病后期,阴液亏耗,或他病影响,致肝肾阴虚,水不涵木,筋脉失于濡养,虚风内动而致慢惊风。

总之,小儿慢惊风多由脾胃虚弱,土虚木亢;或脾肾阳虚,失于温煦;或热病伤阴,不能濡养筋脉所致。其病位主要在肝、脾、肾,病变性质以虚为主,亦可见虚中夹实。

【诊断】

1. 具有反复呕吐、长期泄泻、急惊风、佝偻病等病史。

2. 起病缓慢,病程较长。症见面色苍白,嗜睡无神,抽搐无力,时作时止,或两手颤动,筋惕肉𥆧,脉细无力。

3. 根据患儿的临床表现,结合血液生化、脑电图、脑脊液、头颅 CT 等检查,以明确原发病。

【辨证论治】

(一)辨证思路

慢惊风多属虚证,故重在辨脏腑,分阴阳。

1. 辨脏腑 若形神疲惫,面色萎黄,抽搐无力,时作时止,嗜睡露睛,不欲饮食,大便稀溏,为病在肝脾;若神萎昏睡,面白无华,四肢厥冷,手足震颤,溲清便溏,舌淡,脉沉微,为病在脾肾。

2. 分阴阳 若暴泻久泻之后,见手足震颤,伴面白无华,口鼻气冷,额汗不温,四肢厥冷,溲清便溏,舌质淡,苔薄白,脉沉微者,多属阳虚;若急惊风后,肢体拘挛或强直,伴精神疲惫,形容憔悴,低热虚烦,手足心热,大便干结,舌绛少津,苔少或无苔,脉细数者,多属阴虚。

(二)治疗原则

慢惊风由虚生风,治疗以补虚治本为主,临床常用治法有温中健脾、温阳逐寒、育阴潜阳、柔肝息风等,若属虚中夹实者,宜攻补兼施,标本兼顾。

(三)分证论治

1. 脾虚肝旺

证候:精神萎靡,面色萎黄,嗜睡露睛,四肢不温,抽搐无力,时作时止,不欲饮食,大便稀溏,色带青绿,时有肠鸣,舌质淡,苔白,脉沉细。

证候分析:本证常发生于婴幼儿,以脾胃虚弱为主。久泻伤脾,脾虚则面色萎黄,精神萎靡;脾运失健,湿滞内生,故大便稀溏,不欲饮食;脾阳不振,故四肢不温;土虚木乘,木旺生风,故见抽搐无力,嗜睡露睛,大便色青。

辨证要点:抽搐无力,时作时止,精神萎靡,面色萎黄,嗜睡露睛。

治法:温中益气,缓肝理脾。

主方:缓肝理脾汤(《医宗金鉴》)加减。

常用药:人参、白术、茯苓、陈皮、山药、白扁豆、甘草、白芍、钩藤、干姜、肉桂。

加减:抽搐明显加天麻、菊花;纳呆食少加砂仁、炒麦芽、焦神曲;四肢不温,大便稀溏,改用附子理中汤加减。

2. 脾肾阳虚

证候:精神委顿,昏睡露睛,面白无华或灰滞,口鼻气冷,额汗不温,四肢厥冷,手足震颤,溲清便溏,舌质淡,苔薄白,脉沉微。

证候分析：本证多发生于暴泻、久泻之后，为虚极之候，属慢脾风证。阳虚寒水上泛，故见面色无华或灰滞；阳气不运，温煦失职，故口鼻气冷，四肢厥冷，额汗不温，甚则昏睡；土败木贼，虚极生风，则见手足震颤。

辨证要点：精神委顿，额汗不温，四肢厥冷，手足震颤。

治法：温补脾肾，回阳救逆。

主方：固真汤（《证治准绳》）加减。

常用药：人参、白术、山药、茯苓、黄芪、甘草、附子、肉桂、炮姜、丁香。

加减：汗多加龙骨、牡蛎、五味子；恶心呕吐加吴茱萸、胡椒、半夏。

3. 阴虚风动

证候：精神疲惫，形容憔悴，面色萎黄，或时有潮红，肢体拘挛或强直，抽搐时轻时重，虚烦低热，手足心热，易出汗，大便干结，舌质绛少津，苔少或无苔，脉细数。

证候分析：本证多发生于急惊风后。热久阴伤，肝肾之阴不足，阴虚不能潜阳，水不涵木，筋脉失养，故见肢体拘挛或强直，抽搐反复发作；阴虚内热，则虚烦低热，手足心热，易汗出，面色潮红；大便干结，舌质绛、少津，脉细数等均为阴虚内热之象。

辨证要点：抽搐时轻时重，反复发作，低热，舌质绛，苔少，脉细数。

治法：育阴潜阳，滋水涵木。

主方：大定风珠（《温病条辨》）加减。

常用药：阿胶、生地黄、麦冬、白芍、龟甲、鳖甲、火麻仁、生牡蛎、五味子、甘草。

加减：阴虚潮热加地骨皮、银柴胡、青蒿；抽搐不止加天麻、乌梢蛇；筋脉拘急，屈伸不利加黄芪、党参、鸡血藤、桑枝。

【诊疗提示】

慢惊风虽来势较缓，亦应注意分析病因。根据不同疾病出现的证候，结合实验室检查和影像学检查，明确其原发疾病。

【其他疗法】

（一）针灸疗法

1. 体针　基本处方：百会、印堂、气海、足三里。脾虚肝旺加脾俞、太冲；脾肾阳虚加脾俞、肾俞、关元；阴虚风动加太溪、太冲、风池。诸穴均用补法。

2. 耳针　交感、神门、皮质下、心、肝、脾，毫针中刺激，或王不留行贴压。

3. 灸治　取穴大椎、脾俞、命门、关元、气海、百会、足三里。用于脾虚肝亢证、脾肾阳虚证。

（二）推拿疗法

运五经，推揉脾土，揉五指节，运内八卦，分推手阴阳，推上三关，揉涌泉，揉足三里。

【预防护理】

1. 注意饮食卫生，避免惊恐等不良刺激。

2. 积极治疗原发病，防止惊风反复发作。

3. 患儿抽搐发作时，调护同急惊风。

4. 长期卧床患儿，应经常变换体位，防止褥疮发生。

5. 保证营养，不能吞咽者给予鼻饲。病情好转后，应予高营养、易消化食物。

【古籍摘要】

《小儿药证直诀·脉证治法》："小儿急惊者,本因热生于心,身热面赤引饮,口中气热,大小便黄赤,剧则搐也。盖热甚则风生,风属肝,此阳盛阴虚也,故利惊丸主之,以除其痰热,不可与巴豆及温药大下之,恐蓄虚热不消也。小儿热痰客于心胃,因闻声非常,则动而惊搐矣。若热极,虽不因闻声及惊,亦自发搐。"

《景岳全书·小儿则·惊风》："惊风之要领有二:一曰实证,一曰虚证而尽之矣。盖急惊者阳证也,实证也。乃肝邪有余而风生热,热生痰,痰热客于心膈间,则风火相搏,故其形证急暴而痰火壮热者,是为急惊。此当先治其标,后治其本。慢惊者,阴证也,虚证也。此脾肺俱虚,肝邪无制,因而侮脾生风,无阳之证也。故其形气病气俱不足者,是为慢惊。此当专顾脾肾,以救元气。虽二者俱名惊风,而虚实之有不同,所以急慢之名亦异。凡治此者,不可不顾其名以思其义。"

07章06节PPT

PPT 课件

第六节 癫 痫

癫痫又名"痫证",俗称"羊痫风",是一种反复发作性的疾病,临床以突然仆倒,昏不知人,口吐涎沫,两目上视,肢体抽搐,惊掣啼叫,喉中异声,移时即醒,醒后如常人为主要表现,具有反复性、发作性及发作多呈自限性的特点。

本病发病无明显的季节性,可发生于任何年龄,多见于 4 岁以上儿童。儿童癫痫半数以上起病于 10 岁以内,其发病率约为成人的 10 倍。本病西医学亦称为癫痫。

【病因病机】

癫痫病因包括先天因素、后天因素及诱发因素三方面。

(一)先天因素

主要责之胎禀不足、胎产损伤和胎中受惊。如父母体弱多病或素有癫痫之疾,或孕期调护失宜,或早产难产等胎产损伤,或儿在母腹之中,母惊于外,胎感于内,均可致胎儿受损,肾精不足,若有所犯,则气机逆乱,引发癫痫。

(二)后天因素

1. 痰浊内伏　痰与痫疾的关系最为密切,痰之所生,与脾、肾密切相关。小儿脾常不足、肾常虚,若饮食所伤或他病影响,脾胃受损,运化失常,水聚为痰;或胎产、他病因素使脑髓受损,肾精亏虚,水泛为痰,痰阻脏腑气机升降之路,阴阳之气不相顺接,痰浊上逆,蒙蔽清窍,因而作痫。

2. 惊风频发　若惊风频繁发生,风邪与痰浊相搏,进而阻塞心窍,扰乱神明,闭阻经络,亦可续发痫疾。正如《证治准绳·幼科》言:"惊风三发便为痫。"此"三发"指惊风多次发作不愈,日后可致癫痫。

3. 暴受惊恐　惊吓是导致小儿癫痫的常见病因之一。除上述胎中受惊外,由于小儿神气怯弱,元气未充,平素痰浊内伏,若乍见异物,猝闻异声,或不慎跌仆,暴受惊恐,均可致气机逆乱,痰随气逆,蒙蔽清窍,阻滞经络,发为癫痫。

4. 外伤血瘀　产时受伤或颅脑外伤,血络受损,瘀浊停积,使脑窍不通,精明失主,则昏不知人,筋脉失养则抽搐顿作,发为癫痫。

(三)诱发因素

包括视听觉刺激,情志失调,精神紧张,睡眠不足,饮食不当,以及长时间玩电子游戏等,均可致气机逆乱,触动伏痰,痰随气逆,发为癫痫。

癫痫的病位在心、肝、脾、肾,病机特点为先天禀赋不足、肾精亏虚,后天调摄失宜、痰浊内生,遇有诱因,则致气机逆乱,痰随气逆,上蒙心窍,引动肝风,发为本病。若癫痫反复发作,病程迁延或失治误治,易致脏腑虚损,尤以脾、肾为主。脾虚则运化失常,痰留难祛,阻滞经络,蒙闭清窍,形成虚实夹杂之证,致癫痫反复发作;日久及肾,致肾精亏虚,脑髓失养,从而加重癫痫发作,并可影响智能发育。

【诊断】

(一)诊断要点

1. 全身性发作时突然昏倒,项背强直,四肢抽搐。或仅两目瞪视,呼之不应,或头部下垂,肢软无力。

2. 部分性发作时可见多种形式,如口、眼、手等局部抽搐而无突然昏倒,或幻视,或呕吐、多汗,或言语障碍,或无意识的动作等。

3. 起病急骤,醒后如常人,反复发作。

4. 多有家族史,每因惊恐、劳累、情志过极等诱发。

5. 发作前可有眩晕、胸闷、惊恐、恶心、心神不宁等先兆。

6. 发作间期脑电图有癫痫样放电支持癫痫诊断。体检及 CT、MRI 等神经影像学检查有利于分析病因。

(二)鉴别诊断

1. 热性惊厥 6 个月~5 岁发病,5 岁以上者少见,有显著遗传倾向。多在感冒发热初起温度上升时发作,时间较短暂,一般一次发热病程中只抽搐一次,惊厥发作前后小儿情况良好。

2. 婴儿手足搐搦症 又名佝偻病性手足搐搦症,多见于 1 岁以内人工喂养儿及早产儿,由维生素 D 缺乏所致。一般无发热,惊厥每天发作数次至数十次,每次持续数秒至数分钟。手足搐搦如鸡爪样,手腕部屈曲,手指伸直,拇指贴近掌心,呈强直状,足趾强直弯向足心。血钙降低,血磷正常或升高。

【辨证论治】

(一)辨证思路

本病辨证,应首分轻重,继辨病因。

1. 分轻重 一般发作次数少、持续时间短、间隔时间长,抽搐轻微,意识丧失时间短,脑电图异常程度较轻,头颅影像学检查未见异常者多属轻证。若起病急骤,抽搐频剧,意识丧失,持续时间长,发作频繁,脑电图异常程度重,或颅脑影像学检查有器质性疾病,抗癫痫药物难以控制者,则属重证。

2. 辨病因 常见的病因有惊、风、痰、瘀、虚。惊痫发病前常有惊吓史,发作时常伴惊叫、恐惧等精神症状;风痫多由外感发热所诱发,发作时抽搐明显,或伴发热等症;痰痫发作以神识异常为主,可伴痰涎壅盛等症;瘀血痫通常有明显的颅脑外伤史,头部疼痛位置较为固定。

(二)治疗原则

癫痫的治疗,应分标本虚实,频繁发作者治标为主,着重豁痰息风,开窍定痫;病久致虚者,以治本为重,或健脾化痰,或益肾填精。癫痫持续状态需中西医配合抢救。

本病治疗时间较长,强调长期规律用药。一般认为在临床症状消失后,仍应服药 2~3 年,如遇青春期则再延长 1~2 年,并结合脑电图等理化检查,恢复正常后方可逐渐停药,切忌骤停抗癫痫药物,以防引起反复,加重癫痫发作。

(三) 分证论治

1. 惊痫

证候:发作时惊叫、急啼,神志恍惚,面色时红时白,惊惕不安,四肢抽搐,神昏,平素胆小易惊,精神恐惧或烦躁易怒,夜寐不安,舌淡红,苔白,脉弦滑,指纹青。

证候分析:起病前常有惊吓史。小儿神气怯弱,若暴受惊恐,神气愤乱,则惊叫、急啼,精神恐惧,惊惕不安;小儿肝常有余,气机逆乱,肝风内动,故四肢抽搐。脉弦滑,指纹青均为惊恐之象。

辨证要点:多有惊吓史,发作时惊叫、急啼、神昏、抽搐。

治法:镇惊安神。

主方:镇惊丸(《医宗金鉴》)加减。

常用药:茯神、酸枣仁、朱砂、珍珠母、石菖蒲、远志、钩藤、天麻、胆南星、半夏、黄连。

加减:抽搐发作频繁加蜈蚣、全蝎、僵蚕;夜惊哭闹加磁石、琥珀粉(冲服);头痛加菊花、石决明。

上方朱砂用量需慎重,一般以每日 0.5~1g(冲服)为宜,服药时间应控制在 1 个月之内,否则易致汞中毒。全蝎、蜈蚣、僵蚕等动物类药物,水煎加热后可致蛋白凝固影响疗效,宜研末冲服。

2. 痰痫

证候:发作时突然跌仆,瞪目直视,喉中痰鸣,四肢抽搐,或局部抽动,或抽搐不明显,意识丧失,或神志恍惚,失神,或头痛,腹痛,肢体疼痛,口黏多痰,胸闷呕恶,可伴有智力低下,舌苔白腻,脉滑。

证候分析:痰浊上涌,蒙蔽心窍,神明失主,故神昏,或神志恍惚,失神;痰浊动风,故可见肢体抽搐;痰气逆乱,扰腑阻络,气机阻滞,故头痛,腹痛,肢体疼痛;舌苔白腻、脉弦滑均为痰浊内阻之征。

辨证要点:发作时喉间痰鸣,瞪目直视,意识丧失,四肢抽搐,舌苔白腻。

治法:豁痰开窍。

主方:涤痰汤(《济生方》)加减。

常用药:石菖蒲、胆南星、陈皮、清半夏、枳壳、沉香、川芎、六神曲、朱砂、天麻、青果、青礞石。

加减:眨眼、点头、发作较频者加天竺黄、琥珀粉(冲服)、莲子心;头痛加菊花、苦丁茶;腹痛加延胡索、川楝子、白芍、甘草;呕吐加赭石、竹茹;肢体疼痛加威灵仙、鸡血藤;表情淡漠、喃喃自语、悲欢无常加服百合地黄汤、甘麦大枣汤。

3. 风痫

证候:发作时突然仆倒,神志丧失,颈项强直,频繁抽搐,两目上视或斜视,牙关紧闭,口吐白沫,口唇及面部色青,舌苔白腻,脉弦滑。

证候分析:本证多由急惊风反复发作变化而来。风痰上泛,蒙闭心窍,上扰神明,故神志丧失;横窜经络,肝风内动,故颈项强直,频繁抽搐;苔白腻,脉弦滑,为肝阳偏盛,风痰上壅之征。

辨证要点:颈项强直,频繁抽搐,神志丧失,牙关紧闭,苔白腻,脉弦滑。

笔记栏

治法:息风止痉。

主方:定痫丸(《医学心悟》)加减。

常用药:天麻、全蝎、蜈蚣、石菖蒲、远志、胆南星、半夏、青礞石、陈皮、茯苓、朱砂、琥珀、川芎、枳壳、钩藤。

加减:高热加生石膏、连翘、羚羊角(研末冲服);大便秘结加大黄、玄明粉(冲服);烦躁不安加黄连、栀子、淡竹叶。

4. 瘀血痫

证候:反复抽搐,经久不愈,头痛有定处,年长女孩的发作往往与月经周期有关,行经前易发作,平素易胸胁少腹胀满,舌质紫暗或有瘀点,苔少,脉涩,指纹沉滞。

证候分析:既往有产伤或脑外伤史。产伤或脑外伤致脉络受损,瘀血阻滞脑窍,故头痛头晕,神志不清;瘀血阻络,筋脉失养,故抽搐,且抽搐部位及动态较为固定;舌紫暗或有瘀点、脉涩、指纹沉滞均为瘀血阻滞之象。

辨证要点:多有脑外伤史,反复抽搐,经久不愈,头痛有定处,经前发作,舌质紫暗。

治法:活血息风。

主方:通窍活血汤(《医林改错》)加减。

常用药:桃仁、红花、川芎、赤芍、老葱、石菖蒲、天麻、羌活。

加减:抽搐频繁加全蝎、乌梢蛇;头痛剧烈加丹参、五灵脂;大便秘结加芦荟、火麻仁;频发不止加失笑散。瘀血部位较大,或有肿瘤,保守治疗效果欠佳者,宜行颅脑手术。

5. 脾虚痰盛

证候:反复发作,抽搐无力,面色无华,时作头晕,神疲乏力,胸脘痞闷,纳呆便溏,舌质淡红,苔白腻,脉细软,指纹淡红。

证候分析:脾胃虚弱,气血生化乏源,故神疲乏力,面色无华,眩晕;脾运失健,痰湿内生,故胸脘痞闷,纳呆便溏;脾虚痰伏,遇有所触,则痫作不已。

辨证要点:反复发作,抽搐无力,神疲乏力,纳呆便溏。

治法:健脾化痰。

主方:六君子汤(《医学正传》)加减。

常用药:人参、白术、茯苓、甘草、陈皮、半夏、天麻、钩藤、僵蚕。

加减:大便稀薄加山药、白扁豆、藿香;纳呆食少加焦山楂、六神曲、砂仁。

6. 肾精亏虚

证候:发病日久,屡发不止,瘛疭抖动,时有头晕,腰膝酸软,神疲乏力,少气懒言,四肢不温,可伴智力发育迟滞,记忆力差,舌质淡,苔白,脉沉细无力,指纹淡红。

证候分析:多因抽搐发作较重,经久不愈伤于肾而致。肾精亏虚,水不涵木,故瘛疭抖动,屡发不止;精亏髓空,脑髓失养,则智力迟钝,眩晕,记忆力差;腰为肾之府,肾虚则腰膝酸软,神疲乏力。

辨证要点:瘛疭抖动,屡发不止,智力迟钝,记忆力差。

治法:益肾填精。

主方:河车八味丸(《幼幼集成》)加减。

常用药:紫河车、生地黄、茯苓、山药、泽泻、五味子、麦冬、牡丹皮、肉桂、附子。

加减:抽搐频繁加鳖甲、白芍;智力迟钝加益智仁、石菖蒲;大便稀溏加白扁豆、炮姜。

【诊疗提示】

1. 详细询问患儿发作时的症状表现,具有反复性及突发性的特点。

2. 详细询问患儿生产史、生长发育史、家族史和既往史(包括热性惊厥史、惊吓史、脑发育异常、颅内感染、脑外伤、中毒、脑缺血缺氧或代谢异常及脑变性疾病等),寻找可能的病因。

3. 部分癫痫患儿发作间期脑电图检查正常。对一次脑电图检查结果为阴性的患儿,应注意复查,必要时查 24 小时动态脑电图或录像脑电图。

4. 应结合头颅影像学检查、血或尿代谢病筛查等,寻找病因,并判断预后。

【其他疗法】

(一)中成药

1. 小儿抗痫胶囊　用于脾虚痰盛证。
2. 医痫丸　用于风痫。
3. 琥珀抱龙丸　用于惊痫。
4. 白金丸　用于痰痫。
5. 羊痫丸　用于风痫。

(二)针灸疗法

1. 体针　发作期:取人中、合谷、十宣、内关、涌泉针刺,用泻法;休止期:取大椎、神门、心俞、合谷、丰隆针刺,平补平泻法,隔日 1 次。百会、足三里、手三里灸治,各 3 壮,隔日 1 次。

2. 耳针　选穴:胃、皮质下、神门、枕、心。每次选用 3~5 穴,留针 20~30 分钟,间歇捻针。或埋针 3~7 天。

(三)埋线疗法

常用穴:大椎、腰奇、鸠尾。备用穴:翳明、神明。每次选用 2~3 穴,埋入医用羊肠线,隔20 天 1 次,常用穴和备用穴交替使用。

【预防护理】

1. 慎防产伤,临产时注意保护胎儿,及时处理难产,避免窒息,注意防止颅脑外伤。

2. 控制发作诱因,如高热、惊吓、紧张、劳累、情绪激动,避免不良的声、光、触动及惊恐、抑郁等精神刺激。

3. 注意饮食调摄,不可过食,忌食生冷油腻等。

4. 抽搐时切勿强力制止,以免扭伤筋骨,让患儿侧卧,用纱布包裹压舌板放在上下牙齿之间,保持呼吸道通畅,以免咬伤舌头或发生窒息。

5. 抽搐后患儿多疲乏昏睡,应避免噪声,不宜急于叫醒。

【古籍摘要】

《诸病源候论·小儿杂病诸候·惊痫候》:"惊痫者,起于惊怖大啼,精神伤动,气脉不定,因惊而发作成痫也。初觉儿欲惊,急持抱之,惊自止。故养小儿常慎惊,勿闻大声。每持抱之间,常当安徐,勿令怖。又雷鸣时常塞儿耳,并作余细声以乱之。惊痫当按图灸之,摩膏,不可大下,何者,惊痫心气不定,下之内虚,则甚难治。凡诸痫正发,手足掣缩,慎不可捉持之。捉之则令曲突不遂也。"

《诸病源候论·小儿杂病诸候·风痫候》:"风痫者,由乳养失理,血气不和,风邪所中;或衣厚汗出,腠理开,风因而入。初得之时,先屈指如数,乃发掣缩是也……小儿风痫,三部脉紧急,痫可治。小儿脉多似雀斗,要以三部脉为主,若紧者,必风痫。"

病案分析

　　患儿,男,8岁。1994年6月8日就诊。近2个月发作性肢体抽搐伴神志丧失3次。患儿2个月前无明显诱因突发全身肢体强直性抽搐,神志丧失,喉间有痰,不发热,无呕吐。持续3~5分钟自然缓解。3天后再次出现抽搐,症状似前。在某医院查动态脑电图示"痫性放电",诊为癫痫(全身强直-阵挛性发作)。家属担心抗癫痫西药的副作用,在某处采用中药治疗。2天前再次发作,症状同前,持续约2分钟自然缓解。诊时,患儿面色少华,形体偏瘦,平素纳差、易感,大便常溏,舌质红,苔白,脉滑。神经系统查体未见异常。诊断:中医:痫证;西医:癫痫(全身强直-阵挛性发作)。辨证:脾虚痰浊动风。治法:健脾顺气,豁痰息风。处方:太子参10g,茯苓10g,清半夏10g,陈皮10g,胆南星10g,枳壳10g,桔梗10g,羌活6g,川芎6g,天麻10g,僵蚕10g,钩藤10g,青果10g,炒黄芩10g,琥珀(冲服)0.5g,甘草6g。7剂,日1剂,水煎服。以后均以此方化裁,服药4个月。为服药方便改为与此类似作用的小儿抗痫胶囊,每次6粒,每日3次。至今未见发病,亦少感冒。

　　按:本例患儿的特点是平素脾虚症状突出,脾为生痰之源,痰为癫痫发病的重要病因。痰蒙清窍,则神明失司,临床出现神志丧失;痰浊动风,则肢体抽搐;痰降气顺,则发作渐止。本案治疗宗涤痰汤加减以健脾顺气,豁痰息风。应该强调的是,癫痫治疗应坚持较长时间的规律用药。

病案摘自《李少川儿科经验集》

学习小结

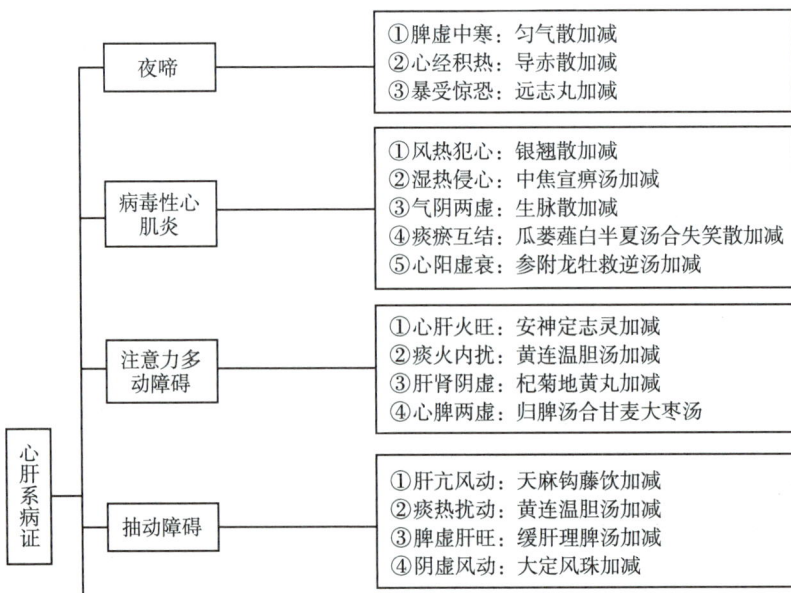

夜啼	①脾虚中寒:匀气散加减
	②心经积热:导赤散加减
	③暴受惊恐:远志丸加减
病毒性心肌炎	①风热犯心:银翘散加减
	②湿热侵心:中焦宣痹汤加减
	③气阴两虚:生脉散加减
	④痰瘀互结:瓜蒌薤白半夏汤合失笑散加减
	⑤心阳虚衰:参附龙牡救逆汤加减
注意力多动障碍	①心肝火旺:安神定志灵加减
	②痰火内扰:黄连温胆汤加减
	③肝肾阴虚:杞菊地黄丸加减
	④心脾两虚:归脾汤合甘麦大枣汤
抽动障碍	①肝亢风动:天麻钩藤饮加减
	②痰热扰动:黄连温胆汤加减
	③脾虚肝旺:缓肝理脾汤加减
	④阴虚风动:大定风珠加减

心肝系病证

```
                  ①外感风热：银翘散加减
                  ②温热疫毒：羚角钩藤汤加减
          急惊风  ③暑热疫毒：清瘟败毒饮加减
                  ④湿热疫毒：黄连解毒汤合白头翁汤加减
                  ⑤暴受惊恐：琥珀抱龙丸合朱砂安神丸加减
  惊风
                  ①脾虚肝旺：缓肝理脾汤加减
          慢惊风  ②脾肾阳虚：固真汤加减
                  ③阴虚风动：大定风珠加减

                  ①惊痫：镇惊丸加减
                  ②痰痫：涤痰汤加减
          癫痫    ③风痫：定痫丸加减
                  ④瘀血痫：通窍活血汤加减
                  ⑤脾虚痰盛：六君子汤加减
                  ⑥肾精亏虚：河车八味丸加减
```

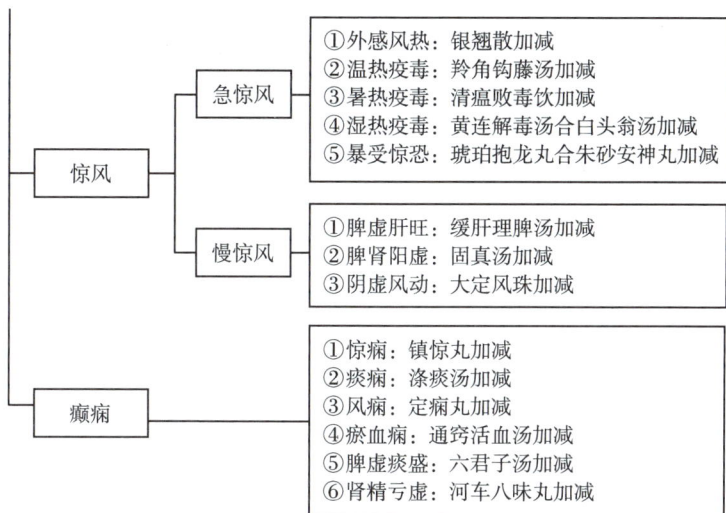

（叶　进　尚莉丽　陈　健　李新民）

复习思考题

1. 夜啼的治疗原则是什么？
2. 病毒性心肌炎与风湿性心肌炎如何鉴别？
3. 儿童注意缺陷多动障碍中的心肝火旺证与心脾两虚证应如何鉴别？
4. 儿童抽动障碍中的虚证与实证应如何辨别？
5. 小儿急惊风与慢惊风应如何鉴别？
6. 简述小儿癫痫的病机特点。

扫一扫
测一测

◆◆◆ 第八章 ◆◆◆

肾 系 病 证

学习目标

掌握肾系病证(急性肾小球肾炎、肾病综合征、尿频、遗尿)的发病特点,以及肾系病证的病因病机、诊断与鉴别诊断、辨证论治的方法等。

重点掌握急性肾小球肾炎、肾病综合征的病因病机、诊断要点、鉴别诊断、辨证论治;尿频和遗尿的病因病机、诊断要点、辨证论治。

第一节 急性肾小球肾炎

急性肾小球肾炎是儿科常见的免疫反应性肾小球疾病,临床以急性起病,水肿、少尿、血尿、蛋白尿及高血压为主要特征。大多发生于感染后,尤其是发生于溶血性链球菌感染后,故又称为急性链球菌感染后肾小球肾炎。

本病好发于3~8岁小儿,2岁以下罕见,男女性别比约为2∶1,秋冬两季为发病高峰期。感染途径以呼吸道感染最为常见,其次为皮肤感染。由于医疗和卫生条件的改善,本病的发病率有下降趋势。

中医古代文献中无急性肾小球肾炎的记载,但据其临床表现,多属"水肿""尿血"范畴。

【病因病机】

1. 常证 本病主要因外感风热湿毒,外邪内扰使肺脾肾功能失调所致。

(1)外邪犯肺:风热之邪由咽喉而入或湿毒之邪由皮肤而感,均首先犯肺,肺失宣降,水之上源功能失调,水道不利,水湿潴留,泛溢肌肤发为水肿。下焦膀胱(肾)气化失司,蕴湿化热,湿热蕴结膀胱,灼伤血络,可见血尿。

(2)湿热内侵:风热犯肺,通调失职,水湿内停,蕴湿化热;或皮肤疮毒,湿热内侵,导致肺、脾、肾功能失调,肺失通调,脾失运化,肾失气化,水液停聚,发为水肿;湿热蕴结下焦,灼伤血络,可见血尿。

(3)肺脾气虚:素体肺脾气虚或病情迁延不愈,伤及正气,气不摄血,而致血尿。或热邪耗伤正气,由实转虚。肺脾气虚,肺气虚,卫外不固,则出现自汗,易于感冒;脾气虚,纳化失常,则出现身倦乏力、面色萎黄、纳少便溏等症。

(4)阴虚火旺:本病恢复期常因湿热久羁,灼伤膀胱血络,耗伤肺、脾、肾三脏气阴而出现血尿日久不消,并伴气虚、阴伤等正虚邪恋之证。

2. **变证**　若邪在肺脾不解,病情进展,则可发生变证。邪毒蕴郁化火,内陷厥阴,蒙蔽清窍,引动肝风者,则出现头痛、眩晕、视物不清,甚或神昏、抽搐等邪陷心肝之变证;若水湿过甚,上凌心肺,损及心阳,闭阻肺气,气滞血瘀,心失所养者,则出现面色苍白、咳嗽喘促、心悸,甚或口唇发绀、胁下痞块等水凌心肺之变证;若水湿内停,湿浊内盛,壅塞三焦,气机升降失司,膀胱气化不能者,则出现头晕头痛、少尿无尿、恶心呕吐等水毒内闭之变证。

总之,急性肾小球肾炎的病变部位主要在肺、脾、肾三脏,病情严重者,也可累及心、肝二脏。肺、脾、肾三脏功能失调,水液代谢障碍为其基本病理改变。若湿热久恋,伤阴耗气,则可致病程迁延。

【诊断】

(一)诊断要点

1. **前驱感染史**　发病前有前驱感染史,感染至发病有一段时间,呼吸道感染者多为 1~2 周,皮肤感染者多为 2~4 周。

2. **临床表现**　水肿轻重不等。轻者仅有晨起时双眼睑水肿,重者可有下肢或全身水肿,甚至出现胸腔积液、腹水,水肿大多按之不凹陷。尿少或无尿,肉眼血尿或镜下血尿;部分出现头晕、头痛等轻、中度高血压表现。

重症病例可以出现合并症,合并症大多在起病 1~2 周内出现,主要有严重的循环充血、高血压脑病和急性肾功能不全等。

非典型病例可无症状或仅有尿检异常,或以肾病综合征的方式起病。

3. **实验室检查**　尿常规检查可见蛋白、红细胞或少许白细胞。大多有血沉增快、补体 C3 降低、抗链球菌溶血素 O 增高等。

(二)鉴别诊断

本病需与肾病综合征、IgA 肾病、原发性急进性肾炎相鉴别(表 8-1)。

表 8-1　急性肾小球肾炎与肾病综合征、IgA 肾病、原发性急进性肾炎鉴别

疾病	鉴别
急性肾小球肾炎	急性肾小球肾炎与肾病综合征均以水肿及尿液改变为主要特征。急性肾小球肾炎多发生于感染后,尤其是溶血性链球菌感染后,急性起病,以血尿、水肿、少尿、蛋白尿及高血压为主要特征,浮肿多为非凹陷性,大多有血沉增快、补体 C3 降低、抗链球菌溶血素 O 增高等
肾病综合征	肾病综合征以大量蛋白尿为主,伴低白蛋白血症及高脂血症,水肿多为凹陷性
IgA 肾病	多于急性上呼吸道感染的同时或其后 1~2 日内发生血尿,或伴蛋白尿,多无水肿及高血压,补体 C3 正常。病情常反复发作。部分病例鉴别困难时,需行肾脏活检
原发性急进性肾炎	起病与典型的急性肾炎很相似,但表现为进行性少尿、无尿及迅速发展的肾功能衰竭,终至尿毒症。急性肾炎综合征表现持续 1 个月以上不缓解时,应及时行肾活检与本病相鉴别

【辨证论治】

(一)辨证思路

急性肾小球肾炎的急性期为正盛邪实阶段,起病急,变化快,浮肿及血尿多较明显。恢复期浮肿已退,尿量增加,肉眼血尿消失,但镜下血尿或蛋白尿未消失,且多有湿热留恋。辨证时要注意以下几方面:

1. **起病方式与水肿特点**　起病急,病程短,水肿始自眼睑,渐及全身,皮肤光亮,按之即起。

2. 有无兼证　兼发热恶风、咽痛、咳嗽诸症者,为风邪上受,肺失清肃,以致风水相搏;兼见皮肤脓疮者,为湿热内侵,余毒未尽。

3. 有无变证　若见尿少、腹大、胸满、咳喘、心悸,应考虑水气上凌心肺;若见神昏谵语、抽风痉厥、呼吸急促,应考虑邪陷心包,内闭厥阴;若见尿闭、恶心呕吐、口有秽气、便溏、衄血,为水毒内闭,脾肾败绝。

(二) 治疗原则

本病以邪实为主,治当因势利导,宜清,宜渗,宜利。常用治则有清热解毒,宣肺利水,疏风利咽,清热利湿。并对变证积极防治。

(三) 分证论治

1. 常证

(1) 风水相搏

证候:眼睑、颜面浮肿明显,继而四肢,甚则胸腹,皮肤光亮,按之不凹陷,小便短黄,多有血尿,或有发热恶风,咳嗽,咽喉肿痛,舌质淡红,苔薄白,脉浮。

证候分析:外感风邪,内停水湿,风水相搏,溢于肌肤,故肌肤浮肿;风性向上,善行数变,故浮肿首见于头面,渐及四肢,继而全身浮肿,且来势迅速;邪气犯肺,水道通调失常,故小便短少;水湿化热,湿热内蕴,血络受损,则有血尿。

辨证要点:眼睑浮肿,皮肤光亮,按之不凹陷,血尿,脉浮。

治法:疏风宣肺,利水消肿。

主方:麻黄连翘赤小豆汤(《金匮要略》)加减。

常用药:麻黄、连翘、赤小豆、金银花、车前草、桔梗、白茅根、甘草。

加减:若有表寒加羌活、荆芥;烦躁口渴,有里热者,加生石膏、黄芩;血尿明显加小蓟、白茅根;咽喉肿痛加山豆根、冬凌草。

(2) 湿热内侵

证候:水肿可有可无,小便短赤,多有血尿,可有皮肤疮毒史,舌质红,苔黄或腻,脉滑数。

证候分析:湿热浸淫,流注三焦,水道通调失职,水湿泛于肌肤而成水肿;湿热流注膀胱,故小便黄赤短少;热伤血络则见血尿。

辨证要点:小便短赤,多有血尿,皮肤疮毒,舌质红,苔黄。

治法:清热利湿。

主方:小蓟饮子(《玉机微义》)加减。

常用药:小蓟、蒲黄、当归、生地黄、淡竹叶、连翘、藕节、栀子、仙鹤草。

加减:肿甚加车前草、大腹皮;尿血明显加大蓟、石韦、牡丹皮;皮肤有疮疡加金银花、野菊花、紫花地丁、天葵子、蒲公英。

(3) 肺脾气虚

证候:身倦乏力,面色萎黄,纳少便溏,自汗出,易于感冒,舌淡红,苔白,脉缓弱。

证候分析:病情迁延不愈,由实转虚,肺脾气虚,纳化失常,卫外不固,则出现身倦乏力、面色萎黄、纳少便溏、自汗出、易于感冒等症。

辨证要点:血尿久不消失,乏力纳少,便溏,自汗,易感冒,舌淡。

治法:益气固卫,健脾化湿。

主方:参苓白术散(《太平惠民和剂局方》)加减。

常用药:党参、茯苓、白术、山药、陈皮、白扁豆、薏苡仁、黄芪、甘草。

加减:血尿持续不消加三七、当归;汗多加龙骨、牡蛎;舌质淡暗或有瘀点加丹参、红花、泽兰。

（4）阴虚邪恋

证候：头晕乏力，手足心热，腰酸盗汗，或有反复咽红，舌红苔少，脉细数。

证候分析：病情迁延不愈，湿热久恋，损伤阴精，阴虚火旺，出现头晕乏力、手足心热、盗汗等症。

辨证要点：本证为恢复期最常见的类型，可见于素体阴虚，或急性期曾热毒炽盛者。临床以手足心热，腰酸盗汗，舌红苔少，持续镜下血尿等肾阴不足表现为特点。

治法：滋阴补肾，兼清余热。

主方：知柏地黄丸（《医宗金鉴》）合二至丸（《医方集解》）加减。

常用药：知母、熟地黄、黄柏、山茱萸、山药、牡丹皮、女贞子、墨旱莲。

加减：血尿日久不愈者，加仙鹤草、茜草；手足心热，盗汗者，加龙骨、牡蛎、夏枯草；舌质暗红者，加参三七、琥珀；反复咽红者，加玄参、山豆根、板蓝根，或改用麦味地黄丸加减。

2. 变证

（1）水凌心肺

证候：全身明显浮肿，咳嗽气急，面色苍白，心悸胸闷，神情烦躁，难以平卧，甚则唇甲青紫，舌质暗红，舌苔白腻，脉细数无力。

证候分析：水气上逆，凌心射肺，阻塞气机，心失所养，肺失宣降，故咳嗽气急，心悸胸闷，难以平卧；气滞则血瘀，故唇甲发绀；心阳虚衰，则悸动不安，脉细数无力。

辨证要点：全身明显浮肿，咳嗽气急，心悸胸闷，难以平卧，唇甲青紫。

治法：泻肺逐水，温阳扶正。

主方：己椒苈黄丸（《金匮要略》）合参附汤（《伤寒论》）加减。

常用药：防己、椒目、葶苈子、大黄、附子、人参、桑白皮、车前子。

加减：尿少加猪苓、泽泻。若见面色灰白，四肢厥冷，汗出脉微，是心阳虚衰之危象，应急用参附龙牡救逆汤。

（2）邪陷心肝

证候：肢体面部浮肿，小便短赤，头痛，眩晕，视物模糊，烦躁，呕吐，甚或抽搐、昏迷，舌质红，苔黄糙，脉弦数。

证候分析：厥阴之脉上巅顶而络目系，内应心肝，湿热化火，内陷厥阴，蒙蔽清窍，故头痛、烦躁、眩晕、视物模糊，甚至昏迷；引动肝风可致抽搐。

辨证要点：头痛，眩晕，视物模糊，甚至抽搐，昏迷。

治法：平肝泻火，清心利水。

主方：龙胆泻肝汤（《兰室秘藏》）合羚角钩藤汤（《通俗伤寒论》）加减。

常用药：龙胆、黄芩、栀子、生地黄、泽泻、车前子、羚羊角、钩藤、菊花、白芍。

加减：大便秘结加大黄、芒硝；头痛眩晕较重加夏枯草、石决明；恶心呕吐加半夏、胆南星；昏迷抽搐可加服牛黄清心丸或安宫牛黄丸。

（3）水毒内闭

证候：全身浮肿，尿少或尿闭，色如浓茶，头晕，头痛，恶心，呕吐，嗜睡甚或昏迷，舌苔垢腻，脉滑数。

证候分析：肾气不足，开阖不利，湿浊蕴郁化火成毒，壅塞三焦，气机升降失常，致水湿泛滥，则全身浮肿，少尿，尿闭；全身气机不利，中焦格拒，上下不通则恶心呕吐；水毒上蒙清窍，则头痛甚或昏迷。

辨证要点：尿少或尿闭，头痛，恶心，呕吐。

治法：辛开苦降，辟秽解毒。

主方：温胆汤（《三因集—病证方论》）合附子泻心汤（《伤寒论》）加减。

常用药：黄连、大黄、黄芩、半夏、陈皮、竹茹、附子、枳实、茯苓、车前子。

加减：恶心呕吐明显加玉枢丹；抽搐加羚羊角（研末冲服）、紫雪丹。不能口服药物者，可以上方浓煎成 100~200ml，待温后保留灌肠，每日 1~2 次；也可用生大黄 30g，六月雪 30g，蒲公英 30g，益母草 20g，川芎 10g，浓煎 200ml，每日 2 次保留灌肠。昏迷惊厥加用安宫牛黄丸或紫雪丹水溶化后鼻饲。

【诊疗提示】

1. 在病史询问中，首先要注意年龄、性别及发病季节。并着重询问水肿发生前 1~4 周是否有感冒、疮毒、烂乳蛾、丹痧等病史。

2. 通过问、望、触诊探明水肿的性质，以及水肿的消长与尿量及高血压的关系。

3. 查尿常规、抗链球菌溶血素 O、血清补体 C3 等。

4. 注意血压、尿量、意识变化。

【其他疗法】

（一）中成药

1. 肾炎康复片 用于恢复期，见有气阴不足证者。

2. 知柏地黄丸 用于本病恢复期，阴虚血尿者。

（二）针灸疗法

1. 体针 取肺俞、列缺、合谷、阴陵泉、水分、三焦俞。针刺，均用泻法。咽痛配少商，面部肿甚配水沟，血压高配曲池、太冲。

2. 耳针 肾、脾、膀胱、交感、肾上腺、内分泌等，每次取 2~3 穴，轻刺激，刺后可埋针 24 小时，每日 1 次，10 次为 1 个疗程。

（三）推拿疗法

急性期：平肝经，清肺经、胃经、脾经、小肠经，退六腑。

恢复期：平肝经，清补肾经、脾经，揉二马，清小肠。

（四）外治法

1. 消肿方 丝瓜皮、冬瓜皮、玉米须各 30g，共捣烂，外敷于脐部，胶布固定，每日 1 次。用于急性期水肿。

2. 沐浴法 羌活、麻黄、苍术、柴胡、紫苏梗、防风、荆芥、牛蒡子、忍冬藤、葱白各 20g。加水煮上药，冷至 40℃沐浴。汗出即可。每日 1 次。

（五）饮食疗法

1. 饮食宜忌 急性期宜限制盐、水、蛋白质摄入，水肿及高血压患儿限制钠盐摄入，氮质血症期饮食蛋白控制在每日 0.6g/kg；尿量增加，氮质血症消除后，尽早恢复蛋白质供应。

2. 中药膳食 ①防风粥：防风 15g，葱白（连须）2 根，粳米 100g。先煎防风、葱白取汁去渣，粳米按常法煮粥，粥将熟时，加入药汁，熬成稀粥服食。用于风水初起，兼风寒表证。②冬瓜皮薏仁汤：冬瓜皮 50g，薏苡仁 50g，赤小豆 100g，玉米须（布包）25g。加水适量，同煮至赤小豆熟透，食豆饮汤。用于急性期水肿明显，或伴血压高者。

【预防护理】

1. 防治链球菌感染是本病有效的预防措施之一。

2. 发生乳蛾、丹痧、脓疱病及皮肤疮疖时应积极治疗,感染后 2~3 周定期查尿常规。

3. 饮食宜清淡,低盐多维生素饮食,水肿期应限制钠水摄入。

4. 起病 2 周内需卧床休息,水肿消退、血压正常、肉眼血尿消失,可下床轻微活动或到户外散步。

5. 血沉接近正常可恢复上学,但应尽量避免剧烈运动,尿常规恢复正常 3 个月后可恢复体力活动。

【古籍摘要】

《医宗金鉴·幼科杂病心法要诀》:"小儿水肿,皆因水停于肺脾二经。"

《王伯岳医学全集》:"小儿急性肾炎,系外感风邪引起肺气不宣,影响脾的运化,以致水湿停聚,使肾气受损,不能通调水道,而出现浮肿。加之风湿相搏,水为风激,湿热积滞,迫血外溢而出现血尿。因此,小儿急性肾炎,不等于一般的外感,也不只是表邪,而是内外夹杂,表里兼病。"

第二节　肾病综合征

肾病综合征是一组由多种原因引起的肾小球滤过膜通透性增加,导致大量血浆蛋白从尿中丢失的临床综合征。临床以大量蛋白尿、低蛋白血症、高脂血症和不同程度的水肿为特征。本病是小儿时期常见的一种肾脏疾病,多发于 2~8 岁小儿,其中以 2~5 岁为发病高峰。发病率男性显著高于女性。

本病属中医"水肿""虚劳"的范畴。早在《黄帝内经》中即有水肿病证特点的论述,并指出"诸湿肿满,皆属于脾"的病机特点;元代朱丹溪则将水肿归纳为"阳水""阴水"两类,肾病水肿属于阴水范畴。其特点为水肿明显,病程较长,且反复发作,虚证、寒证居多。

【病因病机】

小儿禀赋不足,久病体虚,致肺、脾、肾三脏亏虚是发生本病的主要内因。感受外邪,影响肺、脾、肾三脏功能是本病的常见诱因。肺、脾、肾三脏功能虚弱,气化、运化功能失常,封藏失职,精微外泄,水液停聚则是本病的主要发病机制。

1. 脾虚湿困　小儿脾常不足,运化力弱,水谷反滞,聚而生湿,湿困中焦,脾阳不振,不能为胃行其津液,运化无权,水湿无制,发为水肿。

2. 脾肾阳虚　脾为后天之本,气血生化之源,为治水之脏,脾阳虚弱,土不制水,水湿泛滥而为肿;先天不足或久病及肾,肾阳不足,温煦气化无权,水湿不化,聚而为肿。

3. 肝肾阴虚　肝肾同源,脾肾阳虚,阳损及阴,肾水匮乏,水不涵木,肝木失养,则致肝肾阴虚,虚火内生。

4. 气阴两虚　先天禀赋不足或久病耗伤,肺脾气虚,肺气虚卫外不固,脾气虚运化无力。脾气不足,生化无源,阴精亏虚,而致气阴两虚。

5. 气滞血瘀　气虚无力推动,阳虚无力温煦、鼓动,则血行瘀滞;阴津亏耗,血运黏滞,也致血瘀;水肿一旦发生,则水湿停滞,阻碍气机,气滞血瘀;瘀血阻滞,气化不行,水湿停聚而为水肿。气、血、水互为因果,恶性循环。故唐容川有"瘀血化水,亦发水肿,是血病而兼水也"的论述。

外感、水湿、湿热、瘀血及湿浊是促进肾病综合征发生发展的病理环节,与肺、脾、肾三脏虚弱之间互为因果。当肺、脾、肾三脏气虚,卫外不固则易感受外邪,外邪进一步伤及肺、脾、肾,从而致水液代谢障碍加重,病情反复或加重。水湿是贯穿于病程始终的病理产物,既可阻碍气机运行,又可伤阳、化热,使瘀血形成。水湿内停,郁久化热可成湿热;或长期过量使用扶阳辛热之品而助火生热,并易招致外邪热毒入侵,致邪热与水湿互结,酿成湿热。湿热久结,难解难分,从而使病情反复迁延难愈。肾病气化失司,水停则气阻,气滞则血瘀,血瘀又加重气滞,使气化不利而加重水肿。水肿日久不愈,气机壅塞,水道不利,而致湿浊不化,水毒潴留。

总之,肾病综合征属水肿"阴水"范畴,病位重点在肺、脾、肾,病程中常兼见外邪、水湿、湿浊、瘀血等邪气,呈本虚标实、虚实夹杂之象。

【诊断】

(一)诊断要点

1. 单纯型肾病　符合以下四大特征:①大量蛋白尿:尿蛋白定性常在(+++)以上,24小时尿蛋白定量>50mg/kg;②低白蛋白血症:血浆白蛋白<25g/L;③高脂血症:血胆固醇>5.7mmol/L;④明显水肿。以上4项中以大量蛋白尿和低蛋白血症为必备条件。

2. 肾炎型肾病　除单纯型肾病四大特征外,还具有以下4项之一或多项:①明显血尿:尿中红细胞>10个/HP(分别于2周内3次离心尿标本);②高血压持续或反复出现:学龄儿童血压>130/90mmHg(17.3/12kPa),学龄前儿童血压>120/80mmHg(16.0/10.7kPa),并排除激素所致者;③持续性氮质血症(血尿素氮>10.7mmol/L),并排除血容量不足所致者;④血总补体量(CH50)或血补体C3反复降低。

(二)鉴别诊断

本病需与狼疮性肾炎相鉴别(表8-2)。

表8-2　肾病综合征与狼疮性肾炎鉴别

疾病	鉴别
肾病综合征	肾病综合征以大量蛋白尿为主,伴低白蛋白血症及高脂血症,水肿多为凹陷性
狼疮性肾炎	儿童系统性红斑狼疮多侵袭肾脏,出现水肿、蛋白尿或低蛋白血症、高脂血症,但多伴血尿或肾功能损害、高血压;同时系统性红斑狼疮相关的风湿免疫指标多有阳性表现

【辨证论治】

(一)辨证思路

1. 辨水肿特点　本病属脏腑亏虚所致,起病缓,病程长,腰以下肿甚,皮色灰滞,按之凹陷没指。

2. 辨病变部位　眼睑及颜面浮肿较甚,兼有肺系症状者,多属风,病主要在肺;腰以下肿甚,兼有脾湿症状者,病主要在脾;腰腹以下剧肿,兼有畏寒怕冷,四肢不温,纳差便溏者,病主要在脾肾。

3. 辨标证　肾病标证有外感、水湿、湿热、血瘀及湿浊。临床以外感、湿热、瘀血多见,水湿主要见于明显水肿期,湿浊则多见于病情较重或病程晚期。

4. 辨尿量与浮肿的关系　尿量是水肿进退的观察指标之一。一般来说,尿量越少,浮肿越甚;尿量增多,浮肿消退,病情缓解。

(二)治疗原则

本病以扶正培本为基本治则,重在益气健脾补肾、调理阴阳,同时注意配合宣肺、利水、清热、化瘀、化湿、降浊等祛邪之法以治其标。

(三)分证论治

1. 脾虚湿困

证候:肢体浮肿,按之深陷,面色萎黄,神疲乏力,胸闷腹胀,纳少便溏,小便短少,四肢欠温,舌质淡,苔白滑,脉缓或细弱。

证候分析:脾气虚弱,运化失司,水液不能正常转输,泛溢肌肤而肢体浮肿,小便短少;脾为湿困,无以资生气血,故面色萎黄,神疲乏力;脾运失健,故纳少便溏,胸闷腹胀。

辨证要点:肢体浮肿,面色萎黄,胸闷腹胀,纳少便溏,舌质淡,苔白滑。

治法:温运中阳,行气利水。

主方:实脾饮(《济生方》)加减。

常用药:茯苓、白术、附子、干姜、木瓜、厚朴、槟榔、草果、黄芪、炙甘草。

加减:浮肿明显加五皮饮;自汗、易感冒重用黄芪,加防风、牡蛎;伴腰脊酸痛加用五味子、菟丝子、肉苁蓉等。

2. 脾肾阳虚

证候:高度浮肿,按之没指,目胞浮肿,胸水、腹水,足肿如槌,腰腹下肢为甚,面色㿠白,神疲乏力,畏寒怕冷,四肢不温,纳差便溏,甚则咳逆上气,胸满喘急,难以平卧,舌质淡,苔白,脉细无力。

证候分析:脾肾阳虚,水失蒸化,水湿泛滥而见高度浮肿,按之没指,目胞浮肿,胸水、腹水;脾肾阳虚,故畏寒怕冷,四肢欠温,纳差便溏;水湿泛滥,壅塞气机,故咳逆上气,胸满喘急,难以平卧;气血生化乏源,故面色㿠白,神疲乏力。

辨证要点:高度浮肿,腰腹下肢为甚,面色㿠白,四肢不温,脉细无力。

治法:温肾健脾,化气行水。

主方:真武汤(《金匮要略》)合五皮饮(《中藏经》)加减。

常用药:附子、茯苓、白术、白芍、大腹皮、陈皮、生姜、黄芪、甘草。

加减:肾阳虚重加胡芦巴、肉桂、淫羊藿;水湿重加桂枝、猪苓、泽泻;尿少不利加椒目;腹泻加炮姜、补骨脂。若兼咳嗽胸满气促不能平卧者,加用己椒苈黄丸。

3. 肝肾阴虚

证候:水肿不重或无水肿,面色潮红,五心烦热,盗汗,头痛眩晕,多梦易惊,腰膝酸软,便干,舌质红,苔少,脉弦细数。

证候分析:本证多见于大量使用激素阶段,常见于肝肾阴虚证。阴虚生内热,故面色潮红,五心烦热;真阴不足,水不济火,肝阳上越,相火妄动,故头痛眩晕,多梦易惊,腰膝酸软;舌质红,苔少,脉弦细数均为肝肾阴虚之象。

辨证要点:水肿不重或无水肿,面色潮红,五心烦热,盗汗,舌质红,苔少。

治法:滋补肝肾,育阴潜阳。

主方:知柏地黄丸(《医宗金鉴》)加减。

常用药:知母、黄柏、山茱萸、熟地黄、牡丹皮、茯苓、泽泻、墨旱莲、甘草。

加减:肝阴虚重加白芍、沙苑子、夏枯草;肾阴虚重加枸杞子、天冬;阴虚火旺重用生地黄、知母、黄柏;阴虚热毒加金银花、白花蛇舌草、板蓝根;有水肿者加车前子。

4. 气滞血瘀

证候：面色晦暗或黧黑，肌肤甲错，水肿难消，常伴腰痛或血尿，舌质紫暗，或有瘀点，脉涩或弦。

证候分析：久病入络，瘀血内生，血不利则病水。面色晦暗或黧黑，舌质紫暗，脉涩或弦，均为瘀血之象；腰为肾之府，络脉受损，故见血尿，常伴腰痛。

辨证要点：面色晦暗或黧黑，水肿难消，舌质紫暗。

治法：活血化瘀。

主方：桃红四物汤（《医宗金鉴》）加减。

常用药：当归、熟地黄、川芎、白芍、桃仁、红花、茯苓。

加减：若瘀血重加茜草、三棱、泽兰；血尿不止加蒲黄炭、小蓟、当归炭；兼气虚者加黄芪、党参。

【诊疗提示】

1. 首先问明水肿持续时间，是否反复发作、缠绵难愈，水肿与感冒及皮肤疮疖有无关系。

2. 注意浮肿程度，有无胸水、腹水及水肿性质（按之是否凹陷）。

3. 查 24 小时尿蛋白定量，血浆白蛋白和胆固醇，如 24 小时尿蛋白定量 ≥50mg/kg，血浆白蛋白<25g/L，胆固醇>5.7mmol/L，则肾病综合征诊断可以成立。

4. 根据发病年龄、性别及有无持续血尿、氮质血症、高血压和低补体血症再判断是否为肾炎型肾病。

5. 需确定肾病病理类型时，及时做肾活检；疑有血栓形成者，可行彩色多普勒超声检查；疑有尿路感染时进行尿培养；有腹水时注意有无合并腹膜炎。

6. 中西医结合治疗时要注意西药的副作用。

【其他疗法】

（一）中成药

1. 雷公藤多苷片　用于肾病各个证型。

2. 肾康宁片　用于肾阳虚弱，瘀水互结证。

3. 六味地黄丸　用于肝肾阴虚证。

（二）针灸疗法

1. 体针　取肾俞、脾俞、太溪、足三里、三阴交、气海、水分。针刺，均用补法。灸法各三壮。隔日 1 次，7 次为 1 个疗程。

2. 耳针　选穴：脾、肾、皮质下、肾上腺、膀胱。每次取 2~3 穴，双侧，用中等刺激，留针30 分钟，或埋皮内针 24 小时，隔日 1 次，10 次为 1 个疗程。

（三）推拿疗法

1. 脾肾阳虚者，补肾 3 分钟，揉二马 2 分钟，揉丹田 2 分钟，揉神阙 2 分钟，推三关 2 分钟。

2. 肝肾阴虚者，平肝 2 分钟，补肾 2 分钟，揉二马 2 分钟，揉三阴交 2 分钟。

（四）外治疗法

1. 逐水散　甘遂、大戟、芫花各等量，共碾成极细末。每次 1~3g 置脐内，外加纱布覆盖，胶布固定，每日换药 1 次，10 次为 1 个疗程，用于脾虚湿困证。

2. 利水方　商陆 100g，麝香 1g，葱白或鲜姜适量。将商陆研极细末，每次取药末

3~5g,葱白1茎,捣融成膏,再加凉开水适量,调成糊状,取麝香粉0.1g,放入神阙穴内,再将调好的药糊敷在上面,盖以纱布,胶布固定。每天换药1次,7日为1个疗程。用于脾肾阳虚证。

(五)饮食疗法

1. 饮食宜忌　①有水肿和高血压时,给予低盐或短暂无盐饮食;②尿少病例应限制入水量;③适量补充维生素D和钙剂;④蛋白质和热量需要按同龄儿童正常需要供应,大量蛋白尿的患儿要适当限制蛋白质的摄入量。

2. 中药药膳　①鲤鱼1条,赤小豆50g,煮熟后食用;②黄芪50g,用煎汤煮甲鱼或炖鸡肉。

【预防护理】

1. 注意保暖、通风,多做户外活动,增强抵抗力,预防呼吸道感染;

2. 对龋齿、慢性扁桃体炎等病灶要及时处理。

3. 水肿明显和严重高血压时应短期限制水、钠摄入,采用优质低蛋白、低脂肪饮食。

4. 皮肤皱褶处,每日用温水洗1次,阴囊、阴茎浮肿时用无菌棉垫扶托,并保持局部敷料干燥。

5. 水肿明显者,应卧床休息,每天记录出入水量,及时观测血压、脉搏、呼吸、体重、腹围。

【古籍摘要】

《诸病源候论·水病诸候·水通身肿候》云:"水病者,由肾脾俱虚故也。肾虚不能宣通水气,脾虚又不能制水,故水气盈溢,渗液皮肤,流遍四肢,所以通身肿也。"

《景岳全书·肿胀》:"凡水肿等证,乃肺脾肾三脏相干之病。盖水为至阴,故其本在肾;水化于气,故其标在肺;水惟畏土,故其制在脾。今肺虚则气不化精而化水,脾虚则土不制水而反克,肾虚则水无所主而妄行。"

第三节　尿　频

尿频是由于多种原因导致的膀胱气化功能失常,以小便频数为特征的疾病。本病多发于学龄前儿童,尤以婴幼儿时期发病率最高。女孩发病率高于男孩,为男孩的3~4倍。本病经过恰当治疗,预后良好。婴儿时期因肾常不足,气化功能尚不完善,若小便次数稍多,无尿急及其他所苦,不属病态。

本病常见于西医尿路感染和白天尿频综合征。

【病因病机】

本病主要由湿热蕴结膀胱,或素体脾肾不足,膀胱气化失司所致。

1. 湿热内蕴　湿热来源有两个方面:其一为外感,外感湿热或坐地嬉戏,湿热之邪熏蒸;其二为内伤,因小儿脾胃不足,运化力差,内伤乳食,积滞内蕴,化为湿热。湿热之邪客于肾与膀胱,湿阻热郁,气化不利,开阖失司,膀胱失约而致尿频。正如《诸病源候论·小儿杂病诸候·小便数候》所云:"肾与膀胱为表里,俱主水,肾气下通于阴,此二经既受客热,则水行涩,故小便不快而起数也。"

2. 脾肾气虚 因小儿先天不足,素体虚弱,或病后失调,或因尿频长期不愈,导致脾肾气虚。肾主闭藏而司二便,肾气虚则下元不固,气化不利,开阖失司;脾主运化而制水,脾气虚则中气下陷,运化失常,水失制约。故无论肾虚、脾虚,均可使膀胱气化失常,而致尿频。

此外,尿频日久不愈,湿热久恋不去,可损伤肾阴;或素为阴虚体质,肾阴不足,虚热内生,虚火客于膀胱,膀胱失约也可致尿频。

总之,本病外因责之于湿热,内因责之于脾肾亏虚。湿热内蕴,脾肾气虚为其主要病机。病位在肾与膀胱。病程日久则变生多端。湿热日久,损伤膀胱血络则为血淋;湿热煎熬尿液,结为砂石,则为石淋;湿热耗气伤阴,致肾阴肾阳不足,则成虚实夹杂之候。脾肾气虚日久,损伤阳气,阳不化气,气不化水,可致水肿;也可使卫外不固,易感外邪,而致尿频反复发作,加重病情。

【诊断】

(一) 诊断要点

1. 尿路感染

(1) 病史:有外阴不洁或坐地嬉戏等湿热外侵病史。

(2) 症状:起病急,年长儿以小便频数,尿急淋漓涩痛,或伴发热、腰痛等为特征。小婴儿的尿频往往尿急、尿痛等局部症状不突出,而仅表现为高热等全身症状。

(3) 尿常规:白细胞增多或见脓细胞,可见白细胞管型,肾乳头炎或膀胱炎时可见多少不等的红细胞。尿蛋白较少或无蛋白。

(4) 中段尿培养:尿细菌培养阳性。但要排除污染,可参考定量培养。

2. 白天尿频综合征

(1) 年龄:多发生在婴幼儿时期。

(2) 症状:醒时尿频,次数较多,甚者数分钟 1 次,点滴淋沥,但入眠消失。反复发作,无其他痛苦,精神、饮食均正常。

(3) 实验室检查:尿常规、尿培养无阳性发现。

(二) 鉴别诊断

1. 泌尿系结石等 尿频是一种临床病证,要明确其原发疾病。要区别尿路感染与白天尿频综合征。此外,泌尿系结石和肿瘤也可导致尿频,反复尿路感染者要注意排除泌尿道畸形,应结合实验室检查,如尿细菌学检查、B 超、CT、泌尿道造影等,进行鉴别。

2. 尿失禁 是由于膀胱括约肌损伤,或神经功能障碍而丧失排尿自控能力,使尿液不自主地流出的疾病,其特点是小便淋漓不尽。

【辨证论治】

(一) 辨证思路

1. 辨虚实 凡起病急,病程短,小便频数短赤,尿道灼热疼痛,或见发热恶寒,烦躁口渴,恶心呕吐者,为湿热下注所致,多属实证;若起病缓,病程长,小便频数,淋沥不尽,但无尿热、尿痛之感,多属虚证。

2. 辨阴阳 虚证还需辨阴虚、阳虚。脾肾气虚者,多伴神疲乏力,面白形寒,手足不温,眼睑浮肿等;阴虚内热者,则见低热,盗汗,颧红,五心烦热等症。

(二) 治疗原则

本病治疗要分清虚实,实证宜清热利湿,虚证宜温补脾肾或滋阴清热,病程日久或反复发作者,多为本虚标实、虚实夹杂之候,治疗要标本兼顾,攻补兼施。

（三）分证论治

1. 湿热下注

证候：起病较急，小便频数、短赤，尿液混浊，尿道灼痛，腰部酸痛，婴儿则时作啼哭。常伴发热，烦躁口渴，头痛身痛，恶心呕吐，口苦口黏，舌质红，苔黄腻，脉滑数，指纹紫。

证候分析：本证常见于急性尿路感染患儿。湿热内蕴，下注膀胱，气化不利，发为尿频；并见小便短赤，尿道灼热疼痛，尿液淋漓混浊，小腹坠胀，发热、烦躁口渴、恶心呕吐等湿热内蕴之象。

辨证要点：起病急，病程短，尿频、尿急、尿痛，小便短赤，舌红苔腻。

治法：清热利湿，通利膀胱。

主方：八正散（《太平惠民和剂局方》）加减。

常用药：萹蓄、瞿麦、通草、滑石、栀子、泽泻、大黄、炙甘草。

加减：发热恶寒加柴胡、黄芩；恶心呕吐加竹茹、藿香、半夏；少腹作胀，排尿不利，加柴胡、川楝子、延胡索；腹满便溏去大黄，加大腹皮、肉豆蔻；小便带血，尿道灼痛，排尿中断者，可加金钱草、海金沙、鸡内金。若小便短赤，尿道灼痛，口渴烦躁，舌质红，苔少，可加导赤散。

2. 脾肾气虚

证候：病程日久，反复不愈，小便频数，面色苍黄，食欲不振，甚则畏寒怕冷，手足不温，腰膝酸痛，大便稀薄，眼睑浮肿，舌质淡或有齿痕，苔薄腻，脉细少力。

证候分析：本证多见于白天尿频综合征或慢性尿路感染。脾肾气虚，膀胱失约，气化不利，故小便频数，淋沥不尽。偏脾气虚者，兼见神倦乏力，面色萎黄，食欲不振等；偏肾阳虚者，兼见畏寒怕冷，手足不温，眼睑浮肿，夜尿增多等。

辨证要点：病程长，小便频数，淋沥不尽，神倦乏力，手足不温。

治法：温补脾肾，升提固摄。

主方：缩泉丸（《魏氏家藏方》）加味。

常用药：益智仁、山药、乌药、茯苓、芡实、车前子、甘草、淫羊藿。

加减：夜尿增多加覆盆子、桑螵蛸、生龙骨。脾虚为主者，可选参苓白术散健脾益气渗湿。肾阳虚为主者，可用济生肾气丸温补肾阳，利水消肿。若小便频数或短赤，低热，盗汗，颧红，五心烦热，舌红，苔少，脉细数，辨证为阴虚内热者，选用知柏地黄丸加减治疗。

【诊疗提示】

1. 注意尿频在不同年龄段的不同表现。新生儿尿频常合并菌血症，应问及有无惊厥，望诊时注意有无黄疸；婴幼儿有遗尿、尿臭、排尿中断时，局部望诊外阴有无发红糜烂。

2. 所有尿频患儿都应反复查尿常规。若病情迁延日久，要注意有无尿路畸形。

【其他疗法】

（一）中成药

1. 尿感灵冲剂　用于湿热下注证。

2. 济生肾气丸　用于脾肾气虚证。

3. 知柏地黄丸　用于阴虚内热证。

（二）针灸疗法

体穴肾俞、三阴交，耳穴肾上腺，每日针刺1次。或取中极、关元、三阴交、膀胱俞等穴，强刺激。亦可取列缺穴，用毫针，针尖稍向上斜刺5分，进针时不捻转，待有感应时再行捻转手法，大指向前推捻数次出针。

（三）按摩疗法

揉丹田 200 次，摩腹 20 分钟，揉龟尾 30 次，较大儿童可用擦法，横擦肾俞、八髎，以热为度。适用于脾肾气虚者。

（四）外治疗法

1. 金银花、蒲公英、黄柏、地肤子、百部各 30g，水煎坐浴，每日 1~2 次，每次 30 分钟。用于膀胱湿热，证见尿频、尿急、尿痛者。

2. 苦参、黄柏各 15g，土茯苓、蛇床子各 10g，水煎坐浴，每日 1 剂，坐浴 2 次，用于肝胆郁热，证见尿频、尿急者。

【预防护理】

1. 加强宣教，注意个人卫生。

2. 婴幼儿期注意外阴护理，大便后勤洗臀部，勤换尿布，尽早穿封裆裤。

3. 培养小儿定时排便、及时排尿的习惯，防止便秘或憋尿。

4. 及早发现并及时治疗尿路结构异常如男孩包茎等，如发现蛲虫前行尿道，应予及时处理，有全身感染者，应积极治疗。

5. 患儿应尽量多饮水，增加排尿次数。

【古籍摘要】

《金匮要略·消渴小便不利淋病脉证并治》："淋之为病，小便如粟状，小腹弦急，痛引脐中。"

《诸病源候论·诸淋病候》中指出："诸淋者，由肾虚而膀胱热故也。"

《医学心悟·热淋》："淋者，小便频数，不得流通，溺已而痛是也。大抵由膀胱经湿热所致。"

第四节 遗 尿

遗尿是指 5 岁以上的小儿不能自主控制排尿，经常睡中小便自遗，醒后方觉的一种病证。也称遗溺。多见于 10 岁以下的儿童。夜间遗尿的儿童中，男孩是女孩的 2 倍，且有明显的家族倾向。婴幼儿因发育未全，"肾常虚"，排尿的自控能力尚未健全完善，随便排尿；学龄儿童因白天游戏玩耍过度，夜晚熟睡不醒，偶然发生的遗尿，均不属病态。本节主要讨论的是原发性单纯性遗尿症。

【病因病机】

尿液的生成与肺、脾、肾三脏对水液代谢的调节密切相关。"饮入于胃，游溢精气，上输于脾，脾气散精，上归于肺，通调水道，下输膀胱，水精四布，五经并行。"（《素问·经脉别论》）尿液生成后由膀胱排出，有赖于三焦与膀胱的气化。"膀胱者，州都之官，津液藏焉，气化则能出矣。"（《素问·灵兰秘典论》）说明遗尿多与膀胱和肾的气化功能失调有关，尤其以肾气不足，膀胱虚寒为多见。

1. 肾气不足 先天禀赋不足或素体虚弱，导致肾气不足，下元虚寒，肾气失于固摄，致膀胱失约而遗尿。

2. 肺脾气虚 肺主一身之气，为水之上源，有通调水道，下输膀胱的作用；脾属中土，主运化水湿而制水。肺脾功能正常,方能维持机体水液的正常输布和排泄。肺气虚弱,治节失司,脾气虚弱,不能制水,所谓"上虚不能制下",而见遗尿。

3. 肝经湿热　肝主疏泄,调畅气机,肝之经脉循阴器,抵少腹,若因湿热之邪蕴郁肝经,致肝失疏泄,或湿热下注,移热于膀胱,致膀胱失约而遗尿。正如《证治汇补·遗溺》所说:"遗尿……又有挟热者,因膀胱火邪妄动,水不得宁,故不禁而频来。"

总之,膀胱失约是遗尿的主要病机。下元虚寒,肾气不固是导致膀胱失约的主要病因;亦可由肺脾气虚,肝经湿热所致;此外,尚须注意不良习惯及其他病因。

【诊断】

(一) 诊断要点

1. 发病年龄在 5 岁以上。
2. 睡眠较深,不易唤醒,每夜或隔几天发生尿床,甚则 1 夜尿床数次。
3. 尿常规及尿培养均无异常。
4. X 线摄片检查,部分患儿可发现有隐性脊柱裂。

(二) 鉴别诊断

1. 尿失禁　尿液自遗,无论昼夜,不分寐寤,常有全身疾病相伴。
2. 白天尿频综合征　白天尿意频繁,但夜间入睡后消失,尿常规、尿细菌培养均阴性,可自行消失。
3. 热淋　尿次频繁,伴尿痛尿急,尿常规检查有红细胞、白细胞、脓细胞,尿培养阳性。

【辨证论治】

(一) 辨证思路

遗尿的辨证重在辨其虚实寒热。遗尿日久,小便清长,量多次频,兼见形寒肢冷、面白神疲、乏力自汗者多为虚寒;遗尿初起,尿黄短涩,量少灼热,形体壮实,睡眠不宁者多为实热。虚寒者多责之于肾虚不固、气虚不摄、膀胱虚寒;实热者多责之于肝经湿热。

临床所见,虚寒者居多,实热者较少(表 8-3)。

表 8-3　遗尿虚寒证与实热证的辨别

辨别点	虚寒证	实热证
病程	较长	较短
体质	较瘦弱	较壮实
小便	清、量多、臊臭气不重	黄、量少、臊臭气重
伴随症	面白神疲,纳少乏力,肢冷自汗,大便溏薄,反复感冒	面红唇赤,性情急躁,头额汗多,龂齿夜惊,睡眠不宁
舌象	舌淡,苔薄	舌红,苔黄或黄腻
脉象	脉细弱或沉无力	脉滑数或弦数

(二) 治疗原则

本病以温补下元、固涩膀胱为基本治则。虚证以扶正培本为主,温肾固摄,补肺健脾。肝经湿热,宜清热利湿;此外,清心滋肾、醒神开窍之法亦可酌情配合使用。

（三）分证论治

1. 肾气不足

证候：睡中经常遗尿，醒后方觉，甚者一夜数次，小便清长，神疲乏力，面色苍白，形寒肢冷，下肢乏力，腰腿酸软，蜷卧而睡，舌质淡，苔白，脉沉迟无力。

证候分析：肾气不固，膀胱虚冷，制约失司，故睡中遗尿；肾阳不足，命门火衰，故神疲乏力，面色苍白，肢凉怕冷，下肢乏力；腰为肾府，主骨生髓，肾虚故腰腿酸软；下元虚寒，故小便清长。

辨证要点：经常遗尿，甚者一夜数次，小便清长，舌淡苔白。

治法：温补肾阳，固涩止遗。

主方：菟丝子散（《太平圣惠方》）加减。

常用药：菟丝子、巴戟天、肉苁蓉、附子、山茱萸、五味子、芡实、牡蛎、桑螵蛸。

加减：遗尿频繁加赤石脂、淫羊藿；困寐不醒加胆南星、石菖蒲、远志、麻黄；纳差便溏加党参、白术、茯苓、山楂。对于病证较轻者，可单用缩泉丸以温肾健脾。

2. 肺脾气虚

证候：睡中遗尿，白天尿频，面色少华，四肢乏力，食欲不振，大便溏薄，自汗，易感冒，舌质淡，苔薄白，脉细弱。

证候分析：脾肺气虚，中气下陷，膀胱失约，故小便自遗；气虚不能固表，故自汗出，易感冒；脾肺气虚，输化无权，气血不足，故面色少华，四肢乏力，大便溏薄。

辨证要点：睡中遗尿，自汗，易感冒，面色少华，舌淡脉细。

治法：补肺健脾，固摄止遗。

主方：补中益气汤（《内外伤辨惑论》）合缩泉丸（《魏氏家藏方》）加减。

常用药：党参、黄芪、白术、陈皮、当归、升麻、益智仁、山药、乌药、炙甘草。

加减：寐深者可加麻黄、石菖蒲；多汗加煅龙骨、煅牡蛎；大便稀溏加炮姜；纳呆加焦山楂、焦神曲。

3. 肝经湿热

证候：睡中遗尿，色黄味臊，性情急躁，夜梦纷纭，或夜间龂齿，面赤唇红，口苦，或目睛红赤，舌质红，苔黄，脉滑数。

证候分析：肝经郁热，热迫膀胱，故睡中遗尿；热蕴膀胱，灼烁津液，则面赤唇红，口苦，小便黄少；热郁化火，肝火偏亢，见性情急躁；肝火内扰心神，则夜梦纷纭，夜间龂齿。

辨证要点：睡中遗尿，色黄味臊，性情急躁，舌红苔黄。

治法：清热利湿。

主方：龙胆泻肝汤（《太平惠民和剂局方》）加减。

常用药：龙胆、黄芩、栀子、柴胡、生地黄、车前子、泽泻、通草、甘草。

加减：夜卧不宁，龂齿梦呓较显著加黄连、茯神；舌苔黄腻加黄柏、滑石。若湿热化火，上犯心神，下迫小肠，水火相扰，开合失司者，用黄连温胆汤。久病不愈，肾阴耗伤，舌红苔少，脉细数者，改用知柏地黄丸加减治疗。

【诊疗提示】

1. 注意有无尿急、尿频、尿痛等表现，有无导致心理紧张的因素，了解小儿排尿的训练过程。

2. 查尿常规、尿糖及中段尿培养排除相关疾病。

3. 应注意会阴部有无湿疹、红肿表现。

4. 注意排除消渴、智力低下、精神创伤、尿道畸形、蛲虫刺激等因素。

【其他疗法】

（一）中成药

1. 缩泉丸　用于肺脾气虚证、肾气不足证。
2. 金锁固精丸　用于肾气不足证。
3. 补中益气丸　用于肺脾气虚证。
4. 龙胆泻肝丸　用于肝经湿热证。

（二）针灸疗法

1. 体针　取关元、气海、三阴交、阴陵泉、印堂、每次 2~3 穴，可配足三里。手针取夜尿点（掌面小指第 2 指间关节横纹中点处），留针 15 分钟。
2. 耳针　取肾、膀胱、皮质下、神门、内分泌、肺、脾。
3. 手针　针刺夜尿点，每次留针 15 分钟。隔日 1 次，7 次为 1 个疗程。

（三）推拿疗法

揉丹田 200 次，摩腹 20 分钟，揉龟尾 30 次。较大儿童可用擦法。摩擦肾俞、八髎，以热为度。

（四）外治疗法

1. 可用五倍子 3g，研末，温开水调敷于脐部，外用纱布覆盖，每晚 1 次，连用 3~5 次。
2. 覆盆子、金樱子、五味子、菟丝子、仙茅、补骨脂、山茱萸、桑螵蛸各 60g，丁香、肉桂各 30g，研末装瓶备用。每次 1~3g 填入脐中，滴 1~2 滴白酒后，外用暖脐膏固定，3 日换药 1 次。
3. 补骨脂炒 10~20 分钟后，研细。3~9 岁每次服 1.5g，10~12 岁每次服 2.4g，每晚用温开水冲服。

【预防护理】

1. 营造良好的家庭氛围，培养良好的生活习惯，避免过度紧张和疲劳。
2. 积极治疗引起遗尿的原发疾病。
3. 坚持排尿训练，睡前适当控制入水量，睡前排尿。
4. 家长可定时唤醒患儿，使之形成习惯。
5. 注意思想疏导，帮助患儿树立治疗疾病的信心。

【古籍摘要】

《景岳全书·杂证谟》："凡治小便不禁者，古方多用固涩，此固宜然；然固涩之剂，不过固其门户，此亦治标之意……治水者必须治气，治肾者必须治肺，宜以参、芪、归、术、桂、附、干姜之属为之主，然后相机加以固涩之剂为之佐，庶得治本之道，而源流如度。否则徒障狂澜，终无益也。余制有巩堤丸方，治无论心脾肺肾之属，皆宜以此为主治。"

《仁斋直指小儿附遗方论·大小便诸证》："小便者，津液之余也。肾主水膀胱为津液之腑，肾与膀胱俱虚，而冷气乘之，故不能约制。其水出而不禁，谓之遗尿。睡里自出，谓之尿床。此皆肾与膀胱俱虚挟冷所致也。"

笔记栏

学习小结

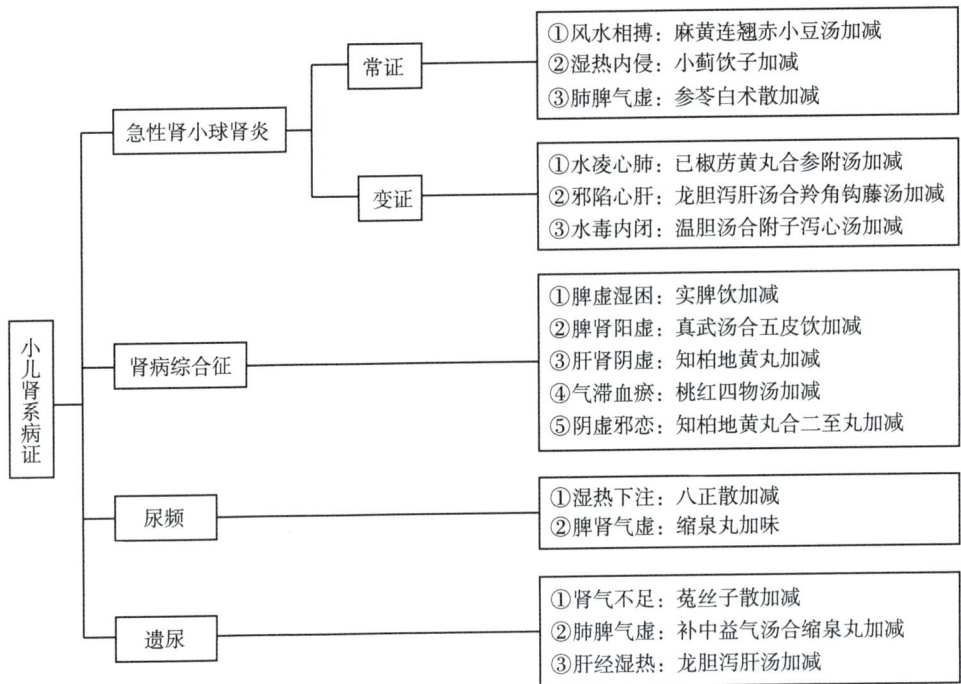

	常证	①风水相搏：麻黄连翘赤小豆汤加减 ②湿热内侵：小蓟饮子加减 ③肺脾气虚：参苓白术散加减
急性肾小球肾炎	变证	①水凌心肺：己椒苈黄丸合参附汤加减 ②邪陷心肝：龙胆泻肝汤合羚角钩藤汤加减 ③水毒内闭：温胆汤合附子泻心汤加减
肾病综合征		①脾虚湿困：实脾饮加减 ②脾肾阳虚：真武汤合五皮饮加减 ③肝肾阴虚：知柏地黄丸加减 ④气滞血瘀：桃红四物汤加减 ⑤阴虚邪恋：知柏地黄丸合二至丸加减
尿频		①湿热下注：八正散加减 ②脾肾气虚：缩泉丸加味
遗尿		①肾气不足：菟丝子散加减 ②肺脾气虚：补中益气汤合缩泉丸加减 ③肝经湿热：龙胆泻肝汤加减

小儿肾系病证

（翟文生）

复习思考题

1. 急性肾小球肾炎合并症西医如何治疗？
2. 急性肾小球肾炎与肾病综合征应如何鉴别？
3. 试述肾炎性肾病综合征的诊断要点。
4. 尿频湿热下注证与脾肾气虚证如何鉴别？
5. 遗尿虚寒证与实热证应如何辨别？

扫一扫
测一测

166

第九章

传　染　病

　　通过本章学习,掌握麻疹、幼儿急疹、风疹、猩红热、水痘、手足口病、流行性腮腺炎、百日咳的发病规律、流行特点、诊断要点、辨证论治思路、用药特点及预防调护。

第一节　麻　疹

09章01节PPT

PPT 课件

　　麻疹是感受麻毒时邪引起的急性出疹性时行疾病,以发热、咳嗽、流涕、目赤胞肿、眼泪汪汪、口腔黏膜出现麻疹黏膜斑、周身布发红色斑丘疹为主要临床特征。本病因疹点状若麻粒,故称"麻疹",俗称"麻子""痧子""疹子"等。

　　西医学亦称本病为麻疹。病原是麻疹病毒,麻疹患者为唯一传染源,自发病前 2 天至出疹后 5 天均有传染性。传播途径主要是通过空气飞沫直接传播。本病传染性很强,人群普遍易感,发病主要是儿童,6 个月~5 岁小儿多见。本病一年四季都可发病,以冬春季节多见,常易引起流行,在古代为儿科四大要证之一。

　　病后可产生持久的免疫力,大多可达到终身免疫。麻疹若能及时治疗,合理调护,则预后良好;但麻疹重症可产生逆险证候,甚至危及生命。

【病因病机】

　　麻疹是由感受麻毒时邪所致。冬春之季,麻毒时邪与风邪相合,侵袭肺卫,郁阻于脾而外泄于肌肤,发为麻疹。麻疹初起,麻毒时邪侵犯肺卫,表卫失和,肺气不宣,则见发热、咳嗽、流涕等肺卫表证,类似伤风感冒,此为初热期。麻毒时邪由表入里,由肺而入脾胃,肺脾热炽,则见高热、口渴等症;正气与毒邪抗争,祛邪外泄,皮疹透发于全身,达于四末,疹点出齐,此为见形期。疹透之后,麻毒随疹而泄,麻疹逐渐收末,但麻为阳毒,易伤阴津,可见低热、舌红少津等症,为收没期。

　　若因邪毒炽盛,或年幼体弱,或调治失宜,或复感新邪等因素,麻毒不能顺利向外透达,而内陷入里,则发生各种逆证、险证。麻毒炽盛,内闭于肺,灼津炼液为痰,痰热阻肺,肺气郁闭,则形成麻毒闭肺证。咽喉为肺胃的门户,麻毒炽盛,循经上攻咽喉,咽喉不利,气道痹阻,则形成麻毒攻喉证。麻毒炽盛,正不抵邪,内陷厥阴心肝,蒙闭心窍,引动肝风,则形成毒陷心肝证。

　　总之,麻毒时邪侵犯肺脾,肺脾热炽,外发肌肤为主要病因病机。按其不同阶段又有邪犯肺卫、肺脾热炽、肺胃阴伤不同病机变化,以肺脾热炽为病机演变中心。若正不胜邪,麻毒内陷,则可见麻毒闭肺、麻毒攻喉、毒陷心肝等逆证、险证,尤其麻毒闭肺最多见。

课堂互动

谈谈对于麻疹顺证、逆证病机的理解。

【诊断】

(一) 诊断要点

1. 流行病学史　麻疹流行季节易感儿童,在出疹前 7~21 天与麻疹确诊患者有接触史或有麻疹流行地区居住或旅行史。潜伏期大多为 10~14 天。

2. 临床表现　典型麻疹临床分 3 期。

(1) 初热期:持续 2~4 天。表现为发热、眼结膜充血、畏光、流泪、流涕、喷嚏、咳嗽等症状,两侧颊黏膜可见 0.5~1mm 直径大小的白色斑点,周围有红晕,为数不一,此为麻疹黏膜斑。同时可伴食欲不振,腹泻,呕吐等症。

(2) 出疹期:持续 3~5 天。一般于发热 3~4 天后出疹,初见于耳后、发际,依次向面、颈、躯干蔓延,约 2~3 天内遍布全身,最后达手足心、鼻准部。皮疹初为淡红色斑丘疹,直径 2~5mm 不等,随着皮疹增多,颜色加深,融合成不规则片状,但疹间皮肤正常。

(3) 恢复期:出疹后 3~4 天。高热开始下降,全身情况好转,皮疹按出疹顺序逐渐隐退,出现糠麸样脱屑并见淡褐色的色素沉着,在 2~3 周后完全消失。

3. 实验室检查

(1) 血常规检查:前驱期白细胞总数正常或降低。

(2) 细胞学和病毒抗原检查:取鼻咽部吸取物、鼻咽拭子、尿液沉渣、脱落细胞涂片,经特殊处理后可见多核巨细胞、嗜酸性包涵体和麻疹病毒抗原。

(3) 血清抗体检测:血清麻疹 IgM 抗体在急性期发病后 3 天即可检出,5~20 天阳性率最高。恢复期(病后 2~4 周)IgM 抗体滴定度如大于 4 倍增长,有诊断价值,可做回顾性诊断。

(二) 鉴别诊断

1. 感冒　本病初热期注意和感冒鉴别。感冒一般无明显结膜充血症状,无麻疹黏膜斑,3~4 天不透发红疹。

2. 风疹、幼儿急疹、猩红热　鉴别要点见本章第三节猩红热。

【辨证论治】

(一) 辨证思路

辨顺逆:麻疹的辨证,首要辨别顺证、逆证,然后顺证再辨表里,逆证辨别脏腑,便可掌握疾病的轻重和预后。若病情按顺证三期顺利演变,则为顺证;若见麻毒闭肺、麻毒攻喉、毒陷心肝等见证,则为逆证。顺证与逆证的辨别见表 9-1。

(二) 治疗原则

古人有"麻宜发表透为先,形出毒解便无忧"和"麻不厌透"之说。故本病治疗强调宣透清解,应分清病情顺逆,根据不同阶段分别施治。顺证麻疹,初热期宜辛凉透表,清宣肺卫;见形期宜清热解毒,佐以透发;恢复期宜养阴生津,清解余邪。但须注意透疹勿耗伤津

笔记栏

液,清解勿过犯寒凉,养阴忌滋腻留邪。逆证麻疹以清热解毒为主,或佐宣肺化痰,或佐利咽消肿,或佐息风开窍。

表 9-1 顺证与逆证的辨别

辨别点	顺证	逆证
病情	轻	重
精神	多正常	烦躁或神昏
发热咳嗽	不重	高热,咳剧
气促	无	有
抽搐	无	可有
出疹顺序	先耳后发际,渐及头面、颈部,后蔓延至胸背腹部、四肢,最后鼻准部及手心、足心	出疹无序或疹出不畅或暴出暴收
皮疹特点	疹色先鲜红后暗红,色泽红活,分布均匀	疹色紫暗,皮疹稠密,分布不均匀

(三)分证论治

1. 顺证

(1)邪犯肺卫(初热期)

证候:发热,微恶风寒,鼻塞流涕,打喷嚏,咳嗽,目赤胞肿,畏光羞明,泪水汪汪,倦怠思睡,饮食不振,或大便稀溏。发热第 2~3 天,口腔两颊黏膜红赤,出现麻疹黏膜斑(其斑微小灰白,周围绕以红晕,开始仅见贴于臼齿处颊黏膜,1 天内很快增多,可累及整个颊黏膜,在皮疹出现后逐渐消失),舌苔薄白或微黄,脉浮数,指纹浮紫。

证候分析:麻毒时邪犯于肺卫,表卫失和,肺气失宣,则见发热、微恶风寒、鼻塞流涕、喷嚏、咳嗽;麻毒上熏苗窍,则见目赤胞肿、畏光羞明、泪水汪汪、麻疹黏膜斑;邪犯脾胃,受纳运化失常,则见饮食不振、或大便稀溏。

辨证要点:发热,目赤胞肿,畏光羞明,泪水汪汪,麻疹黏膜斑。

治法:辛凉发表,宣肺透疹。

主方:宣毒发表汤(《医宗金鉴》)加减。

常用药:升麻、葛根、浮萍、荆芥、防风、薄荷、金银花、连翘、前胡、牛蒡子、桔梗、甘草。

加减:恶寒无汗加麻黄、紫苏叶;发热较高加生石膏、大青叶;咳嗽痰多加苦杏仁、浙贝母;咽喉疼痛,乳蛾红肿加射干、马勃;潮热有汗,精神疲倦,恶心呕吐,大便稀溏加藿香、佩兰;夜寐不安,尿黄短少加淡竹叶、通草。麻疹欲透未出者,可另加浮萍煎水外洗。

(2)邪炽肺脾(出疹期)

证候:持续发热,起伏如潮,阵阵微汗,每潮一次,疹随外出。烦躁或嗜睡,口渴引饮,咳嗽加剧,目赤眵多。疹点先见耳后、发际,渐及额、面、颈部,继而躯干、四肢,最后手掌、足底见疹,疹子出齐。疹点初起稀疏,逐渐稠密,颜色先红后变暗红,突出皮面,触之碍手,压之退色,小便短赤,大便多稀溏,舌质红,舌苔黄,脉数,指纹紫滞。

证候分析:邪入肺脾,热毒炽盛,则见高热不退、烦躁口渴;肺热而清肃失职,则见咳嗽加剧;正气托毒,外达肌肤,则见透发皮疹;透疹之际热势最高,则见发热起伏如潮;热伤津液,则见小便短赤;热伤脾胃,则见大便多稀溏;舌质红、舌苔黄、脉数、指纹紫滞为热毒炽盛之象。

辨证要点:高热起伏,皮疹顺序透发,烦躁口渴,舌红苔黄,脉数。

治法:清热解毒,佐以透疹。

主方：清解透表汤（验方）加减。

常用药：桑叶、菊花、蝉蜕、牛蒡子、金银花、连翘、大青叶、紫草。

加减：高热不退加生石膏、知母；疹点紫暗稠密加生地黄、牡丹皮、赤芍；咳嗽气粗，喉间痰鸣，加黄芩、桑白皮、鱼腥草；神识昏沉加石菖蒲、郁金；壮热抽搐加羚羊角（研末冲服）、钩藤；齿衄鼻衄加藕节、仙鹤草、白茅根。

（3）肺胃阴伤（恢复期）

证候：发热渐退，咳嗽减轻，胃纳增加，精神转佳，疹点按出疹顺序逐渐回收，皮肤出现糠麸脱屑，并有棕褐色素沉着，口干少津，舌质红，苔少，脉细数。

证候分析：麻毒已透，正气渐复，则见发热渐退，咳嗽减轻，胃纳增加，精神转佳，疹点逐渐回收；热退阴津损伤，则见皮肤脱屑，口干少津；舌质红，苔少，脉细数为余热未尽之象。

辨证要点：发热渐退，疹点依次渐回，皮肤糠状脱屑，舌红苔少，脉细数。

治法：滋养肺胃，清解余邪。

主方：沙参麦冬汤（《温病条辨》）加减。

常用药：沙参、麦冬、玉竹、天花粉、白扁豆、石斛、甘草、桑叶。

加减：低热不清加地骨皮、银柴胡、知母；咳嗽不止加百合、款冬花、苦杏仁；食欲未复加谷芽、麦芽；疹子回收迟缓加赤芍、牡丹皮；大便干结加瓜蒌仁、火麻仁。

2. 逆证

（1）麻毒闭肺

证候：高热不退，咳嗽气促，喉中痰鸣，鼻翼扇动，甚则摇肩撷肚、面唇青紫、烦躁不安，疹出不畅，或疹稠紫暗，舌质红，舌苔黄，脉数，指纹紫滞。

证候分析：麻毒闭肺，灼津炼液为痰，痰热阻肺，肺气郁闭，则见高热，咳喘，痰鸣，鼻扇；肺气郁闭，气滞血瘀，心血不畅，则见面唇青紫；邪毒内攻，则见疹出不畅；邪毒炽盛，则见疹稠紫暗。

辨证要点：高热不退，咳嗽气促，喉中痰鸣，鼻翼扇动，疹出不畅，或疹稠紫暗。

治法：清热解毒，开肺化痰。

主方：麻杏石甘汤（《伤寒论》）加减。

常用药：麻黄、生石膏、苦杏仁、前胡、枇杷叶、荆芥、防风、川贝母、甘草。

加减：高热不退加黄芩、金银花、连翘、鱼腥草；喘促不安、痰涎壅盛加葶苈子、鲜竹沥、瓜蒌皮；腹胀便秘加大黄、玄明粉；面唇青紫加丹参、红花；疹出不畅加葛根、升麻；疹出稠密紫暗者加牡丹皮、紫草。

（2）麻毒攻喉

证候：身热不退，咽喉肿痛，咳如犬吠，声音嘶哑，喉间痰鸣，甚则吸气困难，胸高胁陷，烦躁不安，面唇青紫，疹点稠密紫暗，舌质红，舌苔黄，脉数，指纹紫滞。

证候分析：麻毒炽盛，则见身热不退；热毒循经上攻咽喉，则见咽喉肿痛；热盛炼液为痰，痹阻气道，则见咳如犬吠，喉间痰鸣，甚则吸气困难；气滞血瘀，则见面唇青紫；热毒炽盛，则见疹点稠密紫暗。

辨证要点：咽喉肿痛，咳如犬吠，声音嘶哑，吸气困难，疹点稠密紫暗。

治法：清热解毒，利咽消肿。

主方：牛蒡甘桔汤（《麻症集成》）加减。

常用药：牛蒡子、连翘、射干、金果榄、玄参、桔梗、甘草、山豆根、金银花、黄芩、黄连、栀子。

加减：咽喉肿痛，喉间痰鸣加全瓜蒌、浙贝母；疹点稠密紫暗加生地黄、牡丹皮、紫草；大便秘结加大黄、玄明粉;吸气困难,面青唇紫,出现窒息者,宜采用中西医结合抢救治疗。

(3) 邪陷心肝

证候:高热不退,烦躁谵语,神昏抽搐,喉间痰鸣,疹点密集紫暗,舌质红绛,舌苔黄糙,脉数,指纹紫滞。

证候分析:麻毒炽盛,则见高热不退;热毒内陷心肝,蒙闭心窍,引动肝风,则见烦躁谵语、神昏抽搐;风动生痰,则见喉间痰鸣;热毒内陷营血,血分热盛,则见疹点密集紫暗;舌质红绛、舌苔黄糙为热毒内盛之象。

辨证要点:高热,神昏,抽搐,疹点密集紫暗,舌质红绛,舌苔黄糙。

治法:清热凉营,息风开窍。

主方:清营汤(《温病条辨》)合羚角钩藤汤(《重订通俗伤寒论》)加减。

常用药:水牛角、生地黄、牡丹皮、玄参、羚羊角、钩藤、菊花、白芍、甘草、石菖蒲、郁金、紫草。

加减:高热、神昏、抽搐者可配合应用紫雪丹、安宫牛黄丸。大便干结加大黄、玄明粉。

【诊疗提示】

1. 注意询问流行病学史及麻疹疫苗接种史。

2. 初热期注意观察眼部症状、麻疹黏膜斑。

3. 出疹期注意询问发热与出疹的时间顺序,观察皮疹的特点。

4. 恢复期注意观察皮肤脱屑及色素沉着。

5. 不典型麻疹可做病毒分离及检测病毒抗原或血清特异性抗体。

【其他疗法】

(一) 中成药

1. 小儿双清颗粒 用于初热期或见形期。

2. 双黄连口服液 用于初热期或见形期。

3. 抗病毒口服液 用于初热期或见形期。

4. 蓝芩口服液 用于麻毒攻喉者。

5. 六神丸 用于麻毒攻喉者。

(二) 外治疗法

麻黄、浮萍、芫荽、西河柳各15g,布包水煎,加黄酒250g,煮沸,使室内空气温暖湿润,待药液稍温,揩额面、颈部、胸背、四肢、手背等,以助透疹。亦可取其中2~3味,同上法用之。

【预防护理】

1. 按计划接种麻疹减毒活疫苗。

2. 麻疹流行期间,勿带小儿去公共场所和流行区域,减少感染机会。

3. 尽早发现麻疹患儿,隔离患儿至出疹后5天,并发肺炎喘嗽者,延长隔离至出疹后10天。

4. 保持室内空气流通,室内温度湿度适宜。出疹期患儿避免强光刺眼。

5. 保持口腔、眼睛、鼻腔、皮肤的清洁卫生。

6. 注意休息,多饮水,饮食清淡易消化,富于营养。

【古籍摘要】

《景岳全书》:"疹者,痘之末疾,惟二经受证,脾与肺也,内应于手足太阴,外合于皮毛肌肉,是皆天地沴戾不正之气,故曰疹也。"

《小儿药证直诀·疮疹候》:"面燥腮赤,目胞亦赤,呵欠顿闷,乍凉乍热,咳嗽嚏喷,手足梢冷,夜卧惊悸,多睡,并疮疹证,此天行之病也。"

PPT 课件

第二节　风　疹

风疹是由感受风疹时毒引起的急性出疹性时行疾病,临床以轻度发热,咳嗽,全身出现淡红色小斑丘疹,耳后、颈后、枕部臖核肿大伴触痛为主要特征。本病因感受风热时邪引起,皮疹细小如沙,故称"风痧"。

本病病原是风疹病毒,风疹患者是本病传染源,主要通过空气飞沫传播。本病一年四季都可发生,主要见于冬春季节,容易在幼儿园内流行,1~5岁小儿最多。病后可获得持久免疫力。

本病一般较轻,很少发生变证,预后良好。妊娠早期感染风疹病毒可经胎盘感染胎儿,影响胎儿的发育,引起先天性风疹综合征,严重者可导致各种先天畸形,甚至流产、死胎。

【病因病机】

本病由感受风疹时毒所致。风疹时毒从口鼻而入,主要侵犯肺卫,外透肌肤而发病。由于邪毒较轻,一般只伤及肺卫,表卫失和,肺气失宣,则见轻度发热、咳嗽、流涕等。肺主皮毛,邪从外泄,则见疹点稀疏、淡红细小。疹出之后,热退病解。个别邪毒炽盛,可内传入里。波及气营,则见高热、烦渴、疹点稠密、颜色鲜赤或紫暗。偶有邪陷心肝,出现神昏、抽搐变证,或其他脏腑、关节病变。总之,风热时邪侵犯肺卫,外发肌肤为主要病因病机。通常邪轻病浅,个别毒盛可波及气营,偶有邪陷心肝或伤他脏。

【诊断】

(一)诊断要点

1. 好发于冬春季节,儿童普遍易感,发病有明确接触史,幼儿园及学校等人员密集场所可造成流行。

2. 典型的风疹临床有疹前期和出疹期。疹前期:时间较短,1/2~1天,仅见肺卫表证及耳后、颈后、枕部臖核肿大触痛;出疹期:发热第1~2天出疹,1天内布满全身,皮疹呈淡红色细小丘疹,有痒感。出疹后2~3天皮疹消退,无脱屑,无色素沉着。

3. 血常规可见白细胞总数正常或稍低,淋巴细胞相对增多,可出现异常淋巴细胞。

(二)鉴别诊断

麻疹、幼儿急疹、猩红热鉴别要点见本章第三节猩红热。

【辨证论治】

(一)辨证思路

辨轻重。发热不高,精神良好,皮疹淡红细小,分布稀疏均匀,为邪郁肺卫,属轻证;发热高,烦躁,皮疹鲜赤或紫暗,分布密集或融合成片,为邪犯气营,属重证。

（二）治疗原则

本证一般病情轻浅，主要为邪郁肺卫，治疗以疏风清热解毒为主；若邪犯气营，以清气凉营解毒法治疗。

（三）分证论治

1. 邪郁肺卫

证候：轻度发热，咳嗽，流涕，疹点淡红细小，稀疏均匀，有痒感，耳后、颈后、枕部臖核肿大触痛，舌质偏红，舌苔薄白或微黄，脉浮数，指纹浮紫。

证候分析：邪郁肺卫，表卫失和，肺气失宣，则见发热、咳嗽、流涕；邪毒与气血相搏，外泄肌肤，则见红疹；邪轻病浅，则疹点淡红细小、稀疏均匀；风犯肌腠，则见皮疹瘙痒；邪毒与气血相搏，郁于足少阳经络，则见臖核肿大。

辨证要点：轻度发热，疹子细小，分布稀疏，耳后、枕部臖核肿大。

治法：疏风清热解毒。

主方：银翘散（《温病条辨》）加减。

常用药：金银花、连翘、荆芥、薄荷、淡豆豉、牛蒡子、桔梗、蝉蜕、甘草、芦根。

加减：咽红肿痛明显加僵蚕、木蝴蝶；臖核肿大加夏枯草、蒲公英；皮肤痒甚加白鲜皮、地肤子、牡丹皮。

2. 邪犯气营

证候：高热，烦渴，疹点鲜赤或紫暗，密集或融合成片，瘙痒较重，耳后、颈后、枕部臖核肿大且触痛明显，舌质红，舌苔黄糙，脉洪数，指纹紫滞。

证候分析：邪毒炽热，内犯气营，气分热盛，则见高热，烦渴；营分热炽，则见疹点鲜赤或紫暗，密集或融合成片；风盛则痒重；邪郁足少阳经络较重，则臖核肿大触痛明显；舌质红，苔黄糙，脉洪数，指纹紫滞为邪犯气营之象。

辨证要点：高热，疹点鲜赤或紫暗，臖核肿大触痛，舌质红。

治法：清热凉营解毒。

主方：透疹凉解汤（验方）加减。

常用药：桑叶、薄荷、牛蒡子、蝉蜕、金银花、连翘、黄芩、紫花地丁、赤芍、红花。

加减：口渴甚者加石斛、芦根；疹点密集紫暗加生地黄、牡丹皮、紫草；大便秘结加大黄、芒硝。本证重者，亦可用清瘟败毒饮加减治疗。

【诊疗提示】

1. 注意询问流行病学史。
2. 注意观察发热与出疹的关系、皮疹的特点。
3. 注意检查耳后、颈后、枕部臖核。
4. 不典型的病例可做病毒分离及检测病毒抗原或血清特异性抗体。

【其他疗法】

1. 板蓝根冲剂　用于邪郁肺卫证。
2. 三黄片　用于邪犯气营证。
3. 小儿痧疹金丸　用于邪犯气营证。

【预防护理】

1. 及时隔离患儿，至出疹后5天。

2. 在托幼机构如发现可疑患儿,应隔离观察 7~10 天。

3. 风疹流行期间,不带易感儿童去公共场所,避免与风疹患儿接触。保护孕妇,尤其在妊娠初期 3 个月内,避免接触风疹患儿。

4. 患病期间宜多休息,多饮水,饮食清淡易消化。

5. 防止搔破皮肤,引起感染。

【古籍摘要】

《本草纲目》:"风疹作痒,枳壳三两。麸炒为末。每服二钱,水一盏,煎六分,去滓温服。仍以汁涂。"

第三节 猩 红 热

猩红热是由感受猩红热时邪引起的急性出疹性时行疾病,临床以发热,咽喉肿痛或伴腐烂,全身布发弥漫性猩红色皮疹,疹后脱屑脱皮为主要特征。本病属于中医学温病范畴,中医学病名为"疫痧""疫疹""烂喉痧""烂喉丹痧"等。

西医学亦称本病为"猩红热"。其病原是 A 族乙型溶血性链球菌,猩红热患者和带菌者是本病的传染源。主要通过空气飞沫传播,亦可经破损的皮肤传播。人群普遍易感,以 3~15 岁儿童发病居多,尤以 3~8 岁最多见。患病后可获得免疫力。全年均可发生,以冬春季节为主,温带发病较多。多数患儿预后多良好,少数患儿病后可发生心悸、痹证、水肿变证。

【病因病机】

本病由感受猩红热时邪所致。猩红热时邪从口鼻而入,蕴于肺胃。咽喉为肺胃门户,邪毒蕴于肺胃,始郁于肌表,则见发热、畏寒等卫表见症;热毒炽盛,内外充斥,则见壮热、口渴等。邪毒循经上攻咽喉,则见咽喉肿痛或腐烂。邪毒剧烈,气分热盛,肺胃火炽,则见壮热、口渴不解、咽喉肿痛腐烂加重。邪毒循经外泄肌肤,则见透发痧疹、色红如丹。热毒炽盛,内迫营血,则见痧疹密布、颜色紫红、甚见瘀点。严重者,邪毒传至咽喉部周围组织、器官,可见化脓病变;内陷厥阴,可见神昏、抽搐;或陷入他脏引起病变;甚至发生脱证。

病至后期,邪毒善耗阴津,邪毒外达,阴伤津亏,则见肺胃阴伤。少数患者,由于热毒炽盛,或耗气伤阴,影响他脏,如心之气阴受损,可见心悸;热毒流注关节,可见关节肿痛;热毒弥漫三焦,肺、脾、肾功能失调,水液输布失常,可见水肿。

总之,猩红热时邪侵犯肺胃,热毒炽盛,内外充斥,外透肌肤为主要病因病机。邪毒化热化火,犯卫、入气、窜营、伤阴,从而形成邪犯卫气、邪燔气营、肺胃阴伤不同病机变化,气营两燔为病机演变中心。少数后期可损伤他脏,发生变证。

【诊断】

(一) 诊断要点

1. 在冬春流行季节,有本病接触史。

2. 典型病例可分三期。

(1) 疹前期:时间较短,一般在 24 小时之内,骤起发热,体温较高,多在 39℃以上,咽喉红肿疼痛或有腐烂。

（2）出疹期：一般在发热数小时~1天出疹，出疹时高热，皮肤弥漫潮红，布有均匀的针尖大小的猩红色丘疹，呈鸡皮样，伴有痒感；在皮肤皱褶处如腘窝、肘窝、腹股沟处皮疹密集，形成明显线状，称"线状疹"；面部皮肤潮红，口周不明显，形成"口周苍白圈"；舌苔剥脱，舌质红绛，舌乳头肿大如刺，称为"草莓舌"。

（3）恢复期：一般情况好转，体温逐渐降至正常，皮疹按出疹顺序3~5天消退，重者可持续1周，疹退后有片状脱皮，无色素沉着。

3. 血常规可见白细胞总数及中性粒细胞增多，严重者可出现中毒颗粒。咽拭子涂片可发现A族溶血性链球菌。

（二）鉴别诊断

1. 乳蛾与猩红热疹前期症状相似，但不出现皮疹。

2. 本病与麻疹、风疹、幼儿急疹鉴别见表9-2。

表9-2 猩红热与其他出疹性疾病鉴别

病名	麻疹	风疹	幼儿急疹	猩红热
初期症状	发热，咳嗽，流涕，泪水汪汪，麻疹黏膜斑	轻度发热、咳嗽、流涕，耳后、颈后、枕部臀核肿大并触痛	突然高热，一般情况良好	发热较高，咽喉肿痛或伴腐烂
发热与出疹的关系	发热3~4天出疹，出疹时发热更高	发热1/2~1天出疹，出疹时热势不高	发热3~4天出疹，出疹时热退	发热数小时~1天出疹，出疹时高热
皮疹特点	红色斑丘疹，自耳后、发际开始，渐及前额、面、颈，继而躯干、四肢，最后手掌、足底见疹，3~4天出齐，疹间皮肤正常，3~4天退疹	淡红色斑丘疹，较麻疹细小，先见于面部，迅速蔓延，1天内布满全身，躯干、背部较多，面部、四肢较少，手掌、足底很少或无疹，疹间皮肤正常，2~3天退疹	玫瑰红色斑丘疹，较麻疹细小，1天内布满全身，躯干、腰臀部较多，头面、四肢远端较少，疹间皮肤正常，1~2天退疹	皮肤弥漫潮红，布有密集针尖大小猩红色丘疹，先见于耳后、颈部及上胸，继而遍及全身，2~3天出齐，面部潮红无皮疹，皮肤皱褶处呈线状疹，3~5天退疹
特殊体征	麻疹黏膜斑	颈后、枕部臀核肿大并触痛	无	口周苍白圈，草莓舌，线状疹
恢复期	退疹后有糠麸状脱屑及色素沉着	退疹后可有少量脱屑，无色素沉着	退疹后无脱屑及色素沉着	退疹后有脱皮，无色素沉着

【辨证论治】

（一）辨证思路

1. 辨卫气营血 本病以卫气营血辨证为纲，其病期与证候具有密切联系。疹前期属邪犯肺卫证，以发热、恶寒、咽喉肿痛、痧疹隐现为主症；出疹期属毒炽气营证，以壮热口渴、咽喉糜烂、皮疹猩红如丹或紫暗如斑、舌光红为主症；恢复期属疹后阴伤，以口渴唇燥、皮肤脱屑脱皮、舌红少津为主症。

2. 辨病情轻重 根据全身及局部症状区分病情轻重。发热不高，咽喉不甚肿烂，痧疹稀疏，疹色红活，神情清爽，为轻证；发热高，咽喉显著肿烂，痧疹密集或融合成片，疹色紫红或有出血点，或见变证，为重证。

（二）治疗原则

本病以清热解毒利咽为基本治则。病初治宜解表清热，利咽透痧；气营两燔，治宜清气凉营,解毒利咽;病后阴伤,治宜养阴清热,生津润喉。

(三)分证论治

1. 邪犯卫气

证候:发热骤起,恶寒头痛,口渴,咽喉肿痛或有腐烂,皮肤潮红,痧疹隐现,舌质红起刺,舌苔薄白或薄黄,脉浮数有力,指纹浮紫。

证候分析:邪毒蕴于肺胃,郁于肌表,则见发热,恶寒,头痛;气分热盛,则发热较高,口渴;邪毒循经上攻咽喉,故咽喉肿痛或有腐烂;邪毒渐由肌表外泄,则皮肤潮红,痧疹隐隐。

辨证要点:发热骤起,咽喉肿痛或有腐烂,皮肤潮红,痧疹隐现。

治法:解表清热,利咽透痧。

主方:解肌透痧汤(《喉痧症治概要》)加减。

常用药:荆芥、浮萍、蝉蜕、葛根、金银花、连翘、生石膏、大青叶、桔梗、牛蒡子、射干、甘草。

加减:喉核肿烂加虎杖、蒲公英;颈部瘰核肿大者加夏枯草、紫花地丁。本证亦可用银翘散合白虎汤加减治疗。

2. 气营两燔

证候:壮热不解,烦躁口渴,面部红赤,咽喉肿痛腐烂,皮肤潮红,痧疹密布,色红如丹或紫红有瘀点,舌质红绛起刺,状若草莓,脉数有力,指纹紫滞。

证候分析:邪毒燔灼气分,则见壮热不解,口渴,面赤;热扰心神,故烦躁不安;肺胃火炽,上攻咽喉,则咽喉肿痛腐烂;邪毒外透肌肤,故皮肤潮红,痧疹密布;热蒸营血,则疹红如丹或紫红有瘀点;舌质红绛起刺状若草莓,脉数有力,指纹紫滞为邪燔气营、热毒炽盛之象。

辨证要点:壮热不解,咽喉肿痛腐烂,皮肤潮红,痧疹密布,舌质红绛起刺,状若草莓。

治法:清气凉营,解毒利咽。

主方:凉营清气汤(《喉痧症治概要》)加减。

常用药:金银花、连翘、生石膏、黄芩、栀子、淡竹叶、水牛角、生地黄、牡丹皮、赤芍、玄参、板蓝根、射干、芦根。

加减:痧疹布而不透加葛根、浮萍;大便秘结加大黄、芒硝;邪陷心肝见神昏、抽搐者,可选加安宫牛黄丸、紫雪丹。本证亦可用清瘟败毒饮加减治疗。

3. 肺胃阴伤

证候:身热渐退,咽喉肿烂渐减,痧疹按序消退,唇干口燥,或伴有干咳,食欲不振,舌质红少津,苔剥脱,脉细数,疹退后皮肤脱皮。

证候分析:痧疹布齐,邪毒外透,则见身热渐退,咽喉肿烂渐减,痧疹按序消退;阳毒耗伤阴津,肺阴伤则见干咳,肤燥脱皮;胃阴伤则见唇干口燥,食欲不振;舌质红少津,苔剥脱,脉细数为肺胃阴伤之象。

辨证要点:身热渐退,咽喉肿烂渐减,痧疹按序消退,疹退后皮肤脱皮,舌质红少津,苔剥脱,脉细数。

治法:养阴清热,生津润喉。

主方:沙参麦冬汤(《温病条辨》)加减。

常用药:沙参、麦冬、天花粉、玉竹、石斛、白扁豆、甘草、桑叶。

加减:低热不清加地骨皮、银柴胡;咽喉肿烂未清加玄参、生地黄、芦根;食欲不振加麦芽、谷芽;大便干结加知母、火麻仁、当归。

【诊疗提示】

1. 注意询问流行病学史。
2. 注意咽喉部的检查。
3. 注意观察和询问发热与出疹的关系、观察面部特征、舌象变化、皮疹特点。
4. 注意观察疹退后皮肤脱皮情况。
5. 及时检查血常规、咽拭子,注意有无 A 族乙型溶血性链球菌感染,可做细菌培养或用免疫荧光法检测病原体。

【其他疗法】

(一) 中成药

1. 小儿豉翘清热颗粒　用于邪犯卫气证。
2. 双黄连口服液　用于邪犯卫气、气营两燔证。

(二) 外治疗法

可选用冰硼散、锡类散、珠黄散等吹喉,1 日 2~3 次,治疗咽喉肿烂。

【预防护理】

1. 控制传染源。猩红热患者应隔离至临床症状消失,咽拭子培养链球菌阴性时解除隔离。对密切接触的易感人员应隔离 7~12 日。
2. 切断传播途径。对患者的分泌物和污染物及时消毒处理,接触患者应戴口罩。流行期间,小儿勿去公共场所。
3. 保护易感儿童。对密切接触患者的易感儿童,可服用板蓝根等药物。
4. 居室空气要流通,但应避免直接吹风。
5. 注意休息,多饮温水,饮食清淡易消化。病后 1 个月内注意心脏和尿液检查,防止发生变证。
6. 注意皮肤与口腔清洁,用淡盐水含漱,1 日 2~3 次。皮肤瘙痒者要防止抓破皮肤,脱皮时不可撕扯。

【古籍摘要】

《烂喉丹痧辑要》:"雍正癸丑年间以来有烂喉痧一证,发于冬春之际,不分老幼,遍相传染,发则壮热烦渴,丹密肌红,宛如锦纹,咽喉疼痛肿烂,一团火热内炽。"

《喉痧证治概要》:"此症发于夏秋者少,冬春者多,乃冬不藏精,冬应寒反温,春寒尤禁,春应温而反冷,经所谓非其时而有其气,酿成疫证之邪也。邪从口鼻入于肺胃,咽喉为肺胃之门户,暴寒束于外,疫疠郁于内,蒸腾肺胃二经,厥少之火乘势上亢,于是发为烂喉痧也。"

第四节　水　　痘

水痘是由感受水痘时毒引起的急性出疹性时行疾病。临床以发热,皮肤及黏膜斑丘疹、疱疹、结痂分批出现且可同时存在为主要特征。本病因疱疹浆液清亮如水,疹形椭圆似豆,故称"水痘"。其他还有"水疮"等名称。《小儿卫生总微论方·疮疹论》言:"其疮皮薄,如水泡,破即易干者,谓之水痘。"明确提出"水痘"命名及疱疹的特点。

PPT 课件

西医学亦称本病为水痘。其病原是水痘 - 带状疱疹病毒,水痘和带状疱疹患者是传染源。出疹前 1 天至疱疹完全结痂均有传染性,主要通过空气飞沫传播,也可通过接触患者疱疹液而传播。人群普遍易感,主要发生于儿童,10 岁以内的儿童多见。病后免疫力持久。一年四季均可发病,冬春季节多见,传染性很强,易在集体儿童机构中流行。

本病一般病情较轻,变证少见,愈后皮肤一般不留瘢痕,预后良好。但免疫缺陷者,如应用皮质激素、免疫抑制剂治疗者及患有恶性疾病者,罹患本病可能病情发展较重,甚至危及生命。

【病因病机】

本病由感受水痘时毒所致。水痘时毒自口鼻而入,郁于肺脾胃,与内湿相搏,外透肌肤而发病。邪毒较轻,主要侵犯肺卫,表卫失和,肺气失宣,则见发热、咳嗽、流涕;累犯脾胃,与湿相搏,外透肌肤,水痘布露,表现较轻。少数出现邪毒炽盛,毒热内犯气营,则见壮热、烦渴;毒热夹湿外透肌肤,则见疮疹,表现较重。甚则毒热化火,内陷心肝,而见神昏、抽搐,或损伤其他脏腑发生病变。总之,水痘时毒郁于肺脾胃,与内湿相搏,外发肌肤为主要病机。本病毒轻病浅者多,侵入营血者少。

【诊断】

(一) 诊断要点

1. 多在冬春季节发病,可造成流行,近期有水痘 - 带状疱疹患者接触史。

2. 典型水痘可分为疹前期和出疹期。

(1) 疹前期:时间较短,一般不超过 24 小时,可有发热、流涕、轻咳等肺卫表证。

(2) 出疹期:发热当天或第 2 天透发皮疹,首见于躯干和头部,以后延及面部和四肢。皮疹初为红色斑丘疹,很快变为疱疹,呈椭圆形,大小不一,内含透明浆液,周围红晕,壁薄易破,有痒感;继而干燥结痂,然后痂盖脱落,不留瘢痕。起病后皮疹分批出现,此起彼落,参差不齐,同一时期,丘疹、疱疹、结痂可同时存在。皮疹呈向心性分布,主要位于躯干,其次为头面部,四肢远端较少。口腔、咽喉、眼结膜、外阴黏膜亦可见,且疱疹易破,形成溃疡。

3. 血常规可见白细胞总数大部分正常,偶有轻度增多,淋巴细胞相对增多。新鲜疱疹底部刮取物检查,若见多核巨细胞和核内包涵体,可供快速诊断。

(二) 鉴别诊断

1. 水痘与脓疱疮鉴别　见表 9-3。

表 9-3　水痘与脓疱疮的鉴别

鉴别点	水痘	脓疱疮
病因	水痘 - 带状疱疹病毒	多为葡萄球菌或链球菌
传染性	有	无
好发季节	多发冬春,四季均可见	夏秋
全身症状	发热、流涕、轻咳	一般不伴发热等全身症状
好发部位	躯干部(向心性分布)	四肢、颜面等皮肤外露部位(离心性)
特征	丘疹、疱疹、结痂,可同时出现	疮内有脓,破后凹陷成窝,干后结痂
病程	6~7 天	长短不一,多反复发作
预后	终身免疫,偶见并发病毒性心肌炎、病毒性脑炎	体弱儿可并发急性肾炎

2. 水痘与丘疹性荨麻疹鉴别　见表9-4。

表9-4　水痘与丘疹性荨麻疹的鉴别

鉴别点	水痘	丘疹性荨麻疹
病因	水痘带状疱疹病毒	多种过敏因素
传染性	有	无
免疫性	有	无
好发季节	多发冬春,四季均可见	春夏秋多见
全身症状	发热、流涕、轻咳	一般不伴发热等全身症状
好发部位	躯干部(向心性分布)	多见于四肢
特征	丘疹、疱疹、结痂,分批出现,可同时出现	皮疹为红色丘疹,形态多样,顶部有小疱疹,皮厚坚实,不易破,不结痂,痒甚
病程	6~7 天	病程不定,容易反复发作

【辨证论治】

(一)辨证思路

辨轻重　轻度发热,痘疹稀疏,颜色红润,疱浆清亮,根脚红晕不著,无其他兼症,为邪郁肺卫轻证;壮热不解,痘疹稠密,颜色紫暗,疱浆混浊,根脚红晕显著,或有兼证,为气营两燔重证。重者热邪不解,迫入血分,扰动心神而出现烦躁不安、谵语等心经证候;又或邪热动风出现四肢抽搐,角弓反张等肝经证候。湿热相搏,阻滞气机,血脉不畅可见咳嗽喘促,喉间痰鸣,口唇发绀。

(二)治疗原则

本病以清热解毒,佐以利湿为基本治则。邪郁肺卫,治宜疏风清热,解毒利湿;气营两燔,治宜清热凉营,解毒利湿。若出现变证,则应配合清热解毒、镇惊息风等法随证治之。

(三)分证论治

1. 邪郁肺卫

证候:轻度发热,鼻塞流涕,喷嚏,咳嗽,痘疹稀疏,疹色红润,疱浆清亮,根脚红晕不著,舌苔薄白微腻,脉浮数,指纹浮紫。

证候分析:邪郁肺卫,表卫失和,肺气失宣,则见发热,鼻塞流涕,打喷嚏,咳嗽;邪犯脾胃与内湿相搏,外透肌肤,则见水痘布露;邪轻病浅,则见痘疹稀疏,疹色红润,疱浆清亮,根脚红晕不著。

辨证要点:轻度发热,痘疹稀疏,疹色红润,疱浆清亮。

治法:疏风清热,解毒利湿。

主方:银翘散(《温病条辨》)加减。

常用药:金银花、连翘、荆芥、薄荷、淡竹叶、牛蒡子、桔梗、滑石、车前子、甘草。

加减:痘疹痒甚者,加蝉蜕、僵蚕、地肤子;咳嗽加桑叶、杏仁、前胡。

2. 气营两燔

证候:壮热不解,烦躁不安,口渴欲饮,面红唇赤,痘疹稠密,颜色紫暗,疱浆混浊,根脚红晕显著,大便干结,小便黄赤,舌质红绛,舌苔黄厚,脉洪数有力,指纹紫滞。

证候分析:邪犯气营,气分热盛,则见壮热,烦躁,口渴,面红唇赤;营分热炽,则见痘疹颜色紫暗,疱浆混浊,根脚红晕显著;热伤津液,则见大便干结,小便黄赤;舌质红绛,舌苔黄厚,脉洪数有力,指纹紫滞为气营两燔之象。

辨证要点:壮热不解,痘疹稠密,颜色紫暗,疱浆混浊,舌质红绛,舌苔黄厚。

治法:清热凉营,解毒利湿。

主方:清胃解毒汤(验方)加减。

常用药:金银花、连翘、板蓝根、黄芩、生石膏、生地黄、牡丹皮、赤芍、紫草、淡竹叶、滑石。

加减:大便干结加大黄、芒硝。神昏抽搐加安宫牛黄丸或紫雪丹。病情严重者,亦可用清瘟败毒饮加减治疗。

【诊疗提示】

1. 注意询问流行病学史。

2. 注意观察发热等全身症状、皮疹的特点,注意询问发热与出疹的关系。

3. 不典型病例可做病毒分离及检测病毒抗原或血清特异性抗体。

【其他疗法】

(一) 中成药

1. 板蓝根冲剂　适用于邪郁肺卫证。

2. 银翘解毒丸　适用于邪郁肺卫证。

3. 五福化毒丸　适用于气营两燔证。

(二) 外治疗法

1. 苦参 30g、芒硝 30g、浮萍 15g,煎水外洗,1 日 2 次。用于皮疹稠密、瘙痒明显者。

2. 青黛散麻油调后外敷,1 日 1~2 次。用于疱疹破溃化脓者。

3. 锡类散、冰硼散、珠黄散,任选一种吹口,1 日 2~3 次。用于口腔黏膜水疱破溃成溃疡者。

【预防护理】

1. 隔离患儿至疱疹全部干燥结痂,有接触史的易感儿童应观察 3 周。

2. 水痘流行季节,易感儿童尽量少去公共场所,也应避免接触带状疱疹患者。

3. 细胞免疫缺陷者、皮质激素及免疫抑制剂治疗者、恶性疾病患者在接触水痘 72 小时内可予以水痘 - 带状疱疹免疫球蛋白肌内注射,以预防感染本病。

4. 患儿应多休息、多饮水,饮食清淡易消化;被服、用具应放在阳光下曝晒或煮沸消毒。

5. 保持患儿皮肤清洁,勤剪指甲,勿使搔抓,以防抓伤感染外邪。

【古籍摘要】

《幼幼集成·水痘露丹》:"水痘似正痘,外候面红唇赤,眼光如水,咳嗽喷嚏,涕唾稠黏,身热二三日而出,明净如水泡,形如小豆,皮薄,痂结中心,圆晕更少,易出易靥,温之则痂难落而成烂疮,切忌姜椒辣物,并沐浴冷水。"

第五节　手足口病

手足口病是由感受手足口病时邪引起的急性出疹性时行疾病,临床以手足掌跖、臀及口腔疱疹,或伴发热为特征。本病一年四季均可发生,但以夏秋季节为多见,任何年龄均可发病,尤多 5 岁以下儿童多见。本病可经消化道、呼吸道传播,传染性强,易引起流行。一般预后较好,经数天到 1 周痊愈;少数重症患儿可因邪毒留心或内陷心肝而出现变证,甚或危及生命。

【病因病机】

本病由外感手足口病时邪所致,其病变脏腑主要在肺、脾。小儿肺脏娇嫩,腠理疏松;脾常不足,易受损伤。若调护失宜,手足口病时邪由口鼻而入,则伤及肺脾。肺气失宣,卫阳被遏,则见肺卫表证;肺主皮毛,脾主肌肉,肺脾受损,水湿内停,与时行邪毒相搏,熏灼口腔,蕴蒸肌肤,则口咽部、手、足、臀部发生疱疹。一般邪轻病浅,预后良好。若素体虚弱,或感邪较重,邪盛正衰,湿热蒸盛,内燔气营,病情较重,甚则邪毒内陷而见神昏谵语、抽搐等变证。严重者可因阴损及阳,心阳虚脱而危及生命。

总之,本病是由于感受手足口病时邪,病位主要在肺、脾,可波及心、肝。

课堂互动

谈谈对于手足口病"卫气营血"传变的理解。

【诊断】

(一) 诊断要点

1. 病前 1~2 周有手足口病接触史。潜伏期多为 2~10 天,平均 3~5 天。

2. 临床表现

(1) 普通病例:急性起病,发热,口腔黏膜出现散在疱疹,手、足和臀部出现斑丘疹、疱疹,疱疹周围可有炎性红晕,疱内液体较少;可伴有咳嗽、流涕、食欲不振等症状;部分病例仅表现为皮疹或疱疹性咽峡炎。多在 1 周内痊愈,预后良好。部分病例皮疹表现不典型,如单一部位或仅表现为斑丘疹。

(2) 重症病例:少数病例(尤其是小于 3 岁者)病情进展迅速,在发病 1~5 天出现脑膜炎、脑炎(以脑干脑炎最为凶险)、脑脊髓炎、肺水肿、循环障碍等,极少数病例病情危重,可致死亡,存活病例可留有后遗症。

(3) 血常规检查:示白细胞计数正常,淋巴细胞和单核细胞比值相对增高。

(4) 病原学检查:肠道病毒(CoxA16、EV71 等)特异性核酸阳性或相关肠道病毒阳性。可取粪便、或咽、疱疹液标本进行检查。

(二) 鉴别诊断

1. 本病与水痘鉴别　见表 9-5。

表 9-5　手足口病与水痘的鉴别

鉴别点	手足口病	水痘
病因	柯萨奇病毒及肠道病毒 EV71	水痘带状疱疹病毒
发病季节	四季均可发生,夏秋季多见	四季均可发生,冬春季多见
发病年龄	5 岁以下多见	6~9 岁多见

续表

鉴别点	手足口病	水痘
好发部位	手、足、口腔、臀部	躯干部及头面部较多（向心性分布）
皮疹特点	疱疹壁厚,不易破溃	疱疹壁薄,易破溃。在同一时期、同一部位斑丘疹、疱疹、结痂三者并见
预后	重症病例预后较差,感染的病毒类型不同,可反复患病	预后良好,终身免疫,偶见并发病毒性心肌炎、病毒性脑炎

2. 本病与疱疹性咽峡炎鉴别　见表9-6。

表9-6　手足口病与疱疹性咽峡炎的鉴别

鉴别点	手足口病	疱疹性咽峡炎
病因	柯萨奇病毒A16型及肠道病毒EV71	柯萨奇病毒A2~10型多见
前驱症状	发热、流涕、咳嗽、食欲不振	发热、咽痛、流涕、头痛
好发部位	手、足、口腔、臀部	口腔咽峡部
皮疹特点	口腔黏膜出现散在疱疹,手、足和臀部出现斑丘疹、疱疹,疱疹周围可有炎性红晕,疱内液体较少	软腭、悬雍垂、腭舌弓、扁桃体、咽后壁等口腔后部出现灰白色小疱疹,周围红赤,1~2天内疱疹破溃形成溃疡,皮疹很少累及颊黏膜、舌、龈以及口腔以外部位
预后	重症病例预后较差,感染的病毒类型不同,可反复患病	预后良好,少数患儿并发病毒性心肌炎

【辨证论治】

（一）辨证思路

辨轻重。轻证病程短,疱疹仅出现于手足掌心及口腔部,稀疏散在,疹色红润,根盘红晕不著,疱液清亮;全身症状轻微,或伴低热、流涕、咳嗽、恶心、呕吐、泄泻等肺卫失宣、脾失健运证候。重证病程长,疱疹除见于手足掌心及口腔部外,四肢、臀部等其他部位也常累及,且分布稠密,或成簇出现,疹色紫暗,根盘红晕显著,疱液混浊;全身症状较重,常伴高热、烦躁、口痛、拒食、尿赤便结等毒炽气营证候。严重者可因邪陷心肝,邪毒侵心,邪伤心肺而出现心经、肝经证候,湿毒伤络而出现肢体功能障碍。

（二）治疗原则

本病以清热解毒祛湿为基本治则。常证治以宣肺解表、清热化湿,清气凉营、解毒化湿。出现邪毒内陷等变证时,又当配伍息风镇惊、宁心通络、泻肺逐水、活血通络等法随证治之。

（三）分证论治

1. 邪犯肺脾

证候:前驱症状后出现口腔疱疹,破溃后形成溃疡,疼痛流涎,不欲饮食;手足出现斑丘疹,呈米粒大小,迅速转化为疱疹,疱浆清亮,分布稀疏,疹色红润,根盘红晕不著,发热,流涕,舌质红,苔薄黄腻,脉浮数,指纹淡紫。

证候分析:本证为手足口病轻证。风热外侵,邪犯于肺,肺卫失宣则发热恶寒,流涕咳嗽,咽红疼痛;湿热困脾,脾运失健故纳差流涎;湿热内停与风热时邪相搏,外发肌肤则见手足肌肤、口腔部疱疹。

辨证要点:发热轻微,口腔内疱疹,手足掌心及臀部斑丘疹、疱疹。

治法:宣肺解表,清热化湿。

主方:甘露消毒丹(《温热经纬》)加减。

常用药:滑石、黄芩、石菖蒲、浙贝母、广藿香、连翘、豆蔻、薄荷、石膏、金银花、栀子。

加减:高热者加葛根、柴胡、淡豆豉;恶心呕吐者,加紫苏梗、竹茹;泄泻者,加车前子、苍术;肌肤痒甚者,加蝉蜕、白鲜皮;恶寒加防风、荆芥。

2. 湿热毒盛

证候:口腔出现疱疹,并迅速破溃形成溃疡,溃疡灼热疼痛,流涎,拒食;手足出现疱疹,可波及臀部、臀腿部,疱疹分布稠密或成簇出现,疹色紫暗,根盘红晕显著,疱液混浊,疱疹痛痒;可伴持续高热、烦躁、口臭、口渴、小便黄赤、大便秘结,也有的皮疹稀少,体温不高,精神不振,舌质红绛,苔黄腻,脉滑数,指纹紫滞。

证候分析:本证为湿热邪毒炽盛,燔灼气营所致。热重偏于气分者,高热持续,口渴引饮,烦躁不安,溲赤便结;偏于营分者,身热夜甚,口干不欲饮,舌质红绛;湿重者,身热不扬,午后热甚,口苦而黏,皮肤疱疹显著,瘙痒不适,脘闷纳呆,呕恶苔腻。

辨证要点:持续高热,口腔、手足、四肢、臀部疱疹,分布稠密,舌质红绛。

治法:清气凉营,解毒化湿。

主方:清瘟败毒饮(《疫疹一得》)加减。

常用药:石膏、地黄、水牛角片、黄连、黄芩、栀子、知母、赤芍、玄参、六一散、牡丹皮、贯众。

加减:偏于湿重者,去地黄、知母、玄参,加广藿香、佩兰、薏苡仁;大便秘结者,加大黄、玄明粉;腹胀满者,加枳实、厚朴;口渴喜饮者,加麦冬、芦根;烦躁不安者,加连翘、淡豆豉、莲子心;瘙痒重者,加白鲜皮、地肤子。

【诊疗提示】

1. 注意询问流行病学史。

2. 注意观察发热等全身症状、皮疹的特点。

3. 注意观察区别普通病例和重症病例。当患儿出现持续高热不退,精神差,呕吐,肢体抖动,倦怠乏力,呼吸、心率增快,出冷汗,末梢循环不良时即为重症病例。

【其他疗法】

(一) 中成药

1. 金莲清热泡腾片　用于邪犯肺脾证。

2. 康复新液　用于邪犯肺脾证。

3. 蒲地蓝消炎口服液　用于邪犯肺脾证。

4. 蓝芩口服液　用于邪犯肺脾证。

5. 羚珠散　用于邪陷心肝证。

(二) 外治疗法

1. 西瓜霜、冰硼散、珠黄散、喉风散、锡类散,任选 1 种,涂搽口腔患处,1 日 3 次。

2. 金黄散、青黛散、紫金锭,任选 1 种,麻油调,敷于手足疱疹患处,1 日 3 次。

3. 金银花 15g,板蓝根 15g,蒲公英 15g,车前草 15g,浮萍 15g,黄柏 10g。水煎外洗手足疱疹处。用于手足疱疹重者。

4. 煅石膏 30g,黄柏 15g,蛤壳 15g,白芷 10g,黄丹 3g。共为细粉,油调外敷手足疱疹处。用于疱疹多而痛痒甚者。

【预防护理】

1. 加强本病流行病学监测,本病流行期间,勿带孩子去公共场所,如发现疑似患者,应及时进行隔离。对密切接触者应隔离观察 7~10 天。

2. 注意个人卫生,养成饭前便后洗手的习惯。对被污染的日常用品、食具等应及时消毒处理。

3. 患病期间,应注意休息,保持空气流通。

4. 给予清淡、富含维生素的流质或软食,多饮温开水。进食前后可用 0.9% 氯化钠溶液(生理盐水)或温开水漱口,清洁口腔,以减轻食物对口腔的刺激。

5. 注意保持皮肤清洁,对皮肤疱疹切勿搔抓,以防溃破感染。对已有破溃感染者,可用金黄散或青黛散麻油调后敷布患处,以收敛燥湿,助其痊愈。

第六节　流行性腮腺炎

流行性腮腺炎是由腮腺炎时邪引起的急性时行疾病,临床以发热、耳下腮部肿胀疼痛为特征。一般病情较轻,年长儿发病可出现睾丸肿痛、少腹疼痛;病情严重者可见神昏、抽搐,甚至危及生命。中医称之为"痄腮",因腮部肿大亦称"搭腮肿""腮颌发";因有传染性而称"时行腮肿""温毒",又称"鸬鹚瘟""蛤蟆瘟"等。

本病传染性较强,传染源为早期患者及隐性感染者,主要通过空气飞沫传播。该病毒主要侵犯腮腺,亦可累及其他腺体组织及器官,引起脑膜脑炎、睾丸炎、卵巢炎和胰腺炎等。本病任何年龄均可见,多见于学龄及学龄前期儿童;四季均有流行,以冬春季常见。感染后可获持久免疫。

【病因病机】

本病病因为外感腮腺炎时邪。其病变部位主要在足少阳胆经,病情严重者亦可累及足厥阴肝经。病机为邪毒壅阻足少阳经脉,与气血相搏,凝聚于耳下腮部。足少阳胆经起于目外眦,上抵头角,绕耳而行。风温邪毒自口鼻而入,侵犯少阳经脉,循经上攻,与气血相搏,凝滞于耳下腮颊,则腮部漫肿疼痛。少阳与厥阴互为表里,病则相互传变。足厥阴肝经之脉,循少腹络阴器,若感邪较重,正不胜邪,邪毒内窜睾腹,则睾丸肿痛,或脘腹疼痛;邪毒内陷厥阴,扰动肝风,蒙蔽心包,则见高热、昏迷、惊厥等。

总之,本病是由风温邪毒壅滞足少阳经脉所致。由于体质强弱、感邪轻重、病情深浅之不同,而有温毒在表、热毒蕴结之区别。若邪毒炽盛,正不胜邪,则可邪毒内陷心肝、内窜睾腹之变证。

【诊断】

(一)诊断要点

1. 好发于冬春季,发病前 2~3 周有流行性腮腺炎接触史。

2. 病初可有发热、头痛等,1~2 天后,出现腮部肿胀疼痛,通常先见一侧,继而对侧。腮部肿胀是以耳垂为中心的漫肿,边缘不清,表皮不红,有压痛;腮腺管口可见红肿,按压腮腺时无脓液自腮腺管口流出。腮腺肿大 3~4 日达高峰,同时出现高热,以后逐渐消退,若无并发症,整个病程约 1~2 周。合并睾丸炎、附睾炎或卵巢炎者多见于年长患儿,常有睾丸肿痛或少腹疼痛;合并脑膜脑炎者可见发热、头痛、呕吐、嗜睡、颈项强直,少数病例可有昏迷、惊厥;还可引起胰腺炎、心肌炎、肾炎等。

3. 血常规可见白细胞总数正常或偏低,淋巴细胞相对增多;血清淀粉酶和尿淀粉酶增高;血清特异性抗体增高;发病早期患者唾液、尿液、脑脊液或血液标本可分离出病毒。

(二)鉴别诊断

本病需与化脓性腮腺炎鉴别,见表9-7。

表 9-7　流行性腮腺炎与急性化脓性腮腺炎鉴别

鉴别点	流行性腮腺炎(痄腮)	急性化脓性腮腺炎(发颐)
发病情况	发病前2~3周有痄腮接触史,为感受风温邪毒所致	常继发于伤寒、丹痧、温病之后,为热毒蕴结所致
病位	以耳垂为中心腮部漫肿	面颊部,以单侧腮部肿痛为多
皮肤颜色	肤色不变	红色明显
肿胀边缘	漫肿,边缘不清晰	肿,边缘清晰
疼痛性质	酸胀不适感,触之压痛,有弹性	不酸痛,触之压痛明显,有波动感
是否化脓	不化脓	成脓
血常规	白细胞总数正常或偏低,淋巴细胞较多	白细胞总数及中性粒细胞增高
传染性	有	无
免疫	有,持久可终身	无,可反复发作

【辨证论治】

(一)辨证思路

本病以经络辨证为主,临床上首辨疾病轻重,次辨常证、变证。

1. 辨轻证与重证　发热不高或无热,腮肿不坚硬,为邪犯少阳,温毒在表之轻证;高热不退,腮肿坚硬拒按,多为热毒蕴结少阳之重证;

2. 辨常证与变证　轻、重两证均为常证。若见睾丸肿痛、少腹或上腹疼痛,或恶心呕吐、神昏抽搐者,则为变证。

(二)治疗原则

本病以清热解毒,消肿散结为基本治则。温毒在表者,配以疏风散邪;热毒蕴结者,重用清热解毒。邪毒传变,窜睾入腹者,佐以清肝泻火;内陷心肝者,佐以息风开窍。内服配合外治,有利于腮部肿胀的消退。

(三)分证论治

1. 常证

(1)温毒在表

证候:轻微发热,或头痛,耳下腮部漫肿疼痛,张口不利,咀嚼不便,舌质红,苔薄白或薄黄,脉浮数。

证候分析:邪毒初侵,卫表失和,则见发热、头痛。邪毒侵犯足少阳胆经,气滞血郁,则见腮部漫肿疼痛。邪阻经脉,关节不利,则见张口不利、咀嚼不便。

辨证要点:发热,腮部漫肿疼痛,舌质红,苔薄,脉浮数。

治法:疏风清热,消肿散结。

主方:柴胡葛根汤(《外科正宗》)加减。

常用药：柴胡、天花粉、葛根、黄芩、桔梗、连翘、牛蒡子、生石膏、升麻、甘草。

加减：腮肿明显加夏枯草、蒲公英；咽喉红肿加马勃、板蓝根。

（2）热毒蕴结

证候：高热，烦渴，咽红肿痛，或头痛，呕吐，腮部肿胀疼痛，坚硬拒按，张口、咀嚼困难，舌质红，苔黄，脉洪数。

证候分析：邪毒炽盛，则高热不退，烦躁口渴；热毒上乘咽部则咽红肿痛；热毒上扰清阳则头痛；热毒扰胃，胃气上逆，则见呕吐；热毒壅盛于少阳经脉，气血凝滞不通，则两侧腮部肿胀疼痛、坚硬拒按，张口咀嚼困难。

辨证要点：高热烦渴，腮部肿胀疼痛，坚硬拒按，舌质红，苔黄。

治法：清热解毒，软坚散结。

主方：普济消毒饮（《东垣试效方》）加减。

常用药：黄芩、黄连、连翘、玄参、马勃、板蓝根、僵蚕、升麻、柴胡、陈皮、桔梗、甘草。

加减：壮热、口渴加生石膏、知母；腮肿坚硬加丹参、赤芍；大便秘结加大黄、芒硝。

2. 变证

（1）邪窜睾腹

证候：腮肿渐消，又见发热，一侧或两侧睾丸肿痛，或见少腹疼痛，舌质红，苔黄，脉弦数。

证候分析：邪毒不清，内传足厥阴肝经，足厥阴肝经循少腹络阴器，邪毒蕴结睾腹，则见发热又起、睾丸肿痛、少腹疼痛。

辨证要点：睾丸肿痛，或少腹疼痛。

治法：清肝泻火，活血消肿。

主方：龙胆泻肝汤（《医方集解》）加减。

常用药：龙胆、栀子、黄芩、柴胡、泽泻、当归、车前子、生地黄、甘草。

加减：少腹疼痛加川楝子、郁金；睾丸肿痛加荔枝核、延胡索、桃仁、赤芍。

（2）邪陷心肝

证候：多在腮肿的同时，出现高热不退，烦躁不安，头痛项强，呕吐，嗜睡神昏，四肢抽搐，舌质红，苔黄，脉弦数。

证候分析：邪毒炽盛则高热不退；热扰心神则烦躁不安；热毒上扰清阳则头痛项强；胃气上逆则见呕吐；邪陷心肝，闭窍动风，则嗜睡神昏、四肢抽搐；邪毒结于腮部不散则腮部肿胀疼痛。

辨证要点：高热不退，头痛项强，呕吐，嗜睡神昏，四肢抽搐。

治法：清热凉营，息风开窍。

主方：清营汤（《温病条辨》）合羚角钩藤汤（《重订通俗伤寒论》）加减。

常用药：水牛角、生地黄、玄参、淡竹叶、麦冬、丹参、黄连、金银花、连翘、羚羊角、钩藤、菊花、白芍、甘草。

加减：高热、神昏、抽搐较甚者，可配合用安宫牛黄丸、紫雪丹。

【诊疗提示】

1. 询问流行病学史。

2. 注意观察患儿发热等全身症状及腮肿的特点、腮腺管口的改变。

3. 注意观察患儿神志变化、有无头痛、呕吐等症状以及患儿睾丸部位的检查。

4. 根据病情需要做血和尿淀粉酶测定，病毒分离及检测血清特异性抗体。

【其他疗法】

（一）中成药

1. 板蓝根冲剂　用于温毒在表证。
2. 龙胆泻肝丸　用于邪窜睾腹证。

（二）针灸疗法

将角孙穴处头发剪去,常规皮肤消毒,取灯心草蘸麻油,点燃后,迅速触点穴位,闻及"叭"的响声,立即提起,灸治 1~2 次即可。

（三）外治疗法

1. 青黛散、紫金锭、如意金黄散,任选一种以食醋或清水调匀,外敷患处,1 日 1~2 次。
2. 鲜蒲公英、鲜马齿苋、鲜芙蓉叶或花、鲜仙人掌,任选一种捣烂外敷患处,1 日 1~2 次。

【预防护理】

1. 患病期间,应进行隔离治疗,隔离至腮腺肿胀完全消失,有接触史的易感者应检疫 3 周。
2. 接种麻腮风三联疫苗,疾病流行期间,易感者少去公共场所,避免感染。
3. 多饮水,饮食宜清淡、半流质为主,以免刺激腮腺,加重疼痛。
4. 保持口腔清洁,每次餐后可用淡盐水或漱口液清洗口腔。
5. 注意观察病情,发现患儿精神萎靡,出现嗜睡、呕吐,体温退而复升者,要警惕变证的发生。
6. 并发睾丸肿胀明显,疼痛剧烈,行走不便者,可用绷带或纱布做成丁字形吊带,将阴囊托起,或局部冷敷以减轻疼痛。

【古籍摘要】

《诸病源候论·小儿杂病诸候》:"毒肿,是风热湿气搏于皮肤,使血气涩而不行,蕴积成毒,其肿赤而热是也。"

《疮疡经验全书·疖腮》:"此毒受在牙根耳聍。"

《疡科心得集·辨鸬瘟》:"夫鸬瘟者,因一时风温偶袭少阳,络脉失和,生于耳下,或发于左,或发于右,或左右齐发。"

病案分析

夏某,女,7 岁。1983 年 11 月 29 日初诊。患儿 3 天前因发热、咳嗽、咀嚼时有酸涩感,经用链霉素、鱼腥草等治疗 2 天,症状加重而来诊。证见两侧腮部肿如鸡卵大,皮色光亮,边缘不清,触之腮部灼热胀痛,拒按,咀嚼困难,憎寒壮热,体温 38.6℃,咳嗽痰黄,舌红,苔薄黄,脉弦数。诊为:疖腮(温毒在表),治以疏风清热、消肿散结。拟方:金银花、连翘、板蓝根各 12g,白僵蚕、柴胡、黄芩、桔梗各 10g,黄连 5g,蒲公英 15g,川贝母 8g,牛蒡子、甘草各 9g。3 剂,水煎 2 次,取汁和匀,分 4 次服。外治用大黄、青黛各20g,为末醋调外敷,每日换药 3 次。用药 3 天而愈。

按:本案辨证属于常证之温毒在表证。治疗以疏风清热、消肿散结为法,方选柴胡葛根汤加减。方中柴胡、黄芩清利少阳;金银花、连翘、蒲公英、黄连清热解毒;板蓝根专解温毒;白僵蚕祛风通络;川贝母、桔梗化痰止咳;牛蒡子、甘草疏风利咽。加用大黄青黛末醋调外敷,内外合治,有助于腮肿消退。

病案摘自《儿科医案·杨增昌医案》

第七节 百 日 咳

百日咳是由于感受百日咳时邪引起的急性时行病,临床以阵发性痉挛性咳嗽,咳后伴有特殊的吸气性吼声为主要特征。本病病程较长,可持续2~3个月,故名"百日咳"。古代医籍对本病有许多描述,因其咳嗽阵发,而称"顿咳""顿嗽";因其具有传染性,而称"天哮呛""疫咳"等。本病传染性强,常引起流行。全年均可发生,主要见于冬春季节。发病年龄以5岁以下小儿多见,新生儿亦可患病,年龄越小,病情越重。一般预后良好,若年弱体幼或病重者,容易并发肺炎喘嗽、惊厥等,甚至危及生命。

西医学认为,本病的病原为百日咳杆菌,传染源主要为百日咳患者,发病前1~2天至病程3周内传染性最强,带菌者及不典型患者均有传染性。主要通过空气飞沫传播。自广泛施行百白破疫苗接种以来,发病率明显下降。

【病因病机】

本病外因为感受百日咳时邪,内因为小儿肺脾不足,卫外不固。外感邪毒从口鼻而入,侵犯肺卫,肺气失宣,卫表失和,则咳嗽、流涕、或有发热。疫邪化火,痰火胶结,气道阻塞,气冲上逆,则咳嗽阵作,甚则连咳数十声。痰涎吐出后,气道通畅,咳嗽暂时缓解。病久影响他脏,犯胃则胃失通降,而见呕吐;侵犯大肠、膀胱、肠失传导,膀胱失约,故咳剧则二便失禁。若引动心、肝之火,乘肺则咯血、衄血,上冲于目则目睛出血。婴幼儿体禀不足,肺气娇弱,痰热蕴阻,可兼见肺气闭郁,产生咳喘气促之肺炎喘嗽。若痰浊内阻,痰盛生惊,则可见昏迷、抽搐之变证。病至后期,邪气渐退,气阴耗伤,可见肺脾气虚或肺阴亏损。

总之,百日咳由外感时邪所致,病变部位主要在肺,初感在肺,肺经受邪,继而累及肝、脾、胃、心。基本病机是风、热、痰、火相搏结,壅塞气道,导致肺失宣肃,肺气上逆。

课堂互动

谈谈百日咳和外感咳嗽在病因病机及临床表现上有何不同。

【诊断】

(一)诊断要点

1. 流行季节多见,有接触史,常未接种百白破疫苗。

2. 临床表现

(1)初咳期:自发病至出现阵发性痉挛性咳嗽,一般为7~10天。最初有上呼吸道感染的症状,如咳嗽、打喷嚏、发热等;2~3天后,咳嗽为突出表现,且日渐加重,常日轻夜重。

(2)痉咳期:痉挛性咳嗽,一般持续2~6周,亦可长达2个月以上。痉咳特点为成串的、接连不断的痉挛性咳嗽,咳后伴一次深长吸气,发出特殊的高音调鸡鸣样吸气性吼声;痉咳可反复多次出现,直至咳出大量黏稠痰液,有时伴呕吐。间歇期无特殊表现;咳嗽虽重,但无并发症者肺部无明显阳性体征。年幼体弱儿,常无典型痉咳,缺乏鸡鸣样吼声,表现为阵发性憋气、青紫,甚则窒息、惊厥。

（3）恢复期：痉咳消失，咳嗽减少，病程为 2~3 周。并发肺炎、肺不张等其他病症者，可迁延不愈，持续数月。

3. 血常规检查　白细胞高达 $(30\sim50)\times10^9/L$，淋巴细胞占 50%~70% 以上。咽拭子细菌培养早期阳性率较高。

（二）鉴别诊断

本病需与感冒、支气管异物鉴别，见表 9-8。

表 9-8　百日咳与感冒、支气管异物鉴别

鉴别点	百日咳	感冒	支气管异物
病因	感受百日咳时邪	感受风邪	有异物吸入史
发病年龄	多见于 5 岁以下儿童	见于各年龄段人群	见于各年龄段人群
阵发性痉咳	有	无	有
鸡鸣样吼声	有	无	无
病程	病程长，可持续 2~3 个月	病程短，大多 1~2 周痊愈	起病急，病程长短不一
实验室检查	白细胞高达 $(30\sim50)\times10^9/L$，咽拭子阳性	白细胞计数正常或偏高	胸片或纤维支气管镜提示异物吸入

【辨证论治】

（一）辨证思路

1. 辨寒热虚实　本病按病程分为初咳期、痉咳期、恢复期。初咳期邪在肺卫，当分清风寒风热。凡咳嗽痰白质稀，鼻流涕者属风寒；咳嗽痰黄质稠，鼻流浊涕者属风热。痉咳期咳声高亢响亮，有鸡鸣样吼声，多属实证；恢复期咳声低微断续，神疲气弱，多为虚证。

2. 辨轻证重证　痉咳期持续时间短，痉咳不甚，发作次数较少，咳时痛苦表现轻者为轻证；若痉咳期持续时间长，痉咳剧烈，发作次数频繁，咳时面红浮肿，睛出血，甚或窒息，或并发肺炎喘嗽或邪陷心肝证者为重证。

（二）治疗原则

本病以泻肺清热、化痰降逆为基本治则。按不同的阶段又有宣肺、泻肺、养肺之侧重。初期宜疏风散邪，宣肺化痰；痉咳期宜清热泻肺，涤痰降逆；恢复期宜养阴润肺或益气健脾。

（三）分证论治

1. 邪犯肺卫

证候：初起咳嗽，流涕，或有发热、咽红，2~3 天后，咳嗽逐渐加重，日轻夜重，痰液稀白或稠黄，舌质红，苔薄白或薄黄，脉浮有力，指纹浮红或浮紫。

证候分析：本证为初咳期表现。时行邪毒首犯肺卫，卫表失和，则咳嗽、流涕，或有发热；邪毒由表入里，化热生痰，肺气上逆，则咳嗽逐渐加重，并日轻夜重。

辨证要点：初起类似感冒，数日后咳嗽逐渐加重，日轻夜重，脉浮。

治法：疏风解表，宣肺止咳。

主方：桑菊饮（《温病条辨》）加减。

常用药：桑叶、菊花、桔梗、百部、苦杏仁、紫苏叶、枇杷叶、连翘、芦根、薄荷、甘草。

加减：痰稠不易咳出加瓜蒌皮、鲜竹沥、黛蛤散；咳重并趋向阵发加龙胆、僵蚕。若偏风寒者，选用三拗汤加味治疗。

2. 痰火阻肺

证候：阵发性痉咳，伴吸气性鸡鸣样吼声，吐出痰涎及食物而止，入夜尤甚，痰液黏稠，可伴呕吐、胁痛、舌下生疮、目睛出血、咯血、衄血、二便失禁，舌质红，苔薄黄或黄腻，脉滑数，指纹紫滞。小婴儿可伴窒息、神昏、抽搐。

证候分析：本证为痉咳期表现。邪毒郁于肺经，影响于肝，木火刑金，痰火互结，深阻气道，气逆上冲，而发痉咳；咳后骤然吸气，发出鸡鸣样吼声；待吐出痰液，呕吐乳食，气道通畅，暂时缓解而止；小婴儿痰火内阻，呼吸不利，则致窒息，甚至邪陷心肝，而见神昏、抽搐。

辨证要点：阵发性痉咳，伴吸气性鸡鸣样吼声，痰液黏稠，舌红苔黄。

治法：清热泻肺，涤痰降逆。

主方：桑白皮汤（《景岳全书》）合葶苈大枣泻肺汤（《金匮要略》）加减。

常用药：桑白皮、半夏、紫苏子、百部、苦杏仁、浙贝母、黄芩、鱼腥草、葶苈子、大枣。

加减：痉咳频作加僵蚕、蜈蚣、地龙；痰液黏稠加鲜竹沥、海浮石；呕吐频繁加赭石、旋覆花、竹茹；两胁疼痛加柴胡、郁金、桃仁；目睛红赤加菊花、生地黄；咯血、衄血加白茅根、藕节炭、侧柏叶；夜间咳频加天冬、麦冬。若出现变证，酌情给予相应处理。

3. 气阴耗伤

证候：痉咳缓解，鸡鸣样吼声消失。可见咳声无力，痰白清稀或干咳无痰，神倦乏力，气短懒言，声音嘶哑，纳呆食少，自汗或盗汗，大便不实，舌质淡，苔少或无苔，脉细。

证候分析：本证为恢复期表现。咳嗽日久，耗伤气阴，气虚则咳声无力，神倦乏力，气短懒言，自汗；阴虚则干咳无痰，声音嘶哑，盗汗，舌质红，苔少或无苔，脉细。

辨证要点：咳声无力或干咳无痰，气短懒言，自汗、盗汗，声音嘶哑。

治法：益气养阴，润肺止咳。

主方：人参五味子汤（《幼幼集成》）合沙参麦冬汤（《温病条辨》）加减。常用药：党参、沙参、白术、茯苓、枇杷叶、百部、五味子、麦冬、玉竹、桑叶、天花粉、甘草。

加减：咳嗽不止加紫菀、款冬花、苦杏仁；纳呆食少加砂仁、六神曲、麦芽；大便不实加白扁豆、山药；盗汗甚加地骨皮、浮小麦、牡蛎；大便干结加火麻仁、瓜蒌仁。

【诊疗提示】

1. 询问流行病学史及预防接种史。
2. 注意观察初咳期咳嗽的变化及治疗效果。
3. 注意观察痉咳期咳嗽的特点，检查肺部体征。
4. 查血常规。确诊需做细菌培养或检测血清特异性抗体。

【其他疗法】

（一）中成药

1. 羊胆丸　用于初咳期、痉咳期。
2. 鹭鸶咳丸　用于初咳期、痉咳期。

（二）针灸疗法

主穴取合谷、尺泽、肺俞，配穴取曲池、丰隆、内关。用泻法，不留针。1 日 1 次，5 次为 1 个疗程。用于痉咳期。

（三）外治疗法

1. 蜈蚣、甘草等分为末，每服 1~2g，1 日 3 次，蜜水调服。用于痉咳期。
2. 胆汁疗法　新鲜鸡胆 1 个，取胆汁加白糖适量，调成糊状，蒸熟口服，一般 1 岁以内 3

日服 1 个,1 岁以上每日服 1 个,大年龄儿童适当多一点,但一日总量最多不超过 3 个,分 2 次服,连服 5~7 日,适用于痰火阻肺之痉咳期。

【预防护理】

1. 预防接种百白破三联疫苗。
2. 易感儿在疾病流行期间避免去公共场所。
3. 发现百日咳患儿应及时隔离 4~7 周,有密切接触史者观察 21 日。
4. 痉咳时轻拍背部,使痰液易咳出,防止痰液吸入引起窒息。
5. 小婴儿患百日咳要密切观察,发生窒息、神昏、抽搐时及时抢救。
6. 注意休息、营养,室内空气要流通,保持一定湿度,避免痉咳诱发因素。

【古籍摘要】

《治验·顿咳》:"顿咳一症,古无是名,由《金镜录》捷法歌中有'连声咳嗽,黏痰至之'一语,俗从而呼为顿咳,其嗽亦能传染,感之则发作无时,面赤腰曲,涕泪交流……此症最难速愈,必待百日可痊。"

《本草纲目拾遗·鹭鸶》:"顿咳,从少腹下,逆上而咳逆,嗽数十声,少住又作,甚或呛声作呕,牵掣两胁,涕泪皆出,连月不愈。"

学习小结

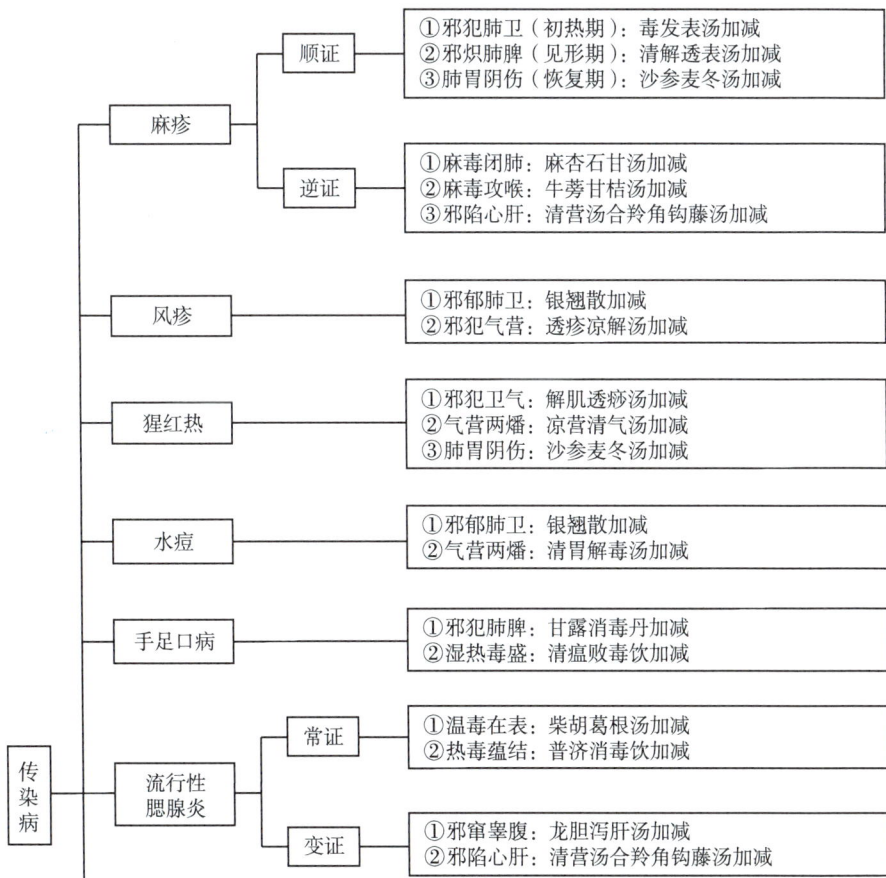

麻疹	顺证	①邪犯肺卫（初热期）：宣毒发表汤加减 ②邪炽肺脾（见形期）：清解透表汤加减 ③肺胃阴伤（恢复期）：沙参麦冬汤加减
	逆证	①麻毒闭肺：麻杏石甘汤加减 ②麻毒攻喉：牛蒡甘桔汤加减 ③邪陷心肝：清营汤合羚角钩藤汤加减
风疹		①邪郁肺卫：银翘散加减 ②邪犯气营：透疹凉解汤加减
猩红热		①邪犯卫气：解肌透痧汤加减 ②气营两燔：凉营清气汤加减 ③肺胃阴伤：沙参麦冬汤加减
水痘		①邪郁肺卫：银翘散加减 ②气营两燔：清胃解毒汤加减
手足口病		①邪犯肺脾：甘露消毒丹加减 ②湿热毒盛：清瘟败毒饮加减
流行性腮腺炎	常证	①温毒在表：柴胡葛根汤加减 ②热毒蕴结：普济消毒饮加减
	变证	①邪窜睾腹：龙胆泻肝汤加减 ②邪陷心肝：清营汤合羚角钩藤汤加减

（传染病）

百日咳	①邪犯肺卫：桑菊饮加减
	②痰火阻肺：桑白皮汤合葶苈大枣泻肺汤加减
	③气阴耗伤：人参五味子汤合沙参麦冬汤加减

病毒性脑炎	①邪犯卫气：银翘散合白虎汤加减
	②气营两燔：清瘟败毒饮加减
	③邪入营血：犀角地黄汤和增液汤加减
	④邪恋正虚：余热未尽——青蒿鳖甲汤加减
	痰蒙清窍——涤痰汤加减
	内风扰动——大定风珠合止痉散加减

传染性单核细胞增多症	①邪郁肺胃：银翘散加减
	②气营两燔：清瘟败毒饮加减
	③正虚邪恋：青蒿鳖甲汤加减

（王俊宏　尚莉丽）

复习思考题

1. 麻疹顺证和逆证如何辨别？
2. 风疹邪犯肺卫证和邪犯气营证的皮疹有何不同？
3. 简述猩红热的定义及特征性临床表现。
4. 水痘致病的中医病机特点是什么？
5. 水痘与脓疱疮在分布特点上如何区别？
6. 水痘与荨麻疹在皮疹特点上有何异同？
7. 简述手足口病重症病例的诊断标准。
8. 试述流行性腮腺炎的临床特点与诊断标准。
9. 百日咳的临床诊断要点是什么？早期诊断应注意什么？

第十章

寄 生 虫 病

学习目标

掌握蛔虫病、蛲虫病的诊断、治疗及预防。

第一节 蛔 虫 病

蛔虫病是指成虫寄生在小肠内引起的小儿常见肠道寄生虫病,临床以腹部不适、阵发性脐周疼痛,饮食异常,大便下虫或粪便镜检有蛔虫卵为主要特征。蛔虫,古又称"长虫""蛟蛕""蚘虫"。成虫寄生小肠,影响脾胃运化,劫夺水谷精微,严重者影响儿童生长发育。

本病农村感染率高于城市,这与粪便污染和不良卫生习惯有密切关系。多见于 3~10 岁的儿童。随着人们卫生意识不断提高,发病率逐年下降。

【病因病机】

由于小儿缺乏良好卫生习惯,双手接触不洁之物后,吮吸手指,或食用未清洗干净的生冷瓜果,或饮用不洁之水,或尘土中的蛔虫卵经口鼻吸入口内,以致食入虫卵,引发本病。此外,饮食不节,过食生冷肥甘,损伤脾胃,积湿成热或素体脾胃虚弱,均可为蛔虫滋生创造有利条件。

人是蛔虫唯一的终宿主,经口感染虫卵,在肠腔内孵化成幼虫,经组织移行演变为成虫。成虫寄生于小肠,直接掠夺宿主的营养,损伤脾胃,劫夺水谷精微,妨碍正常的消化吸收,轻者可无症状,或仅见脐周时有疼痛;重者则耗伤小儿气血,面黄体瘦,形成蛔疳;由于蛔虫具有游走、扭曲成团、钻孔等特点,可引起蛔厥(胆道蛔虫症)、虫瘕(蛔虫性肠梗阻)等,严重者可危及生命。

1. 虫踞肠腑　蛔虫成虫寄居肠内,频频扰动,致肠腑不宁,气机不利。小肠盘复于腹内中部,故腹痛多发生在脐周,虫静则疼痛缓解。蛔虫扰动胃腑,脾胃气机升降失司,胃气上逆,则见呕恶、流涎;蛔虫上窜,随胃气上逆,形成吐蛔。虫踞肠腑,劫取水谷精微,损伤脾胃,脾失健运,积滞不化,饮食不养肌肤,故见面色不华或萎黄,甚至肚腹胀大,四肢瘦弱,而成蛔疳。虫聚肠内,脾胃失和,内生湿热,熏蒸于上,可见患儿烦躁多啼、夜寐不安、龁齿,嗜食异物等症。

2. 虫窜胆腑　蛔虫好动而尤喜钻孔,当受到某些刺激,如寒温不适或食糜异常,使蛔虫受扰,易在肠腑中窜动,最常见为蛔虫钻入胆道而发生蛔厥。虫体阻塞胆道,气机不利,疏泄失常,表现为右上腹部剧烈绞痛,伴有呕吐,呕吐物多为胆汁、或见蛔虫,甚则肢冷汗出,形成

笔记栏

"蛔厥"之证。

3. 虫聚成瘕　虫性喜团聚,若大量蛔虫壅积肠中,互相扭结,聚集成团,可致肠道梗塞不通,形成虫瘕。肠腑气机阻塞,不通则痛,故腹痛剧烈,腹部扪之有条索状物;胃失通降,浊气上逆,则见恶心呕吐;腑气不降,肠失传导则见大便不通。

本病的发生是因吞入蛔虫卵,在肠腑发育成虫,蛔虫喜动,好窜,常扭结成团,扰动肠胃,致蠕动失常,气机不利。虫动则痛,虫静则安。若窜入胆道,可形成"蛔厥",堵塞肠道又成"虫瘕"。其病位主要在脾胃、肠腑。

【诊断】

(一) 诊断要点

1. 可有吐蛔、排蛔史。
2. 腹部不适、阵发性脐周疼痛。
3. 合并蛔厥、虫瘕,可见阵发性剧烈腹痛,伴恶心呕吐,甚或吐出蛔虫。蛔厥者,可伴有畏寒发热,甚至出现黄疸。虫瘕者,腹部可扪及虫团,按之柔软可动,多见大便不通。
4. 大便病原学检查,应用直接涂片法或厚涂片法或饱和盐水漂浮法检出粪便中蛔虫卵,即可诊断。但粪便未检出虫卵者,也不能排除本病。

(二) 鉴别诊断

1. 食积腹痛　脘腹胀满、疼痛拒按,腹痛欲泻,便后痛减,有饮食不节史。
2. 中寒腹痛　腹痛阵发,得温则舒,肠鸣便溏,有过食生冷或腹部受寒史。

【辨证论治】

(一) 辨证思路

1. 辨腹痛部位　疼痛以脐周为主,时作时止,无明显压痛,多为肠蛔虫证;疼痛以剑突下或右上腹为主,呈阵发性剧烈绞痛,痛时肢冷汗出,常伴有呕吐胆汁或蛔虫,多为蛔厥;腹部剧痛不止,阵发性加剧,按之可扪及条索状或团状包块,伴有剧烈呕吐,大便不通,多为虫瘕。

2. 辨轻重　一般蛔虫病属轻证,蛔厥、虫瘕属重证。

(二) 治疗原则

以驱蛔杀虫为基本治则,辅以调理脾胃。根据蛔虫"得酸则安,得辛则伏,得苦则下"的特性,予酸、辛、苦等药味,以安蛔止痛,同时或择机驱虫。腹痛者,可配合外治、针灸、推拿治疗。如并发症严重,内科治疗不能缓解者,可考虑手术治疗。

(三) 分证论治

1. 肠蛔虫证

证候:脐周疼痛,时作时止,按之无明显压痛或有条索感;或不思食,或嗜食、异食;大便不调或便下蛔虫,或粪检见蛔虫卵。重者形体消瘦,面色萎黄,肚腹胀大,青筋显露。

证候分析:饮食不洁,食入虫卵,蛔虫居于肠腑,内扰肠胃,阻滞气机,故脐周疼痛,虫动气机郁滞则痛,虫静气机通达则痛止;虫踞肠腑,劫取水谷精微,损伤脾胃,脾失健运,湿滞不化,则食欲异常;反复染虫,迁延不愈,气血耗伤,则形体消瘦,面色萎黄,肚腹胀大,日久形成"蛔疳",此时宜参照"疳证"辨证论治。

辨证要点:脐腹疼痛,时作时止,大便下虫或粪检见蛔虫卵。

治法:驱蛔杀虫,调理脾胃。

主方:使君子散(《医宗金鉴》)加味。

常用药：使君子、芜荑、苦楝子、槟榔、乌梅、甘草。

加减：腹胀满，大便不畅，加大黄、青皮、玄明粉；腹痛明显加延胡索、木香；呕吐加竹茹、生姜。

驱虫之后，用异功散调理脾胃。

虫积日久，脾虚胃热，可用攻补兼施之肥儿丸，杀虫消积，调理脾胃。

2. 蛔厥证

证候：有肠蛔虫证症状。突然腹部绞痛，弯腰屈背，辗转不宁，肢冷汗出，恶心呕吐，常吐出胆汁或蛔虫，腹部绞痛呈阵发性，疼痛部位在右上腹或剑突下，疼痛可暂时缓解，但又反复发作，重者腹痛持续且阵发性加剧，可伴畏寒发热，甚至出现黄疸。舌苔多黄腻，脉弦数或滑数。

证候分析：本证多有肠蛔虫证的病史，常因胃肠湿热，或腹中寒甚，或寒热错杂，使虫体受扰，钻入胆道，气机逆乱所致。以寒热夹杂多见，偏寒重者呕吐清水，面白肢冷，舌苔白腻，脉缓；偏热重者发热，呕吐胆汁，舌苔黄腻，脉滑数。

辨证要点：腹部绞痛阵作，疼痛在右上腹或剑突下，肢冷汗出，呕吐。

治法：安蛔定痛，继之驱虫。

主方：乌梅丸（《伤寒论》）加减。

常用药：乌梅、细辛、椒目、黄连、黄柏、干姜、附子、桂枝、当归、党参。

加减：疼痛剧烈加木香、枳壳；便秘腹胀加大黄、玄明粉、枳实；湿热壅盛，胆汁外溢出现黄疸去干姜、附子、桂枝等温燥之品，酌加茵陈、栀子、黄芩、大黄。若确诊为胆道死蛔，不必安蛔，予大柴胡汤加茵陈利胆通腑排蛔。若并发肝脓肿，甚至腹腔蛔虫，药物治疗无效者，应及时手术治疗。

3. 虫瘕证

证候：有肠蛔虫病史，突然出现脐腹阵发性剧痛，部位不定，频繁呕吐，或吐出蛔虫，腹泻或大便不通，腹部扪及质软、无痛的可移动的条索状或团状包块。病情持续不缓解者，腹部发硬，有压痛和肠鸣，舌苔白或黄腻，脉滑数或弦数。

证候分析：多先有蛔虫病史，因成虫较多扭结成团，阻塞肠道，气机不利，肠腑不通而形成。若阻塞不全，尚可排少量大便，完全阻塞则大便不通，腹痛及呕吐较重，并可能出现阴伤，甚至阴阳气不相顺接，阳气外脱。

辨证要点：脐腹阵发性剧痛，伴呕吐、便秘，腹部扪及质软、无痛的可移动的条索状或团状包块。

治法：通腑散结，驱虫下蛔。

主方：驱蛔承气汤（《急腹症方药新解》）加减。

常用药：大黄、玄明粉、枳实、厚朴、乌梅、椒目、使君子、苦楝皮、槟榔。若完全梗阻，出现腹硬、压痛、腹部闻及金属样肠鸣音或气过水声，应及时手术治疗。

课堂互动

结合蛔虫病的临床症状谈谈蛔虫的特性。

【诊疗提示】

1. 详细询问病史，有无饮食不洁、吐蛔排蛔史，阵发性脐周疼痛，饮食异常等症状。

2. 注意腹诊。

3. 反复做大便常规检查,找虫卵。

4. 如有剧烈右上腹部疼痛,呕吐胆汁,应做肝胆 B 超检查,以协助诊断蛔厥;有明显腹痛,腹胀,呕吐,大便不通,需腹部 X 线检查,以协助诊断虫瘕。

【其他疗法】

(一) 常用驱虫药

1. 甲苯咪唑　首选,>2 岁每日 200mg 顿服,连服 3 日。

2. 阿苯达唑　>2 岁,400mg,睡前 1 次顿服,<2 岁慎用。

(二) 单方验方

1. 使君子仁,文火炒黄嚼服。每岁 1~2 粒,最大剂量不超过 20 粒,晨起空腹服之,连服 2~3 日。服时勿进热汤热食。平素大便难排者,可于服药 2 小时后用生大黄泡水服,以导泻下虫。用于驱蛔。

2. 椒目 6g,豆油 150ml。油烧开后入椒目,椒目以焦为度,去椒喝油,分 1~2 次喝下。用于虫瘕证。

(三) 针灸疗法

1. 迎香透四白、胆囊穴、内关、足三里、中脘、人中。强刺激,泻法。用于蛔厥证。

2. 天枢、中脘、足三里、内关、合谷。强刺激,泻法。用于虫瘕证。

【预防调护】

1. 养成良好的卫生习惯,不饮生水、不吃未清洗干净的蔬菜瓜果,勤剪指甲,不吮手指,做到饭前便后洗手,以减少虫卵入口的机会。

2. 做好粪便管理,切断传染途径,保持水源及食物不受污染,减少感染机会。

3. 密切观察蛔虫病的并发症,及时采取处理措施。蛔厥时,口服食醋,有安蛔止痛作用。

4. 多食清淡、易消化食物,少食辛辣、炙煿及肥腻之品,以免助热生湿。服驱虫药宜空腹。

5. 服药后多饮水和保持大便通畅,注意服药后反应及排便情况。

【古籍摘要】

《诸病源候论·九虫病诸候》:"蛔虫者,是九虫内之一虫也。长一尺,亦有长五六寸。或因脏腑虚弱而动,或因食甘肥而动。其发动则腹中痛,发作肿聚,去来上下,痛有休息,亦攻心痛。"

《伤寒论·辨厥阴病脉证并治》:"蛔厥者,其人当吐蛔。今病者静,而复时烦者,此为脏寒,蛔上入其膈,故烦,须臾复止,得食而呕,又烦者,蛔闻食臭出,其人常自吐蛔。蛔厥者,乌梅丸主之。"

第二节　蛲　虫　病

蛲虫病是由蛲虫寄生于人体肠道回盲部所致的小儿常见的肠道寄生虫病,临床以肛周及会阴皮肤瘙痒,肛周或大便见到蛲虫为特征。因蛲虫虫体小色白,形细小如线头,故又称

"线虫"。《诸病源候论·九虫病诸候》云:"蛲虫,至细微,形如菜虫。"首次提出蛲虫的命名,以后均沿用此名。西医学亦称之为蛲虫病。

蛲虫卵对外界的抵抗力强,易于传播,患者是唯一的传染源。感染方式主要通过肛门—手—口直接感染,或人群之间相互传播,在幼儿园等集体机构或家庭中,容易造成反复感染,互相传播。无论儿童、成人均可感染发病,以 2~9 岁儿童感染率最高。蛲虫的寿命不超过 2 个月,如果无重复感染可自行痊愈。因此,本病强调预防为主,防治结合。

【病因病机】

蛲虫病的发生,是吞入有感染性的蛲虫卵所致病。雌虫夜间在肛门周围排卵,刺激皮肤作痒,小儿用手抓搔时,沾染虫卵,若再吮手指或用手摄取食物,虫卵被吞入胃肠;也可通过被蛲虫卵污染的衣服、被褥、玩具或尘埃直接或间接进入胃肠道,并在小肠下段及大肠内发育成虫。若虫卵在肛门口孵化,幼虫爬入肛门,侵入大肠,易造成逆行感染。雌虫排卵后大多死亡,但有的也可再返回肛门或侵入邻近的阴道、尿道等器官,引起外阴炎、阴道炎、尿道炎、肛门糜烂等并发症。蛲虫寄生肠道,出现脾胃受损,运化失司,湿热内生等一系列病理改变。虫体每晚移行于肛门,湿热下注,而致肛门奇痒、尿频、尿急或遗尿;若湿热上扰心神,则烦躁、睡眠不宁;蛲虫扰动肠腑,气机不利,可见恶心、腹痛;虫积日久,夺取水谷精微,损伤脾胃,则见纳食减少;气血不足,无以滋养肌肤,则面黄肌瘦,神疲乏力。

【诊断】

诊断要点

1. 以肛周及会阴部瘙痒为主要表现,可伴有睡眠不安、烦躁,恶心呕吐,腹痛,腹泻,食欲不振,遗尿等症。

2. 夜间待患儿入睡 1~3 小时后观察其肛周皮肤皱褶处有无白色小线虫;直接从肛门周围皮肤皱褶处采集标本,或清晨起床前用透明胶纸紧压肛周部位粘取虫卵,胶面平贴于玻片上在显微镜下观察虫卵,须反复多次检查,可提高阳性率。

【辨证论治】

(一)辨证思路

本病病初多属实证,轻者多无明显症状,仅有肛周瘙痒;重者蛲虫较多,湿热内生,则肛周及会阴奇痒,睡眠不安,伴烦躁、夜惊、遗尿、食欲不振、恶心、腹痛。蛲虫偶可异位寄生其他器官和侵入邻近器官,而引起阑尾炎、阴道炎、盆腔炎及腹膜炎等。若病程较久,耗伤气血,也可导致脾胃虚弱,但一般证候较轻。

(二)治疗原则

本病以驱虫止痒为基本治则,内服、外治相结合。蛲虫常居于直肠和肛门,故外治法很重要,多采用直肠给药和涂药法。对病久脾胃虚弱者,在驱虫、杀虫时,应注意调理脾胃。本病要重视预防,如能控制重复感染可不药而愈。

(三)分证论治

1. 虫扰魄门

证候:肛门及会阴部瘙痒,搔抓难忍,夜间尤甚,或肛周可见到蛲虫,夜眠不安,易惊哭闹,舌淡,苔薄,脉弦滑。

证候分析:雌虫夜间在肛门周围排卵、孵化,幼虫爬入肛门,刺激皮肤作痒。

笔记栏

辨证要点：肛门及会阴部瘙痒，夜间尤甚，肛周可见到蛲虫。

治法：杀虫止痒，配合外治。

主方：驱虫粉（验方）加减。

常用药：使君子、生大黄 8∶1 比例配方，共研细末。每次剂量 0.3g×（年龄 +1），每日 3 次，饭前 1 小时吞服，每日总量不超过 12g，疗程为 7 日。此后每周服药 1~2 次，可防止再感染。外用蛲虫药膏于每晚睡前涂搽肛门；亦可用生百部 30g，浓煎至 30ml，每晚做保留灌肠，连续 10 日。

2. 湿热内蕴

证候：肛门或会阴部瘙痒，烦躁，腹胀，恶心呕吐，尿频尿急，夜寐不安，舌红，苔黄腻，脉弦滑。

证候分析：蛲虫爬向前阴或钻入尿道，湿热下注，则夜寐不安，烦躁，尿频、尿急、遗尿；蛲虫扰动，气机不利，可见恶心呕吐、腹胀。

治法：杀虫止痒，清热除湿。

主方：追虫丸（《普济方》）加减。

常用药：鹤虱、苦楝皮、槟榔、使君子、瞿麦、滑石、黄柏、石韦、百部、苦参、地肤子。

加减：蛲虫寄生日久，夺取水谷精微，损伤脾胃，则神疲，食欲不振，面黄肌瘦，可合用参苓白术散治疗。

【诊疗提示】

1. 详细询问病史，注意是否有睡眠不安、夜间肛门及会阴部作痒、遗尿等情况。
2. 注意观察患儿肛门周围是否有湿疹、溃烂，夜间肛门周围是否有蛲虫成虫。
3. 反复多次用透明胶纸法镜检蛲虫卵。

【其他疗法】

外治疗法

1. 百部 50g，苦参 25g。共研细末。加凡士林调成膏状，每晚睡前用温水清洗肛门后涂药膏，连用 7 日。可杀虫止痒。
2. 百部 20g、蛇床子 15g。煎汤外洗肛门，每日 1 次，连用 2~3 次。有止痒杀虫作用。
3. 苦楝根皮 20g、鹤虱 15g、蛇床子 15g、百部 15g、野菊花 15g、甘草 5g。加水煮沸 3~5 分钟，坐浴熏洗，每晚睡前 1 次。有祛湿消炎、止痒杀虫作用。

【预防调护】

1. 加强卫生宣教，普及预防蛲虫感染的知识，切断传染途径，特别是群居儿童更应注意。
2. 注意个人卫生，养成良好的卫生习惯，饭前洗手，勤剪指甲，纠正吮手的不良习惯。
3. 患儿被褥及内衣裤应勤换洗，用开水洗烫煮沸，以杀死虫卵。
4. 每天用温水给患儿清洗肛门会阴。
5. 穿满裆裤，防止小儿用手搔抓肛门。

【古籍摘要】

《诸病源候论·谷道虫候》："蛲虫者，九虫之内一虫也，在于肠间。若脏腑气实，则虫不妄动，胃弱肠虚，则蛲虫乘之。轻者或痒。或虫从谷道中溢出，重者侵蚀肛门疮烂。"

《诸病源候论·九虫病诸候》："蛲虫,至细微,形如菜虫。"

学习小结

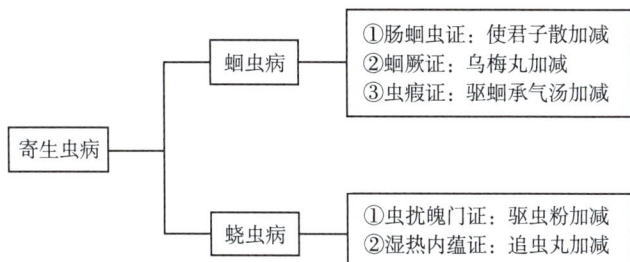

（李伟伟）

复习思考题

1. 简述蛔厥证、虫瘕证的主症与主方。
2. 如何理解蛲虫病的预防比治疗更重要?

扫一扫
测一测

第十一章

其他病证

主要掌握夏季热,汗证,五迟、五软,维生素 D 缺乏性佝偻病,紫癜,皮肤黏膜淋巴结综合征,奶癣,性早熟等病证的概念,病因特点,病机演变规律,病证诊断与鉴别,辨证施治及相关知识。

PPT 课件

第一节 夏 季 热

夏季热是婴幼儿在夏天发生的一种特有季节性疾病,以长期发热、口渴多饮、多尿、少汗或无汗为特征,又称暑热证。发病与气候温度密切相关,西医学亦称之为夏季热或暑热症。

本病以 6 个月至 3 岁体弱小儿为多见。主要发生于我国南方气候炎热地区,发病时间多集中于 6、7、8 三个月,气温越高,发病越多,且随着气温升高而病情加重,秋凉以后,症状多能自行消退。有的病儿可连续数年发病,其症状往往逐年减轻,病程亦逐年缩短。本病若无其他合并症,预后良好。随着生活和居住条件的改善,发病已显著下降,且以不典型发病为主。

【病因病机】

夏季热的发生主要与小儿体质因素密切相关。如先天禀赋不足,早产儿、未成熟儿;或后天脾胃不足,发育营养较差;或病后失调气阴不足等,以上诸多因素导致小儿不能耐受暑热熏蒸而发病。

暑性炎热,易耗气伤津。小儿冒受暑气,蕴于肺胃,灼伤肺胃之津,故发热、口渴多饮;暑伤脾气,中阳不振,气不化水,则水液下趋膀胱而见尿多清长;肺津为暑热所伤,津气两亏,水源不足,水液无以敷布,汗液乏源,则少汗或无汗;津伤口渴则饮水自救,因而有口渴多饮、多尿的证候。

疾病初起,正气尚未大亏,暑热多耗气伤津,主要表现为肺胃气阴两伤;疾病迁延,或素体脾肾虚弱,外为暑气熏蒸,内则真阳不足,则易出现热淫于上,阳虚于下的"上盛下虚"证。

本病虽发生于夏季,但属小儿体质不耐夏季酷暑而发,并非感受暑邪,故无暑邪入营入血,内陷心肝的传变规律,发热轻重与气温高低有密切关系。至秋凉后有向愈之势,但缠绵日久者,也会影响小儿身体健康。

【诊断】

(一)诊断要点

1. 入夏渐起发热,体温多在 38~40℃,随着气温升降而波动,发热多数历时 1~2 个月,亦可长达 3~4 个月,直至秋凉后发热及其他症状逐渐消退。

2. 口渴多饮,多尿,少汗或无汗。

3. 一般情况好,发热持续时可伴有食欲减退,面色少华,形体消瘦,或伴倦怠乏力,烦躁不安等症。

4. 辅助检查无特殊发现,排除其他疾病。

(二)鉴别诊断

本病与疰夏、消渴、湿温鉴别见表 11-1。

表 11-1 夏季热与疰夏、消渴、湿温的鉴别

鉴别点	夏季热	疰夏	消渴	湿温
发病季节	夏季及长夏	夏季及长夏	无季节性	夏秋季节
汗出	汗少、无汗	汗出正常	汗出正常	汗出不畅
口渴多饮	有	无	有	口渴饮水不多或喜热饮
多尿	有	无	有	尿正常或黄短
热势	中高热	不发热或低热	不发热	热势不扬
传变	无	无	无	有

【辨证论治】

(一)辨证思路

本病辨证主要辨虚实、病位,辨别气阴亏虚的程度。疾病初期,但见发热、口渴多饮、多尿,纳食如常,舌红,脉数,为气阴尚充,属暑伤肺胃证;若发热、多饮多尿持续不解,胃纳渐退,面色苍白,身体日渐消瘦,口唇干燥,皮肤灼热,肢端欠温,精神疲乏,舌淡,脉无力者,为气损及阳,属上盛下虚证。

(二)治疗原则

暑伤肺胃者,以清暑泄热,益气生津为主;若病久及肾,上盛下虚,则宜温下清上。着重于益气生津以御暑,清暑泄热为佐,以防热耗气阴;此外应注意避暑降温。

(三)分证论治

1. 暑伤肺胃

证候:夏季持续发热,体温随气温升高而波动,皮肤干燥灼热,口渴引饮,少汗或无汗,多尿,甚则饮一溲一,烦躁口干,舌质红,苔薄黄而干,脉数。

证候分析:本证多见于疾病初期或中期。患儿体禀不足,冒受暑气,蕴于肺胃,灼伤津液,津亏而内热炽盛。暑气愈盛,熏蒸愈重,故发热持续不退,体温随气温波动,肌肤灼热,烦躁。津亏汗液无源,则少汗或无汗;失于润泽则皮肤干燥,口干,苔干;饮水自救则口渴引饮;气不化水,水液直趋膀胱,则饮不解渴,多尿。

辨证要点:夏季持续发热,发热随气温升高波动,口渴引饮,少汗或无汗,多尿。

治法:清热解暑,养阴生津。

主方:王氏清暑益气汤(《温热经纬》)加减。

常用药:西瓜翠衣、荷梗、西洋参、麦冬、石斛、黄连、知母、淡竹叶、粳米、甘草。

加减:纳呆食少、神倦,加麦芽、白术;烦躁明显加莲子心、栀子;舌苔白腻去麦冬、石斛、知母,加藿香、佩兰、扁豆花。

2. 上盛下虚

证候:盛夏发热日久不退,朝盛暮衰,口渴多饮,无汗或少汗,精神萎靡或虚烦不安,面色苍白,下肢清冷,胃纳不振,小便澄清,频数无度,大便稀溏,舌质淡,苔薄黄,脉细数无力。

证候分析:本证多见于体质虚弱,或病势缠绵的后期,热淫于上,阳虚于下,虚实并见,虚多于实。命门火衰,不能温煦脾土,故见面色苍白,精神萎靡,纳少,大便稀溏,下肢清冷,小便澄清如水;暑气蒸迫,阴液必耗,阴虚内热,故发热不退,朝盛暮衰,口渴多饮,汗少或无汗;水不济火,阳易浮越,故虚烦不宁。

辨证要点:盛夏发热日久,口渴多饮,下肢清冷,小便澄清频数,大便稀溏。

治法:温补肾阳,清热护阴。

主方:温下清上汤(《徐小圃验方》)加减。

常用药:附子、黄连、龙齿、磁石、补骨脂、菟丝子、覆盆子、桑螵蛸、莲子、石斛。

加减:心烦口渴加竹叶、玄参;小便清长加缩泉丸。

【诊疗提示】

1. 注意发热的时间点。

2. 详细询问病史,注意患儿体温变化与气温关系。

3. 了解患儿生产史、喂养史、生长发育史及生活环境。

4. 排除其他引起长期发热的疾病,以免耽误病情。

【其他疗法】

(一)中成药

1. 生脉饮　用于暑伤肺胃证,气阴耗伤者。

2. 健儿清解液　用于暑伤肺胃证,热重纳差者。

(二)针灸疗法

取足三里、肾俞、大椎、风池等穴,视病情行补泻手法。如下元肾阳不足者,针后加艾灸。

(三)推拿疗法

推三关,退六腑,分手阴阳,推脾土,清天河水,揉内庭、解溪、足三里、阴陵泉,摩气海、关元。1日1次,7日为1个疗程。用于暑伤肺胃证。

(四)饮食疗法

1. 荷叶、西瓜翠衣各5g,地骨皮、生地黄各3g,大枣、五味子各2g。1日1剂,水煎滤取药液,加白糖少量,频频饮服。用于暑伤肺胃证。

2. 蚕茧壳20只,红枣5枚,乌梅5g。煎汤饮,每日1剂。用于上盛下虚证。

【预防护理】

1. 室内温湿度适宜,保持在26~28℃。

2. 注意营养,饮食宜清淡易消化,补充水分,可适当饮用西瓜汁、银花露、绿豆汤等消暑饮品。

3. 高热时可适当采用物理降温帮助散热。

第二节 汗 证

汗证是指小儿在正常环境和安静状态下,全身或局部无故出汗过多,甚则大汗淋漓的一种病证。

小儿由于形气未充、腠理疏薄,加之生机旺盛、清阳发越,故较成人易出汗,且头汗最多。若在天气炎热,衣被过厚,或喂奶过急,活动剧烈的情况下汗多,但无其他异常,则不属病态。正如《景岳全书·盗汗》所说:"小儿元气未充,腠理不密,所以极易汗出。故凡饮食过热,或衣被过暖,皆能致汗。东垣诸公云此是小儿常事,不必治之。"

小儿汗证有自汗、盗汗之分。睡中出汗,醒时汗止者,称为盗汗;不分寤寐,无故出汗者,称为自汗;而不论自汗或盗汗又各有阴阳见证。小儿汗证往往自汗与盗汗并见,故在辨别其阴阳属性时还应考虑其他证候。至于因温热病引起的出汗,或属危重症阴竭阳脱、亡阳大汗者,或属其他疾病引起的出汗,均不在本节讨论范围。

【病因病机】

汗是人体五液之一,由阳气蒸化津液而来。汗为心之液,卫气为阳,营血为阴。若阴阳失衡,气血失和,营卫不调,腠理开阖失司,则汗液外泄。小儿汗证的发生,多责之于体虚。

1. 表虚不固 小儿因先天或后天多种原因所致肺气虚损,卫表阳气不足,腠理不固,津液外泄而多汗,以自汗为主。

2. 气阴两虚 先天禀赋不足,或病损气阴,气虚不能敛阴,阴虚火旺迫津外泄,致腠理开阖失司而发为汗证。

3. 心脾积热 小儿心常有余,脾常不足,若调护或饮食失宜,心经积热,脾失运化,湿浊内生,郁而化热,湿热交蒸,阴阳失衡而多汗。

总之,小儿汗证为阴阳失衡所致,有虚实之分,临床以虚证多见。虚证中常见表虚不固、气阴两虚;实证为心脾积热。

【诊断】

(一)诊断要点

1. 小儿在正常环境和安静状态下,以全身或局部多汗为主要表现。
2. 寐则汗出,醒时汗止者为盗汗;不分寐寤而汗出者为自汗。多汗常湿衣或湿枕。
3. 排除护理、气候、活动等客观因素及疾病、药物因素所引起的出汗。

(二)鉴别诊断

本病与脱汗、战汗、黄汗鉴别见表11-2。

表11-2 汗证与脱汗、战汗、黄汗的鉴别

病证	出汗特点	伴见症状
汗证	白昼时时汗出,动则益甚;或寐中汗出,醒后即止	气虚不固或阴虚内热症状
脱汗	大汗淋漓,汗出如珠	声低息短,精神疲惫,四肢厥冷,脉微欲绝或散大无力
战汗	急性热病过程中,突然恶寒战栗,全身汗出	发热口渴,烦躁不安
黄汗	汗出色黄,染色着衣	口中黏苦,渴不欲饮,小便不利,苔黄腻

笔记栏

【辨证论治】

(一) 辨证思路

小儿自汗、盗汗常同时并存,重点应辨其虚实。若全身出汗,平时易反复感冒,纳呆乏力,神萎,脉细,或见于久病之后,多属虚证;若以头汗为主,或四肢汗多,形体壮实,便干,尿黄少或短赤等则为实证。

(二) 治疗原则

汗证治疗以补虚止汗为其基本治疗原则。表虚不固者益气固表,气阴两虚者益气养阴,凡虚证皆可配合敛阴止汗,标本兼施;心脾积热者治以清心泻脾。除内服药外,可配合脐疗等外治法。

(三) 分证论治

1. 表虚不固

证候:以自汗为主,或伴盗汗,汗出以头颈胸背为主,可遍及全身,动则更甚,面色少华,神疲乏力,易患感冒,舌质淡,苔薄白,脉细弱。

证候分析:素体肺气亏虚,或病伤肺气,腠理不密,表虚不固,津液不藏,故汗自出;表虚则易为外邪侵袭而感冒;面色少华,神疲乏力,舌质淡,脉细弱为肺气虚之象。

辨证要点:自汗为主,动则汗出,易患感冒,舌质淡,脉细弱。

治法:益气固表。

主方:玉屏风散(《究原方》)合牡蛎散(《太平惠民和剂局方》)加减。

常用药:黄芪、防风、白术、煅龙骨、煅牡蛎、麻黄根、浮小麦。

加减:神疲纳差加党参、山药、焦三仙。亦可用黄芪桂枝五物汤加减治疗。

2. 气阴两虚

证候:以盗汗为主,也常伴自汗,汗出遍及全身,或形体消瘦,神疲乏力,心烦少寐,或恶热唇红,口渴喜饮,手足心热,舌质淡红,苔少或剥苔,脉细弱而数。

证候分析:素体气阴不足,或病损气阴,形体消瘦,气虚不能敛阴,阴虚而生内热,迫津外泄,故盗汗、自汗;汗为心液,汗出则心血暗耗,故心烦少寐,神疲乏力;口渴喜饮,手足心热,舌质淡红,苔少或剥苔,脉细数,均为气阴亏虚之象。

辨证要点:以盗汗为主,神疲乏力,手足心热,舌质淡红,苔少或剥苔。

治法:益气养阴。

主方:生脉散(《医学启源》)加减。

常用药:太子参、麦冬、五味子、浮小麦、煅牡蛎、生地黄、白芍。

加减:面色少华去麦冬,加黄芪、当归;恶热唇红加知母、地骨皮;汗多不止加麻黄根、煅龙骨;心烦少寐加酸枣仁、首乌藤。若见口渴唇红,烦躁易怒,夜寐不宁,唇燥口干,便秘尿赤,舌尖红刺,苔少脉数,属阴虚火旺者,用当归六黄汤加减。

3. 心脾积热

证候:自汗或盗汗,出汗以头部心胸为主,汗出肤热,汗渍色黄酸臭,口气臭秽或见口舌生疮,面赤唇红,口干渴,烦躁少寐,尿黄便干,舌质红,苔黄,脉滑数。

证候分析:小儿心常有余,心火易旺;又脾常不足,饮食不节,脾失健运,脾湿内生郁而化热,湿热交蒸,外泄肌表而为汗;心居胸中,心火上炎,故出汗以头部心胸为主,烦躁少寐;心开窍于舌,脾开窍于口,心脾积热,故口舌生疮,口气臭秽,面赤唇红,口干渴,尿黄便干。

辨证要点:头部心胸多汗,口臭或口舌生疮,便干尿黄,舌红苔黄。

治法:清心泻脾。

主方：导赤散(《小儿药证直诀》)合泻黄散(《小儿药证直诀》)加减。

常用药：藿香、栀子、生石膏、甘草、连翘、通草、生地黄、麻黄根、淡竹叶。

加减：尿少、舌苔黄腻，加滑石、车前子；汗渍色黄酸臭重加茵陈、佩兰；烦躁少寐加竹茹、酸枣仁。

【诊疗提示】

1. 注意生理状态下的汗出情况。

2. 注意年龄、喂养史、生长发育史、户外活动情况，有无骨骼病变及惊啼等；有无长期发热、咳嗽、消瘦、乏力、纳差、浅表淋巴结肿大等。

3. 注意询问预防接种史、传染病接触史，观察咽喉、皮疹等，以明确有无其他疾病。

4. 必要时行血常规、血沉、抗链球菌溶血素O、血清钙磷测定、结核菌素试验、X线胸片及腕骨片等辅助检查除外其他疾病。

【其他疗法】

(一) 中成药

1. 玉屏风颗粒　用于表虚不固证。

2. 生脉饮　用于气阴两虚证。

3. 槐杞黄颗粒　用于气阴两虚证。

(二) 外治疗法

1. 五倍子粉适量，用水或醋调成糊状，每晚临睡前敷脐中，用橡皮膏固定。用于盗汗。

2. 龙骨、牡蛎粉适量，每晚临睡前外扑。用于自汗、盗汗。

【预防护理】

1. 积极治疗各种急、慢性疾病，注意病后调理。

2. 注意个人卫生，汗出衣湿后，应及时用柔软干毛巾拭干皮肤，避免直接吹风受凉。

3. 汗出过多致津伤气耗者，应及时补充水分。

【古籍摘要】

《诸病源候论·小儿杂病诸候·盗汗候》："盗汗者，眠睡而汗自出也。小儿阴阳之气嫩弱，腠理易开，若将养过温，因睡卧阴阳气交，津液发泄而汗自出也。"

《幼科发挥·诸汗》："汗者心之液也，唯头汗不必治。小儿纯阳之体，头者诸阳之会，心属火，头汗者炎上之象也。故头汗者，乃清阳发越之象，不必治也。"

第三节　五迟、五软

PPT 课件

　　五迟指立迟、行迟、发迟、齿迟、语迟，五软指头项软、口软、手软、足软、肌肉软，两者均属于小儿生长发育迟缓，甚至障碍的病证。临床五迟以生长发育迟缓为特征，五软以肌肉萎软无力为主证，两者证候多兼而并见。

　　本病多见于婴幼儿。早在《诸病源候论·小儿杂病诸候》就有"齿不生候""数岁不能行候""四五岁不能语候"的记载。其病因与先后天因素均有关，若以先天因素为主者，其预后较差。

本病包括西医学之小儿生长发育迟缓、脑性瘫痪、智能低下等多种疾病。

【病因病机】

五迟、五软病因包括先天因素及后天因素,多为先天禀赋不足,亦有后天调养失宜者。

1. 脾肝肾不足　若脾虚失运,气血生化乏源;肝血不足,筋失所养;肾虚则骨髓不充,而见立、行、齿迟并头项、手、足软无力。肝、脾、肾三脏亏虚,则筋、肉、骨活动乏力,出现立、行迟,肌肉软。

2. 心脾亏虚　心主血主言,发为血之余,脾主运化,心脾不足,气血亏虚,心血不足,血不养心荣发而见发迟、语言迟;脾主肌肉,脾气不足而见口软、肌肉软。

3. 痰瘀阻滞　若胎产不顺,或热病惊厥昏迷,伤及脑络,痰瘀阻滞,损伤脑髓,窍道不通,肢体失灵,则五迟、五软显现。

病位主要在脾、肾、心、肝。病机包括正虚和邪实两方面,正虚即五脏不足,气血虚弱,精髓亏虚;邪实为痰瘀阻滞心经脑络,心脑神明失主。

【诊断】

(一)诊断要点

1. 有药物损害、产伤、窒息、颅脑损伤、早产、核黄疸及喂养不当等病史。

2. 生长发育明显迟于正常同年龄、同性别儿童。如生后无发或少发,为发迟;牙齿届时不出或出之甚少,为齿迟;1~2岁仍不会说话,或伴智力低下,为语迟;2~3岁仍不能站立、行走,为立迟、行迟。

3. 小儿半岁前后仍头项软弱下垂为头项软;咀嚼无力,时流清涎为口软;手臂不能握举为手软;1~2岁不能仍站立、行走为足软;肌肉松软无力为肌肉软。

(二)鉴别诊断

本病与佝偻病、解颅鉴别　见表11-3。

表11-3　五迟、五软与佝偻病、解颅的鉴别

病证	智力低下	五迟、五软见症	鉴别点
五迟、五软	部分有	以五迟、五软为主要表现	根据原发病不同差异较大
佝偻病	无	严重者可有,但程度轻	伴多汗,易惊,骨骼改变等
解颅	大多有	多有五迟、五软见症	颅骨骨缝解开、头颅增大、叩之呈破壶音,落日征

【辨证论治】

(一)辨证思路

1. 辨轻重　五迟、五软仅见一二症,智力正常或基本正常为轻;病程长,五迟、五软同时并见,且见肢体瘫痪、手足震颤、步态不稳、智能低下、痴呆、失语、失聪者为重。

2. 辨脏腑主次　五迟、五软以脾、肾病变为主,心、肝次之。若表现为立迟、行迟、齿迟、头项软、手足软,则为脾肾不足及肝;发迟、语迟、肌肉软、口软、智力低下,则为脾肾不足及心。

3. 辨兼症　生长发育全面落后,易患病者,属肾不足;肌肉松软,纳呆便溏者,属脾不足;乏力足软无力者,属肝不足;恶风汗多易感冒者,属肺不足;胆小善惊易惕者,属心不足。

(二) 治疗原则

本病以扶正补虚为基本治则,常需长期调补。病情重者可配合针灸推拿、功能训练等康复治疗。

(三) 分证论治

1. 肝肾不足

证候:坐、立、行走、牙齿发育明显迟于同龄小儿,颈项、肌肉萎软或肢体瘫痪,手足震颤,步态不稳,智能低下,或失语失聪,面容痴呆,舌质淡,苔薄,脉沉细,指纹淡紫。

证候分析:肝肾不足,不能濡养筋骨,筋骨不健,故坐、立、行走、生齿均迟,肌肉萎软,肢体瘫痪,手足震颤;肾生髓,脑为髓海,肾精不足,髓海空虚,故智力低下,面容痴呆,失语失聪。

辨证要点:坐、立、行走、牙齿发育明显落后。

治法:滋养肝肾,填精补髓。

主方:六味地黄丸(《小儿药证直诀》)加减。

常用药:生地黄、牡丹皮、山茱萸、山药、泽泻、茯苓、补骨脂、紫河车、龟甲。

加减:肌肉萎软加党参、白术、黄芪;手足震颤加天麻、钩藤、僵蚕;智力障碍加远志、石菖蒲、郁金;纳少加砂仁、鸡内金;体虚多汗加黄芪、龙骨;肝虚筋缓而乏力者加熟地黄、川芎。

2. 心脾两虚

证候:智力低下,面黄形瘦,语言迟钝,四肢萎软,肌肉松弛,多卧少动,步态不稳,纳呆,口角流涎,舌伸口外,咀嚼无力,头发稀疏枯槁,舌质淡,苔少,脉细弱,指纹淡。

证候分析:心脾亏虚,气血不足,故面黄形瘦、四肢萎软、肌肉松弛、口角流涎、舌伸口外、咀嚼无力、智力低下;发为血之余,心血不足,则头发稀疏枯槁。

辨证要点:以语言迟钝、头发稀疏、口软、肌肉软,智力低下为主要表现。

治法:养心健脾。

主方:调元散(《景岳全书》)合菖蒲丸(《医宗金鉴》)加减。

常用药:黄芪、人参、茯苓、白术、当归、熟地黄、川芎、远志、石菖蒲、厚朴、香附、甘草。

加减:头发稀疏枯黄加肉苁蓉、白芍;纳呆加焦山楂、鸡内金;易惊眠差加酸枣仁、远志;食少便溏者加苍术、陈皮。

3. 痰瘀阻滞

证候:失聪失语,意识不清,反应迟缓,动作不自主,或口流涎,喉间痰鸣,或关节强硬,肌肉软弱,或癫痫发作。舌胖质暗,或见瘀点瘀斑,苔腻,脉沉涩滑,指纹暗滞。

证候分析:若因产伤、外伤致痰瘀阻滞脑络,气血运行不畅,脑失所养,则见尖叫、躁动、呕吐等症;若因先天缺陷或脑病后遗症致痰浊内蕴,瘀血内停,蒙蔽清窍,则见智力低下,喉间痰鸣。

辨证要点:关节强硬,肌肉软弱,失聪失语,反应迟缓,舌胖质暗。

治法:涤痰开窍,活血通络。

主方:通窍活血汤(《医林改错》)合二陈汤(《太平惠民和剂局方》)加减。

常用药:半夏、陈皮、茯苓、远志、石菖蒲、桃仁、红花、丹参、川芎、赤芍、麝香、甘草。

加减:惊叫、抽搐,加黄连、龙胆;躁动加龟甲、天麻、生牡蛎;大便干燥加大黄。

【诊疗提示】

1. 注意患儿年龄、生产史、生长发育史、喂养史及家族史。

2. 注意观察毛发、牙齿、站立、行走、肌肉发育及智力发育等情况。

3. 病情程度轻重差异大,轻者如单纯齿迟、发迟、言迟,观察即可,可配合适当训练;重者五迟、五软并见,肢体瘫痪,需早期干预,可药物内服配合针灸推拿以及功能训练。

4. 必要时结合血液生化、头颅 CT、染色体等检查,积极寻找病因。

5. 积极治疗原发病。

【其他疗法】

(一) 推拿疗法

取额、脊、腰部穴。上肢部取大椎、肩井、肩髃、曲池、阳池、合谷;下肢部取肾俞、命门、腰阳关、居髎、环跳、殷门、委中、承山、解溪、昆仑、足三里、阳陵泉等。用推、拿、按、揉、搓等手法。每日 1 次,连做 6 日休息 1 日,3 个月为 1 个疗程。用于运动发育迟缓者。

(二) 针灸疗法

1. 灸足踝 3 壮,或灸心俞、脾俞各 3 壮,1 日 1 次,用于心脾两虚证。小儿皮肤薄嫩、应避免过度施灸,以防烫伤。

2. 针法

(1) 体针:可选用肩髃、曲池、外关、合谷、环跳、足三里、阳陵泉、承山、三阴交等肢体穴位交替使用,采用提插及捻转法,不留针,以促进肢体功能恢复;智力低下、语言迟缓,可选百会、风池、神门、哑门等穴,得气后留针 15~20 分钟,并间歇捻针,隔日 1 次,1 个月为 1 个疗程。

(2) 耳针:可选心、肝、肾、胃、脑干、皮质下等,用短毫针,留针 15~20 分钟,间歇捻针,隔日 1 次,15 次为 1 个疗程。

【预防护理】

1. 注意孕期保健,预防外感、药物损害;避免早产、难产、产伤;预防新生儿疾患。

2. 提倡优生优育,杜绝近亲结婚。

3. 合理喂养,加强营养,积极预防及治疗各种急、慢性疾病。

4. 必要时加强智力训练教育,重视功能锻炼。

【古籍摘要】

《活幼心书·五软》:"爱自降生之后,精髓不充,筋骨痿弱,肌肉虚瘦,神色昏慢,才为六淫所侵,便致头、项、手、足、身软,是名五软。"

《保婴撮要·五软》:"夫头软者,脏腑骨脉皆虚,诸阳之气不足也。项软者,乃天柱骨弱,肾主骨,足少阴太阳经虚也。手足软者,脾主四肢,乃中州之气不足,不能营养四肢。肉软者,故肉少皮宽,饮食不为肌肤也。口软者,口为脾之窍,上下龈属手足阳明,阳明主胃,脾胃气虚,舌不能藏而常舒出也。"

11章04节PPT

PPT 课件

第四节　维生素 D 缺乏性佝偻病

维生素 D 缺乏性佝偻病是由于儿童体内维生素 D 不足引起全身钙、磷代谢异常,导致生长的骨骺端软骨板不能正常钙化,发生骨骼病变为特征的慢性营养性疾病。

本病与中医学五迟、五软、夜啼、汗证、龟背、鸡胸等多种病证相关。《小儿药证直诀》

中,称其"龟胸""龟背",为本病胸廓与脊柱畸形的证候记载。2 岁以下儿童,尤其是 1 岁以内婴儿,生长发育迅速,体格生长快,加上缺乏足够的户外活动,是易发本病的高危人群。北方地区冬季长、日照短,发病率明显高于南方。近年来,随着我国初级卫生保健体系的逐渐建立和完善,本病患病率逐年下降,多数患儿属轻症,若治疗及时,一般预后良好。重者可遗留骨骼畸形,影响儿童正常生活学习。

【病因病机】

本病的发生主要责之于先天禀赋不足,或后天调护失宜,导致脾肾亏虚。

1. 禀赋不足　孕母胎孕之期户外活动少,日照不足,或妊娠后期维生素 D 营养不足,或孕母患病、早产、多胎等因素,均可导致孕妇胎养失宜,使胎元禀赋未充,肾气不足。

2. 调护失宜　母乳不足或人工喂养儿,未及时合理添加辅食或维生素 D 制剂,食物营养不能满足小儿生长发育需要,气血虚弱,脏腑失于濡养,脾肾亏损,筋骨肌肉不充而发病。婴儿户外活动少或生于寒冷地区,日照不足,脏腑筋骨失于阳光温煦,致骨骼发育不坚而为本病。

总之,本病病因为先天禀赋不足,或后天调护失宜,病机关键为脾肾两虚,常累及心、肝、肺。肾气不足,精气不充,骨骼不坚而致生长发育迟缓,囟门迟闭,牙齿晚出,甚至鸡胸、龟背等;脾虚健运失司,气血亏虚,土不生金,肺气虚损,致肌肉软弱,毛发稀疏,多汗等;肝之阴血不足,肝阳偏旺,则烦躁夜啼;筋脉失养,致坐、立、行、走无力甚至抽搐;心气不足则智力低下,语言迟缓。

课堂互动

谈谈"五迟、五软"与本病之间的关联。

【诊断】

(一)诊断要点

1. 有维生素 D 缺乏史,多见于 3 个月 ~2 岁户外活动少的婴幼儿。

2. 临床表现　分 4 期:初期、活动期(激期)、恢复期、后遗症期。

(1)初期:早期常有非特异性的神经精神症状如多汗、烦躁、睡眠不安、夜间惊啼、枕秃等。

(2)活动期(激期):除早期证候加重外,以轻中度骨骼改变为主,可见乒乓头、方颅、囟门大且延迟闭合、肋串珠、肋外翻、鸡胸、漏斗胸、龟背、手脚镯、下肢弯曲等骨骼病变。

(3)恢复期:患儿症状改善,体征减轻,X 线示临时钙化带重现,血生化恢复正常,但可遗留骨骼畸形。

(4)后遗症期:患儿因症重常遗留不同程度的骨骼畸形,无其他临床症状,实验室检查亦无异常。

3. 其他证候　肌肉松弛,坐、立、行迟,表情淡漠,面色苍白,常反复发生外感疾病。

4. 辅助检查

(1)血液生化检查:血清钙稍降低,血磷明显降低,钙磷乘积小于 30;血清碱性磷酸酶明显增高。

（2）X线摄片检查：常摄手腕部。可见干骺端模糊，呈毛刷状或杯口状改变，并可见骨质疏松，皮质变薄。

（二）鉴别诊断

解颅（脑积水）　颅骨缝解开，头颅增大，叩之呈破壶音，目珠下垂如落日状为特征，多有神志呆钝，或烦躁不安乃至惊厥等症。

本病尚需与先天性甲状腺功能减退、软骨营养不良及其他病因所致的佝偻病鉴别。

【辨证论治】

（一）辨证思路

1. 辨病期　初期症见烦躁、多汗、枕秃、夜间惊啼，无骨骼改变证候；激期以上症状加重，并出现明显骨骼改变和动力功能迟缓；经治疗进入恢复期，临床证候减轻或消失；若留有不同程度的骨骼畸形，为后遗症期。

2. 辨脏腑　病变脏腑涉及心肝肺脾肾，初期病变脏腑以肺、脾为主，表现为肌肉松弛，形体虚浮，纳呆便溏，毛发稀疏而枯，多汗易感冒；激期累及心、肝、肾，可见精神烦躁、夜啼不安，骨骼改变，以及坐迟、立迟，行走无力甚至抽搐等症。

3. 辨轻重　轻症仅有轻度颅骨软化、方颅、肋骨串珠、囟门增大等骨骼改变；重症有典型肋骨串珠及手、脚镯、囟门晚闭、出牙迟缓，甚至鸡胸、漏斗胸、脊柱畸形、X形腿、O形腿，病理性骨折等。

（二）治疗原则

本病以健脾益气、补肾填精为基本治则。初期以健脾益气补肺为主，激期宜健脾平肝，补肾填精。由于骨骼的生长与肾的关系密切，故治疗过程中应注意益肾填精，温阳壮骨。同时加强饮食调养，增加日光照射，合理补充维生素D等。

（三）分证论治

1. 肺脾气虚

证候：多汗，睡眠不宁，囟门开大，头发稀疏而见枕秃，面色少华，肌肉松弛，纳呆，大便不调，反复感冒，舌质淡，苔薄白，指纹淡，脉细无力。

证候分析：脾主肌肉四肢，脾气虚运化无力，故面色少华，肌肉松弛，纳呆，大便不调；肺主皮毛，肺气虚而见多汗，发稀，易反复感冒。

辨证要点：多汗，纳呆，枕秃，易感冒。

治法：健脾补肺、益气固表。

主方：玉屏风散（《究原方》）合人参五味子汤（《幼幼集成》）加减。

常用药：黄芪、防风、白术、人参、五味子、茯苓、麦冬、炙甘草。

加减：汗多加龙骨、牡蛎；纳呆加山药、砂仁；睡眠不安加远志、首乌藤。

2. 脾虚肝旺

证候：面色少华，多汗，烦躁，夜惊啼哭，甚至抽搐，神疲纳呆，坐立行走无力，舌质淡，苔薄，指纹淡，脉细弦。

证候分析：脾虚气弱，化源不足，故面色少华，多汗，发稀，神委纳呆；肝主筋，肝血不足，筋脉失养，肝木偏旺，故坐立行走无力，烦躁，夜惊啼哭，甚至抽搐。

辨证要点：神疲，纳呆，烦躁，夜惊易啼，坐立行走无力。

治法：健脾平肝。

主方：益脾镇惊散（《医宗金鉴》）加减。

常用药：人参、白术、茯苓、甘草、钩藤、灯心草、白芍、郁金。

加减:多汗加五味子、煅龙骨、煅牡蛎;烦躁加蝉蜕、竹叶;夜卧不安加远志、首乌藤。

3. 脾肾亏损

证候:面色苍白无华,头汗淋漓,肢软乏力,神情淡漠,出牙、坐立、行走迟缓,囟门不闭,方颅,鸡胸,龟背,或见漏斗胸,肋外翻,下肢弯曲,舌质淡,苔少,指纹淡,脉细无力。

证候分析:脾主肌肉,肾主骨生髓,脾虚则面色苍白无华,肢软乏力;肾精亏虚则见出牙,坐立、行走迟缓,囟门不闭,方颅,鸡胸,龟背,下肢弯曲等;脑为髓海,肾虚则髓海空虚而见神情淡漠。

辨证要点:齿迟、立迟、囟门不闭、方颅等骨骼改变。

治法:益脾补肾,填精补髓。

主方:补肾地黄丸(《活幼心书》)加减。

常用药:紫河车、熟地黄、巴戟天、枸杞子、茯苓、山药、黄芪、山茱萸、远志、菟丝子、白芍、牛膝。

加减:汗多加龙骨、牡蛎;乏力加党参、黄芪;骨骼改变加阿胶、龟甲、淫羊藿。

【诊疗提示】

1. 注意患儿年龄、出生季节,详细询问喂养史、生长发育及户外活动情况。
2. 注意患儿是否烦躁、易哭、易闹、易惊、多汗等症及平素易感冒等病史。
3. 注意观察毛发、头颅、囟门、胸廓、脊柱及四肢等发育情况。
4. 必要时结合血清钙、磷、碱性磷酸酶测定及 X 线摄片检查。

【其他疗法】

1. 龙牡壮骨冲剂　用于肺脾气虚及脾肾亏损证。
2. 玉屏风颗粒　用于肺脾气虚证。
3. 六味地黄丸　用于脾肾亏损证。

【预防护理】

1. 加强孕妇保健,孕妇应有适当的户外活动,多晒太阳,增强体质。
2. 提倡母乳喂养,及时添加富含维生素 D 及钙磷丰富食物。
3. 一般生后 2 周开始补给维生素 D,夏季户外活动多可暂停或减量服用。
4. 婴儿衣着宽松,不要久坐久立,注意饮食卫生,多做户外活动,接受阳光直接照射,每天 1~2 小时。

【古籍摘要】

《小儿药证直诀·杂病证》:"长大不行,行则脚细。齿久不生,生则不固。发久不生,生则不黑。"

《婴童百问·二十六问》:"五软者,头软、项软、手软、脚软、肌肉软是也。"

第五节 紫 癜

PPT 课件

紫癜是以血液溢于皮肤、黏膜之下,出现瘀点瘀斑、压之不褪色为临床特征的疾病,常伴鼻衄、齿衄,甚则呕血、便血、尿血。

本病为儿童常见的出血性疾病之一,常见于西医学过敏性紫癜和特发性血小板减少性紫癜。过敏性紫癜发病年龄多为 2 岁以上,尤以学龄儿童多见,一年四季均可发生,但以春秋两季发病较多。特发性血小板减少性紫癜发病可见于各年龄儿童,分为急性型、慢性型,一年四季均可发生,其病死率约 1%,主要致死原因为颅内出血。

本病属于中医学血证范畴,与中医古籍中所记载的"紫斑""葡萄疫""肌衄""紫癜风"等病证有相似之处。

【病因病机】

紫癜的病因有内因、外因之分。小儿禀赋不足、正气亏虚是发病之内因,外感时邪或接触异气是发病之外因。若因外感时邪及异气郁蒸于肌肤,与气血相搏,迫血妄行,外溢皮肤孔窍,则以实证为主;若因素体心脾气血不足,气不摄血,或肾阴亏损,虚火上炎,血不归经所致,则以虚证为主。

1. 感受外邪 外感时令之邪,六气皆从火化,邪热蕴郁于皮毛肌肉之间;或者冒触异气,引动伏热。风热、疫气与气血相搏,灼伤血络,迫血妄行,溢于脉外,渗于皮下,发为紫癜。邪伤肠络或下注膀胱,则出现便血、腹痛、尿血等;夹湿留注关节,则可见关节局部肿痛,屈伸不利。

2. 脏腑虚损 人体血生于脾,藏于肝,源于肾而主于心,血在脉中周而复始循环流行,依赖于心之推动、脾之统摄、肝之储藏。若心、肝、脾功能受损,血行不循常道而外溢肌肤,则出现皮肤紫癜,重则吐衄便血。

总之,本病外因为感受风热、异气,内因为正气不足,脏腑虚损。病位在心、肝、脾、肾。疾病早期多为风热伤络,血热妄行,属实证;病久由实转虚,或素体亏虚,心脾两虚,气不摄血,或阴虚火旺,则多见虚证,或虚实并见。

课堂互动

谈谈对朱丹溪所提出"伤寒发斑、温毒发斑、内伤发斑及阴证发斑"的理解。

【诊断】

(一) 诊断要点

本病包括过敏性紫癜和特发性血小板减少性紫癜。

1. 过敏性紫癜 ①有上呼吸道感染史,或食物、药物过敏等病史;②皮肤分批出现对称分布、大小不等、高出皮面、压之不褪色的斑丘疹样紫癜,以双下肢伸侧及臀部为多;③约 2/3 患儿出现消化道症状,以脐周或下腹部绞痛伴呕吐为主;部分患者同时伴有关节肿痛和肾脏损害表现,如浮肿、血尿等;④血小板计数正常;出、凝血时间正常,血块收缩试验正常;部分患儿毛细血管脆性试验阳性,血沉轻度增快。肾脏受累者尿液检查可见红细胞、蛋白及管型,少数有肉眼血尿。大便隐血试验可呈阳性。

2. 特发性血小板减少性紫癜 ①有呼吸道感染史,多于感染后数天或数周内起病。②临床以皮肤、黏膜自发性出血为突出表现。全身皮肤散在大小不等的瘀点、瘀斑,一般不高出皮面,以四肢多见。结膜、颊黏膜等可见瘀点。可伴有鼻衄、齿衄、尿血、便血等,严重者可并发颅内出血。③血小板计数显著减少,出血时间延长,血块收缩不良,束臂试验阳性。骨髓巨核细胞增多或正常,分类幼稚型和 / 或成熟未释放型巨核细胞比例增加。血清中可检出抗血小板抗体(PAIgG)。④病程≤ 6 个月为急性型,病程 >6 个月为慢性型。

(二)鉴别诊断

1. 过敏性紫癜与特发性血小板减少性紫癜鉴别见表 11-4。

表 11-4　过敏性紫癜与特发性血小板减少性紫癜的鉴别

鉴别点	过敏性紫癜	特发性血小板减少性紫癜
发病季节	春秋多见	无或冬春多见
发病年龄	3~14 岁	2~8 岁
发病诱因	感染、药物、食物等过敏因素	可有病毒感染病史
皮疹特点	针尖大小、高出皮面、呈对称性	瘀斑多、不高出皮面、不对称
皮疹分布	两下肢及臀部、关节周围	四肢、面部
关节肿痛	有	无
腹痛	有	无
血小板计数	正常	减少
抗血小板抗体	阴性	阳性

2. 过敏性紫癜与急腹症鉴别　过敏性紫癜在皮疹出现前以胃肠型为主,发生腹痛等症状时应与急腹症鉴别。儿童期出现急性腹痛者,要考虑过敏性紫癜的可能,此时应仔细寻找典型皮肤紫癜,注意关节、腹部、肾脏的综合表现。

3. 特发性血小板减少性紫癜与再生障碍性贫血鉴别　特发性血小板减少性紫癜与再生障碍性贫血皆出现血小板计数减少,前者以皮肤黏膜瘀斑瘀点为主,抗血小板抗体阳性;后者以贫血为主要表现,除出血及血小板减少外,呈全血减低现象,红细胞、白细胞总数及中性粒细胞都减少,网织红细胞不高。

【辨证论治】

(一)辨证思路

小儿紫癜的辨证,以八纲辨证为纲,并应注意辨证与辨病相结合。

1. 辨虚、实、瘀　主要根据起病急缓、病程长短、紫癜颜色等表现辨识。紫癜起病较急,色泽鲜明,多属实证;起病缓慢,病情迁延,长期反复出血、紫癜反复出没、色暗淡,多属虚证;若同时见腹痛、关节肿痛、舌质紫,提示夹有气滞血瘀。

2. 辨轻、重　根据紫癜的疏密、多少、是否伴有其他部位的出血、出血的轻重,以及有无其他伴随症状辨别。紫癜稀疏而少,除皮肤紫癜外无其他部位出血及腹痛、关节痛等伴随证候,多属轻证;出血量多,出现面色苍白、四肢厥冷、脉微细等证候,则属虚脱危证。

3. 辨证与辨病结合　过敏性紫癜早期多为风热伤络,血热妄行,常兼见湿热痹阻或热伤胃络,后期多见阴虚火旺或气不摄血。血小板减少性紫癜急性型多为血热妄行,慢性型多为气不摄血或阴虚火旺。

(二)治疗原则

实证以清热凉血为主,随证配用祛风通络、缓急和中;虚证以益气摄血、滋阴降火为主。紫癜为离经之血,皆属瘀血,故常加用活血化瘀之品。临证须注意证型之间的相互转化或同时并见,治疗时要分清主次,统筹兼顾。

(三) 分证论治

1. 风热伤络

证候:起病较急,皮肤瘀点瘀斑,尤多见于下肢及臀部,对称分布,色泽鲜红,大小形态不一,或伴痒感,伴发热恶风,咳嗽,咽痛,或腹痛、便血,或尿血,舌质红,苔薄黄,脉浮数。

证候分析:风热毒邪伤络,血溢脉外,渗于皮下则见皮肤瘀点瘀斑;阳络受损则多发于皮肤;阴络伤,血渗于里则见腹痛、便血、尿血;热邪炽盛,走窜血分,则颜色鲜红,大小形态不一。

辨证要点:起病较急,皮肤紫癜色泽鲜红,兼外感风热表证。

治法:疏风清热,凉血止血。

主方:银翘散(《温病条辨》)加减。

常用药:金银花、连翘、牛蒡子、薄荷、淡竹叶、淡豆豉、荆芥、板蓝根、紫草、赤芍。

加减:皮肤瘙痒加蝉蜕、地肤子;关节肿痛加桑枝、牛膝;咳嗽加桑叶、前胡;腹痛加延胡索、白芍;尿血加仙鹤草、小蓟。

2. 血热妄行

证候:起病急骤,皮肤出现密集瘀点瘀斑或融合成片,色泽鲜红,或伴呕血、腹痛、关节痛、便血、尿血,或发热,心烦口渴,大便干结,舌质红绛,苔黄燥,脉数有力。

证候分析:感受邪毒,热性暴烈,故起病急骤;热盛灼伤络脉,迫血妄行,血溢脉外,渗于皮下,则皮肤紫癜密集或成片,色鲜红;胃中络脉受伤,血随火升,从口而出则呕血;热毒灼伤肠络则便血;热毒灼伤肾及膀胱则尿血;热毒壅盛,伤津扰神则发热、心烦口渴、大便干结;热毒炽盛,壅滞胃肠则腹痛,流注关节则关节肿痛。

辨证要点:起病急骤,紫癜密集,色鲜红,或腹痛关节痛、尿血便血,舌质红绛。

治法:清热解毒,凉血止血。

主方:犀角地黄汤(《备急千金要方》)加减(犀角以水牛角代)。

常用药:水牛角、生地黄、牡丹皮、赤芍、紫草、玄参、黄芩、甘草。

加减:伴有齿衄、鼻衄,加栀子、白茅根;尿血加大蓟、小蓟;大便出血加地榆炭、槐花;腹中作痛加白芍、甘草;关节肿痛加牛膝、黄柏。如见高热、烦躁、口渴、伴紫斑红赤,为气营两燔,可用化斑汤加减。若出血过多,突然出现面色苍白,四肢厥冷,气微息弱,汗出湿冷,脉象细微,为气阳欲脱,急用独参汤或参附汤回阳救逆,益气固脱;若气阴两竭者,则用生脉散,以救阴生津,益气复脉。

3. 气不摄血

证候:紫癜反复出现,病程迁延,隐约散在,色泽淡紫,神疲倦怠,面色少华,食少纳呆,头晕心悸,舌质淡,苔薄白,脉细无力。

证候分析:禀赋不足,或紫癜屡发,脾气损伤,故病情反复,病程迁延;病久耗气,气虚摄血无力,则紫癜反复发作,隐约散在,色泽淡紫;气虚血亏则神疲倦怠;脾气虚弱,运化不利,则面色少华,食少纳呆;气虚血亏,不能荣养心脑,则头晕心悸。

辨证要点:紫癜反复出现,病程迁延,色泽淡紫,伴心脾两虚证候。

治法:健脾养心,益气摄血。

主方:归脾汤(《严氏济生方》)加减。

常用药:党参、白术、茯苓、炙甘草、黄芪、当归、酸枣仁、阿胶、龙眼肉、木香、生姜、大枣。

加减:出血不止加云南白药(冲服)、蒲黄炭、仙鹤草;神疲肢软,四肢欠温,畏寒恶风,腰膝酸软,面色苍白为肾阳亏虚,加鹿茸、肉苁蓉、巴戟天;食欲不振加砂仁、六神曲。

4. 阴虚火旺

证候:病程日久,紫癜时发时隐,腰背酸软,手足心热,潮热盗汗,尿血,舌质红,苔少,脉细数。

证候分析:病久肝肾亏虚则起病缓慢,或病程迁延;肝肾阴虚,虚火扰络,故紫癜时发时隐;腰为肾之府,肝肾阴亏则腰背酸软无力;肝肾阴虚,阴亏火旺,则手足心热,潮热盗汗;虚火灼伤肾络则尿血。

辨证要点:病程日久,紫癜时发时止,手足心热,潮热盗汗,舌质红,苔少。

治法:滋阴降火,凉血止血。

主方:大补阴丸(《丹溪心法》)加减。

常用药:熟地黄、龟甲、黄柏、知母、牡丹皮、牛膝、墨旱莲。

加减:鼻衄、齿衄,加白茅根、栀子;低热加银柴胡、地骨皮;盗汗加煅牡蛎、煅龙骨。

【诊疗提示】

1. 检查血常规以区分过敏性紫癜或特发性血小板减少性紫癜。
2. 注意发病前有无感染病史及食物、药物过敏史等因素。
3. 注意患儿紫癜的颜色、形态、分布情况、好发部位及伴随症状等。
4. 注意有无发热、贫血及肝脾肿大、淋巴结肿大等。
5. 注意腹部、心脏及神经系统、血常规及大小便常规检查,必要时结合骨髓象检查。

【其他疗法】

1. 紫雪丹　用于热毒炽盛者。
2. 云南白药　用于呕血、便血者。
3. 知柏地黄丸　用于阴虚火旺证。
4. 归脾丸　用于气不摄血证。

【预防护理】

1. 急性期或出血量多时,要卧床休息,限制患儿活动,缓解紧张情绪。
2. 过敏性紫癜要避免进食引起过敏的食物及药物,尽可能寻找诱因。
3. 特发性血小板减少性紫癜,要注意预防急性呼吸道感染、麻疹、水痘、风疹及肝炎等疾病,否则易于诱发或加重病情。血小板计数低于 $20 \times 10^9/L$ 时,要密切观察病情变化,防止各种创伤与颅内出血。
4. 饮食宜清淡,富于营养,易于消化。呕血、便血者应进半流质饮食,忌硬食及粗纤维食物,忌辛辣刺激食物。

【古籍摘要】

《灵枢·百病始生》:"……阳络伤则血外溢,血外溢则衄血,阴络伤则血内溢,血内溢则后血……"

《诸病源候论·小儿杂病诸候·患斑毒病候》:"斑毒之病,是热气入胃,而胃主肌肉,其热挟毒,蕴积于胃,毒气熏发于肌肉,状如蚊蚤所啮,赤斑起,周匝遍体。"

病案分析

廖某,女,9岁,2009年5月12日初诊。患儿1个月前感冒后,出现双下肢皮肤皮疹。皮疹大小不一,色红不痒,伴腹部阵痛,面色正常,咽红,扁桃体Ⅱ度肿大,二便尚调,舌质红,舌苔黄腻。来诊时剑突下轻压痛,肝脾未扪及。诊为:小儿紫癜(血热夹湿)治以清热解毒凉血,疏风除湿。拟方:生地10g,紫草10g,黄芩10g,黄连6g,玄参10g,茯苓10g,栀子10g,薏苡仁10g,赤芍6g,防己10g,防风10g,蝉蜕6g,甘草3g。3剂。每日1剂,水煎服。5月15日二诊:服药后双下肢皮肤皮疹、腹痛减轻,上方加减,再进6剂。随诊3个月未发病。

按:本案为紫癜案,患儿证属血热夹湿,治以清热解毒凉血,疏风除湿。由清瘟败毒散加减治疗获愈。生地黄、赤芍专攻于凉血;紫草化瘀通络、止痛;玄参、蝉蜕擅于清热解毒;黄芩、黄连、栀子泻三焦实火;防己、防风、薏苡仁、茯苓疏风祛湿;甘草调和诸药。

病案摘自《黄建业名老中医典型医案集》

PPT 课件

第六节　皮肤黏膜淋巴结综合征

皮肤黏膜淋巴结综合征又称川崎病,是一种以全身血管炎性病变为主要病理改变的急性发热性出疹性疾病,临床以持续发热、皮疹、球结膜充血、口腔黏膜充血、手足红斑或硬性水肿、颈部淋巴结肿大和草莓舌为特征。

中医认为本病由外感温热毒邪所致。一年四季均可发生,但在夏季较多见。好发于5岁以下婴幼儿,男孩多见,病程多为6~8周,急性期约2周,绝大多数患儿经积极治疗可以康复。本病各脏器均可受累,但以心血管病变最严重,常致冠状动脉损害,有些患儿的心血管症状可持续数月至数年,其死亡原因多为心肌炎、冠状动脉瘤破裂及心肌梗死。近年来发病逐渐增多,是小儿后天性心脏病的主要原因之一。

本病于1967年由日本川崎富作医师首次报告,中医古代文献无记载。根据其发热、起病急骤及病情发展规律,应属中医温病范畴,应用卫气营血理论进行辨证施治。

【病因病机】

本病病因以外感温热毒邪为主,温热毒邪自口鼻入侵,犯于肺卫,蕴于肌腠,入营扰血,侵犯营血,表现为卫气营血的传变过程。

1. 卫气同病　外感温热毒邪,初犯肺卫,蕴于肌腠,卫表不宣,则见发热,咽红,咳嗽等卫分证;邪气迅速入里,炽于气分,内入肺胃,故有壮热烦渴之征。

2. 气营两燔　热毒炽盛,由卫气及营,熏灼营血,热毒随营血走窜流注,充斥内外而见壮热不退、皮疹、目赤、臀核肿大、手足硬肿。《诸病源候论·小儿杂病诸候》云:"斑毒之病,是热气入胃……皆由热不时歇,故热入胃,变成毒,乃发斑也。"若邪甚可内陷于心,出现面色苍白、口唇青紫、心悸胸闷等心阳不足、瘀血阻滞之证。

3. 气阴两伤　病之后期,热邪久羁,邪气渐退而正气亦伤。肺主皮毛,肺阴耗伤,则指、趾端皮肤脱皮、咽干唇裂;胃阴伤,则烦渴喜饮,舌红苔少;由于"肺朝百脉","宗气司呼吸,贯心脉",故气虚血脉瘀滞,可见疲乏少力,心悸,脉结代。

本病病变部位主要在肺胃,可累及五脏,以心为甚。本病主要是温热毒邪从口鼻而入,初犯肺卫,蕴于肌腠;内侵入气,肺胃热炽,扰及营血,气营两燔,热毒随营血走窜流注,可内陷于心,或留滞于经脉,温热毒邪耗气伤阴,后期往往出现气阴两伤。

课堂互动

谈谈对叶天士《温热论》所言"温邪上受,首先犯肺,逆传心包"的理解。

【诊断】

(一)诊断要点

1. 发热:体温常达 39℃以上,呈稽留热或弛张热型,持续 7~14 日或更久,抗生素治疗无效。

2. 双侧眼球结膜充血。

3. 唇及口腔表现 口唇干红皲裂,草莓舌,口腔咽部黏膜弥漫性充血。

4. 多形性皮疹。

5. 四肢末端变化 急性期手足硬性水肿,掌趾及指(趾)端红斑;恢复期甲床和皮肤移行处膜样脱皮。

6. 在急性期非化脓性颈部淋巴结肿大。

符合上述症状 5 项以上者即可诊断;有 4 项符合,但在病程中经二维超声心动图或心血管造影证实有冠状动脉瘤(包括急性动脉扩张)者亦可诊断。但需排除其他疾病,且不能被其他已知疾病所解释。

7. 实验室检查

(1)血常规:白细胞总数及中性粒细胞百分数增高,或有轻度贫血,血小板在第 2 周开始增多,血液呈高凝状态。

(2)血沉明显增快;血清蛋白电泳显示球蛋白升高,尤以 α_2 球蛋白显著。

(3)C 反应蛋白增高。

(4)血清氨基转移酶增高。

(5)心电图可见多种改变,如 ST 段、T 波异常及心律失常等;超声心动图在半数患者中可发现各种心血管病变,如心包积液、左心室扩大、二尖瓣关闭不全及冠状动脉扩张、冠状动脉瘤、冠状动脉狭窄等。

(二)鉴别诊断

1. 本病与猩红热鉴别 见表 11-5。

表 11-5 皮肤黏膜淋巴结综合征与猩红热的鉴别

鉴别点	皮肤黏膜淋巴结综合征	猩红热
发热	高热持续	高热 3~4 天
咽喉肿痛	有	有
皮疹特点	多型红斑	细小红色丘疹,皮肤猩红
草莓舌	有	有

续表

鉴别点	皮肤黏膜淋巴结综合征	猩红热
口腔黏膜充血	有	无
颈部淋巴结肿大	有	无
指、趾端膜样脱皮	有	无
血小板	升高	正常
抗链球菌溶血素 O 试验	正常	升高

2. 本病与传染性单核细胞增多症鉴别　见表 11-6。

表 11-6　皮肤黏膜淋巴结综合征与传染性单核细胞增多症的鉴别

鉴别点	皮肤黏膜淋巴结综合征	传染性单核细胞增多症
高热	有	有
咽痛	有	有
皮疹	有	有
草莓舌	有	无
口腔黏膜充血	有	无
颈部淋巴结肿大	有	有
指、趾端膜样脱皮	有	无
病原体	不明	EB 病毒
血小板	升高	正常
外周血异型淋巴细胞	无	>10%

【辨证论治】

(一) 辨证思路

本病按卫气营血辨证,并兼顾病之轻重。

1. 辨卫气营血　初犯肺卫,症见发热,微恶风,咽红,一般较短暂;迅速入里,热炽气分,症见高热持续,口渴喜饮,皮疹显现;继而扰及营血,身热夜甚,症见斑疹红紫,草莓舌,烦躁嗜睡;后期热退后气阴两伤,症见疲乏多汗,指、趾末端脱皮,心悸乏力。气虚易致血瘀,可见斑疹色紫,手足硬肿,舌红绛或指纹紫滞等,甚可出现心脉瘀滞之证。

2. 辨轻重　主要根据热程长短及是否有邪盛正衰、血脉瘀滞等临床症状判断;若高热持续不退,伴面色苍白,乏力,口唇青紫,胸闷,脉数或结代提示病情较重。

(二) 治疗原则

本病以清热解毒,活血化瘀为基本治则。初期卫气同病,宜清热解毒透邪;中期热毒炽盛,气营两燔,宜清气凉营解毒;后期气阴两伤,应益气养阴。本病易于形成瘀血,早期应注意活血化瘀,但不可用破瘀之品,以免耗血动血。且温毒之邪多从火化,最易伤阴,所以治疗应分阶段滋养胃津,顾护心阴,不可辛散太过。

(三) 分证论治

1. 卫气同病

证候:起病急骤,发热或壮热,不恶寒或微恶风,目赤咽红,掌跖潮红或硬肿,皮疹初显,轻咳无痰,口渴喜饮,颈部臀核肿大,偶见轻度吐泻,舌边尖红,苔薄白或黄,脉浮数,指纹紫。

证候分析:温热毒邪从口鼻而入,犯于肌表,卫为邪郁,卫表失和,肺气失宣,故发热、微恶风、轻咳;温毒上攻则见目赤,咽喉为肺之门户,温热上灼故咽红;热毒内迫营分,流注经络则掌跖潮红或硬肿,皮疹初显;温毒搏结,痰阻脉络故颈部臀核肿大;火热之邪迅速入里,炽于气分,脾胃受累,故有壮热、不恶寒、口渴、吐泻等症。

辨证要点:持续发热,目赤咽红,颈部臀核肿大,掌跖潮红或硬肿,皮疹初显。

治法:辛凉透表,清热解毒。

主方:银翘散(《温病条辨》)合白虎汤(《伤寒论》)加减。

常用药:金银花、连翘、生石膏、知母、薄荷、牛蒡子、荆芥、淡豆豉、淡竹叶、芦根、桔梗、甘草。

加减:目赤甚加菊花、谷精草;颈部臀核肿大加浙贝母、漏芦;掌跖潮红加生地黄、牡丹皮、黄芩;口渴唇干加天花粉、麦冬;呕吐加竹茹、陈皮;腹泻加苍术、车前子;手足硬肿加桑枝、虎杖、忍冬藤。

2. 气营两燔

证候:壮热不已,身热夜甚,烦躁或嗜睡,斑疹鲜红,咽红目赤,颈部臀核肿痛,手足硬肿潮红,指、趾端膜样脱皮,肛周皮肤发红或脱皮,口唇干裂鲜红,口腔黏膜弥漫充血,口干渴,舌质红绛,草莓舌,脉细数或数而有力,指纹紫滞,或可见面色苍白,口唇青紫,胸闷,脉数或结代,指纹青紫。

证候分析:邪入气分,阳热亢盛,故壮热不已;热毒之邪上攻则咽红肿痛,目赤;邪毒由气及营,熏灼营血,营阴受损,则身热夜甚,舌红绛,脉数,指纹紫滞;热窜血络,发于肌肤,则掌跖潮红,手足硬肿,斑疹密集鲜红,草莓舌;热毒炼液成痰,凝阻经络致颈部臀核肿痛;营气通于心,心神被扰,则烦躁不宁;营阴被耗、热毒闭窍则嗜睡;邪陷于心,致心阳不足,瘀血阻滞,则见面色苍白,胸闷唇紫,脉数或结代,指纹青紫。

辨证要点:壮热不已,身热夜甚,烦躁口渴,肌肤斑疹红紫,手足硬肿,草莓舌。

治法:清气凉营,解毒化瘀。

主方:清瘟败毒饮(《疫疹一得》)加减。

常用药:水牛角、生地黄、玄参、黄芩、栀子、桔梗、赤芍、连翘、淡竹叶、牡丹皮、生石膏、知母。

加减:咽喉肿痛加板蓝根、山豆根;颈部臀核肿痛加用夏枯草、僵蚕;大便秘结加大黄;皮疹鲜红密集加紫草、青黛;热重伤阴者,加麦冬、石斛;腹痛泄泻者,加黄连、木香、苍术;若见口唇青紫,面色苍白,胸闷,剑突下痛,脉结代等症时,可予生脉散加丹参、红花配合应用。

3. 气阴两伤

证候:身热已退,硬肿及斑疹消退,指、趾末端甲床皮肤移行处膜样脱皮,或肛周脱皮,疲乏少力,自汗、盗汗,心悸,口渴喜饮,舌红少津,苔少或无苔,脉细弱或结代,指纹紫。

证候分析:热病后期,热势已退,气阴两虚。气虚则疲乏无力、自汗;阴虚则盗汗;阴津耗伤则指、趾末端或肛周脱皮,口渴喜饮;心阴亏耗可见心悸、脉结代;舌红少津,苔少或无苔,脉细弱均为气阴两伤之象。

辨证要点:身热已退,疲乏少力,自汗、盗汗,斑疹消退,指、趾末端脱皮。

治法:益气养阴,清解余热。

主方:生脉散(《医学启源》)合沙参麦冬汤(《温病条辨》)加减。

常用药:太子参、麦冬、沙参、天花粉、玉竹、五味子、桑叶、扁豆衣、丹参、赤芍。

加减:纳呆加鸡内金、六神曲;低热不退加地骨皮、白薇;邪热留恋,可给予竹叶石膏汤;

大便硬结加火麻仁、郁李仁；心悸、脉结代加黄芪、甘草、牡丹皮。

【诊疗提示】

1. 问诊着重患儿发病年龄和性别；对持续发热 5 天以上的患儿，尤其是男性婴幼儿应警惕本病。

2. 望诊注重荨麻疹样皮疹、肢端硬性水肿，指、趾端与甲床交界处皮肤、口眼黏膜及眼球结膜变化。

3. 触诊应侧重颈部淋巴结。

4. 确诊本病后应立即进行各种心血管检查（心电图、心脏彩超等），及时评估心血管病变。

5. 根据病情需要进行血液检查（血沉、白细胞计数、血小板计数、C 反应蛋白等）。

【其他疗法】

（一）中成药

1. 化毒丹　用于卫气同病证。

2. 清开灵注射液（新生儿、婴幼儿禁用，以下同）、热毒宁注射液　用于气营两燔证。

3. 生脉饮　用于气阴两伤证。

4. 丹参滴丸　用于出现血脉瘀滞者。

（二）针灸疗法

卫气同病取大椎、曲池、合谷、鱼际、外关穴；气营两燔取大椎、曲池、合谷、委中、关冲、外关、十宣穴；气阴两伤取太溪、照海、鱼际、扶突穴。

（三）外治疗法

金黄膏适量涂于棉纸或纱布上，外敷肿大的颈淋巴结。

【预防护理】

1. 积极防治各种感染性疾病。

2. 饮食宜清淡、新鲜、易消化且富有营养，多饮水，保持口腔清洁。

3. 密切观察病情变化，注意心率、心律、心音强弱及脉搏，及时发现并发症。

4. 定期进行心脏检查，有冠状动脉扩张者，须长期随访，至少每半年复查超声心动图，直至恢复正常。

【古籍摘要】

《诸病源候论·小儿杂病诸候》："斑毒之病，是热气入胃，而胃主肌肉，其热挟毒，蕴积于胃，毒气熏发于肌肉。状如蚊蚤所啮，赤斑起，周匝遍体。此病或是伤寒，或时气，或温病，皆由热不时歇，故热入胃，变成毒，乃发斑也。凡发赤斑者，十生一死，黑者，十死一生。"

《温热论》："在卫汗之可也，到气才可清气。入营犹可透热转气，如犀角、元参、羚羊等物。入血就恐耗血动血，直须凉血散血，如生地、牡丹皮、阿胶、赤芍等物。"

第七节　奶　癣

奶癣又名胎癣、胎疮，为哺乳期婴儿所生之癣疾，由内、外因素所致，是婴幼儿期常见的皮肤病之一。临床以皮肤红斑、粟粒状丘疹、丘疱疹或水疱、疱破后出现点状糜烂、渗液、结痂并伴剧烈瘙痒为主要特征。本病皮疹多见于两颊、前额及头皮,严重者可蔓延至颈、肩、臂,甚至四肢及全身。发病无明显季节性,以过敏体质的婴儿较为常见,易反复发作,多在出生后 1~3 个月发病,一般 1~2 岁之后逐渐减轻,大多自愈,少数可迁延不愈。本病主要包括西医婴儿湿疹及一部分婴儿期的异位性皮炎等疾病。

本病在中医文献中早有记载,如《诸病源候论·小儿杂病诸候六·癣候》指出:"小儿面上癣,皮如甲错起,干燥,谓之乳癣。"《医宗金鉴·外科心法要诀·婴儿部》又称之为"胎敛疮",且有"干敛""湿敛"之别。

【病因病机】

小儿禀受胎蕴湿热,或素体脾虚湿盛,或后天喂养不当,调护失宜,脾虚不运,复感风邪而成奶癣。奶癣的发生与脾、肺、心、肝关系密切。风、湿、热邪相互搏结发于肌肤是本病的主要病机。

1. 禀赋不足,胎火湿热遗留　小儿若先天禀赋不足,加之孕母喜食辛辣香燥之物,或感受湿热邪毒,母体胎火湿热遗于小儿,生后又复感风邪,风湿热邪外发于小儿肌肤而为奶癣。《外科正宗·奶癣》即指出:"奶癣,儿在胎中,母食五辛,父餐炙煿,遗热与儿,生后头面遍身发为奶癣,流脂成片,睡卧不安,瘙痒不绝。"

2. 风、湿、热邪入侵　小儿脏腑娇嫩,形气未充,腠理疏松,易感外邪。风为百病之长,可夹湿热而入。风、湿、热邪相互搏结,发于肌肤,风性善行而数变,湿性黏滞,故见皮肤红斑、水疱、糜烂、渗液、瘙痒变幻无常,此为湿性奶癣,缠绵难愈。

3. 乳食不当,调护失宜　小儿脾常不足,若乳食不当,脾胃受损,运化失司,脾虚湿盛,外泛肌肤;或湿聚郁而生热,湿热俱盛,搏结肌肤;或因调护失宜,食物过敏,肥皂等洗洁之物刺激及衣物摩擦,均可诱发而为奶癣。

此外,若邪深病久,湿郁化火,耗伤津血或脾虚运化失司,气血生化乏源,阴血亏虚,不能濡润肌肤,致血虚风燥,出现皮肤干燥、粗糙、脱屑,剧痒,发为干性奶癣。

课堂互动

谈谈对《黄帝内经》中"诸痛痒疮,皆属于心"的理解。

【诊断】

(一) 诊断要点

1. 本病临床好发于 1 个月 ~1 岁的哺乳婴儿,一般在 1~2 岁以后逐渐减轻至自愈。有乳食不当、感受外邪的病史,部分患儿及其家族中有过敏性疾病等病史。

2. 皮损形态多样,分布大多对称,多先发于头面部,后可蔓延至颈、肩、臂,甚至四肢及全身。皮肤可呈潮红或暗红,可见红斑、丘疹、水疱、糜烂渗液、结痂、干燥粗糙、脱屑等,瘙痒剧烈,易反复发作,常可伴见发热、吐奶、恶心呕吐、腹泻、腹痛、纳差、睡卧不安、神情烦躁等症。

3. 血常规检查可见嗜酸性粒细胞计数增高,部分患儿可有血清 IgE 升高,过敏原筛查阳性。

(二) 鉴别诊断

1. 本病需与脓疱疮鉴别,见表11-7。

表 11-7　奶癣与脓疱疮的鉴别

鉴别点	奶癣	脓疱疮
传染性	无	有
发病季节	任何季节	夏秋
发病年龄	1个月~1岁	>1岁
皮损部位	多发于头面部	暴露部位
皮疹	红斑、丘疹、油腻性的鳞屑、黄色发亮的痂屑	红斑、水疱、脓疱、流脓水,易溃破成脓痂

2. 尿布皮炎　是接触性皮炎的一种特殊类型,皮损多为边界清楚的红斑,或有散在丘疹或疱疹,仅发生在臀部、阴部、大腿等处和尿布相接触的部位;奶癣多发生于头面部。

3. 皮肤真菌病　其病变为环状,边缘清楚,色红,略高出皮面,有丘疹、疱疹和鳞屑,而中央皮肤正常为特点,一般不见于面部。必要时可做鳞屑镜检寻找菌丝以加鉴别。

【辨证论治】

(一) 辨证思路

本病可根据皮损形态、湿热偏盛、发病缓急及伴随症状进行辨识。

1. 辨干性与湿性　干性者以皮肤潮红、干燥、脱屑为主,多因血虚风燥所致,常见于形体消瘦、营养不良的小儿;湿性者以红斑、水疱、糜烂、渗液为主要表现,多见于湿热俱盛的肥胖小儿。

2. 辨湿热偏盛发病较缓,皮疹以水疱、糜烂、渗液为主,热象不显,纳差、便溏,为脾虚湿盛;发病急,皮疹伴发热、红斑、糜烂、小便短赤、大便干结,为邪热偏盛。

(二) 治疗原则

本病治疗应内服与外治相配合,以祛风除湿止痒为基本法则。热重者兼以清热解毒,脾虚者佐以健脾,血虚者治以养血润燥。部分轻症患儿可仅用外治药涂敷治疗,外治法宜用药温和,避免刺激皮肤而加重病情。

(三) 分证论治

1. 湿热浸淫

证候:皮疹见红斑、丘疹、水疱、糜烂,滋水淋漓,味腥而黏,或有结痂,瘙痒难忍,皮疹多发于头面部及躯干、四肢的屈侧面,伴有烦躁哭闹,纳呆,小便短赤,大便干结,舌质红,苔黄腻,脉滑数,指纹青紫。

证候分析:素体湿热内蕴,复感风湿热之邪,湿热俱盛,搏结于肌肤则皮疹出现红斑、水疱、糜烂、滋水淋漓等湿热之表现;热扰心神,加之风甚瘙痒,故烦躁哭闹;小便短赤、大便干结等为里热内蕴之表现;纳呆,舌质红,苔黄腻,脉滑数,指纹青紫为湿热内盛之象。

辨证要点:皮疹红斑,水疱,糜烂,便干溲赤,舌质红,苔黄腻。

治法:清热利湿,祛风止痒。

主方:消风导赤汤(《医宗金鉴》)加减。

常用药:生地黄、黄连、金银花、茯苓、白鲜皮、薄荷、通草、灯心草、牛蒡子、甘草。

加减:发于上部或弥漫全身加桑叶、菊花、苍耳子;发于中部或肝经所分布部位加龙胆、黄芩;发于下部加车前子;瘙痒甚加徐长卿、地肤子;皮损焮红灼热加赤芍、牡丹皮;湿甚滋水过多加萆薢、车前子。

2. 脾虚湿蕴

证候:皮疹颜色暗红不鲜,表面有水疱、渗液,部分干燥结痂,瘙痒,伴有纳差,大便稀溏,腹胀,吐乳,舌质淡,苔白腻,脉濡缓,指纹淡红。

证候分析:本证多见于素禀不足、体质差的儿童。脾虚不运,水湿内停,外泛肌肤则皮疹暗红,以水疱、渗出、糜烂为主;湿邪发于肌肤则瘙痒;湿邪阻滞气机,脾虚不运,气机升降失常则纳差、便溏、腹胀、吐乳。

辨证要点:皮疹色暗红,有水疱、渗液,纳差便溏,舌质淡,苔白腻。

治法:健脾除湿止痒。

主方:除湿胃苓汤(《医宗金鉴》)加减。

常用药:苍术、厚朴、陈皮、猪苓、泽泻、茯苓、白术、滑石、防风、肉桂、甘草。

加减:胃纳不香或吐乳加藿香、佩兰;大便稀溏加炮姜、葛根;剧痒、滋水过多加地肤子、白鲜皮、苦参。

3. 血虚风燥

证候:皮损反复发作,皮肤肥厚粗糙,皮疹干燥、脱屑,色素沉着,苔藓样改变,分布局限,瘙痒剧烈,抓破有少量渗液,伴口干,夜寐不安,大便干结,舌质淡,苔薄白或少苔,脉弦细,指纹淡。

证候分析:本型多见于长期不愈、病情反复发作的患儿。由于病久,湿郁化火,耗伤津血,肌肤失养而致生风化燥,则皮肤肥厚粗糙,皮疹干燥、脱屑,色素沉着,苔藓样改变。

辨证要点:皮疹干燥、脱屑,色素沉着,苔藓样改变,舌质淡,苔薄白或少苔。

治法:养血润燥,祛风止痒。

主方:养血定风汤(《外科证治全书》)加减。

常用药:生地黄、当归、何首乌、川芎、赤芍、牡丹皮、天冬、麦冬、僵蚕。

加减:皮损粗糙、肥厚严重,加丹参、鸡血藤;瘙痒剧烈加蜈蚣、乌梢蛇;口干、大便干结,加天花粉、玄参;夜寐不安加首乌藤、酸枣仁。

【诊疗提示】

1. 问诊着重患儿发病年龄、发病季节、喂养情况、是否接触刺激物以及家族过敏史等。

2. 注重诊查皮疹形态、分布特点及病程。

3. 根据病情需要进行血常规、血清 IgE 或过敏原等检查。

【其他疗法】

(一)中成药

1. 赛金化毒散 用于湿热俱盛者。

2. 二妙丸、龙胆泻肝片 用于湿热俱盛者。

3. 参苓白术散 用于脾虚湿蕴证。

(二)外治疗法

红肿渗液明显,马齿苋 30g 水煎湿敷或渍洗;少量糜烂渗出,用青黛散麻油调敷;以红斑、丘疹为主,无渗液时,用三黄洗剂或炉甘石洗剂外搽;皮损浸润肥厚、苔藓样变,用加味黄芩膏或黑豆馏油软膏外搽。

【预防护理】

1. 避免食入或接触可能引起小儿过敏之品;乳母不宜过食辛辣香燥、鱼腥、牛肉、羊肉等发物。

2. 患处忌用热水擦洗或使用肥皂及碱性刺激物,勿使用刺激性强烈的外用药,痂皮厚者不宜硬性剥除痂皮,应用消毒麻油湿润,再轻轻揩去痂皮。

3. 可用手套套住两手,勤剪指甲,防止患儿搔抓和摩擦,头部可戴柔软布帽,以减轻枕部的摩擦。

4. 患儿不宜接触毛织、化纤衣物,衣着不宜太厚,避免强烈日光照射。

5. 急性发作期间暂缓预防接种,避免接触患单纯疱疹的患者。

【古籍摘要】

《外科真诠·奶癣》:"奶癣生婴儿头顶,或生眉端,由胎中血热,落草受风而成,有干湿之分。干者形如癣疥,痒起白屑;湿者皮肤起粟,搔痒无度,黄水浸淫,延及遍身。"

《圣济总录·小儿癣》:"小儿体有风热,脾肺不利,或湿邪搏于皮肤,壅滞血气,皮肤顽厚,则变诸癣。或斜或圆,渐渐长大,得寒则稍减,暖则痒闷,搔之即黄汁出,又或在面上,皮如甲错干燥,谓之奶癣。"

第八节 性 早 熟

性早熟是指女童在 8 岁前,男童在 9 岁前呈现第二性征发育的一种内分泌疾病。按发病机制和临床表现分为中枢性性早熟、外周性性早熟和不完全性性早熟。其中未能发现器质性病变的中枢性性早熟,称为特发性中枢性性早熟。本病女孩多见,发病率为男孩的 4~5 倍。80%~90% 的女孩中枢性性早熟为特发性,而男孩则相反,80% 以上是器质性的。本病由于性发育过早,可引起早初潮、成年后矮身材、心理问题或社会行为异常等问题。

本病在古代医学文献中论述较少,但性早熟的相类症状可见于"乳病""月经先期"等疾病中。

【病因病机】

本病的发生多因社会和环境的因素,生活方式的改变,疾病的影响,过食某些营养滋补品,或误服某些药物,或情志因素有关。

1. 阴虚火旺 肾为"先天之本",肾气充盛则能促进人体生长、发育和生殖功能。小儿肾常虚,在致病因素作用下肾的阴阳失衡,出现肾阴不足,阴血无以制火而妄动,虚火内扰,相火偏亢,则第二性征提早出现,甚至月经早潮等性发育提前。火性炎上,故可表现五心烦热,面红潮热,盗汗等症。

2. 肝郁化火 肝藏血,主疏泄,条达气机。肝经循阴部,抵少腹,布两胁。小儿肝常有余,若因疾病或情志因素导致肝气郁结,郁而化火,肝火旺盛,引动相火,血海浮动,则导致"天癸"早至;因气机升降失司,阻遏于胸,则为痛为聚,出现乳核增大、胀痛,胸闷不适;肝经郁阻,湿热熏蒸于上,则出现痤疮;流注于下,则带下增多、色黄。

本病病变部位主要在肝、肾二脏。病机为阴阳平衡失调,阴虚火旺,相火妄动,或肝郁化火,导致"天癸"早至。

【诊断】

(一)诊断要点

1. 女童 8 岁前,男童 9 岁前出现第二性征。

2. 血清促性腺激素水平升高达青春期水平。黄体生成素(LH)基础值已达青春期水平,即可确定其性腺轴已发动。如果促性腺激素基础值不升高者,促性腺激素释放激素(GnRH)激发试验即可作为诊断依据:免疫化学发光法黄体生成素峰值 >5.0IU/L、黄体生成素峰值 / 卵泡刺激素(FSH)峰值 >0.6 可确诊中枢性性早熟。

3. 性腺增大 女孩盆腔 B 超:子宫长度 3.4~4.0cm,卵巢容积 1~3ml(卵巢容积 = 长 × 宽 × 厚 × 0.523 3),并可见多个直径 ≥ 4mm 的卵泡,提示青春期发育。男孩睾丸:睾丸容积 ≥ 4ml(睾丸容积 = 长 × 宽 × 厚 × 0.71)或睾丸长径 ≥ 2.5cm,提示青春期发育。

4. 骨龄超前 骨龄大于实际年龄 1 年及以上。骨龄是预测成年身高的重要依据,但对鉴别中枢和外周性无特异性。

(二)鉴别诊断

1. 单纯乳房早发育 为女童不完全性性早熟最常见类型,好发于 2 岁前的女童。除乳房发育外,不伴有其他性发育的征象,无生长加速和骨骼发育提前,不伴有阴道出血。血清雌二醇和 FSH 基础值常轻度增高。一般认为乳房早发育是一种良性、自限性过程,但有部分患儿会发展成中枢性性早熟,故需定期随访。

2. 中枢性性早熟和外周性性早熟鉴别 见表 11-8。

表 11-8 中枢性性早熟和外周性性早熟鉴别

鉴别点	中枢性性早熟	外周性性早熟
下丘脑 - 垂体 - 性腺轴	启动	未启动
第二性征早现	有	有
发育程序	按正常发育程序进展	不按正常发育程序进展
身高增长突增	有	无
促性腺激素水平	升高到青春期水平	在青春前期水平
性腺大小	增大到青春期水平	在青春前期水平

【辨证论治】

(一)辨证思路

性早熟的共有症状为第二性征提前出现,临床主要辨别其虚实。

虚者为肾阴不足,阴阳失衡,相火亢旺,症见第二性征提前出现,伴潮热盗汗,五心烦热,舌红少苔,脉细数。实者为肝郁化火,症见第二性征提前出现,伴心烦易怒,胸闷叹息,舌红苔黄,脉弦细数。

(二)治疗原则

本病以滋阴降火、疏肝泻火为基本治则。

(三)分证论治

1. 阴虚火旺

证候:女孩乳房发育及内外生殖器发育,或有月经来潮,男孩睾丸及阴茎增大,声音变低沉,或有阴茎勃起。伴颧红潮热,盗汗,头晕,五心烦热,舌质红,苔少,脉细数。

证候分析:本证是临床最常见的证候,系各种因素导致小儿阴阳平衡失调,肾阴不足,相火偏旺,第二性征提前出现。阴虚火旺则颧红潮热,盗汗,头晕,五心烦热,舌质红,苔少,脉细数。

辨证要点:第二性征提前出现,颧红潮热,五心烦热,舌质红,苔少,脉细数。

治法:滋阴降火。

主方:知柏地黄丸(《医宗金鉴》)加减。

常用药:知母、黄柏、熟地黄、玄参、龟甲、龙胆、牡丹皮、泽泻、茯苓。

加减:五心烦热加淡竹叶、莲子心;潮热盗汗加地骨皮、白薇、五味子;阴道分泌物多加猪苓、芡实;阴道出血加墨旱莲、仙鹤草。

2. 肝郁化火

证候:女孩乳房及内外生殖器发育,或有月经来潮,男孩睾丸及阴茎增大,声音变低沉,面部痤疮,或有阴茎勃起。伴胸闷不舒或乳房胀痛,心烦易怒,嗳气叹息,舌质红,苔黄,脉弦细数。

证候分析:肝藏血,主疏泄,肝失条达,肝经郁滞,日久化火,致"天癸"早至,第二性征提前出现;肝气郁结,则胸闷不舒或乳房胀痛,嗳气叹息;肝郁化火,湿热熏蒸,则面部痤疮,心烦易怒。

辨证要点:第二性征提前出现,乳房胀痛,心烦易怒,脉弦细数。

治法:疏肝解郁,清心泻火。

主方:丹栀逍遥散(《内科摘要》)加减。

常用药:柴胡、枳壳、牡丹皮、栀子、龙胆、夏枯草、生地黄、当归、白芍、甘草。

加减:乳房胀痛加香附、郁金、瓜蒌;带下色黄而味秽者加黄柏、椿白皮。

此外,临床上有表现以脾虚痰湿为主的虚实夹杂证,症见女孩第二性征发育,伴形体偏胖、少动懒言、纳呆、苔厚腻、脉滑,治宜健脾利湿,化痰散结,方选二陈汤加减。

【诊疗提示】

1. 详细询问病史,包括既往疾病史及用药情况,平时饮食喜好、是否服用营养品或保健品,寻找可能的病因。

2. 了解患儿生产史、生长发育史、头颅外伤史及生活环境。

3. 注意患儿乳房及乳核、外阴和分泌物、睾丸和阴茎的检查,患儿寒热、汗、饮食、情绪及二便的问诊。

4. 男孩的中枢性性早熟80%以上为器质性引起,要注意查找原发病。对年龄小于6岁的中枢性性早熟女孩以及所有男性性早熟患儿均应常规行头颅 MRI 检查。

【其他疗法】

(一) 中成药

1. 知柏地黄丸　用于阴虚火旺证。

2. 大补阴丸　用于阴虚火旺证。

3. 丹栀逍遥丸　用于肝郁化火证。

(二) 针灸疗法

1. 耳针　取耳穴内分泌、卵巢、睾丸、肝、肾。

2. 体针　取三阴交、血海、肾俞、肝俞、太冲等。

【预防护理】

1. 儿童期禁止服用含有性激素类的营养滋补品,如蜂王浆、鸡胚、蚕蛹、花粉等。

2. 减少环境因素的影响。避免儿童长期接触塑料制品、一次性餐盒等。

3. 改善膳食习惯,减少高热量、油炸、烧烤、膨化食品的摄入等,加强锻炼,控制体重。

4. 避免过多光线照射,减少电子产品的使用。

5. 对患儿做好心理安慰,解除心理压力,提醒家长注意保护儿童,避免遭受身心创伤。

【古籍摘要】

《素问·上古天真论》:"女子七岁,肾气盛,齿更发长。二七而天癸至,任脉通,太冲脉盛,月事以时下,故有子。"

《沈氏女科辑要笺正·经水》:"二七经行,七七经止,言其常也,然禀赋不齐,行止皆无一定之候。"

第九节 病毒性脑炎

病毒性脑炎是指由多种病毒引起的颅内脑实质炎症。若病变主要累及脑膜,临床表现为病毒性脑膜炎;若病变主要影响大脑实质,则以病毒性脑炎为临床特征。由于解剖上两者相邻近,若脑膜和脑实质同时受累,此时称为病毒性脑膜脑炎。临床以发热、头痛、呕吐、惊厥、意识障碍或精神异常为主要表现。

本病一年四季均可发生,任何年龄均可发病,但3岁以下小儿多见。本部的预后与病情轻重密切相关,大多数病程呈自限性,1~2周可完全恢复,少部分病情重者可持续数周或数月,或留下后遗症,甚至死亡。

中医文献中无本病名称,属中医学"温病""惊风"范畴。

【病因病机】

本病病因为感受温热毒邪。邪毒从口鼻而入,按温病卫、气、营、血规律传变。毒邪初侵卫分,表卫失和,可见发热、微恶风寒、鼻塞、流涕等症;传入气分,阳明热炽,则见高热、口渴、便秘等;温热之邪多夹湿,若湿邪偏重,易困阻太阴,蒙闭清阳,可见脘痞、呕恶、便溏、嗜睡等。热毒内窜营分,陷于厥阴,闭阻心窍,引动肝风,则见高热、昏迷、抽搐三大主症。此即是热盛生风,风盛生痰,痰盛生惊,相互转化,互为因果,形成热、痰、风三证。邪毒深入营血,营血热炽,伤津劫液,阴分受伤,热伏于内,则见身热夜甚。血分有热,迫血妄行,则见皮肤发斑、衄血等。壮热日久,元气大伤,则可见呼吸深浅不匀、节律不整,甚则正不敌邪,内闭外脱,而见面白肢厥、脉微欲绝。温热之邪易伤阴耗气,邪正交争,病至后期常致气阴耗伤,余邪留恋,热、痰、风不清,使病情迁延。若日久不愈,脏腑经络功能难以恢复,可致终身病残的后遗症。

总之,本病病变脏腑主要在心、肝、脑。温热时邪侵袭,按卫、气、营、血规律传变,热、痰、风相互转化为主要病因病机。由于邪毒传变迅速,常卫气同病、气营同病、营血同病,甚则内闭外脱。后期邪恋正虚,或余热未尽,或痰蒙清窍,或内风扰动,亦为热、痰、风不尽之病机变化。

【诊断】

(一)诊断要点

1. 有各种致病病毒感染的流行病学特点。

2. 临床表现

(1) 起病急,大多数患儿表现为发热、反复惊厥发作、不同程度的意识障碍和颅内压增高

227

症状。

（2）惊厥大多呈全身性，但也可有局灶性发作，严重者呈惊厥持续状态。

（3）可有嗜睡、昏睡、昏迷、深度昏迷，甚至去皮质状态等不同程度的意识改变。

（4）可出现呼吸节律不规则或瞳孔不等大等颅内高压并发脑疝的表现。

（5）部分患儿可伴有偏瘫、单瘫、四肢瘫或各种不自主运动等表现。

（6）可出现精神情绪异常，如躁狂、幻觉、失语，以及定向力、计算力与记忆力障碍等。

3. 实验室检查

（1）血常规：白细胞总数正常或偏低，分类以淋巴细胞为主。

（2）脑脊液检查：脑脊液外观多清亮，白细胞总数正常或偏高，分类以淋巴细胞为主，蛋白可轻度增加，糖及氯化物正常。

（3）脑电图检查：主要表现为高幅度慢波，多呈灶性、弥漫性分布，可有痫样放电波。

（4）影像学检查：CT 和 MRI 均可显示炎性病灶形成的大小不等、界限不清、不规则低密度或高密度影灶。

（5）病毒学检查：从脑脊液、脑组织中分离出病毒，具有确诊价值。PCR 技术可从患儿呼吸道分泌物、血液、脑脊液中检测出病毒 DNA 序列，以确定病原。

（二）鉴别诊断

本病需与细菌性脑膜炎、结核性脑膜炎鉴别，见表 11-9。

表 11-9　病毒性脑炎与细菌性脑膜炎、结核性脑膜炎的鉴别

鉴别点	病毒性脑炎	细菌性脑膜炎	结核性脑膜炎
发病年龄	任何年龄均可发病	任何年龄均可发病，5 岁以内多见	多见于 1~3 岁的婴幼儿
流行病学	有	有	有结核病接触史或有脑外结核史
起病情况	较急	较急	较缓慢
病因	病毒感染，以肠道病毒居多	细菌感染，如脑膜炎双球菌、肺炎链球菌等	结核分枝杆菌感染
主要症状	发热、头痛、呕吐、惊厥、意识及运动障碍	发热、头痛、呕吐、意识障碍、惊厥	发热、头痛、情绪淡漠、烦躁、精神不振、抽搐
主要体征	轻者无阳性体征，重者可出现脑膜刺激征、局限性神经系统体征	颈抵抗、脑膜刺激征、锥体束征、颅内压增高	脑膜刺激征
脑脊液检查	脑脊液外观多清亮，白细胞总数正常或偏高，分类以淋巴细胞为主，蛋白可轻度增加，糖及氯化物正常	脑脊液外观混浊、压力增高，白细胞增多以中性粒细胞为主，糖含量降低，蛋白含量增高	脑脊液检查白细胞总数中度增高，分类以单核细胞为主，糖及氯化物降低，蛋白含量增高，涂片抗酸染色可找到结核杆菌
其他检查	外周血白细胞总数正常或偏低，分类淋巴细胞为主。病毒学检查：从脑脊液、脑组织中分离出病毒，具有确诊价值	外周血白细胞总数升高，以中性粒细胞为主。细菌学检查，血培养、脑脊液涂片找菌及细菌培养常阳性	结核菌纯蛋白衍化物（PPD）试验阳性及血沉增快

【辨证论治】

（一）辨证思路

本病的辨证重在辨别病情的轻重，以及热、痰、风证的变化。

1. 辨轻重　高热，意识障碍出现早，持续时间长，抽搐重，次数频繁，甚则出现内闭外脱

危象为重证;反之为轻证。

2. 辨热、痰、风　邪在卫气,以热为主;邪入气营、营血,出现神昏、抽搐,为热、痰、风三证俱全。

3. 辨恢复期热、痰、风余证　低热不退为余热未尽,属热证;痴呆、狂躁、吞咽困难为痰蒙清窍,属痰证;肢体震颤、强直为内风扰动,属风证。

(二) 治疗原则

本病以清热、豁痰、开窍、息风为基本治则。根据卫、气、营、血的传变规律,热在卫表者,宜透表散热;热在阳明气分者,宜清气泻火或通腑泄热;邪郁化火,入营入血者,宜清营凉血,同时配合豁痰开窍,息风定惊。恢复期宜扶正祛邪,余热未尽者,宜养阴或益气退热;痰蒙清窍者,宜豁痰开窍;内风扰动者,宜息风定惊。

(三) 分证论治

1. 邪犯卫气

证候:突然发热,无汗或少汗,口渴,头痛,恶心,呕吐,神烦或嗜睡,颈项强急,舌质偏红,舌苔薄白或黄,脉浮数或洪数,指纹浮紫或紫滞。

证候分析:时邪初侵,邪在卫表,则发热,无汗或少汗;迅速入里,阳明热炽,则高热口渴;暑邪扰心,则见烦躁;暑邪上蒙清窍,则见嗜睡,头痛,项强;暑犯阳明,胃失和降,或暑邪夹湿内阻,胃气上逆,则见恶心,呕吐。

辨证要点:发热,头痛,恶心,呕吐,神烦或嗜睡,脉浮数或洪数。

治法:辛凉透表,清热解毒。

主方:银翘散(《温病条辨》)合白虎汤(《伤寒论》)加减。

常用药:金银花、连翘、淡豆豉、荆芥、薄荷、芦根、淡竹叶、桔梗、甘草、生石膏、知母。

加减:大便秘结加大黄、芒硝,或用凉膈散;呕吐重加竹茹、半夏;嗜睡明显加石菖蒲、郁金;颈项强直加葛根、钩藤、僵蚕。兼有湿邪者去石膏、知母,加香薷、藿香、厚朴。

2. 气营两燔

证候:持续高热,口渴引饮,剧烈头痛,恶心呕吐,烦躁不安,神昏谵语,颈项强直,四肢抽搐,痰鸣气粗,舌质红绛,舌苔黄糙,脉弦数,指纹紫滞。证候分析:邪热蕴结气分不解,则见持续高热,口渴引饮;邪热上扰则剧烈头痛;邪热犯于阳明,胃失和降,故恶心呕吐;邪热扰心可见烦躁不安;痰阻气道故痰鸣气粗;邪热内陷厥阴,闭阻心窍,引动肝风,则有神昏谵语,颈项强直,四肢抽搐;舌质红绛,舌苔黄糙,为邪燔气营之象。

辨证要点:高热口渴,头痛烦躁,恶心呕吐,神昏抽搐,舌质红绛,苔黄糙。

治法:清气凉营,涤痰镇惊。

主方:清瘟败毒饮(《疫疹一得》)加减。

常用药:生石膏、知母、甘草、黄连、黄芩、栀子、水牛角、生地黄、赤芍、牡丹皮、连翘、玄参。

加减:反复抽搐加羚羊角(研末冲服)、钩藤、地龙;神昏谵语加安宫牛黄丸或紫雪丹;喉间痰鸣加鲜竹沥灌服,或用礞石滚痰丸;呕吐不止加玉枢丹。高热、昏迷、抽搐同时存在,舌质红绛,舌苔黄糙,脉大有力,用清热凉营、息风开窍法难济其危时,不论有无腹胀便秘,使用大剂调胃承气汤,以通腑涤痰、泄毒下行。

3. 邪入营血

证候:发热起伏,朝轻暮重,昏迷不醒,两目上视,牙关紧闭,颈项强直,反复抽搐,胸腹灼热,肢端逆冷,或有皮肤发斑,衄血,舌质紫绛而干,舌体卷缩僵硬,舌苔剥脱,脉细弦数,指纹紫。

证候分析:邪毒深入营血,阴分受伤,热伏于内,则见发热朝轻暮重;痰热交结,深闭心窍,内动肝风,则昏迷抽搐;热闭于内,气机不畅,阳气不达四末,可见胸腹灼热,肢端逆冷;

血分有热,迫血妄行,故皮肤发斑、衄血;舌质紫绛而干,舌体卷缩僵硬,舌苔剥脱,脉细弦数,指纹紫为邪入营血,阴分受伤之象。

辨证要点:发热起伏,朝轻暮重,昏迷不醒,反复抽搐,或有皮肤发斑、衄血,舌质紫绛。

治法:凉血护阴,开窍息风。

主方:犀角地黄汤(《备急千金要方》)合增液汤(《温病条辨》)加减(犀角以水牛角代)。

常用药:水牛角、白芍、生地黄、牡丹皮、玄参、麦冬、大青叶、牡蛎、珍珠母。

加减:昏迷不醒加安宫牛黄丸;抽搐不止加羚羊角(研末冲服)、钩藤、地龙;痰涌加鲜竹沥、胆南星、天竺黄。若出现面白肢厥者,急予独参汤;大汗淋漓、脉微欲绝者,急予参附龙牡救逆汤。

4. 邪恋正虚

(1) 余热未尽

证候:低热不退,夜热早凉,虚烦不宁,盗汗时作,口干喜饮,偶有惊惕,舌红少苔,脉细数。

证候分析:病后阴液耗伤,阴虚生内热,则低热不退,夜热早凉;阴虚阳亢扰心则虚烦不宁;阴虚阳盛,蒸津液外泄,则盗汗时作;阴伤津亏故口干喜饮;阴伤筋脉失养则时有惊惕;舌质红,苔少,脉细数,为阴虚内热之象。

辨证要点:低热不退,虚烦不宁,舌质红,苔少,脉细数。

治法:养阴清热。

主方:青蒿鳖甲汤(《温病条辨》)加减。

常用药:青蒿、鳖甲、生地黄、知母、牡丹皮、地骨皮、白芍。

加减:盗汗加煅龙骨、五味子;口干喜饮加石斛、天花粉;惊惕加石决明、珍珠母;心烦不宁加黄连、阿胶、磁石;大便干结加火麻仁、知母。纳呆便溏加太子参、白扁豆、山药。若属营卫失和,证见不规则发热,面色㿠白,精神倦怠,纳呆食少,大便稀溏,舌质淡嫩,舌苔薄白,脉细无力者,可用黄芪桂枝五物汤加减。若余热内留不清,气阴两伤而低热不退者,可用竹叶石膏汤加减。

(2) 痰蒙清窍

证候:意识不清,痴呆失聪,吞咽困难,喉间痰鸣,或狂躁哭闹,舌质红,苔腻,脉滑数。

证候分析:痰浊内阻,蒙闭心窍,则意识不清,痴呆失聪;痰火扰心则狂躁哭闹;痰阻舌根则见吞咽困难;痰阻气道则见喉间痰鸣;苔腻、脉滑为痰浊内阻之象。

辨证要点:意识不清,痴呆失聪,喉间痰鸣,或狂躁哭闹,苔腻,脉滑数。

治法:豁痰开窍。

主方:涤痰汤(《奇效良方》)加减。

常用药:茯苓、人参、甘草、橘红、胆南星、半夏、竹茹、枳实、石菖蒲。

加减:神昏不醒、苔白腻者,加苏合香丸;痰火内扰狂躁不宁、舌绛苔黄者,加牛黄清心丸。

(3) 内风扰动

证候:肢体震颤,不自主动作,或强直瘫痪,舌质红绛,舌苔剥脱,脉细弦数。

证候分析:病后损伤真阴,筋脉失养,虚风内动,则肢体震颤,不自主动作;若风窜络脉,气血痹阻,则肢体强直瘫痪;舌质红绛,舌苔剥脱,脉细弦数为阴虚风扰之象。

辨证要点:肢体震颤或强直,舌红绛,苔花剥,脉细弦数。

治法:息风止痉。

主方:大定风珠(《温病条辨》)加减。

常用药:龟甲、鳖甲、牡蛎、生地黄、白芍、麦冬、阿胶、火麻仁、蜈蚣、天麻、当归、甘草。

加减:若体弱多汗、食少面黄加黄芪、太子参、山药。肢体震颤或强直瘫痪者加丹参、红花、木瓜、鸡血藤。

【诊疗提示】

1. 询问流行病学史及疫苗接种史。
2. 注意发病急,病情变化快的特点。
3. 注意观察发热、意识障碍、抽搐,甚至呼吸衰竭等表现。
4. 注意神经系统检查。
5. 及时做血常规、脑脊液等检查。

【其他疗法】

(一) 中成药

1. 清开灵口服液 用于气营两燔证。
2. 安宫牛黄丸 用于急性期气营两燔证。
3. 紫雪丹 用于急性期抽搐频繁者。
4. 至宝丸 用于急性期昏迷较重者。
5. 苏合香丸 用于邪恋正虚证痰浊蒙闭、神识不清者。

(二) 针灸疗法

1. 取人中、大椎、风府、内关、神门、丰隆,针刺,1 日 1 次。用于恢复期痰蒙清窍狂躁不宁者。
2. 取大椎、风池、百会、内关、神门、丰隆,针刺,1 日 1 次。用于恢复期痰蒙清窍痴呆者。
3. 取天突、廉泉、合谷、内庭,针刺,1 日 1 次。用于恢复期痰蒙清窍吞咽困难者。
4. 取哑门、廉泉、通里、合谷、照海、涌泉,针刺,1 日 1 次。用于恢复期痰蒙清窍语言障碍者。
5. 取上肢肩髃、曲池、外关、合谷,下肢环跳、风市、阳陵泉、足三里、委中、丘墟、昆仑,针刺,1 日 1 次。用于恢复期内风扰动证上、下肢强直性瘫痪者。
6. 取大椎、手三里、间使、合谷、阳陵泉、悬钟,针刺,1 日 1 次。用于恢复期内风扰动证肢体震颤者。

(三) 推拿疗法

在恢复期、后遗症期对于关节强直、肢体瘫痪者,常采用推拿疗法,用推、揉、运、拿肢体相关经穴和部位,每日 1 次,每次 15~30 分钟。

【预防护理】

1. 病室保持通风。
2. 供给充足水分,饮食清淡富有营养,不能饮食者可用鼻饲,或静脉滴注保证营养供给。
3. 密切观察面色、呼吸、脉搏、血压、瞳孔等变化,及时发现危重症,以便抢救。
4. 昏迷、抽搐患者按急惊风护理。

【古籍摘要】

《素问·热论》:"凡病伤寒而成温者,先夏至日者为病温,后夏至日者为病暑。"
《温热经纬·温热》:"在卫汗之可也,到气才可清气,入营犹可透热转气,入血就恐耗血动血,直须凉血散血。"

第十节 传染性单核细胞增多症

传染性单核细胞增多症(简称传单)是由 EB 病毒感染所致的急性传染病,临床以发热、咽峡炎、淋巴结及肝脾肿大、外周血中淋巴细胞及异型淋巴细胞增多等为特征。

患者和隐性感染者为传染源,通过口咽分泌物接触传染,偶可经输血传播。本病多呈散发,四季均有,春秋季节较多。易感人群多为儿童或青少年,6 岁以下儿童常表现为隐性感染或轻症,年长儿症状较重,甚至发生严重并发症。本病是一良性自限性疾病,多数预后良好,少数可出现噬血细胞综合征等严重并发症。发病后可获得持久免疫力,再次发病者极少。

中医文献中无本病名称,属中医学温病"温疫"范畴。

【病因病机】

本病病因为感受温疫时邪,温疫时邪从口鼻而入,侵于肺卫,表卫失和,则恶寒发热,咽红肿痛;时邪犯胃,胃气上逆,见恶心呕吐。邪毒传入气营,气营两燔,则壮热烦渴;热邪灼津炼液成痰,痰热瘀结,故瘰核肿大;热毒炽盛,气血瘀滞,可见腹中痞块;热毒夹湿,湿热蕴郁肝胆,可发为黄疸;热毒内窜营血,迫血妄行,可见皮下紫癜;热毒内陷心肝,可见昏迷、抽搐;痹阻脑络,故有口眼㖞斜、失语、吞咽困难、肢体瘫痪等证。病至后期,阴伤气耗,而余邪未清,故低热缠绵,口干少饮,颧红盗汗,呈现热恋伤阴或气阴两伤之证。

总之,本病为温疫时邪,侵犯肺胃,并按卫气营血规律传变,以气营两燔、热毒炽盛、痰热瘀结为基本病机。

【诊断】

(一)诊断要点

1. 有传单接触史,潜伏期约 4~15 天,起病急缓不一。

2. 起病前有前驱症状,多为全身不适,头痛头昏,食纳不佳,恶心呕吐,轻度腹泻等。典型症状为:①发热:体温在 38~40℃,热型不定,热程大多 1~2 周,少数可达数月。中毒症状多不严重。②淋巴结肿大:大多数患者有浅表淋巴结肿大,大小不等,无粘连,在病程第 1 周即可出现,2 周后逐渐消退,少数持续数月甚至数年。③咽峡炎:有咽痛、扁桃体肿大、充血或咽部有小出血点及溃疡。④肝脾大:约半数有轻度脾大,伴疼痛及压痛,偶可发生脾破裂。肝大者可有肝功能异常,部分有轻度黄疸。⑤皮疹:全身出现斑疹、丘疹、皮肤出血点或猩红热样红斑疹。⑥累及肺、肾、心、脑时,可出现咳喘、血尿、病毒性脑炎等症状。

3. 血常规 早期白细胞总数多在正常范围或稍低,发病 1 周后,白细胞总数增多,淋巴细胞及单核细胞增多,占 50% 或以上,异型淋巴细胞大于 10% 或 $1.0 \times 10^9/L$ 以上。血清中嗜异性 IgM 抗体效价高于 1:64,或 EB 病毒特异性抗体阳性有诊断意义。

(二)鉴别诊断

本病需与链球菌性扁桃体炎、恶性淋巴瘤及急性淋巴细胞白血病鉴别,见表 11-10。

【辨证论治】

(一)辨证思路

辨证的关键在于分清卫、气、营、血的不同阶段,抓住热、毒、痰、瘀的病机本质,以及实证、虚证的相互转化和兼夹。

表 11-10　传染性单核细胞增多症与链球菌性扁桃体炎、恶性淋巴瘤及急性淋巴细胞性白血病的鉴别

鉴别点	传染性单核细胞增多症	链球菌性扁桃体炎	恶性淋巴瘤及急性淋巴细胞性白血病
流行病学	有	有	无
病因	EB 病毒感染	链球菌感染	不明
主要症状	发热,咽峡炎	发热,咽部充血,扁桃体白色膜状分泌物	反复发热
主要体征	浅表淋巴结普遍肿大、肝脾肿大	颈部淋巴结肿大	肝脾、淋巴结肿大
化验检查	EB 病毒特异性抗体阳性,外周血白细胞总数正常或升高,分类淋巴细胞为主,可见异形淋巴细胞	ASO 升高,外周血白胞总数升高,以中性粒细胞为主	外周血白细胞总数明显升高,骨髓检查及淋巴结活检可明确诊断

1. 辨病位,识轻重　邪在卫分、气分,常以发热,咽峡炎、淋巴结及肝脾肿大为主,属轻证;邪在气营(血)分,常伴咳喘,黄疸,热盛动风,为重证。

2. 辨病程,分虚实　本病初中期,邪在卫、气、营分,属实证;本病后期,津伤气耗,正虚邪恋,迁延不愈,属虚证。辨证时要抓住热毒痰瘀这一基本病理特征,痰结者可见全身淋巴结肿大,血瘀则可见肝脾肿大,病程迁延反复不愈者,可呈现虚中夹实证候。

(二)治疗原则

本病以清热解毒,化痰祛瘀为基本治则。在卫宜疏风解表,在气则清气泄热,化痰散结,毒入营血宜清营凉血,后期气阴耗伤则需益气养阴,兼清余邪,若兼湿邪夹杂,则应化湿利湿,通络达邪。

(三)分证论治

1. 邪郁肺胃

证候:发热,微恶风寒,咽红疼痛,颈部臖核轻度肿大,纳差,恶心呕吐,舌边尖红,苔薄白或薄黄,脉浮数。

证候分析:温疫时邪,初犯肺卫,故发热,微恶风寒,咽红疼痛;邪郁化热,热毒瘀滞,则见颈部臖核肿大;邪犯胃腑,则纳差,恶心呕吐。

辨证要点:发热恶风,咽红疼痛,颈部淋巴结轻度肿大。

治法:疏风清热,清肺利咽。

主方:银翘散(《温病条辨》)加减。

常用药:金银花、连翘、淡豆豉、山慈菇、牛蒡子、荆芥、薄荷、芦根、桔梗、甘草。

加减:咽喉肿痛加马勃、玄参、射干、山豆根;颈部臖核肿大加夏枯草、浙贝母、蒲公英、赤芍;皮疹色红加紫草、白鲜皮、蝉蜕。

2. 气营两燔

证候:壮热烦渴,咽喉红肿疼痛,乳蛾肿大,甚则溃烂,口臭便秘,面红唇赤,皮疹显露,臖核肿大,胁下痞块,舌质红,苔黄糙,脉洪数。

证候分析:表邪不解,入于肺胃,热毒内炽,故壮热烦渴,口臭便秘;邪毒化热,上攻咽喉,则咽喉红肿疼痛,乳蛾肿大,甚则溃烂;痰热瘀血互结,则臖核肿大,胁下痞块;舌质红,苔黄糙,脉洪数,均是气营两燔之象。

辨证要点:壮热烦渴,咽喉肿痛,臖核肿大,胁下痞块。

治法:清气凉营,解毒利咽。

主方:清瘟败毒饮(《疫疹一得》)加减。

常用药:生石膏、知母、甘草、黄连、黄芩、栀子、水牛角、生地黄、赤芍、牡丹皮、连翘、玄

参、桔梗。

加减：胁下痞块者,可予清肝化痰丸加减。发热目黄,皮肤黄染,可予茵陈蒿汤加减。咳嗽气急,鼻扇,口唇发绀,可予麻杏石甘汤加减。颈项强直,神识不清,肢体抽动,或瘫痪,口眼㖞斜,吞咽困难,失语,斜视,痴呆,迟钝等,可予犀地清络饮加减(犀角以水牛角代)。

3. 正虚邪恋

证候：病程日久,发热渐退,或见低热,瘰核减小,胁下痞块明显缩小,气短乏力,口渴,小便短赤,大便干结,舌质淡或红,苔少或花剥,脉细弱。

证候分析：热病日久,气阴两伤,余邪未尽,故发热渐退,或见低热,瘰核、胁下痞块明显缩小;伤气者则气短乏力;伤阴者则口渴,小便短赤,大便干结。舌淡或红,苔少或花剥,脉细弱乃气阴两伤之象。

辨证要点：发热渐退,或见低热,瘰核、胁下痞块明显缩小,苔少或花剥,脉细弱。

治法：益气生津,清解余热。

主方：青蒿鳖甲汤(《温病条辨》)加减。

常用药：青蒿、鳖甲、生地黄、知母、牡丹皮、桃仁、赤芍、地骨皮。

加减：大便干结加瓜蒌仁、当归;食欲不振加谷芽、麦芽;瘰核肿大经久不消者加玄参、牡蛎、浙贝母、夏枯草、蒲公英;胁下痞块较大者加丹参、郁金、三棱、莪术;小便黄赤,淋漓不尽者加白茅根、大蓟、小蓟、蒲黄。

【诊疗提示】

1. 询问流行病学史。

2. 注意全身浅表淋巴结的检查,淋巴结与发热是否同时出现,检查应注意触诊肝、脾。

3. 注意扁桃体的检查,注意病程中有无皮疹。

4. 检查血常规,注意发现异常淋巴细胞。

5. 确诊可做血清嗜异性凝集试验和 EBV 抗体检测。

【其他治疗】

(一) 中成药

1. 紫雪丹　用于热陷心肝证。

2. 生脉饮　用于恢复期气阴两虚证。

(二) 外治疗法

1. 如意金黄散　用茶或醋调敷在肿大的淋巴结上,每日换敷 2 次,有清热解毒,散结消肿之效。

2. 锡类散、冰硼散、西瓜霜、开喉剑任选一种,喷搽于咽部,每日 3~5 次,有解毒利咽之效。

【预防护理】

1. 控制传染源,隔离患者,对其口腔、咽部分泌物及其排泄物要严格消毒。

2. 集体机构发生本病流行,可就地隔离检疫。

3. 急性期应卧床休息 2~3 周,减少体力消耗。

4. 饮食宜清淡,保证营养及足够热量。

5. 脾肿大者避免剧烈运动及外伤,防止脾破裂。淋巴结肿大者,给予药物外敷。

【古籍摘要】

《温毒病论》:"冬温、春温、湿温、湿疫,四症盛行之时,每夹杂温毒一症。"

📖 学习小结

```
                    夏季热 ──┬─ ①暑伤肺胃: 王氏清暑益气汤加减
                             └─ ②上盛下虚: 温下清上汤加减

                    汗证 ──┬─ ①表虚不固: 玉屏风散合牡蛎散加减
                           ├─ ②气阴两虚: 生脉散加减
                           └─ ③心脾积热: 导赤散合泻黄散加减

                    五迟、五软 ──┬─ ①肝肾不足: 六味地黄丸加减
                                 ├─ ②心脾两虚: 调元散合菖蒲丸加减
                                 └─ ③痰瘀阻滞: 通窍活血汤合二陈汤加减

                    维生素D缺乏 ──┬─ ①肺脾气虚: 玉屏风散合人参五味子汤加减
                    性佝偻病      ├─ ②脾虚肝旺: 益脾镇惊散加减
                                 └─ ③脾肾亏损: 补天大造丸加减

                    紫癜 ──┬─ ①风热伤络: 银翘散加减
                           ├─ ②血热妄行: 犀角地黄汤加减
                           ├─ ③气不摄血: 归脾汤加减
                           └─ ④阴虚火旺: 大补阴丸加减

     其                皮肤黏膜淋巴 ──┬─ ①卫气同病: 银翘散合白虎汤加减
     他                结综合征      ├─ ②气营两燔: 清瘟败毒饮加减
     病                              └─ ③气阴两伤: 生脉散合沙参麦冬汤加减
     证

                    奶癣 ──┬─ ①湿热俱盛: 消风导赤汤加减
                           ├─ ②脾虚湿蕴: 除湿胃苓汤加减
                           └─ ③血虚风燥: 养血定风汤加减

                    性早熟 ──┬─ ①阴虚火旺: 知柏地黄丸加减
                             └─ ②肝郁化火: 丹栀逍遥散加减

                    病毒性脑炎 ──┬─ ①邪犯卫气: 银翘散合白虎汤加减
                                 ├─ ②气营两燔: 清瘟败毒饮加减
                                 ├─ ③邪入营血: 犀角地黄汤和增液
                                 └─ ④邪恋正虚: 余热未尽: 青蒿鳖甲汤加减
                                              痰蒙神窍: 涤痰汤加减
                                              内风扰动: 大定风珠加减

                    传染性单核细 ──┬─ ①邪郁肺胃: 银翘散加减
                    胞增多症      ├─ ②气营两燔: 清瘟败毒饮加减
                                 └─ ③正虚邪恋: 青蒿鳖甲汤加减
```

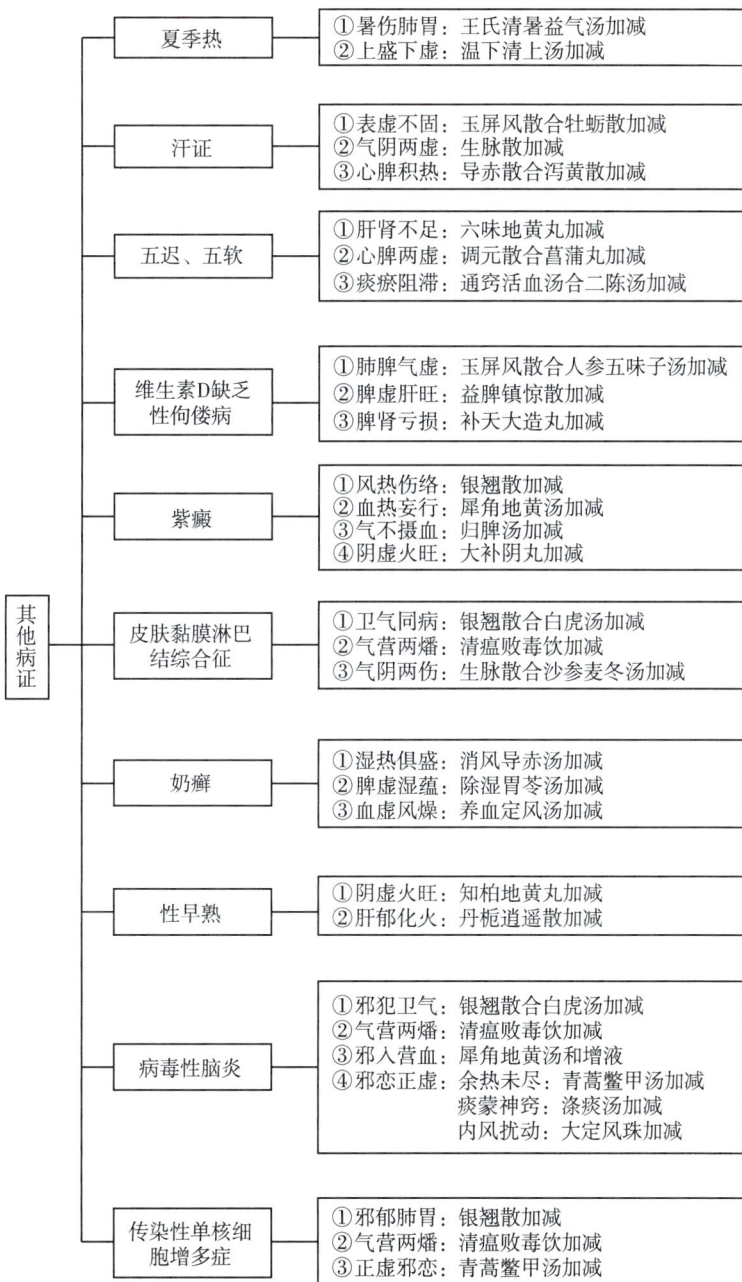

● (廖颖钊　陈　竹　王有鹏　尹蔚萍　刘　英)

笔记栏

复习思考题

1. 夏季热的发热有什么特点？

2. 汗证如何区分虚实？

3. 试述五迟、五软的脏腑辨证思路。

4. 简述维生素 D 缺乏性佝偻病的主要病理改变及骨骼改变程度分期。

5. 维生素 D 缺乏性佝偻病的预防中为何强调多晒太阳？

6. 简述过敏性紫癜的临床分型。

7. 风热、血热、虚火为何均能引起紫癜？

8. 从卫气营血传变规律，如何论述皮肤黏膜淋巴结综合征的病机？

9. 请根据不同证型论述奶癣的皮损特点。

10. 中医如何认识性早熟？如何辨治？

11. 病毒性脑炎与细菌性脑膜炎应如何鉴别？

12. 传染性单核细胞增多症的诊断要点有哪些？

扫一扫
测一测

第十二章

新生儿疾病

> **📝 学习目标**
>
> 掌握新生儿疾病胎怯、胎黄、硬肿症、脐部疾患（脐湿、脐疮、脐血、脐突）的概念、病因病机、诊断、辨证论治及预防护理。

第一节　胎　　怯

胎怯是指新生儿体重低下，身长不足，脏腑形气均未充实的一种病证，又称"胎弱"，以出生低体重为特点，可并发新生儿窒息、黄疸、硬肿症、败血症等疾病。本病病死率较高，是目前围产期死亡的主要原因之一。有关研究表明：出生时体重低于 2 500g 的新生儿，胎龄越小，体重越低，则死亡率越高，尤其在早产儿中，胎龄 <32 周或出生体重 <1 500g 者，病死率较高，是早产儿管理的重点。此外，出生时的低体重不仅对体格发育有很大影响，还会影响小儿的智能发育。本病包括西医学早产儿和小于胎龄儿。

【病因病机】

本病病因与父母精气不足和孕育失宜有关。形成胚胎初始父母精气不足，形成的胚胎元精不足。孕育胎儿期间，孕母营养不良、患病、用药、损伤、胎盘病变等，都能使胎儿在母体内所受滋养不足而产生胎怯。

本病病位主要在肾与脾。病机为先天禀赋不足，化源未充，滋养不足，肾脾两虚。

1. 肾精薄弱　胚胎禀受于父母之精而成。父母身体强壮，肾精充足，才能形成正常胚胎。凡是影响父母健康的因素，都可以影响胚胎的形成与质量，产生胎怯。胎儿在母体内的生长发育，还需不断摄取来自母体的营养，若孕母失养，营养不足，则不能滋养胎儿，可致胎萎不长形成胎怯。

2. 脾肾两虚　肾藏精，是人体生命活动的物质基础，其中先天之精受之于父母，并需后天之精不断充实，后天之精须先天之精蒸化而吸收和转输。胎怯儿成胎之际肾精不充，出生之后，无精以资脾之运化，同样先天之精也得不到后天之精的充养，形成了肾精薄，脾气虚。而致脾肾两虚，全身失于涵养。

总之，胎怯是多种病因导致的先天禀赋不足，小儿五脏皆虚，但以肾脾两虚为其根本。

【诊断】

(一)诊断要点

1. 有早产、多胎,孕妇体弱、疾病、胎养不周等造成先天不足的各种病因,及胎盘、脐带异常等。

2. 出生时形体瘦小,肌肉瘠薄,面色无华,精神萎软,气弱声低,吮乳无力,筋弛肢软。一般体重低于2 500g。

(二)鉴别诊断

早产儿与小于胎龄儿中足月小样儿的鉴别见表12-1。

表12-1 早产儿与足月小样儿的鉴别

鉴别点	早产儿	足月小样儿
胎龄	未满37周	37~42周
身长	不足45cm	大多在正常范围
外观	皮肤薄,甚至水肿,皮肤发亮,有毳毛,胎脂多,头发乱如绒线头,耳壳软、缺乏软骨,耳舟不清,指(趾)甲软,多未达指(趾)端	皮肤极薄、干燥、脱皮、无毳毛,胎脂少,头发细丝状清晰可数,耳软骨已发育,耳舟已形成,指(趾)甲稍软,已达指(趾)端

【辨证论治】

(一)辨证思路

胎怯以脏腑辨证为纲,有五脏不足之别。肺虚者气弱声低,皮肤薄嫩,胎毛细软;心虚者神萎面黄,唇甲淡白,虚里动疾;肝虚者筋弛肢软,目无神采,易作瘛疭;脾虚者肌肉瘠薄,萎软无力,吮乳量少,呛乳溢乳,便下稀薄,皮肤黄疸;肾虚者形体矮小,肌肤欠温,耳郭软,指甲软短,骨弱肢柔,睾丸不降。

(二)治疗原则

治疗当以补肾培元为基本法则。根据不同证型,分别采取益肾充髓、补肾温阳、补气养血、温运脾阳等治法。亦可脾肾并补。初生小儿脾肾薄弱,补益同时当佐以助运,以防呆滞。胎怯患儿有合并症者且证较重时,应先治合并症,待合并症好转后,再以培元治本为主。

> **课堂互动**
>
> 谈谈对明代张介宾《景岳全书·小儿则》中提出治疗本病"宜专培脾肾为主"的理解。

(三)分证论治

1. 肾精薄弱

证候:体短形瘦,头大囟张,头发稀黄,耳壳软,哭声低微,肌肤不温,指甲软短,骨弱肢柔,或有先天性缺损畸形,指纹淡。

证候分析:本证多见于早产儿,以肾精薄弱,元阳未充为特征。肾藏精,主骨,开窍于耳,其华在发,故在形体、肢体、骨骼、耳窍等方面肾精禀赋不足之象明显。

辨证要点:体短形瘦,耳壳软,指甲软短,骨弱肢柔。

治法：益精充髓,补肾温阳。

主方：补肾地黄丸(《医宗金鉴》)加减。

常用药：熟地黄、泽泻、牡丹皮、山茱萸、茯苓、山药、牛膝、鹿茸。

加减：不思乳食加麦芽、谷芽、砂仁醒脾助运;兼见气虚加黄芪、党参健脾益气;肢体不温加附子温阳;唇甲青紫加红花、桂枝温经通络。

2. 脾肾两虚

证候：啼哭无力,多卧少动,皮肤干瘪,肌肉瘠薄,四肢不温,吮乳乏力,呛乳溢乳,哕气多哕;腹胀腹泻,甚而水肿,指纹淡。

证候分析：本证多见于小于胎龄儿、双胎儿或高龄产妇所育胎儿。以脾肾两虚而脾胃虚弱,运化无力证候为特征。脾主肌肉四肢,开窍于口,脾胃虚弱故吮乳无力,肌瘦倦怠;呛乳溢乳,哕气多哕为脾胃升降失常;气血生化乏源故皮肤干瘪;脾阳虚衰,运化失权,则腹胀腹泻;水湿不运,泛溢肌肤则水肿;阳虚温煦失职则四肢欠温。

辨证要点：皮肤干瘪,肌肉瘠薄,四肢不温,吮乳乏力,呛乳溢乳,腹胀腹泻,甚而水肿。

治法：健脾益肾,温运脾阳。

主方：保元汤(《博爱心鉴》)加减。

常用药：人参、黄芪、甘草、肉桂、白术、茯苓、干姜。

加减：呕吐加半夏,干姜易生姜和胃降逆;腹泻加苍术、山药运脾燥湿;腹胀加木香、枳壳理气助运;喉中痰多加半夏、川贝母化痰;气息微弱加蛤蚧补肾纳气。

【诊疗提示】

1. 注意询问孕母既往病史,如体弱、慢性疾病等。

2. 注意询问孕期内胎养及胎盘、脐带异常等情况。

3. 注意询问是否有早产、多胎病史及出生时的情况等。

4. 根据病情需要采取保暖、呼吸管理、感染防治、营养支持等措施。

【其他疗法】

(一) 中成药

1. 六味地黄丸　用于肾精薄弱证。

2. 补中益气丸　用于脾肾两虚证。

(二) 推拿疗法

清补脾经30~50次,揉板门30次,运水入土法30~50次,揉天枢30次,摩腹30~50次,按揉足三里穴30次,捏脊3遍,手法轻柔。用于胎怯儿呕吐、腹胀、体重不增、胎粪排出延迟。

【预防护理】

1. 加强孕期保健,谨慎用药,营养适宜,忌烟忌酒。

2. 做好产前检查,密切观察胎儿生长情况。发现胎萎不长者,及时对孕母进行治疗。

3. 新生儿注意保暖,根据不同情况及条件采用各种保温措施。

4. 按体重、日龄计算热量,尽量母乳喂养,喂足奶量。吞咽功能差者需静脉补充营养液,也可采用胃管喂养。

5. 保持居室空气新鲜,婴儿用品应消毒后使用,接触患儿者应戴口罩、帽子,防止患儿继发感染。

6. 密切观察患儿临床表现,及时发现合并症并加以处理。

【古籍摘要】

《小儿药证直诀·卷上·脉证治法·胎怯》:"生下面色无精光,肌肉薄,大便白水,身无血色,时时哽气多哕,目无精彩。"

《幼科发挥·胎疾》:"胎弱者,禀受于气之不足也。子于父母一体而分。如受肺之气为皮毛,肺气不足,则皮脆薄怯寒,毛发不生;受心之气为血脉,心气不足,则血不华色,面无光彩;受脾之气为肉;脾气不足,则肌肉不生,手足如削;受肝之气为筋,肝气不足,则筋不束骨,机关不利;受肾之气为骨,肾气不足,则骨软。此胎禀之病,当随其脏气求之。"

第二节　胎　黄

胎黄是以婴儿出生后皮肤面目出现黄疸为特征的一种病证,因与胎禀因素有关,故称"胎黄"或"胎疸"。"胎黄"首见于《诸病源候论·胎疸候》:"小儿在胎,其母脏气有热,熏蒸于胎,至生下小儿,体皆黄,谓之胎疸也。"明确指出了胎黄的发生与孕母的体质、胎热及湿热等因素有关。

西医学称胎黄为新生儿黄疸,包括了新生儿生理性黄疸和病理性黄疸,如母乳性黄疸、溶血性黄疸、胆道畸形、胆汁淤阻、肝细胞性黄疸等。

【病因病机】

本病病因主要分为内因和外因,内因为胎儿禀受孕母内蕴湿热之毒或阳虚寒湿之邪;外因为婴儿在胎产之时或出生之后,感受湿热或寒湿之邪。

本病病位主要在脾、胃、肝、胆。病机为脾胃湿热或寒湿内蕴,肝失疏泄,胆汁外溢而致发黄,日久则气滞血瘀。

1. 湿热郁蒸　孕母素体湿盛或内蕴湿热之毒,遗于胎儿。或胎产时出生后,婴儿感受湿热邪毒所致。小儿脏腑娇嫩,形气未充,感受湿热之邪,蕴结脾胃,阻滞气机,脾不健运,肝失疏泄,胆汁外溢而致面目、皮肤发黄。热为阳邪,故黄色鲜明,属阳黄之候。若湿热化火,邪陷厥阴,则出现神昏、抽搐之危象;若正气不支,气阳虚衰,可致虚脱危证。

2. 寒湿阻滞　小儿先天禀赋不足,脾阳虚弱,湿浊内生;或出生后为湿邪所侵,湿从寒化,寒湿阻滞,气机不畅,致肝失疏泄,胆汁外溢而致发黄。寒为阴邪,故黄色晦暗,属阴黄之候。

3. 瘀积发黄　部分小儿禀赋不足,脉络阻滞,或湿热、寒湿蕴结肝经日久,气机不畅,肝胆疏泄失常,气血郁滞,脉络瘀积而发黄。其黄色晦暗,伴肚腹胀满,右胁下结成痞块。

此外,还可由于先天缺陷,胆道不通或阻塞,胆汁不能循经疏泄,横溢肌肤,导致胎黄。

👨‍🏫 课堂互动

如何理解《张氏医通·黄疸》中提出的"诸黄虽多湿热,然经脉久病,不无瘀血阻滞也"。

【诊断】

(一)诊断要点

1. 孕母有内蕴湿热之毒或阳虚寒湿,或滥用药物病史,或患儿胎产之时有感受湿热或寒湿病史。

2. 黄疸出现早(出生 24 小时内),发展快,黄色明显,也可消退后再次出现,或黄疸出现迟,持续不退,日渐加重。肝脾可见肿大,精神倦怠,不欲吮乳,大便或呈灰白色。

3. 实验室检查

(1) 血清胆红素、黄疸指数显著增高。

(2) 尿胆红素阳性,尿胆原试验阳性或阴性。

(3) 母子血型测定,可检测因 ABO 或 Rh 血型不合引起的溶血性黄疸。

(4) 肝炎综合征应做肝炎相关抗原抗体系统检查。

(二)鉴别诊断

1. 主要是生理性胎黄与病理性胎黄的鉴别

(1) 生理性胎黄的特点:①一般情况良好;②足月儿生后 2~3 天出现黄疸,4~5 天达高峰,5~7 天消退,最迟不超过 2 周;早产儿黄疸大多在生后 3~5 天出现,5~7 天达高峰,7~9 天消退,最长可延迟到 3~4 周;③每日血清胆红素升高 <85μmol/L(5mg/dl)或每小时 <0.5mg/dl;④血清总胆红素足月儿 <221μmol/L,早产儿 <257μmol/L。

(2) 病理性胎黄的特点(具备以下任何一项):①生后 24 小时内出现黄疸;②血清总胆红素足月儿 >221μmol/L,早产儿 >257μmol/L,或每日上升 >85μmol/L(5mg/dl)或每小时 >0.5mg/dl;③黄疸持续时间长,足月儿 >2 周,早产儿 >4 周;④黄疸退而复现;⑤血清结合胆红素 >34μmol/L(2mg/dl)。

2. 不同疾病所引起的病理性胎黄鉴别　见表 12-2。

表 12-2　不同疾病所引起病理性胎黄的鉴别

病名	黄疸开始时间	黄疸持续时间	血清胆红素	黄疸类型	临床特征
新生儿溶血病	生后 24 小时内或第 2 天	1 个月或更长	非结合胆红素升高为主	溶血性	贫血,肝脾大,母婴血型不合,严重者并发胆红素脑病
母乳性黄疸	生后 4~7 天	4~12 周左右	非结合胆红素升高为主		无临床症状
新生儿败血症	生后 7 天内或更晚	1~2 周或更长	早期非结合胆红素增高为主,晚期结合胆红素增高为主	溶血性,晚期兼有肝细胞性	感染中毒症状
G-6-PD 缺乏	生后 2~4 天	12 周或更长	非结合胆红素增高为主	溶血性	贫血,常有发病诱因
新生儿肝炎	生后数日~数周	4 周或更长	结合胆红素增高为主	阻塞性及肝细胞性	黄疸和大便颜色有动态变化,谷丙转氨酶升高
先天性胆道闭锁	生后 1~3 周	持续升高不退	结合胆红素增高	阻塞性及肝细胞性	早期一般情况良好,晚期发生胆汁性肝硬化

【辨证论治】

(一) 辨证思路

1. 辨阴阳属性　对病理性胎黄辨其阴黄、阳黄,见表 12-3。

表 12-3　阳黄与阴黄的辨证

辨别点	黄疸特点	伴见症状	舌质舌苔
阳黄	黄疸色泽鲜明如橘皮	烦躁多啼,口渴喜饮,尿黄如橘汁	舌红,苔黄腻
阴黄	黄疸色泽晦暗,久久不退	神疲肢凉,腹胀食少,大便稀薄	舌淡,苔白腻

2. 辨轻重虚实　轻者见面目、皮肤发黄,精神尚可;重者可见黄疸急剧加重,胁下痞块迅速增大,甚则神昏抽搐。湿热郁蒸所致胎黄病程短,多属实证。寒湿阻滞病程长,中阳不振,多属虚证。瘀积发黄,伴腹胀青筋显露,多属于虚中夹实之证。

(二) 治疗原则

生理性黄疸能自行消退,不需要特殊治疗。病理性黄疸的治疗,以利湿退黄为基本治则。根据阳黄与阴黄的不同,分别治以清热利湿退黄和温中化湿退黄,瘀积发黄者以化瘀消积退黄为主。由于新生儿脾胃薄弱,治疗过程中要注意顾护脾胃,不可过用苦寒之剂。

(三) 分证论治

1. 常证

(1) 湿热郁蒸

证候:面目、皮肤发黄,色泽鲜明如橘皮色,精神疲倦,不欲吮乳,口渴唇干,重者烦躁不安,呕吐腹胀,大便秘结,小便深黄,舌质红,苔黄腻,指纹紫。

证候分析:本证由孕母素体湿盛,内蕴湿热之毒遗于胎儿或生后感受湿热邪毒所致,属阳黄证。湿热之邪蕴结脾胃,肝胆疏泄失常,胆汁外溢,故面目、皮肤发黄,颜色鲜明如橘皮色;热扰心神则见烦躁不安;湿热之邪困于脾胃,中焦气滞,升降失常,故呕吐腹胀,不欲吮乳,大便秘结;湿热化火,热甚于内,则口渴唇干。

辨证要点:面目、皮肤发黄,色泽鲜明如橘皮色,尿黄,舌质红,苔黄腻。

治法:清热利湿退黄。

主方:茵陈蒿汤(《伤寒论》)加减。

常用药:茵陈、栀子、大黄、泽泻、车前子、黄芩、金钱草。

加减:热重加虎杖、龙胆;湿重加猪苓、茯苓;呕吐加半夏、竹茹;腹胀加厚朴、枳壳。

(2) 寒湿阻滞

证候:面目、皮肤发黄,色泽晦暗,持久不退,精神萎靡,四肢欠温,不思乳食,大便溏薄灰白,小便深黄,舌质淡,苔白腻,指纹色淡红。

证候分析:本证多由孕母体弱多病,胎儿禀赋不足而致,或因湿热熏蒸日久不愈转化而成,此属寒湿内阻,为阴黄。肝胆疏泄失常,故见皮肤、面目发黄;湿从寒化,寒为阴邪,则面目、皮肤发黄,色泽晦暗,日久迁延不愈;脾阳虚,运化、温煦失职则纳呆神疲,四肢欠温。舌质淡、苔白腻均属寒湿之象。

辨证要点:面目、皮肤色黄晦暗,精神萎靡,舌质淡,苔白腻。

治法:温中化湿退黄。

主方:茵陈理中汤(《张氏医通》)加减。

常用药:茵陈、干姜、白术、茯苓、党参、甘草。

加减：四肢不温加附子、桂枝；大便溏薄加苍术、薏苡仁；肝脾肿大加三棱、莪术；不思乳食加山楂、砂仁。

（3）瘀积发黄

证候：面目、皮肤发黄，颜色逐渐加深，晦暗无华，腹部胀满，食少纳呆易吐，右胁下痞块质硬，肚腹膨胀，青筋显露，或见瘀点、瘀斑、衄血，唇色暗红，舌见瘀点，苔黄，指纹紫滞。

证候分析：湿热蕴结，气机郁滞，血行不畅，气滞血瘀，胆汁横溢肌肤，故面目、皮肤发黄，且颜色加深而晦暗无华；肝藏血，血瘀不行，故胁下痞块；瘀血内阻，血不循经而见瘀点瘀斑、衄血；唇色暗红、舌见瘀点、指纹紫滞均为瘀积之证。

辨证要点：面目、皮肤黄而晦暗无华，右胁下痞块，肚腹膨胀，舌见瘀点。

治法：化瘀消积退黄。

主方：血府逐瘀汤（《医林改错》）加减。

常用药：当归、川芎、赤芍、桃仁、红花、牛膝、枳壳、柴胡、地黄、桔梗。

加减：大便干结加大黄；皮肤瘀点瘀斑、衄血，加牡丹皮、仙鹤草；腹胀加木香、香橼皮；胁下痞块质硬加水蛭。

2. 变证

（1）胎黄动风

证候：黄疸迅速加重，嗜睡、神昏、抽搐，舌质红，苔黄腻。

证候分析：此证常在阳黄基础上发生。病情危重，来势急骤，极低出生体重儿易发生此证。湿热内蕴，郁而化火，邪愈盛则黄疸加深，邪陷厥阴，蒙蔽心包，引动肝风出现神昏、抽搐。

辨证要点：黄疸迅速加重，神昏、抽搐。

治法：平肝息风，利湿退黄。

主方：茵陈蒿汤（《伤寒论》）加羚角钩藤汤（《重订通俗伤寒论》）加减。

常用药：羚羊角、钩藤、天麻、菊花、茯神、茵陈、栀子、大黄、牛膝、僵蚕。

（2）胎黄虚脱

证候：黄疸迅速加重，面色苍黄、浮肿、气促、神昏、四肢厥冷、胸腹欠温，舌淡苔白。

证候分析：正气不支，阳气虚衰导致虚脱危证。阳虚水泛则面色苍白、浮肿；水凌心肺则气促；阳虚无以温煦则四肢厥冷，胸腹欠温；阳气虚脱，神无所依故神昏。

辨证要点：黄疸迅速加重，面色苍黄、气促、浮肿、神昏、肢冷。

治法：大补元气，温阳固脱。

主方：参附汤（《世医得效方》）合生脉散（《医学启源》）加减。

常用药：人参、附子、麦冬、五味子、干姜、茵陈。

【诊疗提示】

1. 注意询问病史，了解孕母临产前是否有感染史、用药史、输血史，婴儿的出生史，家族中肝炎病史等。

2. 注意察看婴儿皮肤、巩膜、尿液发黄情况，尤其要注意巩膜黄染的情况。

3. 注意有无腹胀、腹部包块、肝脾肿大等情况。

4. 根据病情需要，可行血常规、母婴血型、血清胆红素、肝功能、肝胆 B 超等相关检查。

【其他疗法】

(一) 中成药

1. 茵栀黄口服液　用于湿热郁蒸证。
2. 茵陈五苓丸　用于湿热郁蒸证。

(二) 外治法

灌肠法:茵陈、栀子、大黄、甘草,煎汤 20ml 保留灌肠,每日或隔日 1 次。适用于湿热郁蒸证。

(三) 推拿疗法

适用于胎黄动风后遗症,多见全身肌张力不稳定,肢体不自主运动者。方法:以患儿四肢及背部推拿为主。首先于四肢肌肉部位运用按揉、捏拿等手法,穿插重点穴位应用拇指点按揉法。放松性手法和刺激性手法配合应用。肢体肌张力高以推、按、揉、捏拿等放松性手法为主,配合关节摇法、拔伸法;肢体肌张力低以点、按、滚等刺激性手法为主,配合应用捏、擦、搓法等。最后于患儿背部捏脊治疗,以脊背部皮肤微微红润为度。推拿治疗每日 1 次,每次 30 分钟。

(四) 针灸疗法

胎黄动风后遗症可配合针刺疗法。

取穴:智力低下取百会、四神聪;语言障碍取哑门、廉泉、神门;上肢瘫痪取肩髃、曲池、外关、合谷;下肢瘫痪取环跳、足三里、解溪、昆仑;肘关节拘急取手三里、支正;指关节屈伸不利取合谷透后溪;手足抽动取大椎、间使、手三里、阳陵泉。1 日 1 次。

【预防护理】

1. 妊娠期注意饮食卫生,忌酒和辛热之品。避免感染,不可滥用药物。如孕母有肝炎病史,应积极治疗。曾有产育病理性胎黄婴儿者,应采用相应的预防措施。
2. 新生儿应注意及早开奶,促进胎粪顺利排出,减少高胆红素血症的发生。
3. 保护新生儿脐部、臀部和皮肤,避免损伤,防止感染。
4. 注意观察新生儿出生后皮肤色泽,及时了解黄疸出现及消退时间。
5. 注意观察患儿的全身症状,有无精神萎靡、嗜睡、呕吐、吸吮困难、惊惕不安、两目直视、四肢强直或抽搐等症状,以便尽早发现重症患儿并及时治疗。

【古籍摘要】

《诸病源候论卷之四十六·小儿杂病诸候二·胎疸候》:"小儿在胎,其母脏气有热,熏蒸于胎,至生下小儿体皆黄,谓之胎疸也。"

《证治准绳·幼科·胎黄》:"小儿生下遍体面目皆黄,状如金色,身上壮热,大便不通,小便如栀汁,乳食不思,啼哭不止,此胎黄之候,皆因乳母受湿热而传于胎也。"

第三节　硬 肿 症

硬肿症是新生儿时期特有的一种疾病。是由多种原因引起的局部甚至全身皮肤和皮下脂肪硬化及水肿,常伴有低体温及多器官功能损害的综合征。其中只硬不肿者称为新生儿皮脂硬化症;由于受寒所致者亦称新生儿寒冷损伤综合征。本病属中医学"胎寒""五硬"

等范畴。

本病在寒冷地区和寒冬季节发病率高。多发生在生后 7~10 天的新生儿,以胎怯儿为主。受寒、早产、感染、窒息等原因都能引起发病。本病在西医学中称为新生儿硬肿症。重症预后较差,若合并肺出血、休克及多器官功能衰竭等情况者病死率高。

【病因病机】

本病病因包括内因和外因。内因多为先天禀赋不足,阳气虚弱。外因多为环境温度过低,护理、保暖不当,或复感寒邪,或感受他病,正气耗损,气血运行失常所致。亦有少数患儿因感受温热之邪而发病。

1. 寒凝血滞　新生儿阳气未充,阴气未长,先天禀赋不足,或先天中寒,或后天感寒,寒邪直中脏腑,伤脾肾阳气;或生后罹患他病,阳气受损,虚寒内生,寒凝气滞,气滞则血瘀,产生肌肤硬肿。

2. 阳气虚衰　先天禀赋不足,阳气虚弱,或寒邪内侵,脾肾阳气受损,阳气虚衰,不能温煦肌肤,故身冷肢厥。阳虚则内寒生,寒凝气滞血瘀,致肌肤僵硬,肤色紫暗。严重血瘀者可导致血不循经而外溢,出现皮下瘀斑。脾肾阳虚,不能温化水湿,则见水肿。阳气衰极、正气不支可见气息微弱、全身冰冷、脉微欲绝等阳气衰亡的危象。

另有少数患儿因感受温热之邪,毒热蕴结,耗气伤津,阴液不足,血脉不充,血受煎熬,运行涩滞,气血不畅,亦可致肌肤硬肿。

硬肿症的病变脏腑在脾、肾,阳气虚衰、寒凝血滞是本病的主要病机。

课堂互动

如何理解《医宗金鉴·幼科心法要诀》中提出的"阳气不营成五硬"。

【诊断】

(一)诊断要点

1. 发病时处寒冷季节,环境温度过低或有保暖不当史;严重感染史;早产儿或足月小样儿;窒息、产伤等所致的摄入不足或能量供给低下。

2. 早期哺乳差,哭声低,反应低下,病情加重后体温 <35℃,严重者 <30℃,腋温 - 肛温差由正值变为负值。感染或夏季发病者不出现低体温。硬肿为对称性,依次为双下肢、臀、面颊、双上肢、背、腹、胸部等,严重时肢体僵硬,不能活动,多器官功能损害。

3. 血常规检查可见白细胞总数升高或减少,中性粒细胞增高,血小板减少。由于缺氧和酸中毒,血气分析可有血 pH 值降低、PaO_2 降低、$PaCO_2$ 增高。心电图有 Q-T 间期延长、低电压、ST-T 波改变和 I 度房室传导阻滞等。心肌酶谱升高。血 DIC 指标阳性。

4. 新生儿硬肿症病情分度见表 12-4。

(二)鉴别诊断

1. 新生儿水肿　新生儿精神反应良好,可表现为局部水肿、体位性水肿或全身水肿,但不硬,皮肤不红,无体温下降。全身水肿原因有液体外渗、早产、营养不良、低蛋白症白、先天性心脏病、心功能不全、新生儿溶血、肾功能障碍、维生素 B_1 或维生素 E 缺乏等。局部水肿可见于产道挤压所致,多为暂时性。

表12-4　新生儿硬肿症诊断分度评分标准

分度	体温(肛温)	体温(腋-肛温差)	硬肿范围	器官功能改变
轻度	≥35℃	正值	<20%	无明显改变
中度	<35℃	正值或0	20%~50%	明显改变
重度	<30℃	负值	>50%	功能衰竭

注：硬肿范围估算，头颈部20%，双上肢18%，前胸及腹部14%，背部及腰骶部14%，臀部8%，双下肢26%。器官功能衰竭：休克、心力衰竭、弥散性血管内凝血、肺出血、肾衰竭等。

2. 新生儿皮下坏疽　有难产或产钳助产史，多发生在身体受压部位(枕、背、臀部)及受损部位。表现为病变局部皮肤发硬，略红肿，蔓延迅速；病变中央转为软化，暗红，逐渐坏死，形成溃疡，可融合成大片坏疽。

【辨证论治】

(一)辨证思路

1. 辨轻重　根据硬肿范围、体温、精神状态和全身情况，可分为轻、中、重型。轻症多见于寒凝血滞，重症多见于阳气虚衰。

2. 辨虚、实、寒、瘀　寒证全身冰冷，僵卧少动，肌肤硬肿；血瘀证见肌肤质硬颜色紫暗。实证以外感寒邪为主，有保温不当病史，体温下降较少，硬肿范围较小；虚证以阳气虚衰为主，常伴胎怯，体温不升，硬肿范围大。

(二)治疗原则

本病以温阳散寒，活血化瘀为基本治则。其中阳虚者温补脾肾，寒甚者散寒通阳，血瘀者行气活血化瘀。多种途径给药，内服外治并用。同时配合复温，病情危重时须中西医结合治疗。

(三)分证论治

1. 寒凝血滞

证候：全身肌肤欠温，四肢发凉，反应尚可，哭声较低，肌肤硬肿多见于臀、小腿、臂、面颊等部位，皮肤不易捏起，色暗红或青紫，或红肿如冻伤，舌质淡，指纹滞。

证候分析：小儿稚阳未充，若受外寒，阳气被遏，不能温煦机体，故全身欠温，四肢发凉；寒邪凝滞，气滞血瘀，则皮肤暗红或青紫、红肿。

辨证要点：全身肌肤欠温，反应尚可，哭声较低，硬肿范围局限。

治法：温阳散寒，活血消肿。

主方：当归四逆汤(《伤寒论》)加减。

常用药：当归、桂枝、白芍、细辛、甘草、通草、大枣。

加减：硬肿甚加郁金、鸡血藤；四肢发凉加干姜、附子。

2. 阳气虚衰

证候：面色苍白，全身冰冷，僵卧少动，反应极差，气息微弱，哭声低怯，吮乳困难，肌肤板硬而肿，硬肿范围波及全身，皮肤暗红，尿少或无，唇舌色淡，指纹淡红不显。

证候分析：多发生于胎怯儿。先天禀赋不足，感受寒邪，伤及脾肾阳气，元阳不振，故面色苍白，全身冰凉，僵卧少动；阳气虚衰，不能温煦，血脉瘀阻，肌肤硬肿范围大，症状重。可因阳气无力御邪致肺气郁闭发生肺炎喘嗽，或因虚寒而血脉失于统摄导致肺出血。

辨证要点：全身冰冷，僵卧少动，反应极差，气息微弱，硬肿范围广，波及全身。

治法：益气温阳，通经活血。

主方：参附汤(《妇人良方》)加减。

常用药：人参、附子、黄芪、当归、桂枝。

加减：肾阳虚衰加鹿茸；肌肤肿胀、小便不利，加茯苓、猪苓、车前子；血瘀明显加桃仁、红花、赤芍。

【诊疗提示】

1. 注意询问病史，包括生产史、喂养史、感染史等。

2. 了解患儿生产生活环境和室温。

3. 注意观察患儿精神、形体、面部、皮肤、体温，询问寒热、饮食、二便情况。

4. 根据病情需要进行血常规、血气分析、血电解质、血糖、尿素氮、肌酐、凝血功能及心电图等检查。

【其他疗法】

（一）外治疗法

1. 生葱、生姜、淡豆豉，捣碎混匀，酒炒，待温热时敷于局部。1 日 1 次。用于寒凝血滞证。

2. 当归、红花、川芎、赤芍、透骨草、川乌、草乌、乳香、没药、肉桂，研末。加羊毛脂、凡士林，拌匀成膏。油膏均匀涂于纱布上，加温后，敷于患处，1 日 1 次。用于阳气虚衰证。

（二）推拿疗法

跌打万花油推拿法　跌打万花油功效为消肿散瘀、舒筋活络。以本品为介质，对硬肿部位运用抚法、摩法、搓法进行治疗。

（三）针灸疗法

1. 针刺　关元、气海、足三里。针后可加灸。

2. 温灸　局部用艾条温灸。

【预防护理】

1. 注意孕妇保健，避免早产，同时防止产伤、窒息、保温不当。

2. 寒冷季节出生的小儿，尤其是胎怯儿应加强保暖，调节产房温度在 24℃左右，保持室温在 24~26℃。1 周以内的新生儿应经常检查皮肤及皮下脂肪的软硬情况，做到早发现、早治疗。

3. 加强消毒隔离，防止或减少新生儿感染。

4. 早开乳，保证充足的热量供应。加强喂养，供给足够的热量，促进疾病恢复。吸吮能力差的新生儿用滴管喂奶，必要时予鼻饲。

【古籍摘要】

《证治准绳》："婴儿出生，百日内觉口冷，腹痛，身起寒粟，时发战栗，曲足握拳，昼夜啼哭不已，或口噤不开，名曰胎寒。"

《婴童百问·第二十七问》："五硬则仰头取气，难以动摇，气壅疼痛连胸膈间，脚手心如冰冷而硬，此为风症难治。"

第四节　脐部疾患（脐湿、脐疮、脐血、脐突）

脐部疾患是指小儿出生后，由于断脐结扎不善，或脐部护理不当，或先天脐部发育异常而发生的脐部病证。其中脐部湿润不干者为脐湿;脐部红肿热痛、流出脓水者为脐疮;血从脐中溢出者为脐血;脐部突起者为脐突。

脐部疾患发生在新生儿期,一般预后良好。如脐疮处置不当,可酿成败血症等重症。若脐血与血液系统疾病有关,则病情较重;脐突患儿多数预后良好,可治愈。

西医学称脐湿、脐疮为新生儿脐炎,脐血为脐带出血,脐突包括脐疝、脐膨出。

【病因病机】

本病的病因是由于脐部护理不当,或先天脐部发育异常所致。

1. 脐湿、脐疮　主要是断脐后护理不当,感受外邪所致。婴儿洗浴时,脐部为水湿所侵,或为尿液浸渍,或脐带未干脱落过早,或为衣服摩擦损伤等,致湿浊浸淫皮肤,久而不干,则为脐湿;若湿郁化热,或污秽化毒,湿热之邪蕴郁,气滞血瘀,致脐部红肿热痛,甚则溃烂,则为脐疮。

2. 脐血　由于断脐结扎不当,亦有因胎热内盛或中气不足所致;脐带结扎过松或过紧,均可致血渗于外;或胎热内盛,迫血妄行,血从脐溢。部分患儿先天禀赋不足,中气虚弱,脾不统血,亦可致脐血。

3. 脐突　主要是先天脐部发育缺陷所致。婴儿脐部先天发育不全,脐孔未闭,留有脐环,出生后啼哭叫扰,或咳嗽过多,或努撑用力,腹压增高,致使小肠脂膜突入脐中,形成脐突。

【诊断】

(一) 诊断要点

1. 有脐带处理不当、不洁、尿液及水湿浸渍脐部,或脐带根痂撕伤等病史。

2. 脐部湿润,有水液渗出,无红肿为脐湿。脐部发红、肿胀,有脓性渗出、气味臭秽为脐疮。断脐后,血从脐孔渗出为脐血。脐部呈半球状或囊状突出,虚大光浮,大小不一,以手按之,肿块可以回纳腹内的为脐突。

(二) 鉴别诊断

脐湿、脐疮、脐血、脐突的鉴别见表12-5。

表12-5　脐湿、脐疮、脐血、脐突的鉴别

病名	特点
脐湿	脐根部轻微发红,肿胀、渗液、潮湿不干
脐疮	脐部有脓性分泌物渗出,气味臭秽
脐血	血从脐孔渗出
脐突	脐部呈半球状或半囊状突出,虚大光亮,大小不一,肿块可以回纳

【辨证论治】

(一) 辨证思路

1. 辨常证与变证　脐湿、脐疮应辨常证与变证,仅见脐部渗液,或发红、创面肿胀,有脓水渗出,一般情况尚好为常证;若脐部红肿,有脓性或血性渗出,伴烦躁不宁,甚则昏迷抽搐为变证。

2. 辨轻重　脐血应辨轻与重。轻者出血少,患儿精神好、吮乳佳,无明显全身不适;重

者出血较多,烦躁不安或萎靡不振,拒乳,便血。

3. 脐疝与脐膨出 脐突包括脐疝与脐膨出,脐疝是肠管自脐部凸出至皮下,形成球形软囊,易于压回。脐膨出是部分腹腔脏器通过前壁正中的先天性皮肤缺损,突入脐带的基部,上覆薄而透明的囊膜,是较少见的先天性畸形。

(二) 治疗原则

脐湿、脐疮,以收敛固涩,祛邪护脐为原则。若热毒炽盛,邪陷心肝则凉血清热,息风镇惊。轻症单用外治法,重症可用内外合治法。脐血,因脐带结扎失宜所致者,应重新结扎;因胎热内蕴,迫血妄行者宜凉血止血;中气不足,气不摄血者应益气摄血。脐突,采用外治或手术疗法。

(三) 分证论治

1. 脐湿

证候:脐带脱落后,脐部创面渗出脂水,浸渍不干,或微见红肿,舌质红,苔薄黄,指纹淡红。

证候分析:脐部为水湿或秽毒之邪浸渍,邪滞肌肤,故脐部有脂水渗出,浸渍不干;邪毒内侵化火,壅滞气血,故见红肿。舌质红,苔薄黄,指纹淡红为水湿浸渍之象。

辨证要点:脐部创面渗水,浸渍不干。

治法:收敛固涩,祛邪护脐。

主方:龙骨散(《杂病源流犀烛》)加减。

常用药:龙骨、枯矾。外用,干撒脐部。

加减:若局部红肿热痛者,按脐疮处理。

2. 脐疮

证候:脐部红、肿、热、痛,甚则糜烂,脓水流溢,或恶寒发热,啼哭烦躁,口干唇红,脐部红肿波及周围,甚则神昏、抽搐,舌质红,苔黄腻,指纹紫。

证候分析:本病为脐湿失治,病情进一步发展而致。秽毒之邪侵入脐部,壅于肌肤,阻滞经络,气血凝滞,则脐部红、肿、热、痛,渐而糜烂,脓水充溢,发为脐疮;邪毒内攻,风火交炽,则恶寒发热,啼哭烦躁,口干唇红;邪毒内陷厥阴故神昏抽搐。

辨证要点:脐部红、肿、热、痛,甚则糜烂。

治法:清热解毒,疏风祛邪。

主方:犀角消毒饮(《医宗金鉴》)加减(犀角以水牛角代)。

常用药:金银花、水牛角、防风、荆芥、牛蒡子、甘草。

加减:大便秘结、舌苔黄燥,加大黄、枳壳;脐部渗出物混有血液加三七、紫草;伴神昏抽搐加安宫牛黄丸。

3. 脐血

证候:断脐后,脐部有血渗出,经久不止,或发热,面赤唇焦,舌红口干,或精神萎靡,手足欠温,舌质淡,苔薄,指纹淡。

证候分析:断脐后,如脐带结过松或过紧,可致血溢外出,啼哭出血加重,静止时稍止。如胎热内蕴,迫血妄行,血循脐带创口外溢,可见脐血鲜红渗泄,并见发热、面赤唇焦、舌红口干等证候;部分患儿先天禀赋不足,脾虚气不摄血,可见脐血色淡,缓渗不止,并见手足欠温、精神萎靡、舌淡苔薄、指纹淡等脾气不足、脾阳虚弱之证候。

辨证要点:断脐后脐部渗血,经久不止。

治法:结扎不当者,重新结扎止血。胎热内盛,清热凉血止血。气不摄血者,益气摄血。

主方:胎热内盛者用茜根散(《景岳全书》)加减;气不摄血者用归脾汤(《正体类要》)

加减。

常用药：胎热内盛者常用水牛角、地黄、牡丹皮、赤芍、紫草、茜草根。气不摄血者常用党参、黄芪、白术、甘草、山药、大枣、当归、血余炭、藕节炭。

加减：尿血加大蓟、小蓟；便血加槐花、地榆；形寒肢冷加炮姜、肉桂。

4. 脐突

证候：脐部呈半球状或囊状突起，虚大光浮，大如核桃，以指按之，肿物可推回腹内，但咳嗽、啼哭叫闹时，肿物又可突出。脐部皮色如常，精神、饮食无明显改变，亦无其他症状表现。

证候分析：由于新生婴儿腹壁肌肉嫩薄松弛，或先天脐部发育不全，脐孔未全闭合，加之婴儿啼哭叫闹过度，用力努挣，则小肠脂膜突入脐中，见脐部光浮胀突，形成脐突。

辨证要点：脐部呈半球状或囊状突起，啼哭、屏气时突起更明显。

治法：压脐外治法。先将突出脐部的小肠脂膜推回腹内，再以纱布棉花包裹光滑质硬的薄片，垫压脐部，外用纱布包紧。若脂膜突出过大，不能回纳，并见哭闹不安，或年龄已逾2岁仍未痊愈，应考虑手术治疗。

【诊疗提示】

1. 注意询问病史，包括生产史、护理史、感染史等。
2. 注意观察患儿精神、脐部、皮肤的情况，详细询问寒热、饮食、二便。
3. 根据病情需要进行造影 X 线等检查，以便明确诊断。

【其他疗法】

（一）中成药

1. 小儿化毒散　用于脐疮。
2. 云南白药　用于脐血。
3. 三七片　用于脐血。

（二）外治疗法

1. 如意金黄散　用于脐疮。
2. 冰硼散　用于脐湿、脐疮。

【预防护理】

1. 新生儿断脐时要严格无菌操作，脐部残端让其自然脱落。
2. 保持新生儿脐部清洁、干燥，防止感染；勤换尿布，防止尿液浸渍脐部。
3. 新生儿内衣应柔软，防止擦伤皮肤。
4. 密切观察脐部情况，如有渗出应及时处理。
5. 脐疮严重，出现并发症，应及时救治。
6. 如脐部突起，要加强护理，减少婴儿啼哭。若啼哭频繁，脐突肿物久不回纳，应注意检查原因，及时处理。
7. 脐血者应密切观察脐带结扎部位及全身的病情变化，如伴有其他部位出血，应考虑新生儿出血症，及时予维生素 K_1 治疗。

【古籍摘要】

《诸病源候论卷之五十·小儿杂病诸候六·脐疮候》："脐疮由初生断脐，洗浴不即拭燥，湿气在脐中,因解脱遇风,风湿相搏,故脐疮久不瘥也。"

《幼幼集成卷之二·胎病论》:"脐突者,小儿多啼所致也,脐之下为气海,啼哭不止,则触动气海,气动于中,则脐突于外。"

学习小结

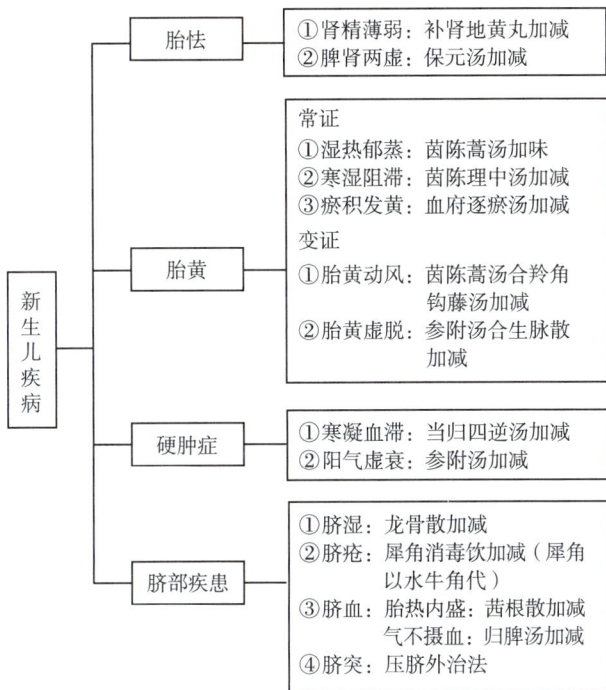

```
                ┌─ 胎怯 ──┤ ①肾精薄弱:补肾地黄丸加减
                │         ②脾肾两虚:保元汤加减
                │
                │         常证
                │         ①湿热郁蒸:茵陈蒿汤加味
                │         ②寒湿阻滞:茵陈理中汤加减
                │         ③瘀积发黄:血府逐瘀汤加减
        新生    ├─ 胎黄 ──┤ 变证
        儿疾     │         ①胎黄动风:茵陈蒿汤合羚角
        病       │                   钩藤汤加减
                │         ②胎黄虚脱:参附汤合生脉散
                │                   加减
                │
                ├─ 硬肿症 ─┤ ①寒凝血滞:当归四逆汤加减
                │          ②阳气虚衰:参附汤加减
                │
                │         ①脐湿:龙骨散加减
                │         ②脐疮:犀角消毒饮加减(犀角
                └─ 脐部疾患┤         以水牛角代)
                          ③脐血:胎热内盛:茜根散加减
                          │       气不摄血:归脾汤加减
                          ④脐突:压脐外治法
```

(白晓红)

复习思考题

1. 胎怯中的早产儿与足月小样儿应如何鉴别?
2. 生理性胎黄与病理性胎黄如何鉴别?
3. 试从硬肿症寒凝血滞证与阳气虚衰证各自的临床表现分析其不同的病机。
4. 如何鉴别脐湿、脐疮、脐血、脐突?
5. 试述脐血的胎热内盛证与气不摄血者证临床症状的异同点。

扫一扫
测一测

第十三章

儿 科 急 症

> ## 学习目标
>
> 　　掌握儿科急症各病证的诊断依据及应急处理原则、小儿心肺复苏操作技术、液体疗法的基本原则;熟悉儿科急症各病证的发病特点、液体疗法具体实施方案;了解儿科急症应急处理具体方法。

第一节 高　热

　　高热又称"大热""壮热",是指由外感邪毒或脏腑阴阳失调引起的发热,体温(腋温)高于 39℃为主要临床特征的儿科常见急症。本病任何季节都可发生,可见于不同年龄段的小儿。由于小儿具有"阳常有余,阴常不足"的生理特点,因此在很多病证中均有发热的表现。

　　临床上高热多见于急性感染性疾病或传染性疾病,也可见于过敏或变态反应性疾病、结缔组织疾病、血液病以及预防接种后的并发症等。小儿体温过快升高或持续高热,易发生痉、厥、闭、脱等重症,因此应在查明原因的同时及时对症救治。

【病因病机】

高热分外感与内伤两大类,病因比较复杂。

　　1. 外感六淫　邪毒侵犯肺卫,束于肌表,郁于腠理,正邪交争则发热;感受寒邪,从阳化热;或感受温热、暑湿之邪均可引起高热,且邪愈盛,正愈实,交争愈剧,热势愈高;若邪毒入里化热,肺胃蕴热,均可致里热炽盛,发生高热。

　　2. 邪热亢盛　热邪充斥内外,扰上及下,闭塞气机,可出现邪热蕴肺、热炽阳明、热结肠道、热入营血等诸证。

　　3. 热毒内盛　热毒灼津炼液为痰,痰火交结,上扰清窍,引动肝风,亦可致变证丛生,甚至出现闭、脱等危重证候。

　　4. 正邪相争　感邪之后,正气与邪毒交争于半表半里,则可见恶寒与发热交替出现之寒热往来证,少阳枢机不利,肝胆疏泄功能失常,发热同时可伴有口苦、咽干、目眩、胸胁苦满、心烦喜呕等证候。

　　5. 疫疠邪气　吴鞠通曰"瘟疫者,厉气流行,多兼秽浊",温病者,包括风温、暑温、湿温等。感邪后如出现头痛恶寒,身重疼痛,胸闷不饥,午后身热,舌白不渴,脉弦细而濡,多为湿温。宜透邪外达为要,密切关注病情进展。

总之,小儿体属"纯阳",早期感受外邪,正邪交争则发热;邪毒易入里可致里热炽盛,引动肝风,出现危重证候,亦有外感疫疠邪气而出现湿毒化热,阻碍气机,内陷心包等重症,其病位主要在肺卫肝胆,病性早期属实证,后期也可变现为虚证或虚实夹杂之证。

【诊断】

课堂互动

谈谈对于"逐邪为第一要义"的理解。

高热病因复杂,常无明显伴随症状,需要一定时间的仔细观察,结合实验室检查以及疾病发展经过,甚至试验性治疗,综合分析才能最终明确诊断。

(一)诊断要点

1. 感受外邪、饮食不节、有预防接种史或有疫病接触史以及疫区旅居史。

2. 小儿腋温 39℃以上为高热,41℃以上为超高热;发热时间超过 2 周为长期发热。

3. 血常规检查 病毒感染时白细胞总数正常或偏低,淋巴细胞升高;细菌感染时白细胞总数及中性粒细胞均升高。伴有腹泻可做大便常规及大便培养。

(二)鉴别诊断

小儿高热有鉴别意义的注意点见表 13-1。

表 13-1 小儿高热鉴别注意点

鉴别点	鉴别内容
年龄	新生儿、婴幼儿期以感染性发热为主,常见上感、肺炎、败血症、肠道感染等疾病;儿童期以慢性感染性疾病较多见,其次为结缔组织病及各种传染病
季节与地区流行情况	伤寒、副伤寒和疟疾多见于夏秋季;生活中接触动物者,应排除人畜共患疾病;黑热病、布鲁氏菌病有地方特性;居住疫区或去过疫区应考虑当地流行性疾病
既往史	有风湿性心脏病史或先天性心脏病的患儿,应考虑亚急性细菌性心内膜炎;既往诊断结核的患儿要明确是否已治愈,治疗是否得当及是否继发其他器官结核;有金黄色葡萄球菌败血症或迁延性、慢性肺炎史者,可发生肺脓肿或支气管扩张
发热类型	弛张热常见于败血症、风湿热、化脓性炎症等疾病,稽留热常见于伤寒、副伤寒等急性传染病的极期等。然而由于抗生素和糖皮质激素的广泛应用,有些疾病的热型已不典型
伴随症状	发热伴咳嗽、气急、发绀,提示呼吸系统疾病;发热伴有高颅压综合征、脑膜刺激征、头痛、呕吐,甚至惊厥、昏迷者,提示中枢神经系统感染、颅内出血及脑瘤等;发热伴畏寒、寒战等多见于亚急性细菌性心内膜炎和败血症。长期发热伴多系统损害者,应考虑为结缔组织病,如系统性红斑狼疮、结节性多动脉炎等
特殊治疗反应	当疟疾、结核病、伤寒、结缔组织病、败血症等诊断困难时,可根据试验治疗的效果以协助诊断

【辨证论治】

(一)辨证思路

高热是一个临床症状,可见于多种疾病之中,应根据患儿发病季节、发热程度、持续时间、热型,以及伴随的临床症状、体征、实验室检查等明确病因诊断,包括病变系统、部位、性质,区别感染性或非感染性疾病。根据临床表现特点、指纹及舌脉情况辨别表、里、虚、实;注意有无兼夹证。

外感高热常伴有鼻塞流涕、咳嗽等肺卫表证;热病过程中,病邪入里化热发热而无恶寒,临床上可因病位不同表现为邪热蕴肺、热炽阳明、热结肠道、湿热郁蒸、暑热伤气及热入营血等证候,此为病邪亢盛,正气御邪,邪正交争,多属实证。小儿饮食不节导致胃肠燥热内结,阳明经气旺于申时(下午3~5时),正邪斗争剧烈,故在此时热势加重,属于实证。少阳枢机不利者,恶寒时不发热、发热时不恶寒,恶寒与发热交替出现,定时或不定时发作的情况,除发热外,常伴有口苦咽干、目眩、胸胁苦满、心烦喜呕等。

邪热充斥可出现邪热蕴肺、热炽阳明、热结肠道、热入营血等诸证;热毒灼津炼液为痰,痰火交结,上扰清窍,引动肝风,亦可致变证丛生,甚至出现闭、脱等危重证候。见于小儿"惊风"。

(二)治疗原则

小儿高热为儿科急症,治疗应以及时退热治标为先,辨病辨证论治其本为后。因病势易于传变,可中西医结合、针药结合、内外结合救治。外感邪毒壅盛,辛凉解表;邪毒入里,清气凉营;阳明腑实,泄热通腑;邪郁少阳,疏解泄热。

(三)分证论治

1. 外感风热

证候:高热,微恶风,头身疼痛,鼻流浊涕,喷嚏咳嗽,口渴,咽红或喉核赤肿,舌苔薄黄,脉浮数,指纹浮紫。

证候分析:风热犯于肺卫,卫表失和,则见发热重,微恶风;邪客肌表,络脉失和,故头身疼痛;风热上攻咽喉,则咽红或喉核赤肿;风热犯肺,肺失宣肃,则鼻流浊涕,喷嚏咳嗽,舌苔薄黄,脉浮数,指纹浮紫。

辨证要点:高热,鼻流浊涕,咽红,舌苔薄黄,脉浮数或指纹浮紫。

治法:辛凉解表。

主方:银翘散(《温病条辨》)加减。

常用药:金银花、连翘、荆芥、大青叶、薄荷、桔梗、牛蒡子、前胡、芦根、甘草。

加减:高热明显,加石膏、黄芩清热;咽痛明显加射干、板蓝根清热利咽。

2. 里热炽盛

证候:高热,头痛,面赤气粗,大汗出,烦渴,神昏谵语,斑疹透露,舌质红或绛,苔黄,脉洪大。

证候分析:邪热炽盛,充斥内外,故见高热,头痛,面赤气粗;热炽迫津外泄则大汗出,烦渴;邪热扰心则神昏谵语;热入营血,灼伤血络故斑疹透露;舌质或绛,苔黄,脉洪大为邪热入气营之象。

辨证要点:高热,大汗出,烦渴,神昏谵语,斑疹透露。

治法:清气凉营。

主方:清瘟败毒饮(《疫疹一得》)加减。

常用药:水牛角、黄芩、黄连、连翘、生石膏、生地黄、知母、赤芍、玄参、淡竹叶、栀子、牡丹皮、桔梗。

加减:大便秘结不通,加大黄、芒硝通腑泄热;热窜心肝,可合用安宫牛黄丸清心开窍。

3. 胃肠积热

证候:日晡潮热,腹胀拒按,呕吐酸腐,大便秘结,小便短赤,烦躁不安,舌质红,苔黄燥,脉沉大。

证候分析:胃肠燥热内结,阳明经气旺于申时,正邪斗争剧烈,故在此时热势加重。

辨证要点：日晡潮热，腹胀拒按，大便秘结。

治法：通腑泄热。

主方：大承气汤（《伤寒论》）加减。

常用药：大黄、芒硝、厚朴、枳实、木香、槟榔、生甘草。

加减：口渴明显加芦根、葛根；恶心呕吐加竹茹、藿香。

4. 邪郁少阳

证候：寒热往来，胸胁苦满，心烦喜呕，不思饮食，口苦咽干，目眩，舌边红，苔薄白，脉弦数。

证候分析：邪入少阳，枢机不利，往来寒热，胸胁苦满，兼有心烦喜呕，不思饮食，口苦咽干，目眩。

辨证要点：寒热往来，胸胁苦满，心烦喜呕，口苦咽干。

治法：疏解少阳。

主方：小柴胡汤（《伤寒论》）加减。

常用药：柴胡、黄芩、半夏、郁金、菊花、党参、生姜、大枣、甘草。

加减：胸胁疼痛加白芍、香附；小便短赤加灯心草、通草。

5. 湿毒郁滞

证候：头痛恶寒，身重疼痛，胸闷不饥，午后身热，舌白不渴，脉弦细而濡。

证候分析：湿毒邪气，郁滞肺气，气机不利，湿毒停滞，身重疼痛，胸闷不饥，午后身热，舌白不渴。

辨证要点：身重疼痛，胸闷不饥，午后身热。

治法：化浊透邪。

主方：达原饮（《瘟疫论》）加减。

常用药：槟榔、厚朴、草果仁、知母、芍药、黄芩、甘草。

加减：咽痛明显加射干、板蓝根；便秘加枳实。

【诊疗提示】

1. 注意患儿年龄、发病季节与流行地区特点；发热类型及伴随症状、预防接种史以及传染病接触史等。

2. 注意诊察患儿的体温、神志、意识、精神状态、呼吸、皮疹、浅表淋巴结、有无颈抵抗、囟门、咽部、心肺及腹部、肝脾、关节活动等情况。

3. 检查血、尿、大便常规，C反应蛋白，或做细菌培养；针对性地选做如X线、血生化、结核抗体、嗜异性凝集试验；必要时进行骨髓、脑脊液、胸腹水等的常规检查及细菌培养。

【其他疗法】

（一）中成药

1. 清开灵注射液　用于3岁以上小儿高热伴夹惊、或伴神昏者。

2. 热毒宁注射液　用于外感风热所致的高热。

3. 连花清瘟胶囊　用于时疫高热。

（二）针灸疗法

选大椎、曲池、合谷穴行强刺激不留针。十宣穴三棱针放血、耳尖放血。

（三）外治法

生石膏、柴胡、大黄、金银花、芦根各12g，煎水取汁50~100ml保留灌肠，每2~3小时1次。或根据辨证处方中药煎剂每次5~10ml/kg，直肠滴入或保留灌肠。

【预防护理】

1. 曾有过高热惊厥者在运用退热药的同时,适当应用镇静剂,如地西泮、苯巴比妥等,出现惊厥者,参见惊风处理。

2. 注意休息,观察体温、脉象、呼吸、神志、大小便、出汗等情况的变化。

3. 松解衣裤以利散热,保持室内良好的通风,避免冷风冷气直接吹袭,并及时擦干汗液。

4. 饮食宜清淡,忌食肥甘厚味及生冷之品,多饮水。

5. 保持大便通畅,观察排泄物性状,注意留取标本,并及时送检。

【古籍摘要】

《小儿药证直诀·脉证治法》:"潮热者,时间发热,过时即退,来日依时发热,此欲发惊也。壮热者,一向热而不已,甚则发惊痫也。"

第二节　急性中毒

急性中毒是指机体在短期内接触或吸收了有害物质,破坏机体正常的生理功能,引起暂时或永久性的病理损害,甚至危及生命的过程。急性中毒是儿科常见急症之一。由于小儿有一定的活动能力,好奇心强,但认知能力及生活经验不足,常误服或接触有毒之物是造成小儿急性中毒的主要原因。多发生在婴幼儿期至学龄前期。

【病因病机】

(一)急性中毒的病因

根据毒物来源和用途,可分为以下几类:

1. 工业性毒物　如强酸、强碱及消毒液、汞、铅、三氯化二砷、甲醇、汽煤油、苯、四氯化碳、氨、氯、硫化氢、氰化物、一氧化碳。

2. 药物　如镇静安眠药类、氨茶碱、莨菪碱类等。

3. 有毒动植物　发芽马铃薯、毒蕈、白果、苦杏仁、河豚等。

4. 农药、杀鼠药　如有机磷类、氨基甲酸酯类、拟除虫菊酯类和杀虫脒类等、各类杀鼠药等。

(二)中毒的途径

1. 经消化道摄入中毒　为最常见的中毒形式。毒物进入消化道后经口腔黏膜、胃、小肠、结肠和直肠吸收。如食物中毒、误服药物、有毒动植物中毒、杀虫剂、灌肠药物过量等。

2. 经呼吸道吸入中毒　多见于气体及挥发性毒物的吸入。如一氧化碳、氨水中毒等。

3. 皮肤接触中毒　小儿皮肤较薄,表面脂质较多,脂溶性毒物易于吸收中毒。如农药污染衣服、蜂刺、动物咬伤等。

4. 注入吸收中毒　多为误注射药物所致,如过量药物或毒物直接静脉注入,机体吸收速度最快,引发中毒。

(三)毒物在人体的分布与排泄

毒物主要分布在体液和组织中。主要经肾、胆道、肠道排泄;其他途径包括经汗腺、唾液腺、乳汁排泄；有害气体经肺排出。

（四）中毒的主要机制

1. 直接化学性损伤,造成局部刺激、腐蚀作用。

2. 干扰酶系统。如有机磷农药中毒。

3. 阻抑血红蛋白的携氧能力,组织缺氧。

4. 麻醉作用。部分强亲脂性毒物,可通过血 - 脑屏障而抑制脑细胞功能。如苯、汽油、吸入性麻醉剂。

5. 干扰细胞或细胞器的生理功能。

6. 变态反应由抗原抗体作用激发体内各种异常免疫反应受体的竞争。

【诊断】

（一）诊断要点

1. 病史　病史是诊断急性中毒的首要环节。详细询问发病经过、病前活动范围、饮食种类,生活环境、家长职业、家中是否备有药物及农药、灭鼠药,同伴小儿是否患病等。对突然起病,不明病因的呕吐、惊厥、意识障碍和 / 或多器官受累,症状和体征不能用一种疾病解释的患儿；集体同时或先后发病,症状相似的患儿,高度警惕中毒的可能。有明确中毒史者尽可能详细询问毒物的名称、剂量、进入途径及准确时间,中毒发生的现场情况及初步解救措施等。

2. 有诊断意义的中毒特征　见表 13-2。

表 13-2　有诊断意义的中毒特征

临床表现	常见中毒的种类
呼气、呕吐物有蒜臭	无机磷、有机磷、砷、硒、碲、铊等
呼气、呕吐物有硫臭味	含硫化合物
呼气、呕吐物有杏仁味	氰化物
呼气、呕吐物有异味	乙醇、煤油、碳酸、来苏、有机氯、氨水、乙醚等
口干、皮肤无汗	阿托品类
流涎、大汗	有机磷、毒蕈、汞、水杨酸类、吡喹酮类
口、唇、面颊樱桃红色	一氧化碳、氰化物
面部及皮肤潮红	阿托品类、乙醇、血管扩张药
皮肤发绀但无呼吸困难	高铁血红蛋白血症、亚硝酸盐、磺胺类、含硫化合物、非拉西丁等
呼吸困难而无明显发绀	一氧化碳、氰化物、砷、汞
幻觉、躁狂	阿托品类、氯丙嗪、异丙嗪、毒蕈、乙醇、大麻、樟脑
发热	颠茄类、麻黄碱、白果、发芽马铃薯
失明	奎宁、甲醇、一氧化碳、氯仿
色视	洋地黄、山道年、大麻
心动过速、心律失常	洋地黄、夹竹桃、蟾蜍、奎宁、锑、钡
肺水肿	有机磷、毒蕈、毒气、氨、溺水
肌肉震颤抽动	有机磷、敌敌畏、钡、汞、烟碱、异烟肼
肌肉麻痹	肉毒杆菌、河豚毒、蛇咬伤、野芹、乌头
惊厥	中枢神经兴奋剂、异丙嗪、氨茶碱、白果、有机磷、毒蕈、异烟肼

3. 体格检查　除注意患儿生命体征外,应注意有重要意义的中毒特征。检查呕吐物、呼出气是否有特殊味道、呼吸状态和心率变化、出汗情况、皮肤黏膜是否出血、瞳孔、口唇甲床是否发绀或樱红、肝脏大小、神经反射及意识状态变化等。还应注意衣服和皮肤、口袋中是否有遗留物,以提供诊断线索。

4. 辅助及实验室检查

(1) 应尽可能快速保留患儿的血、尿、便、呕吐物或洗胃物等送往毒物鉴定,以便确定中毒物。

(2) 血常规、肝肾功能、电解质、血糖、心肌酶、凝血酶原时间、血气分析等。

(3) 心电图、X 线检查。

(二) 鉴别诊断

急性中毒以惊厥或昏迷为主要表现者需与中枢神经系统感染相鉴别,中毒的患儿除明确的病史外,常无典型发热、头痛等中枢神经系统感染症状,必要时做腰椎穿刺,检查脑脊液可鉴别。首发症状以呕吐、腹痛、腹泻为表现者需与胃肠炎、细菌性痢疾、阑尾炎等鉴别。

(三) 诊法提示

急性中毒的诊断有易有难。如能在第一时间准确获取中毒经过则诊断容易,反之,由于毒物种类繁多,临床表现和体征往往无特异性,小儿不能准确描述病史,给诊断带来困难。仔细询问病史,全面体格检查(特别是一些有意义的中毒特征)、现场调查(是否有残留的有毒品、目击者)、实验室检查、必要时毒物鉴定加以综合分析明确诊断。

【治疗】

(一) 治疗原则

急性中毒的治疗原则是即刻、综合治疗,阻断毒物对机体的损害,维持重要器官的功能,促进解毒和排泄,特效解毒剂应用。在毒物性质未明时,按一般的中毒治疗原则抢救患儿。在一般情况下,以排除毒物为首要措施,尽快减少毒物对机体的损害,维持呼吸、循环等生命器官的功能;采取各种措施减少毒物的吸收,促进毒物的排泄。药物明确者除进行一般常规抢救外,立即使用特效解毒剂治疗。

(二) 治疗措施

1. 一般处理　严密监测并维持生命体征稳定,畅通气道并保持足够通气,建立静脉通道,监测血氧饱和度、心率、心律、呼吸、意识等。

2. 毒物的清除

(1) 清除未吸收的毒物:根据毒物进入途径不同,采用相应的治疗方法。以最大限度降低毒物进入体内的量。

1) 对摄入中毒的处理

①催吐:是排出胃内毒物最简单和最好的方法。一般在摄入毒物后 4~6 小时内进行。适用于神志清醒、口服中毒的患儿。对昏迷、惊厥、有严重心脏病、食管静脉曲张、溃疡病、强酸及强碱、汽油及煤油等中毒的患儿不能采用催吐,6 个月以下婴儿不采用催吐法。

②洗胃:可清洗出尚在胃内的毒(药)物,并可进行毒物鉴定。一般在服入毒物 1~4 小时内进行。根据毒物性质选择温水、0.9% 氯化钠溶液(生理盐水)或 0.45% 氯化钠溶液、1∶10 000 高锰酸钾溶液等作为洗胃液,如不能获取到合适液体,则选择 0.45% 氯化钠溶液洗胃。洗胃液温度在 25~37℃,用量每次 5~10ml/kg,反复冲洗,直至洗出液清澈为止。洗胃后灌入或吞服活性炭以阻止毒物吸收。对强酸、强碱、腐蚀性毒物、石油馏分中毒不宜洗胃,可用中和法,如强碱中毒用淡米醋、果汁、弱酸,强酸中毒用镁乳、氢氧化铝凝胶、稀薄的肥皂

水等口服或灌入胃内。洗胃法禁用于惊厥发作、昏迷患者、食管静脉曲张患儿。

③导泻：一般在催吐或洗胃后进行。常用的导泻药有硫酸镁，每次 0.25g/kg，配成 25% 的溶液，口服或胃管注入。对有中枢抑制作用的毒物中毒时不宜使用硫酸镁导泻。

④肠灌洗：中毒时间稍久，导泻无效者可用。洗肠液常用 1% 温盐水、1% 肥皂水或清水，也可加入活性炭。应注意水、电解质平衡。对服用腐蚀性毒物或患儿极度虚弱者忌用肠灌洗。

2）其他途径中毒的处理：对吸入中毒者应将患儿立即移出现场，置于通风良好且空气新鲜的环境；对于经皮肤接触引起中毒者应立即将患儿的衣物脱去，用大量清水冲洗毒物接触部位；有毒动物咬刺伤引起中毒者，在肢体近心端扎止血带，每 10~20 分钟放松 1 次，若毒物注入不久，可局部放置冰袋，收缩血管，延缓吸收。

（2）促进已吸收毒物的排泄：根据病情可采用以下措施。

1）利尿：静脉输注 5%~10% 葡萄糖溶液可以稀释体内毒物浓度，增加尿量，促进排泄。患儿病情较轻或没有静脉输液条件时，可以让其大量饮水。如患儿有脱水，应先纠正。可应用利尿药，常选用呋塞米 1~2mg/kg 静脉注射；20% 甘露醇 0.5~1g/kg 静脉滴注。应用利尿剂的有效条件是毒物须经肾脏排泄，血液中药物浓度较高，血液循环和肾功能良好。

2）碱化尿液：可以促进弱酸性毒物的排泄，如水杨酸盐、苯巴比妥、百草枯等中毒，可用 5% 碳酸氢钠溶液 2~3ml/kg，配成等渗溶液于 1~2 小时内滴注完毕，其间检查尿液 pH 值，维持尿 pH 值 7.5~8 为标准。大量利尿时应监测电解质、出入量，适当补充钾盐。

3）血液净化疗法：包括透析疗法、血液灌流、血浆置换、换血疗法。

4）高压氧疗法：适用于各种中毒引起的严重缺氧。可用于一氧化碳、氨气、硫化氢等中毒。

3. 解毒剂的应用　一些中毒有特效解毒剂，一旦诊断明确，应尽快使用特效解毒剂。

4. 对症治疗　在急性中毒的抢救中，对症支持治疗是抢救成功的重要环节。及时处理各种中毒所致的严重症状，如呼吸、循环衰竭，惊厥；纠正水电解质及酸碱失衡；保护重要器官功能；营养支持；预防和治疗继发感染等。

【预防护理】

1. 通过有关中毒的健康知识宣教，提高家长及小儿安全意识。
2. 加强儿童看护，妥善管理好家中药品、灭虫剂、灭鼠药等，不让小儿随意取到。
3. 小孩生病时家长切勿擅自给小儿用药，禁食变质食物。
4. 严密监测血氧饱和度、心率、心律、呼吸、意识、体温、血压变化。
5. 呕吐者，预防呕吐物吸入性窒息。
6. 昏迷、惊厥时予以相应的特殊护理。

第三节　急性心功能不全

急性心功能不全又称急性心力衰竭，简称急性心衰，包括急性左心衰竭和急性右心衰竭。左心衰竭以喘促，难以平卧，心悸怔忡及倦怠乏力，不能耐劳为主症；右心衰竭以水肿和瘀血（青紫、肝脏肿大）为主症。根据急性心功能不全的临床表现可分属于中医"喘证"及"心悸""怔忡""心痹"等范畴。

临床上急性心功能不全病因有明显的年龄特点,可见于小儿各年龄期,但以婴幼儿最多见。本病是儿科危急重症之一,发病多呈急性经过,如不及时控制,可威胁患儿生命。

【病因病机】

心功能不全外因为感受六淫之邪,内因为心之气血阴阳不足。小儿胎禀不足,或素体虚弱,易感外邪,风湿病邪反复犯心,或感受温热毒邪,温邪化火,灼伤心营,使心阴受损,亦可累及心阳;若久病血虚,心血不足;或久病阳虚,心阳受损,可使气血运行阻滞,气滞血瘀。病邪内伤心血、心阳,致阴阳不足,故以虚为本,病情发展形成气滞血瘀,则以实为标。

引起急性心功能不全的病因与容量负荷过重、压力负荷过重、心肌本身病变、心律失常与心肌舒张功能障碍相关。心肌损伤是发生心力衰竭的基本原因。缺氧、感染、毒素及机械性应力作用等均可损伤心肌,导致功能正常的心肌细胞数量减少,心排血量降低,从而激活心脏、血管及肾脏等一系列调节机制。心力衰竭早期这些调节机制相互作用有利于维持机体需要,如基本病变存在,最终将会代偿失调导致出现心功能失代偿乃至心衰。

心脏容量负荷过重最常见的有左向右分流型先天性心脏病,如室间隔缺损,其他有二尖瓣或主动脉瓣关闭不全、贫血、静脉输液过多过快等;压力负荷过重常见有肺动脉瓣狭窄、主动脉瓣缩窄、肺动脉高压及高血压等;心肌本身病变包括感染性心肌炎、风湿性心脏病、心内膜弹力纤维增生症、扩张型心肌病、川崎病、冠状动脉起源异常等;心律失常如心动过速或心动过缓等;心肌舒张功能障碍如限制型心肌病、肥厚型心肌病、心脏压塞、缩窄性心包炎等。

> **课堂互动**
>
> 浅谈对于"心有水气则痹,气滞,身肿不得卧"的理解。

【诊断】

(一)诊断要点

心衰的临床表现是诊断的重要依据,同时还要结合病因、病史及辅助检查。婴儿期以重症肺炎、急性病毒性心肌炎、输液过多、严重贫血、急性心脏压塞较为常见;学龄前及学龄期儿童以急性风湿性心肌炎、心肌病、急性肾炎、各种原因导致的高血压等多见;年长儿心衰的临床表现与成人相似。

1. 临床表现

(1)心肌功能障碍:心脏扩大、心动过速、第一心音低钝,重者可出现舒张期奔马律,但新生儿时期很少听到;外周灌注不良,脉压窄,少部分患儿出现交替脉,四肢末端发凉;婴幼儿心功能不全的常见症状为呼吸快速、表浅,喂养困难,烦躁多汗,哭声低弱。

(2)肺淤血:呼吸急促,重者有呼吸困难与发绀。新生儿与小婴儿吸乳时气急加重、吸乳中断;肺水肿可出现湿啰音;肺动脉和左心房扩大压迫支气管时可有哮鸣音;肺泡和支气管黏膜淤血可见咯泡沫血痰,但婴幼儿少见。

(3)体循环淤血:肝脏肿大伴触痛,短时间内增大更有意义;颈静脉怒张;肝、颈静脉回流征阳性,婴儿此体征不明显,但可见头皮静脉怒张等表现;小婴儿可见全身性浮肿,眼睑与骶尾部较明显,体重增长较快,但极少表现为周围凹陷性水肿。

2. 小儿具备以下 4 项考虑心衰 ①呼吸急促：婴儿 >60 次 /min，幼儿 >50 次 /min，儿童 >40 次 /min；②心动过速：婴儿 >160 次 /min，幼儿 >150 次 /min，儿童 >140 次 /min；③心脏扩大：体检、X 线或超声心动图证实；④烦躁，喂哺困难，体重增加，尿少，水肿，多汗，发绀，呛咳，阵发性呼吸困难(2 项以上)。具备以上 4 项加以下 1 项或以上 2 项加以下 2 项，可确诊心衰。

①肝脾肿大：婴幼儿肝脏在右肋下 ≥ 3cm，儿童 >1cm，进行性肝脏肿大或伴触痛更有意义；②肺水肿；③奔马律。

心功能分级见表 13-3。

表 13-3　心功能分级

心功能分级	婴幼儿	儿童
心功能 I 级	无症状，吮乳、活动与正常儿无异	仅有心脏体征，无症状，活动有受限，心功能代偿
心功能 II 级	吮乳时可出现轻度呼吸急促或多汗，活动时有轻度呼吸困难，但生长发育尚正常	活动量较大时出现症状，活动轻度受限
心功能 III 级	吮乳和活动有明显的呼吸急促，哺喂时间延长，生长发育落后	轻活动稍多即出现症状，活动明显受限
心功能 IV 级	休息时也有症状，呼吸急促，有三凹征，呻吟，多汗	任何活动均有症状，在休息状态也往往有呼吸困难或肝脏肿大

(二)鉴别诊断

支气管肺炎轻度发绀，呼吸急促、心动过速、肝脏肿大是心力衰竭或肺部感染(支气管肺炎)的共性体征。吸氧后肺源性发绀可减轻或消失，血氧分压升高，氧饱和度正常；心源性者则改善不明显；肺部满布湿啰音、胸片肺部有点片状阴影者支持肺部炎症改变；心脏增大、杂音明显、有肺淤血的 X 线改变，则为心力衰竭。必要时行心脏超声检查。

【辨证论治】

(一)辨证思路

心功能不全多为外邪犯肺，肺气闭塞影响心血运行。一方面心血不足，心失所养致心气虚弱；另一方面感受外邪，壮火食气致气阴不足，表现疲乏、气短、自汗、脉沉、心悸、喘促、水肿等证候；气虚时久，心阳受损，温运无力致血脉瘀滞，右肋下常可触及积块，固定不移，并常伴颈部青筋暴露、唇甲及舌质紫暗，身寒怕冷、四肢不温等；阳虚之极，便可出现阳脱之证，喘促息微、汗出肢凉、四肢逆冷、脉微欲绝。心力衰竭以虚为本，病情发展形成气滞血瘀，则以实为标。参考各病种相应章节。

(二)治疗原则

心力衰竭当务之急为挽救垂危的心阳，救逆固脱，益气活血，温阳利水。结合现代医学进行对因治疗，减轻心脏负担，增强心脏收缩力，减少液体潴留，改善周围循环。

(三)急症处理

1. 一般处理

(1) 绝对卧床休息：不能平卧者，可取半卧位。尽力避免患儿烦躁、哭闹，必要时可适当应用镇静剂。对严重烦躁不安或已发生肺水肿者给予吗啡(0.05mg/kg)皮下或肌内注射，婴儿可用苯巴比妥钠 5mg/kg，肌内注射。

(2) 控制钠、水摄入：液体量开始可按 65ml/(kg·d)计算，随病情好转，逐渐加量。避免输液时速度过快、液量过多,以防增加心脏负担。

(3)吸氧:一般采用 40%~50% 氧气湿化后经鼻管或面罩给氧。急性肺水肿时,患儿呈极度呼吸困难,吐粉红色泡沫痰的患儿,在通氧的水封瓶中加入 50%~70% 乙醇溶液,每间隔 15~30 分钟吸通过乙醇溶液的氧气 10 分钟,可使肺泡内泡沫破裂,改善气体交换。

(4)呼吸管理:保持呼吸道通畅,必要时吸痰;室内空气保持新鲜。

(5)给予容易消化且富有营养的食物。

(6)根据不同的原发病,给予相应的病因治疗。

(7)密切观察病情变化,做好出入量、体温、脉搏、呼吸、血压等记录。

(8)完成必要的实验室检查,如血、尿、便常规,C 反应蛋白,心肌损伤标志物检测酶,血生化,血气分析,心电图超声心动图,胸部 X 线摄片等。

2. 药物急救

(1)洋地黄类药物:多选用毛花苷丙或地高辛静脉注射,按洋地黄化法给药。首次给洋地黄化总量的 1/2,余量分 2 次,每隔 4~6 小时给予;病情较轻能口服的患儿,开始给予口服地高辛,首次给洋地黄化总量的 1/3 或 1/2,余量分两次,每隔 6~8 小时给予,洋地黄化后 12 小时可开始给予维持量,疗程视病情需要而定。使用洋地黄时,尚需了解该药的注意事项,以防止洋地黄中毒。

(2)利尿剂的使用:使用洋地黄类药物而心衰仍未完全控制,或伴有显著水肿者,宜加用利尿剂,急性心功能不全或肺水肿者应选用速效利尿剂如呋塞米(速尿)每次 1mg/kg,静脉注射,注意电解质平衡。

(3)血管扩张剂的使用:根据病情酌情选用。如酚妥拉明 0.07~0.1mg/(kg·min),以 5% 葡萄糖稀释后静脉滴注;血管扩张素转换酶抑制剂,如卡托普利剂量为 0.4~0.5 mg/(kg·d),分 2~4 次口服,首剂 0.5mg/kg,以后根据病情逐渐加量。

(4)中成药的应用:①生脉注射液:适用于心功能不全辨证属气阴不足证,每次 50~100ml,静脉滴注,每天 1~2 次;②参附注射液:适用于心功能不全辨证属心阳虚衰者,每次 50~100ml,静脉滴注,每天 1~2 次;

【诊疗提示】

1. 病史采集 注意不同年龄心功能不全的临床表现、诱发因素及既往病史中是否有发生心功能不全的原发病。急性感染尤其是肺炎是小儿最常见引起心功能不全的原因;此外剧烈活动、过度疲劳及情绪激动、洋地黄类药物应用不当、输液过多或过快等常是小儿心力衰竭的主要诱因。

2. 体格检查 在全面体格检查的基础上,应特别注意以下方面:①精神、意识状态及面色的情况;②颈静脉怒张或颈动脉的异常搏动;③呼吸频率、节律的改变;④心脏大小、心率快慢、节律变化、心脏杂音等;⑤肝脏短时间内有无明显增大;⑥下肢有无浮肿等。

3. 辅助检查 心电图、X 线胸片、心电监护、血生化、心脏超声等检查。

【预防护理】

1. 积极寻求并避免引发小儿急性心衰的诱因。

2. 及时治疗原发疾病,如有先天性心脏病要采取适时的治疗手段。

3. 卧床休息,避免患儿哭闹,保持安静。

4. 观察体温、脉象、呼吸、神志、大小便、出汗等情况的变化。

【古籍摘要】

《黄帝内经》:"心痹者,脉不通,烦则心下鼓,暴上气而喘。"

《石室秘录·喘病治法》:"人有气喘不得卧,吐痰如泉涌者,舌不燥而喘不甚,一卧则喘。"

知识链接

2020 年美国心脏协会(AHA)《心肺复苏及心血管急救指南》
对儿童基础及高级生命支持的主要问题及更改部分总结

1. 根据儿童复苏的最新数据,针对所有儿童复苏场景,建议将辅助通气频率增至每 2~3 秒通气 1 次(每分钟通气 20~30 次)。

2. 对于需要插管的任何年龄的患者,建议使用有套囊气管插管内套管(ETT),以减少漏气现象及换管需要。

3. 不再建议在插管期间常规使用环状软骨加压。

4. 为最大限度增加获得良好复苏预后的概率,应尽早给予肾上腺素,理想情况下应在不可电击心律(心搏停止和无脉性电活动)心脏骤停后 5 分钟内给药。

5. 心搏骤停患者在初次住院后需经过较长康复期,因此应正式评估其生理、认知和社会心理需求并给予相应支持。

第四节 急性呼吸衰竭

PPT 课件

急性呼吸衰竭是指由于呼吸系统原发病或继发病变引起急性通气功能障碍,导致正常大气压下呼吸不能满足机体代谢需要,发生缺氧和二氧化碳潴留,可造成脑、肾、心、肝等重要脏器严重缺氧从而发生不可逆性的损害,严重威胁小儿生命。中医学文献中无呼吸衰竭的病名,依其临床表现可归属于中医学"咳喘""暴喘"范畴。

依病因不同分为气道梗阻型、呼吸泵衰竭型、肺衰竭型。

【病因病机】

呼吸衰竭多由先天禀赋不足,外感温热病邪、疮毒内攻导致邪热壅肺,肺气郁闭,宣降失常;热传阳明,则热结胃肠,腑气不通,浊气上逆;热入营阴,则肾阴受伤,元气耗损,肾不纳气,呼多吸少。此外电击、溺水、烧伤、烫伤以及疮毒内攻等使肺气壅遏,失于宣发与肃降而出现喘促。

急性呼吸衰竭的病因与呼吸道梗阻、肺间质实变、呼吸泵异常(呼吸中枢、呼吸肌和胸廓异常)有关。婴幼儿呼吸道窄、喉气管软骨软化、咳嗽能力差,易发生呼吸道梗阻和痰液阻塞;肺泡直径小、数目少,可能出现表面活性物质相对不足,加之胸壁柔软,因此容易发生肺不张、呼吸功能代偿不足等;婴幼儿呼吸频率快,呼吸中枢调节能力差,易发生呼吸肌疲劳。

【诊断】

诊断要点

临床上呼吸衰竭虽然可有呼吸困难,呼吸的频率、节律改变,三凹征,鼻翼扇动,面唇青紫或灰白,呼吸音减弱或消失,或有呻吟样呼吸,神志恍惚,抽搐昏迷,甚至发生喘脱等表现,但小儿呼吸衰竭常无显著特异的症状或体征,呼吸衰竭主要依据动脉血液气体分析测定诊断。临床按原发病分为中枢性呼吸衰竭与周围性呼吸衰竭;按呼吸功能分为通气功能衰竭与换气功能衰竭;按血气分析分为Ⅰ型(低氧血症型)[$PaO_2<50mmHg(6.7kPa)$]与Ⅱ型(低氧和高碳酸血症型)($PaO_2<50mmHg,PaCO_2>50mmHg$)。

急性呼吸衰竭是小儿心搏骤停的最常见的原因,一旦发生心脏停搏,预后极差,因此及早识别和处理尤其重要。当小儿出现神志改变,伴有呼吸急促或减慢、呼吸困难或浅表时,应考虑急性呼吸衰竭的可能,通过体检和血气分析检测快速做出评估。

【辨证论治】

(一)辨证思路

呼吸衰竭首先应详细了解病情,结合各种检查,找出其发病原因。其辨证要分清标本缓急,并以辨虚实、辨兼夹为要点。

呼吸衰竭以喘为主要表现,大凡喘促,鼻翼扇动,甚则张口抬肩,气粗声高,喉间痰鸣,大便秘结,小便短赤,舌紫暗,苔黄厚,脉滑数者,属实证;呼吸微弱,喘声低微,时断时续,面色萎黄,纳呆便溏,神疲乏力,自汗,四肢发凉,舌淡苔白,脉微欲绝者,属虚证。呼吸衰竭不论虚证还是实证,常有兼夹,凡痰壅、唇紫、高热、便秘者,必夹杂痰浊、瘀血,导致气机壅滞,脉络不通。呼吸衰竭主要表现为肺卫不固、痰瘀阻肺、痰热阻窍、痰浊蒙窍、气阴耗竭、心肾阳衰不同证候。

辨证治疗参考各病种相应章节。

(二)治疗原则

急性呼吸衰竭的基本治疗原则是改善呼吸功能,保持呼吸道通畅;正确给氧,选择性应用呼吸兴奋剂;控制感染,治疗原发病;纠正酸碱及电解质紊乱,维持心、脑、肺、肾功能。

(三)急症处理

1. 一般处理

(1)营养支持:营养支持对呼吸衰竭患儿的预后极为重要。首先要争取经口进食保证充足的营养,如不能经口或经口摄入的量不足,应争取从静脉补充部分或全部营养所需。

(2)积极治疗原发病:引起急性呼吸衰竭的病因很多,治疗各异,应针对引起呼吸衰竭的直接原因采取各种有效措施。例如重症肺炎时抗生素的应用;哮喘持续状态时支气管解痉剂和肾上腺皮质激素的合理使用等。

(3)注意事项:①准备好各种抢救设施;②注意调整体位,使患儿侧卧位,颈部后仰,抬起下颌,以解除上气道的梗阻,注意及时翻身拍背及吸痰;③密切观察病情,如患儿的呼吸频率、节律、痰量、二便、舌苔、脉象、血压以及意识的变化,并详细记录;④对使用机械通气的患儿尤其要注意观察呼吸机的运转情况,根据患儿的病情变化及血气分析结果随时调整呼吸机参数;⑤保持室内安静,空气流通及防寒保暖。

2. 急救措施

(1)改善呼吸功能:①稀释痰液,清除气道分泌物:可用生理盐水或蒸馏水加温后予以超声雾化吸入,并及时吸痰;②纠正低氧血症:氧气疗法一般采用鼻导管给氧或开式口罩给氧,如无改善且吸氧时 PaO_2<60mmHg 和 / 或 $PaCO_2$>50mmHg 时可用呼吸道持续正压给氧;③气管插管与气管切开:如存在暂时难以解除的上气道梗阻,或需要清除大量下呼吸道分泌物、吞咽麻痹、呼吸肌麻痹、或昏迷需要应用呼吸机者,给予经口或经鼻气管插管或气管切开,重者需机械通气。

(2)机械通气:呼吸机应用适用于:①患者呼吸骤停;②发生急性通气性呼吸衰竭 [$PaCO_2$ 在 8.0kPa(60mmHg) 以上];③慢性呼吸衰竭 [$PaCO_2$ 在 9.3kPa(70mmHg) 以上];④ pH 值明显降低;⑤严重低氧血症及各种原因使患者需要依靠通气支持以减轻心、肺功能、纠正已经发生或即将发生的呼吸衰竭。

(3)呼吸兴奋剂:适用于嗜睡、昏迷、呼吸抑制的患者。如洛贝林(每次 0.3~3mg/kg,静脉注射)、尼可刹米(每次 0.05ml/kg,静脉注射),注意其使用的时机。

(4)纠正水电解质和酸碱平衡紊乱:①呼吸性酸中毒的纠正:主要以改善通气功能为主;②补液:呼吸衰竭的补液量以每日 60~80ml/kg 为宜,注意控制补液的速度,并根据电解质紊乱情况适当给予相应调整。

(5)利尿剂及脱水剂:如呋塞米(每次 1~2mg/kg,静脉注射),脑水肿时宜加用脱水剂甘露醇(0.5~1.0g/kg,每日 3~4 次,静脉点滴)。

(6)肾上腺皮质激素:常用地塞米松,早期大剂量短疗程,每次 0.5~1mg/kg,每日 3~4 次。

(7)强心剂及血管活性药物:心衰时以应用快速洋地黄制剂如毛花苷丙、地高辛为宜,用量要偏小。血管活性药物临床常用 α 受体阻滞剂酚妥拉明,每次 0.3~0.5mg/kg,最大剂量每次可用 1mg/kg,加入 5% 葡萄糖注射液静脉缓推注或滴注,1~6 小时 1 次。

(8)防治消化道出血:常规给予雷尼替丁、奥美拉唑口服,必要时静脉注入。

(9)中医药治疗:①呼吸衰竭肺肾之气阴不足之证选用生脉注射液;元阳暴脱之证选用参附注射液;呼吸衰竭兼心血瘀阻而面唇发绀者可用丹参注射液。②针灸疗法:取人中、内关、天突、涌泉等穴针刺,强刺激不留针;灸膻中、气海、足三里、肾俞等穴。

【诊疗提示】

1. 了解可能导致呼吸衰竭的基础疾病,如急性喉炎、气管异物、哮喘、肺部感染、肺水肿、肺炎、胸腔积液、硬肿症、药物、脑炎、脑水肿等。

2. 除全面体格检查外,应重点对心肺功能进行评估,如全身肤色、精神状态、反应能力、活动能力、运动幅度、肌肉张力、呼吸频率、节律的改变、吸气相呼吸音强弱、气道有无分泌物,心率、心律、血压,精神意识,有无腹胀腹痛、肝脾肿大、黄疸、皮肤发绀等。

3. 血液气体分析是诊断呼吸衰竭及其类型的重要指标;胸部 X 线摄片可发现引起呼吸衰竭的肺、胸原发疾病的征象;血、尿常规及血生化、心电图等检查,根据病情不同而有相应的改变。

【预防护理】

1. 及时治疗原发疾病,积极寻求并避免引发小儿急性呼吸衰竭的诱因。

2. 密切观察病情,观察全身情况、呼吸频率、节律、类型、心率、心律、血压以及血气分析结果。

3. 观察皮肤颜色、末梢循环、肢体温度等变化。

【古籍摘要】

《伤寒补例》:"无寒热他病,饮食如常,忽然大喘,有行动即喘,静卧稍减者。有行动稍可,能正卧者,此二大病也,皆寒湿冷痰。"

《灵枢·经脉》:"是动则病肺胀满膨膨而喘咳。"

第五节　心肺复苏术

心肺复苏术(cardiopulmonary resuscitation,CPR)是指在心跳、呼吸骤停时所采取的一系列急救措施,以恢复并有效维持已中断的循环及呼吸功能。

【 心搏、呼吸骤停的原因 】

(一)心搏骤停的原因

1. 心脏疾病　心肌病、心肌炎、严重心律失常、先天性心脏病等。

2. 继发于呼吸骤停或呼吸衰竭　如窒息、肺炎、溺水、气管异物等。

3. 药物中毒及过敏　氯化钾、洋地黄、奎尼丁、锑剂等药物中毒、药物过敏、血清反应等。

4. 外伤及意外　颅脑或胸部外伤、电击、烧伤、麻醉意外、心导管检查等。

5. 电解质、酸碱平衡紊乱　高血钾、严重酸中毒、低血钙等。

6. 严重低血压　失血性休克、感染性休克、严重脱水等。

7. 婴儿猝死综合征。

8. 迷走神经张力过高　因咽喉部炎症,处于严重缺氧状态时,用压舌板检查咽部,可致心搏、呼吸骤停。

9. 治疗操作、手术、麻醉意外如纤维支气管镜检查、心包穿刺、气管插管或切开。

(二)呼吸骤停的原因

1. 急性气道梗阻　如咽旁脓肿、喉痉挛、喉头水肿、气管异物、气道灼伤、肺炎、哮喘持续状态、重症肺炎。

2. 意外及中毒　如溺水、电击、药物中毒(安眠药中毒,有机磷、箭毒)、CO 中毒、严重创伤等。

3. 神经肌肉疾病　如急性感染性多发性神经根炎、肌无力、进行性脊髓性肌萎缩等。

4. 中枢神经系统疾病　颅脑损伤、颅内炎症、脑血管意外、脑肿瘤、脑疝等。

5. 代谢性疾病　低钙性喉痉挛、低血糖、甲状腺功能低下等。

6. 胸廓损伤或双侧张力性气胸。

7. 继发于心搏骤停或惊厥后。

8. 婴儿猝死综合征。

【 心肺复苏指征 】

1. 突然昏迷,可有一过性抽搐。

2. 大动脉搏动消失　颈动脉、股动脉、肱动脉搏动消失。

3. 瞳孔扩大,对光反射消失。

4. 心音消失或心跳过缓:心音消失,或心率低于 60 次 /min,心音极微弱,也需施行心脏按压。

5. 呼吸停止或严重呼吸困难　胸腹式呼吸运动消失,听诊无呼吸音,面色灰暗或发绀。

呼吸过于浅弱、缓慢或呈倒吸气样时不能进行有效气体交换所造成的病理生理改变与呼吸停止相同,亦需进行人工呼吸。

6. 心电图表现常见等电位线、心室颤动、无脉性室速、心电机械分离。前两项即可诊断心搏呼吸骤停。对可疑病例应先行复苏术,不可因反复触摸动脉搏动或听心音而延误抢救治疗。

【心肺复苏方法】

心肺复苏技术主要包括基本生命支持(basic life support,BLS)、高级生命支持(advanced life support,ALS)、稳定及复苏后治疗 3 个方面。

(一) 基本生命支持

基本生命支持(BLS)是自主循环恢复,挽救患儿生命的基础。强调立即现场实施 CPR,争分夺秒。

1. 快速评估和启动急救医疗服务系统(EMSS)　包括迅速检查评估反应及呼吸、环境对抢救者和患儿是否安全,检查大动脉搏动(儿童触摸颈动脉或股动脉,婴儿触摸肱动脉,10 秒内做出判断),迅速决定是否需要 CPR。同时启动 EMSS 获取帮助。

2. 尽快实施 CPR　迅速和高质量 CPR 对于循环呼吸恢复和避免复苏后神经系统后遗症至关重要。婴儿与儿童 CPR 按 C—A—B 进行为优先程序。即胸外按压(chest compressions/circulation,C)、开放气道(airway,A)、建立呼吸(breathing,B)。新生儿心脏骤停主要为呼吸因素所致(已明确为心脏原因者除外),其 CPR 程序为 A—B—C 方法。

(1) 胸外按压(C):是最简单易行的复苏措施,但强调按压时需要快速有力才能起到效果。具体方法包括:①双掌法:适用于年长儿(8 岁以上)。双手掌根重叠,手指交叉抬起,置于患儿胸骨中下 1/3 处,手掌根的长轴与胸骨的长轴一致,按压时双手肘关节伸直,凭借体重及肩臂之力,有节奏地垂直向脊柱方向挤压。②单掌按压法:对于 1~8 岁小儿可用。用一手固定患儿头部,以便通气,另一手手掌根部置于胸骨下半段(避开剑突),手掌根的长轴与胸骨的长轴一致。③双手环抱按压法:婴儿和新生儿选用。双手围绕患儿胸部,双拇指或重叠的双拇指置于乳头线下胸骨按压。按压频率 100~120 次 /min。按压幅度至少为胸部前后径的 1/3,对于大多数婴儿相当于大约 4cm,对于大多数儿童相当于大约 5cm。并保证每次按压后让胸廓充分回弹。

心脏按压有效的指征是:①按压时可触及患儿颈动脉,股动脉搏动;②扩大的瞳孔缩小,对光反射恢复;③口唇,甲床颜色好转;④肌张力增强或有不自主运动;⑤出现自主呼吸。

(2) 开放气道(A):建立和维持气道开放和保持足够通气是基本生命支持的重要内容。应迅速清理口鼻咽分泌物、呕吐物、异物,使头、颈处于有利气道通畅位置。一般采用仰头提颏法。怀疑有颈椎损伤,采用托举下颌手法开放气道。

(3) 建立呼吸(B):借助人工方法进行气体交换,改善缺氧状态。

1) 口对口人工呼吸:适用于现场急救。操作时患儿平卧,头稍后仰,术者一手托起患儿下颌,另一手拇指、食指捏住患儿鼻孔。操作者将口覆盖患儿之口,将气吹入,每次送气时间 1 秒,停止吹气后,放松鼻孔,让患儿肺内气体自动排出。对 1 岁以内的小婴儿,可采用口对口鼻吹气。有效通气的判定标准为能否引起胸廓扩张。

2) 球囊 - 面罩通气:选择适合的面罩,一手采用"E-C"钳方式固定面罩使其紧贴患儿面部覆盖患儿口鼻,并托举患儿下颌,另一手有节律地挤压、放松气囊,挤压与放松时间以 1:2 为宜。在操作过程中注意观察胸廓起伏以了解辅助通气的效果,如无有效通气,应排除是否存在气道梗阻。

3）按压与通气的协调：在未建立高级气道（气管插管）时，心脏按压频率与人工通气频率之比为婴儿、儿童 15：2（双人操作），30：2（单人操作）。新生儿 3：1。高级气道建立后，胸外按压与人工呼吸不再进行协调，以 100~120 次/min 频率不间断按压，通气频率为 2~3 秒1 次，20~30 次/min。注意避免过度通气。如果有 2 人及以上救助者，可每 2 分钟轮换操作，以防止胸外按压者疲劳，影响胸外按压的质量。轮换应在 5 秒内完成。

（4）除颤（defibrillation，D）：目击患儿突发性心脏骤停，或心电监护提示心室颤动或无脉性室性心动过速，可用电除颤复律。1 岁以下首选手动除颤仪，次选能量衰减性 AED。1~8岁儿童使用儿科剂量衰减 AED。初始除颤能量选用 2J/kg，如需要 2 次除颤，则能量至少升至 4J/kg，不超过 10J/kg 或成人最大剂量。除颤后立即恢复 CPR，尽可能减少除颤前后的胸外按压中断时间（小于 10 秒）。

（二）高级生命支持（ALS）

高级生命支持指在 BLS 基础上应用辅助器械与特殊技术、药物等建立有效通气和循环。如及时心电监护、建立高级气道、建立血管通道、应用药物、除颤、对症处理，最大限度改善预后。

1. 监护 包括心电监护、有条件者行呼气末 CO_2、中心静脉压、有创动脉压监测、脑电监测等。

2. 建立高级气道 包括放置口咽或鼻咽气道、喉面罩通气道、气管插管、食管-气管联合导气管等。其中气管插管人工呼吸是通气效果最佳的人工呼吸方法。当需要持久通气，或面罩吸氧不能提供足够通气时，可用气管内插管代替面罩吸氧。插管时应选用与年龄相适应的不同内径的导管，首选带套囊导管。如为不带套囊导管，导管内径：1 岁内 3.5mm，1~2 岁 4mm，大于 2 岁可按公式"内径（mm）=4+ 年龄/4"计算。如为带囊导管，相同年龄的患儿所选导管内径比不带囊套者减少 0.5mm。插管成功后用人工呼吸机或简易呼吸器进行有效的人工呼吸。

3. 建立血管通路 以周围静脉穿刺最常用，必要时同时建立周围静脉通路和中心静脉通路。周围静脉穿刺困难时，应建立骨髓通路，所有需静脉输入的复苏药物均可经骨髓通路给予。

4. 药物治疗 在心肺复苏过程中，恰当使用药物有助于促进心搏与自主呼吸的恢复。给药途径包括静脉通道（IV）、骨髓（IO）、气管内（ET）给药。但不能用药物治疗取代人工呼吸和人工循环。

1）肾上腺素：为复苏首选药物，适应于各种原因所致的心搏骤停。有正性肌力和正性频率作用。静脉（IV）或骨髓内（IO）给药剂量：0.01mg/kg（0.1ml/kg，1：10 000 溶液），最大剂量 1mg；气管内（ET）给予，剂量：0.1mg/kg（0.1ml/kg，1：1 000 溶液），最大剂量 2.5mg，间隔3~5 分钟可重复上述剂量 1 次。

2）阿托品：用于心脏复跳后心动过缓、Ⅱ度房室传导阻滞、预防气管插管引起的迷走神经性心动过缓。可通过静脉、骨髓、气管内给药。静脉或骨髓给药：每次 0.02mg/kg，单次最小剂量 0.1mg；单次最大剂量儿童 0.5mg，青少年 1mg；总剂量儿童不超过 1mg，青少年不超过 2mg。气管给药每次 0.04~0.06mg/kg。无效时可间隔 5 分钟重复使用。

3）碳酸氢钠：其用药指征为 pH 值 <7.20，严重肺动脉高压、高血钾、较长时间心停跳可考虑使用。先予 5% 碳酸氢钠溶液 5ml/kg，稀释成等张液后滴入。此后根据血气分析与生化检查结果决定补充量。应用该药时必须保证有效通气。

4）葡萄糖：在心脏复苏时，应快速进行床旁的血糖检测，低血糖时应立即给葡萄糖，剂量 0.5~1.0g/kg 静脉（IV）或骨髓内（IO）给药。新生儿用 10% 葡萄糖 5~10ml/kg，婴儿和儿童选用 25% 葡萄糖 2~4ml/kg,青少年用 50% 葡萄糖溶液 1~2ml/kg。

5) 钙剂:仅在已明确的低钙血症、高钾血症(非洋地黄中毒)、高镁血症、钙通道阻滞剂过量时,可考虑使用。对心跳已停搏者不宜使用。剂量:10% 葡萄糖酸钙溶液 100~200mg/kg(10% 葡萄糖酸钙溶液 1~2ml/kg),每次最大剂量 2.0g。

6) 利多卡因:能抑制心脏自律性和室性异位起搏点。用于复发性室性心动过速、心室颤动。剂量:首剂为 1mg/kg,负荷量给后即静脉维持,剂量为每分钟 20~50μg/kg。

7) 胺碘酮:用于多种心律失常,尤其是室性心动过速。初次剂量 5mg/kg,每日总量 <15mg/kg 或 2.2g。应避免与其他延长 Q-T 间期的药物同时使用。

8) 腺苷:抑制窦房结和房室结活性,为终止室上性心动过速的有效药物。首剂 0.1mg/kg(最大剂量 6mg)快速推注,重复剂量 0.2mg/kg(最大剂量 12mg)。禁用于预激综合征和非规则宽 QRS 波群心动过速。

9) 纳洛酮:用于阿片类药物过量。静脉给药每次 0.1mg/kg,必要时 2 分钟重复 1 次,最大剂量 2mg。气管插管内给药剂量为静脉的 2~3 倍。

10) 其他:根据病情酌情选用血管活性药物、肾上腺皮质激素、脱水剂、镇静剂等。

(三)复苏后治疗(PRT)

经人工呼吸、胸外按压及药物急救治疗自主循环恢复并能维持者,进入复苏后稳定阶段。注意稳定呼吸及循环功能,纠正低血压、心律不齐等;积极进行脑复苏,尽量避免神经系统后遗症,保障生存质量;维持肾功能及水、电解质平衡;治疗原发病及防治感染,查找病因,防止再度引发呼吸、心搏骤停。

【预防护理】

1. 及早识别和干预触发心搏呼吸骤停的高危因素,避免其发生。

2. 监测生命体征,注意心率、心律、呼吸、血压、血氧饱和度、血气及电解质、肝肾功、凝血等变化。注意神志、精神、瞳孔及周围循环的变化并记录。准确记录出入量。

3. 加强呼吸道管理,定时湿化气道,适时吸痰,保持呼吸道通畅。

4. 气管插管、呼吸机机械通气、中心静脉置管时分别予以相关护理。

第六节 小儿液体疗法

PPT 课件

体液是人体的重要组成部分,保持其生理平衡是维持生命的重要条件。体液分布于血浆、组织间隙和细胞内,前两者合称为细胞外液。体液中水、电解质、酸碱度、渗透压的动态平衡有赖于呼吸、肾脏、神经内分泌等的调节。由于小儿体液占体重的比例大,每日需水量多,新陈代谢旺盛,而代谢调节功能不成熟等特点,容易发生水、电解质、酸碱平衡紊乱,严重者可危及患儿生命。液体疗法是通过维持或恢复正常的体液容量和成分,从而保持机体正常生理功能为目的的治疗方法。

【水、电解质和酸碱失衡】

(一)脱水

脱水是指由于水的摄入量不足或丢失过多所致的体液总量,尤其是细胞外液(血浆、间质液)量的减少。脱水除有水分丢失外还伴有钠、钾及其他电解质的丢失。

1. 脱水的程度　根据体重下降的百分比、精神、皮肤弹性、黏膜干燥度、前囟及眼窝下陷程度、循环情况、尿量等进行综合分析判断。常将脱水分为轻、中、重三度（表 13-4）。

表 13-4　脱水程度评估

	轻度脱水	中度脱水	重度脱水
丢失体液（占体重 %）	3%~5%	5%~10%	>10%
精神状态	正常或稍差	萎靡或烦躁	嗜睡或昏迷
皮肤弹性	正常	轻度减低	差
黏膜	稍干燥	干燥	明显干燥
前囟、眼窝	稍有凹陷	凹陷	明显凹陷
眼泪	有	减少	无
肢端	温暖	稍凉	凉或发绀
尿量	稍减少	明显减少	极少或无尿
脉搏	正常或稍增快	增快	明显增快且弱
呼吸	正常	深,也可快	深和快
血压	正常	正常或稍降	降低

2. 脱水的性质　是指现存体液渗透压的改变。脱水的性质常反映了水和电解质的相对丢失量,临床常用血清钠及渗透压水平来对其进行评估。钠离子是决定细胞外液渗透压的主要成分,因此临床上常根据钠离子浓度将脱水分为等渗性脱水、低渗性脱水和高渗性脱水三种类型。等渗性脱水最常见,其次为低渗性脱水,高渗性脱水相对少见。

（1）等渗性脱水:水和电解质（主要是 Na^+）成比例的丢失,血清钠浓度为 130~150mmol/L,脱水后血浆渗透压在正常范围内。多见于急性腹泻、呕吐、进食不足等原因。临床表现在很大程度上取决于细胞外液的丢失量。

（2）低渗性脱水:电解质损失大于失水,血清钠 <130mmol/L,脱水后血浆渗透压较正常低。由于细胞外液呈低渗状态,水从细胞外进入细胞内,导致细胞外液量进一步减少,严重者血压下降,甚至于休克。因此低渗性脱水与其他两种性质的脱水相比,临床表现多较严重,并且容易发生循环障碍。多见于营养不良伴腹泻、或腹泻时输注大量的非电解质液,或肾病、心力衰竭患儿长期限盐及反复应用利尿剂等。

（3）高渗性脱水:失水大于电解质损失,血清钠 >150mmol/L,脱水后血浆渗透压较正常高。细胞外液呈高渗状态,水从细胞内转移至细胞外,使细胞外液得到细胞内液的补充,在失水量相同的情况下,脱水体征不如上两种脱水明显。由于细胞内缺水,临床上表现剧烈口渴、高热、烦躁、肌张力增高、惊厥等。多见于病程较短的呕吐、腹泻伴高热者,不显性失水多而补水不足者（昏迷、发热、呼吸增快、高温环境）,口服或静脉输入过多等渗或高渗溶液;或使用大量脱水剂引起溶质性利尿者。

（二）钾代谢异常

人体内钾主要存在于细胞内,在调节细胞的各种功能中起着重要作用。正常血清钾浓度为 3.5~5.0mmol/L。血清钾低于 3.5mmol/L 时为低血钾症,血清钾大于 5.5mmol/L 时为高血钾症。

1. 低钾血症

（1）病因:①钾的摄入量不足:如长期不能进食或静脉补液时少加或不加钾盐;②钾经消化道丢失过多:如呕吐、腹泻、各种引流等;③经肾排出过多:长期使用排钾利尿剂、肾小管酸中毒、原发性醛固酮增多症等；④钾在体内分布异常：如家族性周期性麻痹；⑤各种原因的碱中毒。

（2）临床表现：不仅取决于血钾的浓度，更取决于缺钾发生的速度，一般当血清钾低于3mmol/L 时即可出现临床症状。①神经肌肉：神经肌肉的兴奋性降低，表现为精神萎靡、四肢软弱无力、腹胀、肠鸣音消失，严重时腱反射消失，呼吸肌麻痹；②心血管系统：心肌收缩无力，心率增快，心音低钝，心律失常，心电图可见 ST 段下移，T 波低宽，T 波倒置，QT 间期延长，出现 U 波。

2. 高钾血症

（1）病因：①钾摄入量过多：静脉输入钾过多过快、输入库存过久的全血；②肾脏排钾减少：如肾衰竭、肾小管性酸中毒、长期使用保钾利尿剂；③钾分布异常：如严重溶血、严重组织创伤，钾由细胞内转移至细胞外。

（2）临床表现：①神经、肌肉症状：精神萎靡、嗜睡、手足感觉异常、肌腱反射减弱或消失、严重者四肢呈弛缓性瘫痪等；②心血管系统：心率缓慢，节律失常，早期血压可偏高，晚期常降低，心电图出现 T 波高尖，P-R 间期延长，QRS 波群增宽，S-T 段压低等。

（三）酸碱平衡紊乱

1. 代谢性酸中毒　是最常见的酸碱平衡失调，由于细胞外液中 H^+ 增加或 HCO_3^- 降少所致。正常血液的 pH 值为 7.4（在 7.35~7.45 之间），pH 值 <7.35 为酸中毒，pH 值 >7.45 为碱中毒。

（1）病因：①体内碱性物质大量丢失：如腹泻、肠瘘、肾小管性酸中毒等；②体内酸性物质产生过多：如急性感染、发热、缺氧、饥饿等；③酸性物质排出障碍：如脱水、休克所致的乳酸血症、肾功能不全等；④摄入酸性物质过多：如长期服用氯化钙或水杨酸等。

（2）临床表现：轻症酸中毒的症状由于不典型而常被原发病所掩盖。典型酸中毒常表现为精神萎靡、烦躁不安、呼吸深快、口唇樱红、嗜睡、恶心、呕吐等甚或出现低血压、心力衰竭。小婴儿的呼吸代偿功能较差，酸中毒时其呼吸改变可不典型，往往仅表现有精神萎靡、拒食和面色苍白等。

2. 呼吸性酸中毒　原发于呼吸系统紊乱，引起肺泡 PCO_2 增加所致。

（1）病因：①呼吸道阻塞：喉头水肿、支气管哮喘、呼吸道异物、分泌物堵塞等；②肺和胸腔疾病：如重症肺炎、呼吸窘迫综合征、肺不张、肺水肿、气胸及大量胸腔积液等；③中枢神经及中枢下神经感染性疾病所致的呼吸中枢抑制和呼吸肌麻痹。

（2）临床表现：除原发病症状与体征外，多见呼吸困难、低氧血症，高碳酸血症引起颅内血管扩张，血流量增加可致头痛、颅内压增高，甚至出现中枢抑制。

3. 代谢性碱中毒　因体内 H^+ 丢失或 HCO_3^- 增加所致。

（1）病因：①机体内酸性物质大量丢失，如剧烈呕吐或胃管引流丧失大量盐酸；②应用碳酸氢钠等碱性药物过多；③长期使用利尿剂或其他原因引起的低钾、低氯性碱中毒。

（2）临床表现：轻症除原发病外可无明显症状，典型表现为呼吸浅慢或暂停、头晕、躁动、手足麻木等；因碱中毒血清钙离子减少，可出现手足抽搐或惊厥。合并低钾血症时可表现肌张力减低。

4. 呼吸性碱中毒　由于肺泡通气过度增加导致血二氧化碳分压降低。

（1）病因：①呼吸中枢过度刺激引起呼吸深快：缺氧、高热、疼痛、水杨酸中毒、颅内疾病等；②如长时间剧烈啼哭，人工呼吸机过度通气、紧张等。

（2）临床表现：除原发病表现外，可见口周、四肢麻木，肌肉痉挛疼痛；头晕、头疼、幻觉、心悸等，严重致心律失常。

【 液体的张力与常用溶液 】

(一) 液体的张力

液体的张力是指溶液中电解质所产生的渗透压,与正常血浆渗透压相等时,其张力为 1,也叫等张液。正常血浆中电解质阴阳离子总和为 280~320mmol/L,故其渗透压为 280~320mmol/L,低于血浆渗透压为低张液;高于血浆渗透压为高张液。

(二) 常用溶液

1. 非电解质溶液　常用的非电解质溶液有 5% 葡萄糖溶液、10% 葡萄糖溶液。

2. 电解质溶液　主要用于补充体液、补充所需的电解质、纠正电解质与酸碱平衡失调。

(1) 0.9% 氯化钠溶液(生理盐水):含 Na^+ 和 Cl^- 各为 154mmol/L,Na^+ 含量与血浆近似,用于扩张血容量,补充电解质。因 Cl^- 含量比血浆含量(10^{3}mmol/L)高,不宜长期或大量使用。

(2) 复方氯化钠溶液(林格液):100ml 中含氯化钠 0.85g、氯化钾 0.03g、氯化钙 0.033g,为等渗溶液,渗透浓度同生理盐水。其作用和特点与等渗氯化钠溶液基本相同。因含氯较多,不宜大量或长期输注。

(3) 碱性溶液:常用于纠正酸中毒。常用的碱性溶液有:① 1.4% 碳酸氢钠溶液:为等渗含钠碱性溶液。5% 碳酸氢钠溶液可加入 5% 或 10% 葡萄糖溶液稀释 3.5 倍,即为 1.4% 碳酸氢钠溶液。② 1.87% 乳酸钠溶液:为等渗含钠碱性溶液。11.2% 乳酸钠溶液可加 5% 或 10% 葡萄糖溶液稀释 6 倍,即为 1.87% 乳酸钠溶液。乳酸钠需要在有氧条件下经肝脏分解产生 HCO_3^- 而发挥作用。因此,在肝功能不全、新生儿期、缺氧、休克,尤其是乳酸性酸中毒时不宜选用。

(4) 氯化钾溶液:可用于纠正低钾血症。制剂为 10% 溶液。静脉输液时,应稀释成 0.2%~0.3% 浓度,不可直接推注,否则有引起心肌抑制、心搏骤停的危险。并应注意肾功能和排尿情况。

3. 混合溶液　为适应于不同的液体疗法的需要,将各种溶液按不同比例配制成不同成分和张力的混合溶液。常用几种混合液:① 2∶1 等张含钠液:由 2 份 0.9% 氯化钠溶液、1 份 1.4% 碳酸氢钠溶液组成;② 3∶2∶1 液:由 3 份 5% 葡萄糖溶液、2 份 0.9% 氯化钠溶液、1 份 1.4% 碳酸氢钠溶液组成;③ 4∶3∶2 液:由 3 份 5% 葡萄糖溶液、4 份 0.9% 氯化钠溶液、2 份 1.4% 碳酸氢钠溶液组成。

4. 口服补液盐溶液(ORS)　ORS 是世界卫生组织(WHO)推荐用以治疗急性腹泻合并脱水的一种溶液。目前有多种 ORS 配方。WHO 2002 年推荐出低渗透压 ORS 配方,与传统的配方比较更为安全。其总渗透压 245mOsm/L。各种电解质浓度为 Na^+ 75mmol/L,K^+ 20mmol/L,Cl^- 65mmol/L,枸橼酸根 10mmol/L,葡萄糖 75mmol/L。可用 NaCl 2.6g,枸橼酸钠 2.9g,氯化钾 1.5g,葡萄糖 13.5g 加水 1 000ml 配成。

【 小儿液体疗法的途径与方法 】

小儿液体疗法实施的基本原则是:纠其所偏,补其所需。补液前要正确评估患儿脱水及电解质紊乱的程度和性质,制订出合理有效、可行的补液计划,包括补液量、补液成分、补液速度等,并根据病情及时调整。液体疗法包括补充累积损失量、继续损失量和生理需要量 3 个部分。

(一) 口服补液法

口服补液法具备简单、经济、安全且符合生理的特点。适用于轻度脱水或中度脱水无严重呕吐者。ORS 用于补充累计损失量,按脱水程度计算,轻度脱水约 50ml/kg、中度脱水 60~90ml/kg,在 4~6 小时少量多次喂服。继续补充量根据腹泻丢失量而定,一般每次大便后喂服 10ml/kg。严重脱水、严重呕吐、昏迷、腹胀、极度疲劳者不宜使用。在口服补液过程中要随时注意观察病情,如病情加重,则随时改用静脉补液。

(二)静脉补液法

适用于严重呕吐、腹泻伴中、重度脱水的患儿。

1. 补充累积损失量

(1)定补液量:主要根据脱水的程度和年龄决定。婴幼儿轻度脱水补充量为 30~50ml/kg、中度脱水为 50~100ml/kg、重度脱水为 100~120ml/kg,2 岁以上儿童分别为 30ml/kg、30~60ml/kg、60~90ml/kg。营养不良、肺炎、心肾功能损害者小儿补液总量应酌情减 1/4~1/3。

(2)定溶液种类:即根据脱水的性质选择液体的张力。等渗性脱水补给 1/2 张含钠液,低渗性脱水补给 2/3 张含钠液,高渗性脱水补给 1/3~1/5 张含钠液。如临床上判断脱水性有困难时,可先按等渗性脱水补充。

(3)定补液速度:输液的速度要根据脱水的程度与性质决定。原则上先快后慢。对于等渗性和低渗性脱水的累积损失量宜于 8~12 小时内补充。输液速度相当于 8~10ml/kg,高渗性脱水时补液速度适当减慢。对于有循环不良和休克的重度脱水患儿,开始应快速输入生理盐水或 2 : 1 等张含钠液 20ml/kg(总量 <300ml)于 30~60 分钟内,静脉注射或快速静脉滴注。其余累积损失量按上述方法补充。

2. 补充继续损失量 在补充累积损失量后,因引起体液丢失的原因如腹泻、呕吐、胃肠引流大多继续存在,如不予补充将又成为新的累积损失量。该丢失量视原发病而异,应根据实际丢失量而补充。如婴儿腹泻,一般可按每天 10~40ml/kg,用 1/3~1/2 张含钠液补给。

3. 补充生理需要量 生理需要量涉及热量、水和电解质。机体的生理需要与其代谢热量相关。患儿饮食不足需要进行液体疗法时,所需热卡可按基础代谢计算。一般按每代谢 100kal 热量需 100~150ml 水;年龄越小,需水相对越多。据此计算每日需生理需要量,婴儿每日 70~90ml/kg,幼儿每日 60~70ml/kg,儿童 50~60ml/kg。生理需要量宜尽量口服补充,口服量不足或不能口服者,用 1/4~1/5 张含钠液补充。同时补充生理需要量的钾。

4. 纠正低血钾 主要是消除低钾的原因及补充钾盐。一般每天可给 3mmol/kg,严重低钾补给 4~6mmol/kg。轻中度低钾可采用口服,因其安全、方便。10% 氯化钾口服,每日剂量为 200~250mg/kg,分 4~6 次。如口服困难或低钾严重时采用静脉补钾。静脉补钾的原则:①见尿补钾;②控制浓度,每 100ml 液体中可加入 10%KCl 1~2.5ml,浓度应 <0.3%;③速度不能过快,应小于 0.3mmol/(kg·h)。严重的低钾血症要连续补 4~6 天,口服缓慢补钾更安全。

5. 纠正酸中毒 治疗重点是纠正引起酸中毒的原发病,尽早恢复肾循环,而非单纯依靠补给碱性液。轻度的酸中毒可随脱水的改善而得到纠正,不用另给碱性液体。对重度酸中毒,则应补充碱性溶液。粗略估算碱性液剂量可按每次 1.4%NaHCO₃ 6~12ml/kg 计算,此量约可提高血 HCO_3^- 3~6mmol/L,根据病情需要调整剂量。在有血气分析结果时,按公式 5% 碳酸氢钠量(ml)=(−BE)× 0.5 × 体重(kg),稀释成 1.4% 的溶液使用,先予计算量的一半,随后根据血气及症状体征调整。

6. 纠正低血钙、低血镁 如在补液过程中出现惊厥、手足搐搦,可用 10% 葡萄糖酸钙溶液每次 1~2ml/kg,最大量 ≤ 10ml,加等量 5%~10% 葡萄糖溶液稀释后缓慢静脉注射。当补充钙剂后搐搦或惊厥无改善,应检查血清镁,低镁血症时可用 25% 硫酸镁溶液每次 0.1ml/kg,深部肌内注射,每日 3~4 次,症状缓解后停用。

笔记栏

学习小结

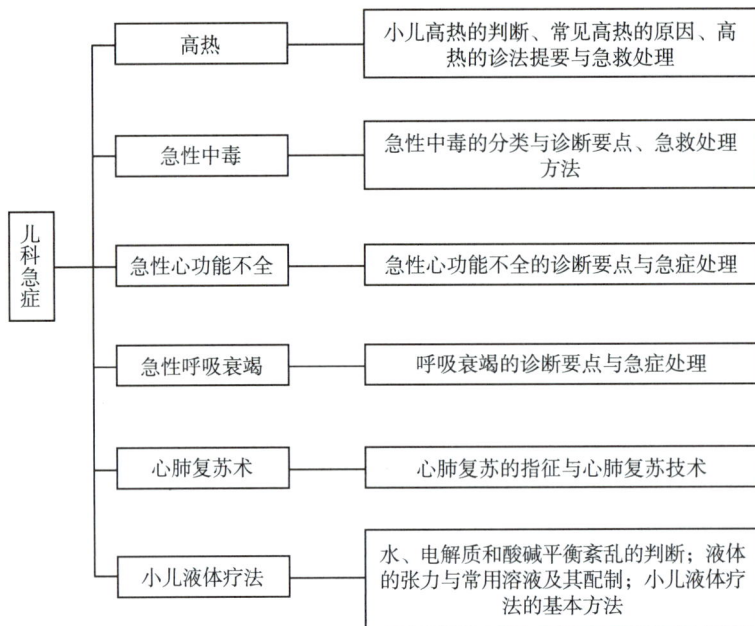

儿科急症

高热	小儿高热的判断、常见高热的原因、高热的诊法提要与急救处理
急性中毒	急性中毒的分类与诊断要点、急救处理方法
急性心功能不全	急性心功能不全的诊断要点与急症处理
急性呼吸衰竭	呼吸衰竭的诊断要点与急症处理
心肺复苏术	心肺复苏的指征与心肺复苏技术
小儿液体疗法	水、电解质和酸碱平衡紊乱的判断；液体的张力与常用溶液及其配制；小儿液体疗法的基本方法

（杨 艳 冉志玲）

扫一扫
测一测

复习思考题

1. 小儿高热为什么容易引起惊风？

2. 儿童急性中毒的病史采集应注意哪些问题？

3. 小儿心衰的诊断要点包括哪些？

4. 简述小儿急性呼吸衰竭的处理原则。

5. 简述心搏骤停的临床表现。

6. 如何判断小儿脱水的严重程度？

附　篇

◇◇◇ 一、儿科常用中药简表 ◇◇◇

类型	药名	性味	功效
辛温解表药	麻黄	辛、微苦,温	发汗解表,宣肺平喘,利水消肿
	桂枝	辛、甘,温	发汗解肌,温通经脉,助阳化气,平冲降气
	紫苏	辛,温	发汗解表,行气宽中,解鱼蟹毒
	荆芥	辛,微温	解表散风,透疹,消疮
	防风	辛、甘,微温	祛风解表,胜湿止痛
	细辛	辛,温	解表散寒,祛风止痛,通窍,温肺化饮
	羌活	辛、苦,温	解表散寒,祛风除湿,止痛
	白芷	辛,温	解表散寒,祛风止痛,宣通鼻窍,燥湿止带,消肿排脓
	藁本	辛,温	祛风,散寒,除湿,止痛
	香薷	辛,微温	发汗解表,化湿和中
	生姜	辛,微温	解表散寒,温中止呕,化痰止咳,解鱼蟹毒
	葱白	辛,温	发汗解表,通阳散寒
	辛夷	辛,温	散风寒,通鼻窍
	芫荽	辛,温	发表透疹
辛凉解表药	薄荷	辛,凉	发表透疹,开胃消食
	牛蒡子	辛、苦,寒	疏散风热,宣肺透疹,解毒利咽
	桑叶	苦、甘,寒	疏散风热,清肺润燥,清肝明目
	菊花	甘、苦,微寒	疏散风热,平肝明目,清热解毒
	葛根	甘、辛,凉	解肌退热,生津止渴,透疹,升阳止泻,通经活络,解酒毒
	升麻	辛、微甘,微寒	发表透疹,清热解毒,升举阳气
	柴胡	苦、辛,微寒	疏散退热,疏肝解郁,升举阳气
	淡豆豉	苦、辛,凉	解表除烦,宣发郁热
	豆卷	甘,平	解表祛暑,清热利湿
	蝉蜕	甘,寒	疏散风热,利咽,透疹,明目退翳,解痉
	浮萍	辛,寒	宣散风热,透疹,利尿
	西河柳	甘、辛,平	发表透疹,祛风除湿
清热泻火药	生石膏	辛、甘,大寒	清热泻火,除烦止渴
	知母	苦、甘,寒	清热泻火,滋阴润燥
	栀子	苦,寒	泻火除烦,清热利湿,凉血解毒;外用消肿止痛
	芦根	甘,寒	清热泻火,生津止渴,除烦,止呕,利尿
	天花粉	甘、微苦,寒	清热泻火,生津止渴,消肿排脓
	淡竹叶	甘、淡,寒	清热泻火,除烦止渴,利尿通淋
	夏枯草	辛、苦,寒	清肝泻火,明目,散结消肿

类型	药名	性味	功效
清热泻火药	鸭跖草	甘、淡,寒	清热泻火,解毒,利水消肿
	西瓜皮	甘,凉	清热,解渴,利尿
	荷叶	苦,平	清暑化湿,升发清阳,凉血止血
	莲子心	苦,寒	清心安神,交通心肾,涩精止血
清热燥湿药	黄连	苦,寒	清热燥湿,泻火解毒
	黄芩	苦,寒	清热燥湿,泻火解毒,止血安胎
	黄柏	苦,寒	清热燥湿,泻火除蒸,解毒疗疮
	胡黄连	苦,寒	退虚热,除疳热,清湿热
	龙胆	苦,寒	清热燥湿,泻肝胆火
	秦皮	苦、涩,寒	清热燥湿,收涩止痢,止带,明目
	苦参	苦,寒	清热燥湿,杀虫,利尿
	白鲜皮	苦,寒	清热燥湿,祛风解毒
	夏枯草	辛、苦,寒	清肝泻火,明目,散结消肿
清热解毒药	金银花	甘,寒	清热解毒,疏散风热(忍冬藤同,并通经络)
	连翘	苦,微寒	清热解毒,消肿散结,疏散风热
	蒲公英	苦、甘,寒	清热解毒,消肿散结,利尿通淋
	紫花地丁	苦、辛,寒	清热解毒,凉血消肿
	野菊花	苦、辛,微寒	清热解毒,泻火平肝
	四季青	苦、涩,凉	清热解毒,消肿祛瘀
	鱼腥草	辛,微寒	清热解毒,消痈排脓,利尿通淋
	野荞麦根	甘、涩、微苦,凉	清热解毒,活血散瘀,祛风湿
	红藤	苦,平	清热解毒,活血,祛风止痛
	败酱草	辛、苦,凉	清热解毒,消痈排脓,祛瘀止痛
	土茯苓	甘、淡,平	解毒,除湿,通利关节
	射干	苦,寒	清热解毒,消痰,利咽
	山豆根	苦,寒	清热解毒,消肿利咽
	锦灯笼	苦,寒	清热解毒,利咽化痰,利尿通淋
	马勃	辛,平	清肺利咽,止血
	一枝黄花	辛、苦,凉	清热解毒,疏散风热
	甘中黄	甘、咸,寒	清热凉血,泻火解毒
	土牛膝	苦、酸,平	活血祛瘀,清热解毒,利尿通淋
	白头翁	苦,寒	清热解毒,凉血止痢
	马齿苋	酸,寒	清热解毒,凉血止痢
	鸦胆子	苦,寒	清热解毒,截疟,止痢;外用腐蚀赘疣
	绿豆衣	甘,寒	清热解毒,消暑,利水
	重楼	苦,微寒;有小毒	清热解毒,消肿止痛,凉肝定惊
	半枝莲	辛、苦,寒	清热解毒,化瘀利尿
	白花蛇舌草	微苦、甘,寒	清热解毒,利湿通淋
	凤尾草	微苦,寒	清热利湿,凉血止血,消肿解毒
	猪胆汁	苦,寒	清热润燥,止咳平喘,解毒

类型	药名	性味	功效
凉血清热药	鲜生地	甘、苦,寒	清热生津,凉血,止血
	紫草	甘、咸,寒	清热凉血,活血解毒,透疹消斑
	犀角(现已禁用,多以水牛角代)	酸、咸,寒	清热凉血,解毒,定惊
	牛黄	甘,凉	清心,豁痰,开窍,凉肝,息风,解毒
	牡丹皮	苦、辛,微寒	清热凉血,活血散瘀
	赤芍	苦,微寒	清热凉血,散瘀止痛
	大青叶	苦,寒	清热解毒,凉血消斑
	板蓝根	苦,寒	清热解毒,凉血利咽
	青黛	咸,寒	清热解毒,凉血消斑,泻火定惊
	玄参	甘、苦、咸,微寒	清热凉血,滋阴降火,解毒散结
	白茅根	甘,寒	凉血止血,清热利尿
退虚热药	银柴胡	甘,微寒	清虚热,除疳热
	地骨皮	甘,寒	凉血除蒸,清肺降火
	青蒿	苦、辛,寒	清虚热,除骨蒸,解暑热,截疟,退黄
	白薇	苦、咸,寒	清热凉血,利尿通淋,解毒疗疮
清肝明目药	青葙子	苦,微寒	清肝泻火,明目退翳
	决明子	甘、苦、咸,微寒	清热明目,润肠通便
	千里光	苦,寒	清热解毒,明目,利湿
温化寒痰药	姜半夏	辛,温;生者有毒	温中化痰,降逆止呕
	白附子	辛,温;有毒	祛风痰,定惊搐,解毒散结,止痛
	皂荚	辛,温;小毒	祛痰开窍,散结消肿
	紫苏子	辛,温	降气化痰,止咳平喘
	白芥子	辛,温	温肺豁痰利气,散结通络止痛
	桔梗	苦、辛,平	宣肺,利咽,祛痰,排脓
	旋覆花	苦、辛、咸,微温	降气,消痰,行水,止呕
	白前	辛、苦,微温	降气,消痰,止咳
清化热痰药	川贝母	苦、甘,微寒	清热润肺,化痰止咳,散结消痈
	浙贝母	苦,寒	清热化痰止咳,解毒散结消痈
	前胡	苦、辛,微寒	降气化痰,散风清热
	瓜蒌	甘、微苦,寒	清肺化痰,宽胸散结,润燥滑肠
	竹茹	甘,微寒	清热化痰,除烦,止呕
	竹沥	甘,寒	清热豁痰,定惊利窍
	天竺黄	甘,寒	清热豁痰,凉心定惊

续表

类型	药名	性味	功效
清化热痰药	胆南星	苦、微辛,凉	清化热痰,息风定惊
	猴枣	苦、微咸,寒	清热镇惊,豁痰定喘,解毒消肿
	青礞石	甘、咸,平	坠痰下气,平肝镇惊
	海蛤壳	苦、咸,寒	清热化痰,软坚散结,制酸止痛;外用收湿敛疮
	海浮石	咸,寒	清肺化痰,软坚散结,利尿通淋
	葶苈子	辛、苦,大寒	泻肺平喘,行水消肿
	昆布	咸,寒	消痰软坚散结,利水消肿
	海藻	苦、咸,寒	消痰软坚散结,利水消肿
	胖大海	甘,寒	清热润肺,利咽开音,润肠通便
	木蝴蝶	苦、甘,凉	清肺利咽,疏肝和胃
	冬瓜子	甘,微寒	清热化痰,排脓,利湿
止咳平喘药	杏仁	苦,微温	降气止咳平喘,润肠通便
	马兜铃	苦,微寒	清肺降气,止咳平喘,清肠消痔
	枇杷叶	苦,微寒	清肺止咳,降逆止呕
	款冬花	辛、微苦,温	润肺下气,止咳化痰
	紫菀	辛、苦,温	润肺下气,消痰止咳
	百部	甘、苦,微温	润肺下气止咳,杀虫灭虱
	桑白皮	甘,寒	泻肺平喘,行水消肿
养血药	阿胶	甘,平	补血滋阴,润燥,止血
	桑椹	甘、酸,寒	滋阴补血,生津润燥
	桂圆肉	甘,温	补益心脾,养血安神
芳香燥湿药	藿香	辛,微温	芳香化浊,和中止呕,发表解暑
	佩兰	辛,平	芳香化湿,醒脾开胃,发表解暑
	苍术	辛、苦,温	燥湿健脾,祛风散寒,明目
	厚朴	苦、辛,温	燥湿消痰,下气除满
	砂仁	辛,温	化湿开胃,温脾止泻,理气安胎
	白豆蔻	辛,温	化湿行气,温中止呕,开胃消食
	草果	辛,温	燥湿温中,截疟除痰
利水渗湿药	茯苓	甘、淡,平	利水渗湿,健脾,宁心
	猪苓	甘、淡,平	利水渗湿
	泽泻	甘、淡,寒	利水渗湿,泄热,化浊降脂
	车前子	甘,寒	清热利尿通淋,渗湿止泻,明目,祛痰
	木通	苦,寒	利尿通淋,清心除烦,通经下乳
	通草	甘、淡,微寒	清热利尿,通气下乳
	茵陈	苦、辛,微寒	清热渗湿,利胆退黄
	薏苡仁	甘、淡,凉	利水渗湿,健脾止泻,除痹,排脓,解毒散结

类型	药名	性味	功效
利水渗湿药	冬瓜皮	甘,凉	利水消肿
	葫芦壳	甘、淡,平	利水消肿,通淋
	赤小豆	甘、酸,平	利水消肿,解毒排脓
	椒目	苦,寒	利水消肿,降气平喘
	玉米须	甘、淡,平	利水消肿,利湿退黄
	地肤子	辛、苦,寒	清热利湿,祛风止痒
	萹蓄	苦,微寒	利尿通淋,杀虫,止痒
	瞿麦	苦,寒	利尿通淋,活血通经
	海金沙	甘、咸,寒	清利湿热,通淋止痛
	石韦	甘、苦,微寒	利尿通淋,清肺止咳,凉血止血
	萆薢	苦,平	利湿去浊,祛风除痹
	滑石	甘、淡,寒	利尿通淋,清热解暑;外用祛湿敛疮
	泽漆	辛、苦、微寒;小毒	行水消肿,化痰止咳,解毒杀虫
	半边莲	辛,平	清热解毒,利尿消肿
	生姜皮	辛,凉	和脾行水消肿
祛风化湿药	独活	辛、苦,微温	祛风除湿,通痹止痛
	豨莶草	辛、苦,寒	祛风湿,利关节,解毒
	苍耳子	甘、苦,温	散风寒,通鼻窍,祛风湿
	秦艽	苦、辛,平	祛风湿,清湿热,止痹痛,退虚热
	蚕沙	甘、辛,温	祛风除湿,化湿和中
	老鹳草	苦、辛,平	祛风湿,强筋骨
	木瓜	酸,温	舒筋活络,和胃化湿
	五加皮	辛、苦,温	祛风除湿,补益肝肾,强筋壮骨,利水消肿
	鹿衔草	甘、苦,温	祛风湿,强筋骨,止血,止咳
	威灵仙	辛、咸,温	祛风湿,通经络
	丝瓜络	甘,平	祛风,通络,活血,下乳
	桑枝	微苦,平	祛风湿,利关节
	徐长卿	辛,温,有毒	祛风,化湿,止痛,止痒
	接骨木	甘、苦,平	祛风利湿,活血,止血
	乌梢蛇	甘,平	祛风,通络,止痉
	防己	苦,寒	利水消肿,祛风止痛
消积导滞药	莱菔子	辛、甘,平	消食除胀,降气化痰
	山楂	酸、甘,微温	消食健胃,行气散瘀,化浊降脂
	六曲	辛、甘,温	消食和胃
	鸡内金	甘,平	健胃消食,涩精止遗,通淋化石
	麦芽	甘,平	行气消食,健脾开胃,回乳消胀
	谷芽	甘,温	消食和中,健脾开胃
攻下逐水药	大黄	苦,寒	泻下攻积,清热泻火,凉血解毒,逐瘀通经,利湿退黄
	芒硝	咸、苦,寒	泻下通便,润燥软坚,清火消肿
	番泻叶	甘、苦,寒	泻热行滞,通便,利水
	芦荟	苦,寒	泻下通便,清肝泻火,杀虫疗疳
	牵牛子	苦,寒;有毒	泻水通便,消痰涤饮,杀虫攻积
	甘遂	苦,寒;有毒	泄水逐饮,消肿散结

续表

类型	药名	性味	功效
润下通府药	火麻仁	甘,平	润肠通便
	郁李仁	辛、苦、甘,平	润肠通便,下气利水
	蜂蜜	甘,平	补中,润燥,止痛,解毒;外用生肌敛疮
温里祛寒药	附子	辛、甘,大热;有毒	回阳救逆,补火助阳,散寒止痛
	肉桂	辛、甘,大热	补火助阳,引火归元,散寒止痛,温通经脉
	干姜	辛,热	温中散寒,回阳通脉,温肺化饮
	煨姜	辛,温	温中止呕,温里止痛
	炮姜	辛,热	温经止血,温中止痛
	高良姜	辛,热	温胃止呕,散寒止痛
	吴茱萸	辛、苦,热;有小毒	散寒止痛,降逆止呕,助阳止泻
	荜澄茄	辛,温	温中散寒,行气止痛
	丁香	辛,温	温中降逆,补肾助阳
	小茴香	辛,温	散寒止痛,理气和胃
平肝息风药	羚羊角	咸,寒	平肝息风,清肝明目,散血解毒
	石决明	咸,寒	平肝潜阳,清肝明目
	珍珠母	咸,寒	平肝潜阳,安神定惊,明目退翳
	天麻	甘,平	息风止痉,平抑肝阳,祛风通络
	钩藤	甘,凉	息风定惊,清热平肝
	刺蒺藜	辛、苦,微温;小毒	平肝解郁,活血祛风,明目,止痒
	稽豆衣	微甘,凉	养血平肝,祛风解毒
	赭石	苦,寒	平肝潜阳,重镇降逆,凉血止血
	蚯蚓	咸,寒	清热定惊,通络,平喘,利尿
	僵蚕	咸、辛,平	息风止痉,祛风止痛,化痰散结
	全蝎	辛,平;有毒	息风镇痉,通络止痛,攻毒散结
	蜈蚣	辛,温;有毒	息风镇痉,通络止痛,攻毒散结
重镇安神药	磁石	咸,寒	镇惊安神,平肝潜阳,聪耳明目,纳气平喘
	龙骨	甘、涩,平	镇惊安神,平肝潜阳,收敛固涩
	牡蛎	咸,微寒	重镇安神,潜阳补阴,软坚散结
	琥珀	甘,平	镇惊安神,活血散瘀,利尿通淋
养心安神药	酸枣仁	甘、酸,平	养心补肝,宁心安神,敛汗,生津
	柏子仁	甘,平	养心安神,润肠通便,止汗
	远志	辛、苦,温	安神益智,交通心肾,祛痰,消肿
	首乌藤	甘,平	养血安神,祛风通络
	合欢花	甘,平	解郁安神
	小麦	甘,微寒	养心除烦
	秫米	甘,微寒	祛风除湿,和胃安神,解毒敛疮
	鸡子黄	甘,平	滋阴润燥,养血熄风
开窍药	麝香	辛,温	开窍醒神,活血通经,消肿止痛
	冰片	辛、苦,微寒	开窍醒神,清热止痛
	苏合香	辛,温	开窍避秽,止痛
	石菖蒲	辛,温	开窍豁痰,醒神益智,化湿开胃
理气药	陈皮	辛、苦,温	理气健脾,燥湿化痰
	青皮	辛、苦,温	疏肝破气,消积化滞
	枳实	苦、辛、酸,微寒	破气消积,化痰散痞
	木香	辛、苦,温	行气止痛,健脾消食
	乌药	辛,温	行气止痛,温肾散寒

续表

类型	药名	性味	功效
理气药	薤白	辛、苦,温	通阳散结,行气导滞
	香附	辛、微苦、微甘,平	疏肝解郁,理气宽中,调经止痛
	川楝子	苦,寒	疏肝泄热,行气止痛,杀虫
	大腹皮	辛,微温	行气宽中,利水消肿
	佛手	辛、苦、酸,温	疏肝理气,和胃止痛,燥湿化痰
	绿萼梅	微酸,平	疏肝和中,化痰散结
	荷梗	苦,平	通气宽胸,和胃安胎
	荔枝核	甘、微苦,温	行气散结,祛寒止痛
	橘核	苦,平	理气,散结,止痛
	沉香	辛、苦,微温	行气止痛,温中止呕,纳气平喘
	刀豆	甘,温	温中,下气,止呃
	柿蒂	苦、涩,平	降气止呃
活血破血药	丹参	苦,微寒	活血祛瘀,通经止痛,清心除烦,凉血消痈
	川芎	辛,温	活血行气,祛风止痛
	桃仁	苦、甘,平	活血祛瘀,润肠通便,止咳平喘
	红花	辛,温	活血通经,散瘀止痛
	泽兰	苦、辛,微温	活血调经,祛瘀消痈,利水消肿
	益母草	苦、辛,微寒	活血调经,利尿消肿,清热解毒
	鸡血藤	苦、甘,温	活血补血,调经止痛,舒筋活络
	三棱	辛、苦,平	破血行气,消积止痛
	莪术	苦、辛,温	行气破血,消积止痛
	土鳖虫	咸,寒;有小毒	破血逐瘀,续筋接骨
	穿山甲	咸,微寒	活血消癥,通经下乳,消肿排脓,搜风通络
	乳香	辛、苦,温	活血定痛,消肿生肌
	没药	辛、苦,平	散瘀定痛,消肿生肌
	郁金	辛、苦,寒	活血止痛,行气解郁,清心凉血,利胆退黄
	延胡索	辛、苦,温	活血,行气,止痛
	平地木	辛、微苦,平	化痰止咳,清利湿热,活血化瘀
止血药	仙鹤草	苦、涩,平	收敛止血,截疟,止痢,解毒,补虚
	紫珠草	苦、涩,凉	凉血收敛止血,散瘀解毒消肿
	白及	苦、甘、涩,微寒	收敛止血,消肿生肌
	蚕豆花	甘、涩,平	凉血止血,止带,降压
	荠菜花	甘,凉	凉血止血,清热利湿
	地锦草	辛,平	清热解毒,凉血止血,利湿退黄
	艾叶	苦、辛,温	温经止血,散寒止痛
	灶心土	辛,温	温中止血,止呕,止泻
	大蓟	甘、苦,凉	凉血止血,散瘀解毒消痈
	小蓟	甘、苦,凉	凉血止血,散瘀解毒消痈

类型	药名	性味	功效
止血药	侧柏叶	苦、涩,寒	凉血止血,化痰止咳,生发乌发
	万年青根	苦、微甘,寒;有小毒	凉血止血,强心利尿,清热解毒
	槐花	苦,微寒	凉血止血,清肝泻火
	地榆	苦、酸、涩,微寒	凉血止血,解毒收敛
	茜草	苦,寒	凉血,祛瘀,止血,通经
	蒲黄	甘,平	止血,化瘀,通淋
	棕榈炭	苦、涩,平	收涩止血
	血余炭	苦,平	收敛止血,化瘀,利尿
	藕节	甘、涩,平	收敛止血,化瘀
	三七	甘、微苦,温	散瘀止血,消肿定痛
补气药	人参	甘、微苦,微温	大补元气,复脉固脱,补脾益肺,生津养血,安神益智
	党参	甘,平	健脾益肺,养血生津
	太子参	甘、微苦,平	益气健脾,生津润肺
	黄芪	甘,微温	补气升阳,固表止汗,利水消肿,生津养血,行滞通痹,托毒排脓,敛疮生肌
	白术	苦、甘,温	健脾益气,燥湿利水,止汗,安胎
	山药	甘,平	补脾养胃,生津益肺,补肾涩精
	扁豆	甘,微温	健脾化湿,和中消暑
	大枣	甘,温	补中益气,养血安神
	甘草	甘,平	补脾益气,清热解毒,祛痰止咳,缓急止痛,调和诸药
	饴糖	甘,温	补中益气,缓急止痛,润肺止咳
	紫河车	甘、咸,温	温肾补精,益气养血
	黄精	甘,平	补气养阴,健脾,润肺,益肾
助阳药	鹿角	咸,温	温肾阳,强筋骨,行血消肿
	淫羊藿	辛、甘,温	补肾阳,强筋骨,祛风湿
	仙茅	辛、热,有小毒	补肾阳,强筋骨,祛寒湿
	巴戟天	甘、辛,微温	补肾阳,强筋骨,祛风湿
	补骨脂	辛、苦,温	温肾助阳,纳气平喘,温脾止泻;外用消风祛斑
	胡桃肉	甘,温	补肾,温肺,润肠
	肉苁蓉	甘、咸,温	补肾阳,益精血,润肠通便
	益智仁	辛,温	暖肾固精缩尿,温脾止泻摄唾
	沙苑蒺藜	甘,温	补肾助阳,固精缩尿,养肝明目
	菟丝子	辛、甘,平	补益肝肾,固精缩尿,安胎,明目,止泻;外用消风祛斑
	蛤蚧	咸,平	补肺益肾,纳气定喘,助阳益精
	脐带	甘、咸、温	补肾,纳气,敛汗

续表

类型	药名	性味	功效
助阳药	冬虫夏草	甘,平	补肾益肺,止血化痰
	胡芦巴	苦,温	温肾助阳,祛寒止痛
	蛇床子	辛、苦,温;有小毒	燥湿祛风,杀虫止痒,温肾壮阳
	韭菜子	辛、甘,温	温补肝肾,壮阳固精
	续断	苦、辛,微温	补肝肾,强筋骨,续折伤,止崩漏
	杜仲	甘,温	补肝肾,强筋骨,安胎
	狗脊	苦、甘,温	祛风湿,补肝肾,强腰膝
养血药	熟地黄	甘,微温	补血滋阴,益精填髓
	何首乌	苦、甘、涩,微温	解毒,消痈,截疟,润肠通便
	当归	甘、辛,温	补血活血,调经止痛,润肠通便
	白芍	苦、酸,微寒	养血调经,敛阴止汗,柔肝止痛,平抑肝阳
滋阴药	北沙参	甘、微苦,微寒	养阴清肺,益胃生津
	南沙参	甘,微寒	养阴清肺,益胃生津,化痰,益气
	天冬	甘、苦,寒	养阴润燥,清肺生津
	麦冬	甘、微苦,微寒	养阴生津,润肺清心
	石斛	甘,微寒	益胃生津,滋阴清热
	玉竹	甘,微寒	养阴润燥,生津止渴
	百合	甘,寒	养阴润肺,清心安神
	女贞子	甘、苦,平	滋补肝肾,明目乌发
	墨旱莲	甘、酸,寒	滋补肝肾,凉血止血
	龟甲	咸、甘,微寒	滋阴潜阳,益肾健骨
	鳖甲	咸,微寒	滋阴潜阳,退热除蒸,软坚散结
	枸杞子	甘,平	滋补肝肾,益精明目
	桑寄生	苦、甘,平	祛风湿,补肝肾,强筋骨,安胎元
收敛药	山茱萸	酸、涩,微温	补益肝肾,收涩固脱
	五味子	酸、甘,温	收敛固涩,益气生津,补肾宁心
	乌梅	酸、涩,平	敛肺涩肠,生津安蛔
	莲子	甘、涩,平	补脾止泻,止带,益肾涩精,养心安神
	肉豆蔻	辛,温	涩肠止泻,温中行气
	诃子	苦、酸、涩,平	涩肠止泻,敛肺止咳,降火利咽
	赤石脂	甘、酸、涩,温	涩肠,止血,生肌敛疮
	禹余粮	甘、涩,微寒	涩肠止泻,收敛止血
	五倍子	酸、涩,寒	敛肺降火,涩肠止泻,敛汗,止血,收湿敛疮
	罂粟壳	酸、涩,平	敛肺,涩肠,止痛
	石榴皮	酸、涩,温	涩肠止泻,止血,驱虫
	芡实	甘、涩,平	益肾固精,补脾止泻,除湿止带
	桑螵蛸	甘、咸,平	固精缩尿,补肾助阳
	覆盆子	甘、酸,温	益肾缩尿,补肝明目
	金樱子	酸、甘、涩,平	固精缩尿,固崩止带,涩肠止泻
	海螵蛸	咸、涩,温	收敛止血,涩精止带,制酸止痛
	浮小麦	甘,凉	固表止汗,益气,除热
	糯稻根	甘,平	固表止汗,益胃生津,退虚热
	瘪桃干	酸、苦,平	敛汗涩精,活血止血,止痛
	麻黄根	固表止汗	固表止汗
	白果	甘、苦、涩,平,有毒	敛肺定喘,止带缩尿
	蚕茧壳	甘,温	止血,止渴,解毒疗疮

续表

类型	药名	性味	功效
驱虫药	苦楝根皮	苦,寒,有毒	杀虫,疗癣
	使君子	甘,温	杀虫消积
	槟榔	辛、苦,温	杀虫,消积,行气,利水,截疟
	雷丸	微苦,寒	杀虫消积
	鹤虱	苦、辛,平;有小毒	杀虫消积
	芜荑	辛、苦,温	杀虫消积
	榧子	甘,平	杀虫消积,润肺止咳,润燥通便
	南瓜子	甘,平	杀诸虫
	贯众	苦,微寒;有小毒	清热解毒,驱虫
	大蒜	辛,温	解毒消肿,杀虫,止痢
	常山	苦、辛,寒;有毒	涌吐痰涎,截疟
	绿矾	酸,凉	解毒燥湿,杀虫补血
	皂角刺	辛,温	消肿托毒,排脓,杀虫

◇◇◇ 二、方剂汇编 ◇◇◇

二　画

二至丸(《医方集解》)　墨旱莲　女贞子

二豆散(《医宗金鉴》)　赤小豆　淡豆豉　天南星　白蔹

二陈汤(《太平惠民和剂局方》)　半夏　橘红　白茯苓　炙甘草　生姜　乌梅

十味温胆汤(《世医得效方》)　人参　熟地　枣仁　远志　五味子　茯苓　半夏　枳实　陈皮　甘草

丁萸理中汤(《医宗金鉴》)　丁香　吴茱萸　党参　白术　干姜　炙甘草

七味白术散(《小儿药证直诀》)　藿香　木香　葛根　人参　白术　茯苓　甘草

八正散(《太平惠民和剂局方》)　车前子　瞿麦　萹蓄　滑石　栀子　炙甘草　木通　大黄　灯心草

八珍汤(《瑞竹堂经验方》)　当归　川芎　熟地　白芍　人参　白术　茯苓　甘草

人参汤(《金匮要略》)　人参　甘草　干姜　白术

人参乌梅汤(《温病条辨》)　人参　乌梅　木瓜　山药　莲子肉　炙甘草

人参理中丸(《疠疡机要》)　人参　干姜　炙甘草　白术

人参五味子汤(《幼幼集成》)　人参　白术　茯苓　五味子　麦门冬　炙甘草

三　画

三拗汤(《太平惠民和剂局方》)　麻黄　杏仁　甘草

三子养亲汤(《皆效方》)　紫苏子　白芥子　莱菔子

三甲复脉汤(《温病条辨》)　炙甘草　生地　白芍　生牡蛎　麦冬　阿胶　麻仁　生鳖甲　生龟板

下虫丸(《直指小儿方》)　苦楝皮　贯众　木香　桃仁　芜荑　槟榔　鹤虱　轻粉　干虾蟆　使君子

大补阴丸(《丹溪心法》)　黄柏　知母　熟地黄　龟板　猪脊髓

大青龙汤(《伤寒论》)　麻黄　桂枝　炙甘草　杏仁　生姜　大枣　石膏

大定风珠(《温病条辨》)　白芍　阿胶　龟板　地黄　麻仁　五味子　生牡蛎　麦冬　炙甘草　鳖甲　鸡子黄

大承气汤(《伤寒论》)　大黄　厚朴　枳实　芒硝

小青龙汤(《伤寒论》)　麻黄　桂枝　芍药　细辛　半夏　干姜　五味子　炙甘草

小建中汤(《伤寒论》)　桂枝　白芍　甘草　生姜　大枣　饴糖

小柴胡汤(《伤寒论》)　柴胡　黄芩　人参　炙甘草　半夏　生姜　大枣

小蓟饮子(《玉机微义》)　滑石　甘草　藕节　栀子　当归　淡竹叶　生地　蒲黄　通

草　小蓟

小儿回春丹(《上海市中药成药制剂规范》)　牛黄　冰片　朱砂　羌活　僵蚕　天麻　防风　麝香　雄黄　胆南星　川贝母　全蝎　白附子　蛇含石　天竺黄

己椒苈黄丸(《金匮要略》)　防己　椒目　葶苈　大黄

四　画

王氏清暑益气汤(《温热经纬》)　西洋参　石斛　麦冬　黄连　竹叶　荷梗　知母　甘草　粳米　西瓜翠衣

天麻钩藤饮(《中医内科学杂病证治新义》)　天麻　钩藤　石决明　牛膝　栀子　黄芩　杜仲　益母草　桑寄生　首乌藤　朱茯神

五皮饮(《华氏中藏经》)　生姜皮　桑白皮　陈橘皮　大腹皮　茯苓皮

五苓散(《伤寒论》)　桂枝　茯苓　泽泻　猪苓　白术

五虎汤(《证治汇补》)　麻黄　苦杏仁　石膏　甘草　桑白皮　细辛　生姜

五味消毒饮(《医宗金鉴》)　野菊花　金银花　蒲公英　紫花地丁　紫背天葵子

不换金正气散(《太平惠民和剂局方》)　苍术　厚朴　陈皮　甘草　藿香　半夏

止痉散(《流行性乙型脑炎中医治疗法》)　全蝎　蜈蚣

少腹逐瘀汤(《医林改错》)　小茴香　炒干姜　元胡　没药　当归　川芎　肉桂　赤芍　蒲黄　五灵脂

中焦宣痹汤(《温病条辨》)　防己　杏仁　滑石　连翘　山栀　薏苡　半夏　晚蚕沙　赤小豆皮

牛黄夺命散(《保婴集》)　白牵牛　黑牵牛　大黄　槟榔

牛黄清心丸(《痘疹世医心法》)　牛黄　黄芩　黄连　山栀　郁金　朱砂

牛蒡甘桔汤(《麻症集成》)　桔梗　牛蒡子　连翘　射干　甘草　黑栀　京参　山豆根　黄连　黄芩

化斑汤(《温病条辨》)　石膏　知母　粳米　甘草　元参　犀角(现用水牛角代)

丹栀逍遥散(《内科摘要》)　柴胡　当归　白芍　白术　茯苓　甘草　丹皮　山栀　薄荷　生姜

匀气散(《医宗金鉴》)　陈皮　桔梗　炮姜　砂仁　木香　炙甘草　红枣

乌药散(《小儿药证直诀》)　乌药　赤芍　香附　高良姜

乌梅丸(《伤寒论》)　乌梅　细辛　干姜　川椒　黄连　黄柏　桂枝　附子　人参　当归

六一散(《伤寒直格》)　滑石　生甘草

六磨汤(《世医得效方》)　大槟榔　沉香　木香　乌药　大黄　枳壳

六君子汤(《医学正传》)　人参　白术　茯苓　甘草　陈皮　半夏

六味地黄丸(《小儿药证直诀》)　熟地　山茱萸　山药　茯苓　泽泻　丹皮

五　画

玉女煎(《景岳全书》)　石膏　熟地　牛膝　知母　麦冬

玉真散(《外科正宗》)　防风　南星　白芷　天麻　羌活　白附子

玉屏风散(《究原方》)　防风　黄芪　白术

甘麦大枣汤(《金匮要略》)　甘草　小麦　大枣

甘露消毒丹(《温热经纬》)　滑石　茵陈　黄芩　石菖蒲　木通　川贝母　射干　连翘　薄荷　白豆蔻　藿香

287

左归丸(《景岳全书》)　熟地　山药　山茱萸　枸杞子　菟丝子　鹿角胶　龟板胶　牛膝

左金丸(《丹溪心法》)　黄连　吴茱萸

石斛夜光丸(《原机启微》)　天门冬　人参　茯苓　麦门冬　熟地黄　生地黄　菟丝子　菊花　草决明　杏仁　干山药　枸杞子　牛膝　五味子　白蒺藜　石斛　肉苁蓉　川芎　炙甘草　枳壳　青葙子　防风　川黄连　水牛角　羚羊角

右归丸(《景岳全书》)　熟地黄　山药　山茱萸　枸杞子　鹿角胶　菟丝子　杜仲　当归　肉桂　制附子

龙骨散(《杂病源流犀烛》)　煅龙骨　枯矾

龙胆泻肝汤(《兰室秘藏》)　柴胡　泽泻　车前子　木通　生地黄　当归　龙胆

龙胆泻肝汤(《医方集解》引《太平惠民和剂局方》)　龙胆　黄芩　栀子　泽泻　木通　当归　生地黄　柴胡　生甘草　车前子

归脾汤(《正体类要》)　白术　当归　白茯苓　黄芪　龙眼肉　远志　酸枣仁　木香　炙甘草　人参

四逆散(《伤寒论》)　柴胡　芍药　枳实　炙甘草

四神丸(《内科摘要》)　补骨脂　肉豆蔻　吴茱萸　五味子　生姜　大枣

生脉散(《医学启源》)　麦冬　五味子　人参

失笑散(《太平惠民和剂局方》)　五灵脂　蒲黄

白虎汤(《伤寒论》)　石膏　知母　粳米　炙甘草

白头翁汤(《伤寒论》)　白头翁　黄连　黄柏　秦皮

瓜蒌薤白半夏汤(《金匮要略》)　瓜蒌实　薤白　半夏　白酒

半夏厚朴汤(《金匮要略》)　半夏　厚朴　茯苓　生姜　苏叶

六　画

百合地黄汤(《金匮要略》)　百合　生地黄

达原饮(《温疫论》)　槟榔　厚朴　草果仁　知母　黄芩　甘草　芍药

至宝丹(《苏沈良方》)　犀角(现用水牛角代)　朱砂　雄黄　玳瑁　琥珀　麝香　冰片　牛黄　安息香　金箔　银箔

当归六黄汤(《兰室秘藏》)　当归　生地黄　黄芩　黄柏　黄连　熟地黄　黄芪

当归四逆汤(《伤寒论》)　当归　桂枝　芍药　细辛　炙甘草　通草　大枣

朱砂安神丸(《内外伤辨惑论》)　川连　生地　当归　甘草　辰砂

竹叶石膏汤(《伤寒论》)　竹叶　石膏　半夏　麦门冬　人参　炙甘草　粳米

华盖散(《太平惠民和剂局方》)　麻黄　杏仁　炙甘草　桑白皮　紫苏子　赤茯苓　陈皮

血府逐瘀汤(《医林改错》)　当归　生地黄　牛膝　红花　桃仁　柴胡　枳壳　赤芍　川芎　桔梗　甘草

行军散(《霍乱论》)　牛黄　麝香　珍珠　冰片　硼砂　雄黄　火硝　金箔

交泰丸(《韩氏医通》)　川连　桂心

羊肝丸(《证治准绳》)　羊肝　砂仁　豆蔻

安宫牛黄丸(《温病条辨》)　牛黄　郁金　犀角(现用水牛角代)　黄连　山栀　朱砂　雄黄　冰片　麝香　珍珠　黄芩　金箔衣

安神定志灵(《儿童多动症临床治疗学》)　黄芩　连翘　决明子　醋柴胡　广郁金　全当归　炙龟甲　钩藤　益智仁　远志　天竺黄　石菖蒲

导赤散(《小儿药证直诀》)　生地黄　竹叶　木通　甘草

异功散（《小儿药证直诀》） 人参　白术　茯苓　陈皮　甘草

防己茯苓汤（《金匮要略》） 防己　黄芪　桂枝　茯苓　甘草

防己黄芪汤（《金匮要略》） 防己　甘草　白术　黄芪

七　画

麦味地黄丸（《寿世保元》） 熟地黄　山茱萸　山药　茯苓　牡丹皮　泽泻　五味子　麦门冬

远志丸（《济生方》） 远志　石菖蒲　茯神　茯苓　龙齿　人参　朱砂

苏葶丸（《医宗金鉴》） 苦葶苈子　南苏子

苏合香丸（《外台秘要》） 白术　青木香　水牛角　香附　朱砂　诃黎勒　白檀香　安息香　沉香　麝香　丁香　荜茇　龙脑　苏合香油　熏陆香

苏子降气汤（《太平惠民和剂局方》） 苏子　半夏　当归　陈皮　炙甘草　前胡　厚朴　肉桂

杏苏散（《温病条辨》） 杏仁　苏叶　前胡　桔梗　枳壳　半夏　橘皮　茯苓　甘草　生姜　大枣

杞菊地黄丸（《麻疹全书》） 熟地黄　山茱萸　茯苓　山药　丹皮　泽泻　枸杞子　菊花

连翘败毒散（《古今医鉴》） 金银花　连翘　生甘草　前胡　柴胡　川芎　枳壳　桔梗　茯苓　薄荷　生姜　羌活　独活　荆芥　防风

牡蛎散（《太平惠民和剂局方》） 煅牡蛎　黄芪　麻黄根　浮小麦

沙参麦冬汤（《温病条辨》） 沙参　麦冬　玉竹　桑叶　甘草　天花粉　白扁豆

补天大造丸（《医学心悟》） 人参　黄芪　白术　当归　枣仁　远志　白芍　山药　茯苓　枸杞子　大熟地　河车　鹿角　龟板　甘草

补中益气汤（《脾胃论》） 黄芪　人参　白术　炙甘草　当归　陈皮　升麻　柴胡

补阳还五汤（《医林改错》） 黄芪　当归　赤芍　川芎　地龙干　桃仁　红花

补肾地黄丸（《医宗金鉴》） 熟地　泽泻　丹皮　山萸肉　牛膝　山药　鹿茸　茯苓

附子理中丸（《太平惠民和剂局方》） 附子　白术　炮姜　人参　炙甘草

附子泻心汤（《伤寒论》） 附子　大黄　黄芩　黄连

驱虫粉（验方） 使君子　生大黄

驱绦汤（验方） 南瓜子　槟榔

驱蛔承气汤（《急腹症方药新解》） 大黄　芒硝　枳实　厚朴　槟榔　使君子　苦楝子

八　画

青蒿鳖甲汤（《温病条辨》） 青蒿　鳖甲　知母　生地　丹皮

固真汤（《证治准绳》） 人参　白术　茯苓　炙甘草　黄芪　附子　肉桂　山药

知柏地黄丸（《医宗金鉴》） 干地黄　牡丹皮　山萸肉　山药　泽泻　茯苓　知母　黄柏

使君子散（《证治准绳》） 使君子　苦楝子　白芜荑　甘草

金沸草散（《南阳活人书》） 金沸草　前胡　荆芥　细辛　半夏　赤芍　炙甘草　旋覆花

金匮肾气丸（《金匮要略》） 熟地黄　山药　山茱萸　丹皮　泽泻　茯苓　炮附子　桂枝

肥儿丸（《医宗金鉴》） 麦芽　胡黄连　人参　白术　茯苓　黄连　使君子　神曲　炒山楂　炙甘草　芦荟

炙甘草汤（《伤寒论》） 炙甘草　大枣　阿胶　生姜　人参　生地　桂枝　麦冬　麻仁

河车八味丸（《幼幼集成》） 紫河车　地黄　丹皮　大枣　茯苓　泽泻　山药　麦冬　五味子　肉桂　熟附片　鹿茸

泻黄散（《小儿药证直诀》） 藿香叶　山栀子仁　石膏　甘草　防风

泻心导赤散(《医宗金鉴》) 生地 木通 黄连 甘草梢

定吐丸(《幼幼新书》) 丁香 蝎梢 半夏

定喘汤(《摄生众妙方》) 白果 麻黄 苏子 甘草 款冬花 杏仁 桑皮 黄芩 法半夏

定痫丸(《医学心悟》) 天麻 川贝 胆南星 半夏 陈皮 茯苓 茯神 丹参 麦冬 石菖蒲 远志 全蝎 僵蚕 琥珀 辰砂 竹沥 姜汁 甘草

实脾饮(《重订严氏济生方》) 白术 茯苓 大腹子 木瓜 厚朴 木香 草果仁 附子 干姜 炙甘草 生姜

参附汤(《正体类要》) 人参 附子

参苓白术散(《太平惠民和剂局方》) 人参 茯苓 白术 桔梗 山药 甘草 白扁豆 莲肉 砂仁 薏苡仁

参附龙牡救逆汤(验方) 人参 附子 龙骨 牡蛎 白芍 炙甘草

九 画

荆防败毒散(《摄生众妙方》) 荆芥 防风 羌活 独活 柴胡 川芎 枳壳 茯苓 甘草 桔梗 前胡

茜根散(《景岳全书》) 茜草根 黄芩 阿胶 侧柏叶 生地 甘草

茵陈蒿汤(《伤寒论》) 茵陈 栀子 大黄

茵陈理中汤(《伤寒全生集》) 茵陈 人参 干姜 白术

枳实导滞丸(《内外伤辨惑论》) 大黄 枳实 黄芩 黄连 神曲 白术 茯苓 泽泻

栀子豉汤(《伤寒论》) 栀子 淡豆豉

胃苓汤(《丹溪心法》) 苍术 陈皮 川朴 甘草 茯苓 猪苓 白术 泽泻 桂枝

香砂平胃散(《医宗金鉴》) 香附 苍术 陈皮 厚朴 砂仁 山楂肉 神曲 麦芽 枳壳 白芍 炙甘草

保元汤(《博爱心鉴》) 人参 黄芪 甘草 肉桂

保和丸(《丹溪心法》) 山楂 神曲 半夏 茯苓 陈皮 连翘 莱菔子

追虫丸(《普济方》) 雷丸 白芜荑 槟榔 使君子 白术 黑牵牛 大黄 当归

独参汤(《十药神书》) 人参

养脏汤(《医宗金鉴》) 当归 沉香 木香 肉桂 川芎 丁香

养血定风汤(《外科证治全书》) 生地 当归 赤芍 川芎 天冬 麦冬 僵蚕 鲜首乌 丹皮

养胃增液汤(验方) 石斛 乌梅 北沙参 玉竹 甘草 白芍

养阴清肺汤(《重楼玉钥》) 生地 麦冬 甘草 玄参 贝母(去心) 丹皮 薄荷 炒白芍

宣毒发表汤(《医宗金鉴》) 升麻 葛根 前胡 桔梗 枳壳 荆芥 防风 薄荷 木通 连翘 淡竹叶 牛蒡子 生甘草 芫荽

除湿胃苓汤(《医宗金鉴》) 苍术 厚朴 陈皮 猪苓 泽泻 赤茯苓 白术 滑石 防风 山栀子 木通 肉桂 甘草 灯心草

十 画

都气丸(《症因脉治》) 熟地黄 山茱萸 五味子 山药 茯苓 泽泻 牡丹皮

真武汤(《伤寒论》) 茯苓 芍药 白术 生姜 附子

桂枝汤(《伤寒论》) 桂枝 芍药 生姜 炙甘草 大枣

桂枝加龙骨牡蛎汤(《金匮要略》) 桂枝 芍药 生姜 甘草 大枣 龙骨 牡蛎

桂枝甘草龙骨牡蛎汤（《伤寒论》） 桂枝　炙甘草　龙骨　牡蛎

桃红四物汤（《医宗金鉴》） 当归　川芎　桃仁　红花　芍药　地黄

桃核承气汤（《伤寒论》） 桃仁　大黄　炙甘草　桂枝　芒硝

逐寒荡惊汤（《福幼编》） 胡椒　炮姜　肉桂　丁香　灶心土

柴胡葛根汤（《外科正宗》） 柴胡　天花粉　干葛　黄芩　桔梗　连翘　牛蒡子　石膏　甘草　升麻

柴葛解肌汤（《伤寒六书》） 柴胡　葛根　黄芩　石膏　芍药　羌活　白芷　桔梗　生甘草　生姜　大枣

透疹凉解汤（经验方） 桑叶　菊花　薄荷　连翘　牛蒡子　赤芍　蝉蜕　紫花地丁　黄连　藏红花

健脾丸（《医方集解》） 人参　白术　陈皮　麦芽　山楂　枳实　神曲

射干麻黄汤（《金匮要略》） 射干　麻黄　细辛　五味子　紫菀　款冬花　半夏　大枣　生姜

资生健脾丸（《先醒斋医学广笔记》） 人参　白术　茯苓　扁豆　山药　甘草　莲子肉　薏苡仁　神曲　桔梗　藿香　橘红　黄连　泽泻　芡实　山楂　麦芽　白豆蔻

凉膈散（《太平惠民和剂局方》） 大黄　芒硝　甘草　栀子　黄芩　薄荷　连翘　竹叶　白蜜

凉营清气汤（《喉痧症治概要》） 水牛角　鲜石斛　山栀　丹皮　鲜生地　薄荷　川连　赤芍　玄参　石膏　甘草　连翘　竹叶　白茅根　芦根　金汁

益脾镇惊散（《医宗金鉴》） 人参　白术　茯苓　朱砂　钩藤　炙甘草　灯心草

消乳丸（《婴童百问》） 香附　神曲　麦芽　陈皮　砂仁　炙甘草

消风导赤汤（《医宗金鉴》） 生地　赤茯苓　牛蒡子(炒、研)　白鲜皮　金银花　南薄荷叶　木通　黄连(酒炒)　生甘草　灯心草

海藻玉壶汤（《外科正宗》） 海藻　海带　昆布　半夏　陈皮　青皮　连翘　象贝　当归　川芎　独活　甘草

涤痰汤（《济生方》） 制半夏(姜制)　胆南星　橘红　枳实　茯苓　人参　菖蒲　竹茹　甘草　生姜

涤痰汤（《奇效良方》） 石菖蒲　胆南星　半夏　枳实　橘红　茯苓　人参　竹茹　甘草

润肠丸（《沈氏尊生方》） 当归　生地　麻仁　桃仁　枳壳

调元散（《景岳全书》） 人参　白术　陈皮　厚朴　香附　炙甘草　藿香

调胃承气汤（《伤寒论》） 大黄　芒硝　炙甘草

通窍活血汤（《医林改错》） 赤芍　川芎　桃仁　红花　红枣　生姜　麝香　大葱

桑菊饮（《温病条辨》） 杏仁　连翘　薄荷　桑叶　菊花　苦桔梗　甘草　苇根

桑白皮汤（《景岳全书》） 桑白皮　半夏　苏子　杏仁　贝母　黄芩　黄连　山栀

十 一 画

理中丸（《伤寒论》） 人参　白术　干姜　炙甘草

黄芪汤（《金匮翼》） 黄芪　陈皮　火麻仁　白蜜

黄连温胆汤（《六因条辨》） 半夏　陈皮　竹茹　枳实　茯苓　甘草　黄连　生姜

黄连解毒汤（《肘后备急方》） 黄连　黄柏　黄芩　栀子

黄芪桂枝五物汤（《金匮要略》） 黄芪　桂枝　芍药　大枣　生姜

菖蒲丸（《医宗金鉴》） 人参　石菖蒲　麦门冬　远志　川芎　当归　乳香　朱砂

萆薢渗湿汤（《疡科心得集》） 萆薢　薏仁　黄柏　赤苓　牡丹皮　泽泻　滑石　通草

菟丝子散（《太平圣惠方》） 菟丝子　鸡内金　肉苁蓉　牡蛎　附子　五味子

银翘散（《温病条辨》）　金银花　连翘　竹叶　荆芥　牛蒡子　薄荷　淡豆豉　甘草　桔梗　芦根

银翘马勃散（《温病条辨》）　金银花　连翘　马勃　射干　牛蒡子

猪苓汤（《伤寒论》）　猪苓　茯苓　泽泻　滑石　阿胶

麻黄汤（《伤寒论》）　麻黄　桂枝　杏仁　炙甘草

麻子仁丸（《伤寒论》）　厚朴　枳实　大黄　芍药　杏仁　麻子仁

麻杏二陈汤（经验方）　麻黄　杏仁　茯苓　陈皮　半夏　甘草

麻杏石甘汤（《伤寒论》）　麻黄　杏仁　石膏　甘草

麻黄连翘赤小豆汤（《伤寒论》）　麻黄　连翘　赤小豆　杏仁　生梓白皮　生姜　大枣　炙甘草

羚角钩藤汤（《重订通俗伤寒论》）　羚角片　霜桑叶　京川贝　鲜生地　双钩藤　滁菊花　茯神木　生白芍　生甘草　淡竹茹

清络饮（《温病条辨》）　鲜荷叶边　西瓜翠衣　鲜金银花　鲜扁豆花　鲜竹叶心　丝瓜皮

清营汤（《温病条辨》）　犀角（现用水牛角代）　生地　玄参　竹叶　金银花　连翘　黄连　丹参　麦冬

清肝化痰汤（《内外验方秘传》）　夏枯草　贝母　生地　丹皮　海藻　海带　昆布　僵蚕　当归　连翘

清肝达郁汤（《重订通俗伤寒论》）　焦山栀　白芍　归须　柴胡　丹皮　炙甘草　橘白　薄荷　菊花　鲜青橘叶

清金化痰汤（《杂病广要》引《统旨方》）　黄芩　山栀　桑白皮　知母　瓜蒌仁　贝母　麦冬　桔梗　甘草　橘红　茯苓

清胃解毒汤（《痘疹传心录》）　当归　黄连　生地黄　天花粉　连翘　升麻　牡丹皮　赤芍药

清咽下痰汤（经验方）　玄参　桔梗　甘草　牛蒡子　贝母　瓜蒌　射干　荆芥　马兜铃

清热泻脾散（《医宗金鉴》）　栀子　石膏　黄连　生地黄　黄芩　赤芍　灯心草

清暑益气汤（《温热经纬》）　西洋参　麦冬　知母　甘草　竹叶　黄连　石斛　荷梗　鲜西瓜翠衣　粳米

清解透表汤（经验方）　西河柳　蝉蜕　葛根　升麻　紫草根　桑叶　菊花　甘草　牛蒡子　金银花　连翘

清瘟败毒饮（《疫疹一得》）　生石膏　生地黄　犀角（现用水牛角代）　黄连　栀子　桔梗　黄芩　知母　赤芍　玄参　连翘　甘草　丹皮　鲜竹叶

十　二　画

琥珀抱龙丸（《活幼心书》）　琥珀　天竺黄　檀香　人参　茯苓　粉草　枳壳　枳实　朱砂　山药　南星　金箔

越婢加术汤（《金匮要略》）　麻黄　石膏　甘草　大枣　白术　生姜

葛根黄芩黄连汤（《伤寒论》）　葛根　黄芩　黄连　炙甘草

葱豉汤（《肘后备急方》）　葱白　淡豆豉

葶苈大枣泻肺汤（《金匮要略》）　葶苈子　大枣

紫雪丹（《太平惠民和剂局方》）　滑石　石膏　寒水石　磁石　羚羊角　木香　犀角（现用水牛角代）　沉香　丁香　升麻　玄参　甘草　朴硝　硝石　辰砂　麝香　金箔

普济消毒饮（《东垣试效方》）　黄芩　黄连　橘红　甘草　玄参　柴胡　桔梗　连翘　板蓝根　马勃　牛蒡子　僵蚕　升麻　人参

温胆汤(《三因集—病证方论》) 半夏 竹茹 枳实 陈皮 炙甘草 茯苓

温下清上汤(《徐小圃验方》) 附子 黄连 龙齿 磁石 菟丝子 覆盆子 桑螵蛸 缩泉丸 蛤粉 西洋参 补骨脂 白莲须

犀地清络饮(《重订通俗伤寒论》) 犀角(现用水牛角代) 牡丹皮 连翘 赤芍 生地 桃仁 竹沥 生姜 菖蒲 鲜茅根 灯心草

犀角地黄汤(《备急千金要方》) 犀角(现用水牛角代) 生地 丹皮 芍药

犀角地黄汤(《小品方》录自《外台秘要》) 犀角(现用水牛角代) 生地黄 芍药 牡丹皮

犀角消毒饮(《医宗金鉴》) 防风 牛蒡子 荆芥 犀角(现用水牛角代) 金银花 甘草

疏凿饮子(《太平惠民和剂局方》) 商陆 泽泻 槟榔 椒目 赤豆 羌活 云苓皮 生姜皮 秦艽 木通 大腹皮

缓肝理脾汤(《医宗金鉴》) 桂枝 人参 茯苓 白术 白芍 陈皮 山药 扁豆 炙甘草 煨姜 大枣

十 三 画

槐花散(《本事方》) 槐花 侧柏叶 荆芥穗 枳壳

解肝煎(《景岳全书》) 紫苏叶 白芍 陈皮 半夏 厚朴 茯苓 砂仁 生姜

解肌透痧汤(《喉痧症治概要》) 荆芥穗 蝉蜕 射干 生甘草 葛根 牛蒡子 马勃 桔梗 前胡 连翘 僵蚕 豆豉 鲜竹茹 浮萍

新加香薷饮(《温病条辨》) 香薷 金银花 鲜扁豆花 厚朴 连翘

十 四 画

碧玉散(《黄帝素问宣明论方》) 滑石 甘草 青黛

磁朱丸(《备急千金要方》) 磁石 朱砂 神曲

缩泉丸(《魏氏家藏方》) 乌药 益智仁

十五画及以上

撮风散(《证治准绳》) 蜈蚣 钩藤 蝎尾 朱砂 麝香 僵蚕 竹沥

增液汤(《温病条辨》) 生地 玄参 麦冬

镇惊丸(《医宗金鉴》) 茯神 麦冬 朱砂 远志 石菖蒲 枣仁 牛黄 黄连 钩藤 珍珠 胆南星 天竺黄 犀角(现用水牛角代) 甘草

藿香正气散(《太平惠民和剂局方》) 藿香 紫苏 白芷 桔梗 白术 厚朴 半夏 大腹皮 茯苓 陈皮 炙甘草 生姜 大枣

囊虫丸(《全国中成药产品集》) 雷丸 干漆炭 桃仁 水蛭 五灵脂 丹皮 大黄 芫花 白僵蚕 茯苓 橘红 生川乌 黄连

◈◈◈ 三、儿科常用针灸穴位 ◈◈◈

穴位	定位	主治
头颈部		
百　会	头顶正中线与两耳尖连线交叉点	头痛、眩晕、中风
四神聪	百会穴前、后、左、右各 1 寸处	头痛、健忘、癫痫
上　星	头部前正中线人发际 1 寸	鼻渊、头痛
印　堂	两眉毛内侧的正中间	头痛、鼻渊、惊风
攒　竹	眉头内侧凹陷中	头痛、面瘫、目疾
睛　明	目内眦旁 0.1 寸	目部诸疾
阳　白	眉上 1 寸,正对瞳孔直上	头痛、目疾
太　阳	眉梢与目外眦之间,向后约一横指的凹陷中	头痛、目疾、面瘫
鼻　通	鼻唇沟上端尽处	鼻渊、鼻部疮疖
迎　香	在鼻翼外缘中点旁,当鼻唇沟中间	鼻病、胆道蛔虫症
水　沟	人中沟上 1/3 与中 2/3 交界处	惊风、昏迷、癫痫
承　浆	颏唇沟中点	面瘫、齿龈肿痛
廉　泉	舌骨体上缘中点处	舌部疾患、暴喑
率　谷	耳尖直上,入发际 1.5 寸	头痛、眩晕、呕吐、小儿惊风
耳　门	耳屏上切迹前方,张口凹陷处	耳部诸疾、齿痛
听　会	耳屏前下方,与耳屏切迹平齐,张口有孔	耳鸣、耳聋、齿痛
下　关	耳屏前 1 横指,颧弓下,闭口凹陷处	面瘫、耳聋、齿痛
颧　髎	目外眦直下,颧骨下缘凹陷中	面瘫、齿痛、颊肿
地　仓	口角外侧旁 0.4 寸	面瘫
颊　车	下颌角前上 1 横指,咬牙时,咬肌隆起突出点	面瘫、齿痛、口噤、颊肿
扁桃体穴	下颌角直下 0.5 寸,左右各计 2 穴	扁桃体炎、咽喉肿痛
翳　风	乳突前下方,平耳垂后下缘的凹陷中	耳鸣、耳聋、面瘫
翳　明	翳风穴后 1 寸	目疾、耳鸣、失眠
安　眠	翳风穴与风池穴连线中点	失眠、头痛、癫狂
风　池	胸锁乳突肌上端与斜方肌上端之间凹陷中,平风府穴处	感冒、头痛、热病
风　府	后发际正中直上 1 寸	眩晕、咽痛、癫狂
胸腹背部		
天　突	胸骨上窝正中	咳喘、咽痛、噎膈
膻　中	胸部正中线与两乳头连线的交点	咳嗽、气喘、呕吐、心悸

穴位	定位	主治
鸠 尾	剑突尖下 1 寸	胸痛、腹胀、癫痫
中 脘	脐直上 4 寸	胃痛、腹痛、吐泻
水 分	脐直上 1 寸	水肿、尿闭、泄泻
神 阙	脐的中间	腹痛、泄泻、虚脱
天 枢	脐旁 2 寸	腹痛、痢疾、泄泻
气 海	脐直下 1.5 寸	泄泻、便秘、遗尿、腹痛、疝气
关 元	脐直上 3 寸,旁开 2 寸	遗尿、尿闭、泄泻
中 极	脐直下 4 寸	遗尿、尿闭、疝气
水 道	关元穴旁开 2 寸	泄泻、便秘、腹痛
大 椎	第 7 颈椎棘突下	热病、咳喘、项强
定 喘	大椎穴旁开 0.5 寸	气喘、咳嗽
结核穴	大椎穴旁开 3.5 寸	肺结核及其他结核病
肩 井	大椎穴与肩峰连线中点	头项强痛、肩背疼痛
风 门	第 2 胸椎棘突下,旁开 1.5 寸	感冒、咳嗽、发热、头痛、项强
肺 俞	第 3 胸椎棘突下,旁开 1.5 寸	咳喘、吐血
心 俞	第 5 胸椎棘突下,旁开 1.5 寸	咳嗽、心痛、吐血、健忘、癫痫
膈 俞	第 7 胸椎棘突下,旁开 1.5 寸	呕吐、咳喘、吐血
肝 俞	第 9 胸椎棘突下,旁开 1.5 寸	胁痛、黄疸、眩晕、癫痫
胆 俞	第 10 胸椎棘突下,旁开 1.5 寸	胁痛、黄疸
脾 俞	第 11 胸椎棘突下,旁开 1.5 寸	呕吐、泄泻、水肿
胃 俞	第 12 胸椎棘突下,旁开 1.5 寸	胃痛、呕吐
肾 俞	第 2 腰椎棘突下,旁开 1.5 寸	遗尿、水肿、耳鸣、腰痛
大肠俞	第 4 腰椎棘突下,旁开 1.5 寸	腹胀、泄泻、便秘、腰痛
至 阳	第 7 胸椎棘突下	黄疸、咳喘
命 门	第 2 腰椎棘突下	泄泻、遗尿
十七椎	第 5 腰椎棘突下	腰腿痛、下肢瘫痪
膀胱俞	第 2 骶椎棘突下,旁开 1.5 寸	小便不利、遗尿
次 髎	第 2 骶后孔中	疝气、小便不利、下肢痿痹
夹脊穴	第 1 胸椎至第 5 腰椎,各椎棘突下,旁开 0.5 寸,一侧 17 穴	上胸部的穴位治疗心肺、上肢疾病;下胸部的穴位治疗脾胃肝胆疾病;腰部的穴位治疗肾病、腰腹及下肢疾病。
上肢		
肩 髃	三角肌上部中央点,臂平举时,肩部前一凹陷中	肩臂疼痛
肩 髎	肩峰后下方,上臂外展,肩髃穴后寸许的凹陷中	肩臂挛痛不遂
肩内陵(肩前)	腋前皱襞顶端与肩髃穴连线的中点	肩臂痛、臂不能举
肩 贞	腋后皱襞上 1 寸	肩臂疼痛

续表

穴位	定位	主治
曲 池	屈肘成直角,肘横纹外侧端外凹陷中	咽喉肿痛、齿痛、热病、上肢不遂
四 渎	尺骨鹰嘴下 5 寸,桡骨与尺骨之间	耳聋、齿痛、暴喑、上肢痹痛
支 沟	腕背横纹上 3 寸,桡骨与尺骨之间	暴喑、胁肋痛、便秘、热病
外 关	腕背横纹上 2 寸,桡骨与尺骨之间	热病、头面疾患、胁肋痛、上肢痛
养 老	腕背横纹上 1 寸,尺骨茎突桡侧缘凹陷中	目视不明、肩、背、肘、臂酸痛
尺 泽	肘横纹中,肱二头肌腱桡侧缘凹陷中	咳嗽、咳血、气喘、惊风
臂 中	腕横纹至肘横纹的中点,桡骨与尺骨之间	上肢瘫痪、痉挛
郄 门	腕横纹上 5 寸,掌长肌腱与桡侧腕屈肌腱之间	心悸、呕吐、癫痫
间 使	腕横纹上 3 寸,掌长肌腱与桡侧腕屈肌腱之间	心痛、呕吐、癫痫
内 关	腕横纹上 2 寸,掌上肌腱与桡侧腕屈肌腱之间	心悸、癫痫、热病、心痛、呕吐
列 缺	桡骨茎突上方,腕横纹上 1.5 寸	咳嗽、咽喉肿痛、头痛
神 门	腕横纹尺侧端,尺侧腕屈肌腱的桡侧凹陷中	心痛、心烦、健忘、癫痫
合 谷	手背第 1、2 掌骨之间,约平第 2 掌骨桡侧中点处	头面疾患、热病
鱼 际	第 1 掌骨桡侧中点,赤白肉际处	咳嗽、咽痛、发热
劳 宫	第 2、3 掌骨之间,握拳中指尖下即是	心痛、癫痫、口疮
后 溪	半握拳,掌远侧横纹头赤白肉际处	头项强痛、目赤、耳聋
中 渚	握拳,手背第 4、5 掌指关节近端凹陷中	头面疾患、热病
落枕穴	手背,第 2、3 掌骨间,指掌关节后约 0.5 寸	落枕、手臂痛
腰痛穴	手背,第 2、3 掌骨及第 4、5 掌骨之间,腕背侧横纹远端与掌指关节中点处,一手 2 穴	急性腰扭伤
中 魁	手背中指近端指关节中点	呕吐、纳呆、呃逆
夜尿点	掌面,小指第二指关节横纹中点处	尿频、遗尿
少 商	拇指桡侧指甲根角旁约 0.1 寸	咽喉肿痛、咳嗽、发热、昏迷
少 泽	小指尺侧指甲根角旁约 0.1 寸	咽喉肿痛、昏迷、热病
四 缝	第 2~5 指掌面的近侧指间关节横纹的中央,一手 4 穴	厌食、疳积、百日咳
八 邪	在手背,第 1~5 指间,指蹼缘后方赤白肉际处,左右共 8 穴	烦热、目痛、毒蛇咬伤手背肿痛
十 宣	两手十指尖端,距指甲 0.1 寸,共 10 穴	昏迷、癫痫、高热、咽喉肿痛
下肢		
环 跳	股骨大转子高点与骶管裂孔连线的外 1/3 与内 2/3 交点	下肢痿痹、腰痛
殷 门	臀沟下 6 寸,股二头肌与半腱肌之间	腰痛、下肢痿痹
委 中	腘横纹中央	小便不利、遗尿、腰痛、下肢痿痹
承 山	腓肠肌两肌腹之间凹陷的顶端	痔疾、便秘、腰腿拘急疼痛
风 市	股外侧,腘横纹上 9 寸	下肢痿痹、遍身瘙痒
四 强	髌韧带内侧凹陷处的中央	下肢痿痹、瘫痪
梁 丘	髌骨外上缘上 2 寸	胃痛、膝痛
鹤 顶	膝前区,髌底中点的上方凹陷中	膝痛、瘫痪

续表

穴位	定位	主治
膝 眼	髌尖两侧凹陷中	膝痛、腿脚重痛
阳陵泉	腓骨小头前下方凹陷中	胁痛、膝痛、惊风
胆囊穴	小腿外侧,腓骨小头直下2寸	胆囊炎、胆道蛔虫症
足三里	小腿外侧,犊鼻下3寸,犊鼻与解溪连线上	脾胃诸疾、虚劳羸瘦
阑尾穴	小腿外侧,髌韧带外侧凹陷下5寸,胫骨前嵴外一横指	阑尾炎、消化不良
上巨虚	足三里穴下3寸	肠鸣、腹泻
丰 隆	外踝高点上8寸,胫骨前肌的外缘	呕吐、便秘、咳嗽、痰多
光 明	外踝高点上5寸,腓骨前缘	目疾、下肢痿痹
丘 墟	外踝前下方,趾长伸肌腱外侧凹陷中	胸胁胀痛、下肢痿痹
阴陵泉	胫骨内侧髁下缘凹陷中	腹胀、泄泻
痢疾敏感点	内踝尖与阴陵泉连线的上2/5与下3/5交界附近,最敏感压痛点	痢疾
三阴交	内踝高点上3寸,胫骨内侧面后缘	肠鸣、腹胀、遗尿
复 溜	小腿后内测。内踝尖上2寸,跟腱前缘	腹胀、泄泻、水肿
太 溪	内踝高点与跟腱之间凹陷中	咽喉肿痛、咳血
昆 仑	外踝高点与跟腱之间凹陷中	头痛、项强、目眩、踝关节疼痛
解 溪	踝关节前面中央凹陷中,拇长、趾长两伸肌腱之间	头痛、癫狂、踝关节疼痛
太 冲	足背第1、2跖骨结合部前凹陷中	遗尿、疝气、头痛
内 庭	足背第2、3趾间,跖蹼缘后方赤白肉际处	齿痛、咽痛、痢疾
悬钟(绝骨)	外踝高点上3寸,腓骨前缘	胁痛、下肢痿痹、颈项强
公 孙	第1跖骨基底部前下缘,赤白肉际处	胃痛、呕吐、泄泻
涌 泉	屈足卷趾时,足底心凹陷中,足底前1/3与后2/3交界处	惊风、咽喉肿痛、小便不利
八 风	足背,第1~5趾间,趾蹼缘后方赤白肉际处,左右共8穴	脚气、趾痛、毒蛇咬伤足跗肿痛

四、国家免疫规划疫苗 儿童免疫程序

疫苗种类	可预防疾病	接种对象	接种剂次	接种剂量与用法
乙肝疫苗（HepB）	乙型病毒性肝炎	0、1、6 月龄	3	第 1 针在出生后 24 小时内尽早接种，第 1、2 剂次间隔≥28 日。接种部位新生儿为臀前部外侧肌肉内，儿童为上臂三角肌中部肌内注射。酵母疫苗 10μg，CHO 疫苗 10μg（HBsAg 阴性产妇所生新生儿）或 20μg（HBsAg 阳性产妇所生新生儿）
卡介苗（BCG）	结核病[1]	出生时	1	出生后 24~48 小时皮内注射 0.1ml
脊灰灭毒活疫苗（IPV）	脊髓灰质炎	2、3 月龄	2	肌内注射 0.5ml
脊灰减毒活疫苗（bOPV）		4 月龄和 4 周岁	2	口服，糖丸剂型每次 1 丸；液体剂型每次 2 滴（约 0.1ml）
百白破菌苗（基础）（DTaP）	百日咳、白喉、破伤风	3、4、5 月 龄 和 18 月龄	4	肌内注射 0.5ml，第 1、2 剂次，第 2、3 剂次间隔均≥28 日
白破疫苗（DT）	白喉、破伤风	6 周岁	1	肌内注射 0.5ml
麻腮风疫苗（MMR）	麻疹、风疹、流行性腮腺炎	8、18 月龄	2	皮下注射 0.5ml。如果需补种两剂 MMR，接种间隔应≥28 日
乙脑减毒活疫苗（JE-L）	流行性乙型脑炎[2]	8 月龄、2 周岁	2	皮下注射 0.5ml。如果使用 JE-L 进行补种，应补齐 2 剂，接种间隔≥12 个月
乙脑灭活疫苗（JE-I）		8 月龄、2 周岁、6 周岁	4	肌内注射 0.5ml。8 月龄接种 2 剂，间隔 7~10 日；2 周岁和 6 周岁各接种 1 剂
A 群流脑多糖疫苗（MPSV-A）	流行性脑脊髓膜炎	6、9 月龄	2	皮下注射 0.5ml。两剂次 MPSV-A 间隔≥3 个月
A 群 C 群流脑多糖疫苗（MPSV-AC）		3、6 周岁	2	皮下注射 0.5ml。第 1 剂 MPSV-AC 与第 2 剂 MPSV-A，间隔≥12 个月。两剂次 MPSV-AC 间隔≥3 年。3 年内避免重复接种

疫苗种类	可预防疾病	接种对象	接种剂次	接种剂量与用法
甲肝减毒活疫苗（HepA-L）	甲型病毒性肝炎[3]	18 月龄	1	皮下注射 0.5ml 或 1.0ml
甲肝灭活疫苗（HepA-I）		18 月龄、2 周岁	2	肌内注射 0.5ml。如已接种过 1 剂次 HepA-I，但无条件接种第 2 剂 HepA-I 时，可接种 1 剂 HepA-L 完成补种，间隔 ≥ 6 个月

注:1. 主要指结核性脑膜炎、粟粒性肺结核等。

2. 选择乙脑减毒活疫苗接种时,采用两剂次接种程序。选择乙脑灭活疫苗接种时,采用四剂次接种程序; 乙脑灭活疫苗第 1、2 剂间隔 7~10 日。

3. 选择甲肝减毒活疫苗接种时,采用一剂次接种程序。选择甲肝灭活疫苗接种时,采用两剂次接种程序。

五、常见传染病的潜伏期、隔离期、检疫期

病名		潜伏期		隔离期	接触者检疫期及处理
		一般	最短～最长		
水痘		14 日	10~21 日	隔离至全部皮疹干燥、结痂、脱落为止,不得少于发病后 2 周	医学观察 21 日
麻疹		10~14 日	6~21 日	隔离至出疹后 5 日,合并肺炎者延长隔离至出疹后 10 日	易感者医学观察 21 日,接受过被动免疫者检疫 28 日
风疹		14~21 日	5~25 日	隔离至出疹后 5 日	不需检疫
手足口病		3~5 日	2~14 日	发病后 14 日(居家或住院隔离)	集体机构儿童检疫 10 日
流行性腮腺炎		16~18 日	12~25 日	隔离至腮腺肿大完全消退为止,约 21 日	医学观察 21 日,免疫抑制者医学观察 26 日
流行性感冒		1~3 日	数小时～7 日	隔离至症状消失止或热退后 2 日	接触者进行观察,不需隔离,疫情的追踪应至少持续到事件结束后 1 周
急性出血性结膜炎		1~2 日	数小时～3 日	隔离治疗至症状消失,或症状出现后 7 日	不需检疫
猩红热		2~4 日	1~7 日	隔离至有效抗生素治疗后 7 日	医学观察 7 日
白喉		2~4 日	1~7 日	隔离至症状消失后咽拭子培养 2 次阴性为止或至症状消失后 7 日	医学观察 7 日
百日咳		7~14 日	5~21 日	有效抗生素治疗后 5 日,或起病后 21 日	医学观察 21 日
流行性脑脊髓膜炎		2~3 日	1~7 日	隔离至症状消失后 3 日,但不少于发病后 7 日	医学观察 7 日
流行性乙型脑炎		10~14 日	4~21 日	防蚊设备内隔离至体温正常	不需检疫
脊髓灰质炎		7~14 日	4~35 日	隔离期不少于发病后 40 日	对密切接触的易感者应隔离观察 20 日
传染性非典型肺炎		2~10 日	2 周以内	发病后 21 日	医学观察 14 日
艾滋病		15~60 日	9 日～10 年以上	HIV 感染 /AIDS 隔离至 HIV 或 P24 核心蛋白血液中消失	医学观察 2 周,HIV 感染 /AIDS 者不能献血
人感染高致病性禽流感		7 日以内	最长 10 日	隔离至病毒分离 2 次阴性	密切接触者医学观察的期限为最后一次暴露后 7 日
病毒性肝炎	甲型	30 日	15~45 日	隔离自发病日起不少于 21 日	密切接触者医学观察不少于 40 日
	乙型	60~90 日	30~180 日	急性期隔离至病情稳定	急性肝炎密切接触者医学观察 45 日

续表

病名		潜伏期		隔离期	接触者检疫期及处理
		一般	最短~最长		
病毒性肝炎	丙型（输血后）	50 日（19 日）	21~180 日（7~33 日）	急性期隔离至病情稳定	不需检疫
	丁型		14~140 日	急性期隔离至病情稳定	急性肝炎密切接触者医学观察 45 日
	戊型	40 日	15~70 日	隔离自发病日起不少于 30 日	密切接触者医学观察 60 日
细菌性痢疾		1~3 日	数小时~7 日	隔离至症状消失后粪便培养连续 3 次阴性为止	医学观察 7 日
阿米巴痢疾		7~14 日	4 日~数年	隔离至症状消失后连续 3 次粪查溶组织阿米巴滋养体及包囊阴性	不需检疫
食物中毒	沙门菌	4~24 小时	4 小时~3 日	患者集中隔离治疗，症状消失后连续 2 次粪便培养阴性	密切接触者医学观察 7 日
	葡萄球菌	2.5~3 小时	0.5~6 小时		
	肉毒杆菌	12~36 小时	4 小时~8 日		
	嗜盐菌（副溶血弧菌）	5~10 小时	2~26 小时		
伤寒		7~14 日	3~30 日	症状消失后 5 日和 10 日各做尿、粪便培养，2 次阴性，或体温正常后的第 15 日才解除隔离	医学观察 21 日
副伤寒甲、乙		5~10 日	2~15 日	同伤寒	医学观察 15 日
副伤寒丙		1~3 日	2~15 日	同伤寒	医学观察 15 日
霍乱副霍乱		1~3 日	数小时~7 日	隔离至症状消失后，大便培养连续 3 次阴性	医学观察 5 日，并大便培养 3 次阴性后解除检疫，阳性者按患者隔离
流行性斑疹伤寒		10~14 日	5~23 日	彻底灭虱，隔离至体温正常后 12 日	早期隔离患者并予以灭虱处理，密切接触者医学观察 21 日
恶性疟		12 日	9~16 日	不隔离，住室内应防蚊、灭蚊	不需检疫
间日疟		10~12 日	10~20 日	不隔离，住室内应防蚊、灭蚊	不需检疫
三日疟		14~25 日	14~25 日	不隔离，住室内应防蚊、灭蚊	
班氏丝虫病		约 1 年		不需隔离，但病室内防蚊、灭蚊	不需检疫
马来丝虫病		约 12 周		不需隔离，病室防蚊、灭蚊	不需检疫
黑热病		3~5 个月	10 日~2 年	不需隔离，但病室防蚊、灭蚊	不需检疫
流行性出血热		7~14 日	4~60 日	隔离至急性症状消失为止	不需检疫
布鲁杆菌病		1~8 周，平均 2 周	4 日~19 年	隔离至临床症状消失为止	不需检疫
钩端螺旋体		7~14 日	2~26 日	不隔离，症状消失，痊愈为止，患者排泄物严格消毒处理	不需检疫
腺鼠疫		2~5 日	2~12 日	隔离至淋巴结肿大完全消散后 7 日	医学观察 9 日，接受过预防接种或血清者检疫 12 日
肺鼠疫		1~3 日	原发感染者数小时~6 日，预防接种者可延至 9~12 日	就地隔离至症状消失后痰液培养 3 次阴性为止	同腺鼠疫
狂犬病		1 年以内	4 日~19 年	病程中隔离治疗至症状消失	不需检疫，被犬、猫或其他宿主动物舔、咬后注射疫苗
登革热		5~8 日	2~15 日	在有防蚊设施的室内隔离至病后 7 日	不需检疫

●（叶 进　尹蔚萍　陈 竹）

◇◇◇ 主要参考书目 ◇◇◇

1. 韩新民 . 中医儿科学 [M] . 2 版 . 北京 : 高等教育出版社 , 2016.
2. 马融 , 韩新民 . 中医儿科学 [M] . 2 版 . 北京 : 人民卫生出版社 , 2012.
3. 汪受传 , 虞坚尔 . 中医儿科学 [M] . 9 版 . 北京 : 中国中医药出版社 , 2012.

复习思考题
答案要点

模拟试卷